孙文全集

谈话（下）

黄彦 主编

第十二册

SPM
南方出版传媒
广东人民出版社
·广州·

本 册 目 录

谈话（下）

在广州与刘德泽谈话①

（一九一八年一月一日）

我自护法南来，未能实现护法主张，去了一个陈炳焜，又来一个莫荣新，都是护法障碍。这几日，因为我决心要驱逐莫荣新的秘密消息，被李烈钧、吴景濂、王正廷他们晓得了，所以他们时常来劝解，阻我不要动作，我怕麻烦，故此装病。你若能今晚就去发难，我就立刻起来同你去，跑九十里路毫不相干。你须注意的，就是同海军约定的发难日期不可误事，因海军升火须遇机会。

据刘德泽：《中华革命党外纪》抄本，台
北、中国国民党文化传播委员会党史馆藏

在广州与程璧光谈话②

（一九一八年一月初）

你如果想重新归顺中央政府，那么可以这样做；但假如你同莫③督军站在一起，那我就得说，你对不起我。

据广东省档案馆辑译：《孙中山在第一次护法运动中》（粤
海关档案《各项时事传闻录》"一九一八年一月八日"条），
载广东省孙中山研究会主编：《孙中山研究》第二辑，广州，
广东人民出版社一九八九年十月出版（禹昌夏译）

---

① 孙文愤粤督莫荣新骄横跋扈，曾命大元帅府参议刘德泽运动滇军二十五团团长赵德裕、三十八团团附周知欧等驱莫。是日孙称疾，刘深夜来寓探视。

② 一九一七年十一月中旬，孙文命程璧光下令海军炮击观音山，程未奉命，且将大部军舰调驻黄埔，宣布戒严，凡兵舰附近均不准船只通过，以防孙文对其部属直接指挥。故有上述谈话。

③ 莫：即莫荣新。

与国会议员谈话①

（一九一八年一月十七日）

国会全年经费经得省议会议员多数签名请开特别会议②，提议表决，此事当有成绩。请国会设法召集未到粤之议员赶程前来，俾足法定人数，刻日开正式国会，以解决一切问题。

据《非常国会最近谈话会记》，载一九一八年
一月二十四日上海《民国日报》第七版

让位袁世凯之原因

在广州与徐绍桢谈话③

（一九一八年一月二十四日刊载）

民国总统本不好做，且各国于举总统时每多争执。余欲以一让为之先导，希望后日举总统时减少争竞之酷烈。

据《伍程徐宣布粤省治安记》，载一九一八年
一月二十四日上海《民国日报》第六版

---

① 是日，国会议员与粤省议会议员分别在省议会不同会场开会，孙文对省议员就国会经费讲话后，转到国会非常会议的会场向国会议员作此谈话。

② 省议会决定于一月二十二日召开第四次临时会议。

③ 一月十七日，徐绍桢在宣布粤省治安会议上谓"孙先生在南京受任总统不三月即以此位让之袁世凯，余当时大不以为然"。于是有孙上述谈话。

此后应注意西北

在广州警界宴会上与何君谈话

（一九一八年一月二十八日）

此后我国形势，应注意于西北。若俄国现在之革命政府能稳固，则我可于彼方期大发展也。

据邵元冲：《广州护法日志》，载南京《建国月刊》第十二卷第六期，一九三五年六月出版

对于联合会议之意见

在广州与国会议员谈话

（一九一八年二月六日）

国会议员多人询以对于联合会议之意见。

孙曰：联合会议本余所发起，嗣以西南人自为政，故无赞同之者。今渠等以事有利，遂欲自为之，而复厄于外交无援，不得已与军府会商。倘渠等能隶属军政府，自可有商榷之余地。不然，事既非法，予亦不能赞同，即甚有益于予，而为予表赞同，国会亦不应盲从予也。

据邵元冲：《广州护法日志》，载南京《建国月刊》第十二卷第六期，一九三五年六月出版

在广州与金幼舟谈话①

（一九一八年二月十八日）

冯旅②既无正式通电，事确否？未可知。即确，则其志图一全皖，决不容异军突起。否则，支节为之，犹无济，不如从汝为③至闽。闽、浙定，则分一军赴皖，为势顺也。

据邵元冲：《广州护法日志》，载南京《建国月刊》
第十二卷第六期，一九三五年六月出版

与李执中等谈话④

（一九一八年五月四日前）

余对此事毫无胶〔缪〕执意见，然余〔汝〕等岂非以护法为目的耶！若是，无论何事不可不注意使不违背法律。我《中华民国约法》既已规定元首政治，正式国会决议大总统迭〔选〕举法耶？即非常国会所议之军政府组织大纲亦何莫经同样手续而成立之制度。倘如斯既往成立制度，忽改为无头政治，几何不与法律相背驰，是非蔑视制度耶？余惟盼诸君于审查会议，注意毋使与根本法之性质相抵触而已！别无他意也。若陆干卿、唐继尧欲来作大元帅，无论何时，〈余〉俱可退让；不然，欲使余牺牲法律，则所谓护法者果何事耶？此则余所万难承认者也。

据《东报论军政改组与孙中山》，载一九一八年
五月十一日上海《民国日报》第三版

---

①　金幼舟自沪至粤，道经汕头，闻安庆已为冯玉祥占领，共促金返皖。金抵粤即谒见孙文，请示方略。

②　冯旅：即冯玉祥。

③　汝为：即许崇智。

④　此系非常国会军政府改组案审查委员会代表李执中、童杭时、梁士模向孙文征求对改组案的意见时的答话。

坚辞大元帅职

在广州与某报记者谈话

（一九一八年五月十五日）

记者问：近者国会议员暨各界人士均电挽留先生仍任大元帅，勿萌退志，先生意见如何？

先生曰：余之辞志已极坚决，虽各方挽留，但深感其厚情。依法律、政治两方面观察，予万无可再留恋也。

记者问：军署方面之遽捕陆军总长张藻林及枪杀交通部次长崔载勋①，先生观此办理，是否合法？

先生曰：予于张、崔二君实深惜之。

记者问：然则先生将离粤去乎？

先生曰：犹未定也。予必于同来之海军如何安置及大元帅府开办至今之手续如何结束，妥为办理，始能定行止也。

据《孙大元帅最近之谈话》，载一九一八年
五月二十二日上海《民国日报》第三版

暂不就任政务总裁

在广州与国会议员代表谈话

（一九一八年五月二十日至二十一日间）②

军政府政务总裁经国会非常会议选出后，特派国会议员代表谒孙中山，请其

---

① 桂系莫荣新于五月十二日在韶关诱捕军政府陆军部总长张开儒，囚于督军署；枪杀陆军部次长崔文藻。

② 底本未说明日期。军政府政务总裁于五月二十日下午选出，孙文于五月二十一日下午离广州赴汕头。谈话时间据此断定。

刻日就职。孙谢之曰：军政府既为予而改组，则予实无复就总裁之必要。

　　既而议员婉词再三，孙乃谓：此事须缓图之，诸君为联络各方面势力，则俟各方面势力团合，于时局乃有补也。予此时虽不就职，惟暂不辞，以谢诸君，而维持大局已耳。

据《军政府结束与孙中山东渡·孙
中山之总裁观》，载一九一八年五月
二十八日上海《民国日报》第三版

关于中国南北关系与中日亲善问题

抵门司后在"信浓丸"上与日本记者谈话①

（日 译 中）

（一九一八年六月十日）

　　曩居日本时曾罹胃病，归国后适值国家多事，于役繁杂，致不获养生。今得稍卸仔肩，故再来贵国，拟在箱根静养，即在该地歇夏。若接见贵国朝野名士之事，余殊无此希望。

　　今军政府改组，余虽仍被选为总裁，而就任否，兹尚未决。因若就任，须深思详虑而后出之，今匆忙中亦未得考虑之暇。

　　此次南北战事，南方目的元在平和，惟致平和之道，不可不自恢复约法、国会始。段祺瑞对于南方之本意，原无何等主意，徒以人为目标，尽力以伐南方之人。彼既如此，是南方纵若何渴望和平，两方面终不能相容也。最近之北军无战意、段阁已濒于危机、渐可以促进调和诸说，余往途中，亦未由知此消息，果为若何。如北方真有爱平和之意，余与余同志者亦极表同情。而条件若何，当从多数意见，余个人亦未能任意为何等决定。

---

　　①　孙文于一九一八年五月四日辞海陆军大元帅职，二十日被国会非常会议选举为改组后的军政府七名政务总裁之一，次日离开广州。六月十日上午，自汕头取道台湾抵达门司，宫崎寅藏等及各日本记者登上"信浓丸"。这是孙文在该轮吸烟室接见记者时的谈话。

　　至日本对于中国诸事，余已解大元帅职，不直接当折冲樽俎之任，则于各事亦全然不甚明了。就林使①之措置，亦未知其是非究竟。两国亲善欲其实现，要不在方法之问题，而在双方之意思如何。若果有真希望亲善之意思者，却不问方法亦可翘待而至者。日本既真有其意思，乃尚〔向〕时有误会，则当格外求其如何可以致真亲善。斯"诚"是一重要之事。余固尝为一希望两国亲善者，今后更当运思致力于此。至如借款于北方，虽有困苦南方之嫌，而余亦不能确实知之。第南方今日全不欲从日本借款，余亦不负欲求借款之意。

　　余更无自日渡美之意。

据《东京特约通信·孙中山到东之态度及谈话》，载
一九一八年六月十八日上海《民国日报》第三版②

附：其他译文之一

　　孙逸仙氏通过穿着中国式夏装的戴季陶，回应记者们提问，话语不多。"此行仅因好久才有余暇来日本访问，没有任何可谈之材料。自前年患上胃痉挛，其后又陷入不断纷争繁剧的杂事中。现今时局稍有好转，拟在今夏赴箱根旅馆憩息悠游，并无与日本朝野名士会见的打算。"

　　孙氏首先布好对付记者围攻的防线，当记者问及当选政务总裁一事时，他回答道："我尚未决定是否就任政务总裁，这并非小事，须经深思熟虑方可。如今行色匆匆，无暇考虑。唐绍仪氏是否就任，尚难判然知晓，有就任的可能。"

　　孙氏避开正面回答，遇有为难问题就略一摇头，巧妙躲开锐锋，紧要之处全然不提。"南方派本以和平为目的，为达到此目的而经历了许多艰苦。作为迎来和平的手段，主要是要恢复旧约法、旧国会。与其说段祺瑞抱有什么主义、主张，倒不如说是以人为目标，讨伐南方之人才是他的本意。因此无论南方怎么渴望和

---

　　①　林使：即林权助，时任日本驻华公使。

　　②　底本中剑生称本文系"译日报所载"，而据其译出的报道文字及孙中山谈话内容，则该"日报"无疑是六月十一日登载《孙逸仙氏來航——"信濃丸"喫煙室に於ける談片》一文的《大阪每日新闻》。

平，这两者并不相容，这也是无法之事。听说最近北军丧失斗志，段内阁濒临危机，所以有促进妥协的机运。我在旅行中无从获知这些消息的渠道。"

孙氏话语不多，但当问及如何评价日本对华评论时，他回答说："我已卸去大元帅之职，并不直接担当外交上樽俎折冲之任，对于具体情况不甚了解，相信向诸君询问更为适当。对于林公使的措置，亦未知其是非究竟怎样。中日亲善的实现并不在方法上，重要的是双方意愿如何。若有真心希望亲善之意愿，则不问方法如何，中日亲善指日可待。日本虽确有此种意愿，然仍屡生误解，有必要思考别的方法，因而这成为一个重要问题。我一直就是一个经常以中日亲善为念之人，今后更当加强思维，不断想出方策。日本借款于北方，有令南方困苦之嫌，但我未能具体知悉其中究竟。至于南方今日则全无向日本借款之意，我也不身负借款的紧要任务。另外，我并无自日本赴美的意向。"

对于此事明确否认，始终使人不得要领。最后孙氏作出总结："关于南北妥协之事，若有调停者出现，只要北方有爱好和平之人，我不吝与同志一起容纳之。至于条件如何，则需服从多数意见，因此我作为个人无任何谈论此事的自由。"

据《孙逸仙氏来航——"信濃丸"喫煙室に於ける談片》（《孙逸仙氏乘船到来——在"信濃丸"吸烟室谈话片段》），载一九一八年六月十一日《大阪每日新闻》（五）（蒋海波译，安井三吉校）

日文原文见本册第593—595 页

附：其他译文之二

当问到对各种时事所持的见解及感想时，孙文答曰：在落实日华亲善基础上的经济同盟与政治协约等，乃是最紧要之事。若能疏通日华两国国民之意识，扫清盘绕在两国国民之间的诸多误解，则能够落实真正的善邻关系。应当将此看作燃眉之急务加以对应。

孙又将话题转到中国南北妥协问题上，曰：眼前时局乃多事之秋，南北之对峙和争斗如继续下去，实乃国家最可悲痛之事。与其为了实现永久和平而争斗不休，不如设法谋求一时的苟安姑息手段，其效果更大。

自始至终，他都避免负责任的回答。

据日本外务省档案《各国内政関係雑纂/支那ノ部/革命党関係（亡命者ヲ含ム）》[《各国内政关系杂纂·中国部分·革命党方面（含流亡者）》]第十九卷，高秘第一〇一四八号，一九一八年六月十一日福冈县知事谷口留五郎报告《孫逸仙一行来邦ニ關スル件》（《关于孙逸仙一行来日事》）原件，东京、日本外务省外交资料馆藏（赵军译）

日文原文见本册第595页

盼中日友谊能如莲种开花结实①

与田中隆三宫崎寅藏谈话

（日 译 中）

（一九一八年六月十日）

三人相会，感慨万千。宫崎回忆往事，悲愤交集，竟流泪说不出话来。田中也沉默了一会说："过去追随孙先生，未竟全功，非常惭愧！古人云'能自助者必得人助'，孙先生高洁的人格与炽烈的爱国精神，虽受挫折，今后定能得到志士的同情与赞助，请勿灰心，奋斗到底，中国革命必然成功。孙先生特别寄望于中日两国彼此之强盛与忠诚合作，定可实现。"说毕，紧握着孙先生与宫崎的手，祝福共同努力前程。

当时，孙先生似乎受到很大的感动，从手提包中取出笔墨与一条白绢展开桌上，走笔题写"至诚感神"四字，上书"田中先生嘱"，下签"孙文"二字，面赠田中。然后向下女索一个小纸袋，由自己衣服口袋里取出四颗褐色像玉石样的

---

① 六月十日，孙文在宫崎寅藏陪同下至下关（隔一海峡与门司相对）大吉楼旅馆走访曾助中国革命的日本实业家田中隆三，久别重逢，欢聚畅谈。后来，孙文在这次晤面中赠予田中隆三的四颗莲种，经过田中之子请人精心培育，终于使其中之一颗发了芽，一九六〇年日本各界友好人士举行隆重的发芽仪式，正式命名这株古莲为"孙文莲"。一九七二年中日建交后，日本方面将"孙文莲"带给中国，在北京中山公园里进行培植。

圆珠，装入其中，并且说："这是从中国携来的莲种，是我家乡的土产，中日两国像在一个莲的根上，开着二枝花，也像这莲藕中的丝一样，外国的任何力量都是切离不开的。中国古来，牡丹是象征富贵，菊花是表示隐者的清廉，莲是意味着高洁的君子之交，所以莲种常作为同志友谊的纪念。今天赠送田中先生这几颗莲种，希望能开花结实，更盼在开花的时候，中国革命得以成功，东亚也有了和平。"说毕紧握田中的手，把莲种赠给他。

据河合贞吉：《孙文の"莲の实"》，载东京《日本周报》，一九五九年六月发行；译文见陈固亭：《国父与日本友人》，台北，幼狮文化事业公司一九六五年九月出版

北方武人派之伪共和

在门司驶往箱根列车上与泽村幸夫谈话①

（日 译 中）

（一九一八年六月十日至十一日间）②

北方武人一派，如若宣明反对共和，反对民国，则可谓立场鲜明，与之开战亦具有战争之价值。然彼等既不反对共和，亦不反对我孙中山，实难以对付。只要武人派势力得以维持，则此种伪共和亦将会继续存在。

据泽村幸夫：《孙文送迎私记》，载东京《支那》第二十八卷第八号，一九三七年八月发行（马燕译）

---

①　孙文于六月十日晚乘特快列车自门司出发，途经下关、神户、国府津等，十一日晚抵达箱根。泽村幸夫是《大阪每日新闻》记者。

②　底本未说明日期。兹据火车行驶时间标出。

从担任大元帅到辞职的经过和感想

在门司驶往箱根列车上与某君谈话①

（日　译　中）

（一九一八年六月十日至十一日间）

我将有一段时间站在局外为西南出谋划策，在这段时间内仅仅处于旁观地位。我个人也许没有力量，但我坚信，我们信奉的信条绝不会没有力量。

…………

现今的非常国会，是因为不忍心看到被黎前大总统违法解散，导致国会中断，共和覆灭，才权宜地接续开设的，并非出于我孙文本人图谋私利私欲的结果。经过我奔走呼号，先是海军独立南下，继而广东省宣布自主，广东省议会表示欢迎，国会才得以南迁，于是开设国会非常会议，成立军政府，选举我担任大元帅。只要国会得以存续，共和制度得以维护，我的政治地位如何与国家危亡这样的大问题相比，是不足为道的小事。我最初就对大元帅的职位既无期望也不会恋栈，故当国会非常会议通过了军政府改组案，也即成立合议制政府时，就可以此为机会卸下沉重的负担，清清白白地决定自身的进退。我相信，这是对立宪采取一种光明正大的态度。虽然如此，对我来说也有个人感情因素存在，大元帅任职期间遇到过一些不惬意甚至悲痛的事，而作为公职人员，也遇到过很多主张难以贯彻和政策难以实行的事。关于这些，至今仍不禁深感遗憾和耻辱。但至少在初志之一端得以贯彻这一点上，还是应该感到满足的。

我的辞职是法律上的一项程序，因为军政府改组案已经在国会非常会议上通过，而根据对于《军政府组织大纲》的修正，我不能故意枉法而长期留职于大元帅，惟国会与法律之命是从。但是，我的大元帅辞职并不是对护法主张和为之奋

---

① 本文是孙文对某友人（姓名不详）的谈话，《大阪每日新闻》记者据此友人转述笔录。底本说明这次谈话在"东行列车"中，因为六月十七日之前孙文乘火车东行仅有一次，故可断定是在六月十日至十一日从门司前往箱根途中。谈话日期亦据此酌定。

斗的辞职，也不是我对民国义务的消失。回想起来，虽然现在西南各省终于有联合起来的趋势，但从当初我极力主张护法应该以国会为核心就可以看出，值得担心的事实也不少。就是说，武人之辈争相竞雄，欲扩张自己的地盘，藉护法之名而行无视法律和民意之实的举动也有很多。另外，还有乘此机会一步步紧逼的外患。正可谓国家多难之秋，匹夫有责。那些不肖之徒参与创立中华民国，却避艰难而就安逸，此断非我辈之所学，亦非中国政局所容许。

据《孫氏の立塲と來航の使命》（孙氏立场与到来的使命）（一記者），载一九一八年六月十七日《大阪每日新闻》（二）（蒋海波译，安井三吉校）①
日文原文见本册第596—597页

在日本就时局发表谈话

（一九一八年六月十一日）

孙氏就于时局语曰：即使如梁士诒等之计划能妥协南北，然依旧留一祸根，吾辈之理想在于根本改〔解〕决，故对于妥协案不加着意。

又就于选举总统语曰：以伪民国而选举伪大总统，固无议论之余地。夫南北之乖离，乃由反对帝制赞成共和与其否者而起，彼等虽主张假面共和，然于今时则时有不利。

又对于传其将渡美说否认曰：余将在日本十分静养，即再返中国，吾辈决非为陆荣廷等所逐而至者。

据《共同通讯社电》，载一九一八年六月十三日上海《民国日报》第二版

---

① 底本原文个别地方的叙述和用词与事实不符，翻译时径予纠正。

与头山满等人谈话

（一九一八年六月十一日）①

孙氏语日人云：“彼革命以前，在东京头山满家中终日抑郁，染有胃疾，迩来因操劳过度，旧疾复发。此次赴日纯为养疴起见，并无政治目的，拟即在箱根避暑，不往东京。

余对于南北妥协问题不甚留意，盖以绝对不相容之两物而强使之妥协，事实上实难办到。即使近日所传梁士诒辈之妥协案竟能成立，将来仍埋伏无数之祸根。此种妥协虽能苟安一时，而于吾曹心目中之真共和了无裨益。吾曹所理想之根本妥协，今日尚非其时，故吾曹对于和议之声曾一措意，盖亦时势使然耳。

总统问题，吾曹亦怀抱同样思想。在今日伪民国而竞争选举为伪总统，苟非至愚决不为此。吾曹当兹伪共和之世，武力上不能制胜，固无足怪今日武人依之跋扈，不仅见之北方，南方如陆荣廷辈亦有过之无不及。彼等貌虽反对帝制，赞成共和，实则内中不过假真共和之名而行伪共和之实，与吾曹实行皆在真共和者截不相同。方今世衰道微，竟使标榜正义、真共和之吾曹屈服于若辈不正义、伪共和之下，此真吾曹所太息痛恨而无可如何者也。”

据《孙文在东之谈话》，载一九一八年
六月二十六日长沙《大公报》第二、三页

附：另一记录

孙氏就于时局语曰：即使如梁士诒等之计划能妥协南北，然依旧留一祸根，吾辈之理想在于根本改革，故对于妥协案不加着急。

又就于选举总统语曰：以伪民国而选举伪大总统，固无议论之余地。夫南北

---

①　底本未说明日期。据一九一八年六月十三日上海《民国日报》曾以共同通讯社十二日东京电发出。时间以此酌定。

之乖离，乃由反对帝制赞成共和与其否者而起，彼等虽主张假面共和，然于今时则有不利。

又对于传其将渡美说，否认曰：余将在日本十分静养，即再返中国，吾辈决非为陆荣廷等所逐而至者。

据《共同通讯社电·十二日东京电》，载一九一八年
六月十三日上海《民国日报》第二版

辞大元帅职后一切政治概不干涉

与神户新闻记者谈话

（一九一八年六月二十三日）

日本新闻记者问：孙氏以归国后，在上海是否欲与岑春煊有所磋议。

孙氏答云：余自辞大元帅职以来，一切政治概不干涉，故至上海后并无与岑氏磋议之必要。但岑氏如来会晤，则又当别论。至言岑氏对北方之态度固与余同，余至今信之。岑之持论为不承认北方政府，余之持论为欲讨伐北方政府，故两间之持论相同，而所异者惟手段尔。

据《东报纪孙逸仙来沪情形》，载一九一八年
六月二十八日上海《时报》（三）

抵上海时的谈话

（一九一八年六月二十六日）

此次受日医诊视①，须排弃一切，加意静养，故于政治问题，徇医生之请，不欲有所审察。

据《孙中山先生归沪记》，载一九一八年
六月二十七日上海《民国日报》第十版

---

①　六月十日孙文离粤抵日本访问，因左眼作痛，在京都就医，诊断为急性结膜炎。

与吴玉章谈话①

（一九一八年七月上旬）

吴玉章说明了来意，又简单地谈到了国会非常会议选举七总裁的经过，最后请孙中山就职。

孙先生当时气愤得很，坚决不干地说：那些人还革命！他们根本不革命！他们想拿军政府同北方议和以保个人权位，我决不与他们同流合污！

吴就劝道说：时局这样混乱，南方各省当局虽然还不很好，但他们还打着护法的旗帜反对北方军阀，这点是好的。现在南方、北方都很混乱，南方各省有势力的当局虽然同床异梦，各有野心，但他们还想利用革命招牌以壮声势。我们必须保持一些革命势力以图发展，革命道路是曲折的，我们不能脱离革命战线。南方的势力派虽然排斥先生，但又不敢完全丢掉先生，他们还想利用先生的威望，所以还给先生安一个位置。先生如果不同他们合作，而离开了他们想自己搞革命，这是不容易的。因为这会受到两面夹攻，一方面是南方军政府打击先生，另一方面北方军阀更要打击先生。南方各派所以还要给先生一个总裁是怕舆论攻击。先生不去，他们就有话可说了。拥护先生的革命力量还是有的，如广东有陈炯明的队伍、陕西有于右任的队伍、湖南有程潜的队伍，湖北还有一些革命力量，尤其是老同盟会员熊克武已统一了四川，有很大的力量。这些力量都希望先生来维系他们，团结他们。南方势力派想出卖军政府与北方议和，如果先生在其中团结真正的革命力量，也能制止他们出卖，以保存革命势力。先生不要看岑春煊现在炫赫一时，如果他不好自为之，将来他的失败会比先生更凄凉得多。希望先生委曲求全保持革命的联合战线，先生如果不愿亲自前去，派一代表去也可以。

孙听了这番话后，不胜感慨地流下了热泪，随着说：我听你的话决定派出汪

_____

① 一九一八年六月二十六日，孙文辞大元帅职，由广州抵上海。吴玉章参加了改组军政府会议，推举他去上海劝孙文就职。吴到上海会见孙文，孙卧病在床，请吴坐在床边一同谈话。

精卫去①。

据吴玉章：《对孙中山先生的一段回忆》，
载一九五六年十一月十一日上海《文汇报》

国内外的一些重大问题

与一个印度人谈话②

（英 译 中）

（一九一八年七月）

　　我顺利地在孙逸仙的寓所采访了他两次。他是一位非常谦逊有礼的人，一点架子也没有，凡是与他交谈的人都会受到他的人格的感染。他向我询问有关印度革命运动的情况，我告诉他，表面上所做的工作不很多，然而几乎所有受过教育的人内心深处都或多或少有所不满。他对印度革命的成功寄予厚望，并说强大的力量正在印度以外的地方活动着③。他表示钦佩在德国的那些印度人，对他们评价甚高。他说中国参战是不正当的，因为这场战争④并非为维护世界民主而战。在他看来，大不列颠代表着对亚洲施行暴政的专制强国，为了世界的民主，摧毁大英帝国是必要的。他说自己没有德国朋友，也不会讲德语，但他认为英国应同德国一样受到谴责。美国已加入这场巨大的战争以挽救大英帝国免于毁灭，威尔逊总统的参战动机并非如他表面上宣称的那样。英国政府把他看作是他们的死敌，因为他主张印度自由；他们正试图对他的人格进行攻击，以维护他们自己。

　　接着，他向我打听现在避居于日本的那位印度人的真实姓名，他对此人十分敬重，并认为那是一位出色的组织家。他感到困惑不解的是那位印度人是如何设

---

　　①　后孙文派徐谦去广州为军政府全权代表。

　　②　谈话内容为那位印度人所记述，对孙文采用第三人称。

　　③　迫于英印当局对印度民族独立运动的强力镇压，许多印度民族主义革命者流亡海外，他们多聚集在柏林、日内瓦、巴黎、伦敦、纽约及东京。因而印度独立运动的重心一时移至海外。这种情况在第一次世界大战前即已存在。

　　④　这场战场：指第一次世界大战。

法进入日本的。他说，此人在日本做了大量工作，如果他像现在这样在那里再多呆几年，他会给英国政府制造许多难以克服的麻烦。当我说明我认识此人并读了许多有关他在印度的经历时，孙逸仙感到非常高兴。看来好像孙博士曾在日本见过塔库尔①，不过他没有对我这样说。他说此人在日本很有势力，在助长那个国家的反英情绪上其影响在不断扩大。当问到他关于日本在远东的侵略时，他突然大声说："欧洲正统治着世界，日本为什么不该扩张？"他认为一场成功的中国革命将会大大地影响印度，所以英国人不希望革命在中国获得成功。他建议我去瑞士，在那里为印度工作，那里有一个强大的秘密反英运动。看来他的党和他本人正准备尽其可能帮助印度重新获得自由。他还谈到，战后英日间的友好关系将会发生英国人可能不喜欢的重大变化。

孙逸仙说，过去十年间，也就是自从寇松·维利爵士（Sir Curzon Wylie）在伦敦被丁格拉（Dhingra）刺杀②以来，他一直在与印度革命者携手合作。他认为经由云南向印度运送任何援助都不大可能，但通过阿富汗过界走私武器则有很好的机会，因为那里很可能在今年年底发生骚乱③，他责怪英国造成了日本如此强大，以致现在成了中国的一大危险。他知道在日本有一些重要人物赞成帮助印度人恢复独立，而且塔库尔已做了很多有价值的工作。他认识大川（Quawa）④，但对这个人评价不高。他建议我以写作来唤起美国的反日情绪，这样日本也许会变得理智些。至于印度，他认为应尽快开始行动起来，因为目前是最好的时机。尽管我

---

① 塔库尔（P. N. Thakur）是拉什·贝哈芮·博斯（Rash Behari Bose）的化名，印度独立运动著名领导人之一。一九一二年十二月他向英印总督哈定（Charies Hardinge）投掷了一颗炸弹，虽未炸死总督，但此事件震动全印度。一九一五年秋，博斯同一些在日本的印度革命者组织起来并与孙文成为至交，由孙介绍而结识头山满，不久又与大山周明成为朋友。

② 丁格拉刺杀寇松·维利案发生于一九〇八年。原计划是要在一次招待会上刺杀一名印度人民亟欲除去的英印官员，但那人临时未出席，丁格拉便刺杀了寇松·维利，或许因其与英印总督寇松（George Nathaniel Curzon）同姓。

③ 这里所说的可能发生的骚乱大概是指阿富汗北部亲俄势力在布尔什维克帮助下策动的一场革命，其结果导致一九一九年二月的政变。阿富汗老国王哈比布拉（Habi bultah）被刺，其三子阿曼努拉（Amanullah）被推上王位，并开始奉行亲苏俄政策。

④ 大川周明是日本著名的大亚洲主义鼓吹者，第一次世界大战期间，他与孙文、拉什·贝哈芮·博斯等在日本与亚洲革命人士过从甚密，共同商讨亚洲复兴大计。

的看法有所不同，我还是深为这个人的品格所打动。他是那么质朴、坦诚而又无私。

当我向孙博士介绍烈吾朴（Lewop）① 先生后，他谈了许多关于中国和日本的事。他说，德国没有能够摧毁英国的势力，但他希望以后日本能成功地做到这一点。反英情绪在日本非常高涨，那里正有计划有步骤地散播对大不列颠的仇恨。他似乎十分肯定英日同盟将不会续订，战后日本将与德国结盟。他知道日本在亚洲有一个明确的打算，但全世界的人还不知道。日本通过一些印度宣传鼓动家正在损害英国，印度革命者们的工作对日本是有利的。"他们所做的是如此之多，以致英国人永远也想像不出是些什么机构被用来这么有效地损害他们的。" 如果这种工作能不受阻碍地再持续两年，英国人就会发现自己的处境不妙。美国如果无私地帮助中国，便能够拯救亚洲。他吁请烈吾朴先生在美国报刊上鼓动帮助中国，他提出：美国既然承认在阿弗尔（Havre）的并无自己领土的南方政府②，"你们为什么不承认在中国的南方政府呢？"北方政府的首领们完全是非法的，他们的所作所为只使日本和英国得到好处，要使中国得救，他们必须下台。

据英国国家档案馆档案（刘建一、李丹阳译，张振鹍校）

政治的基础在于地方自治

在上海与李宗黄谈话③

（一九一八年七月）④

我……请示到日本以后，应该注意些什么事。承总理留共午餐，席间谓："现

---

① 烈吾朴，大概是一位同情印度独立运动的美国记者。

② 指第一次世界大战期间设在法国海港城市勒阿弗尔（Le Havre）的比利时流亡政府。

③ 一九一八年六月，孙文辞大元帅职后重返上海。李宗黄原系同盟会员，后任云南都督府参谋处长，是时奉云南督军唐继尧之命赴日本购买枪械，过上海时至孙文寓所拜访。李宗黄抵日后，根据孙文的意见至东京、京都二市和三重、奈良二县首府以及七十余个市、町、村考察地方自治状况，后来撰成《日本地方自治》《中国地方自治总论》等著作。访谈录中对孙文使用第三人称，"我"为李宗黄自称。

④ 底本作一九一八年六七月。按孙文于六月二十六日始抵上海，七月晤谈的可能性更大。故酌定为是月。

代军人只懂得军事是不够的，军事以外还必须了解政治。所以汝到日本以后，应该注意考察政治。"

我当时问他："政治的范围非常广泛，考察之时应从何着眼呢？"

他就说："政治的基础在于地方自治。日本的市、町、村组织都很健全。日本之强，非强于其坚甲利兵，乃强于其地方组织之健全。要看，最好看看他们的地方自治。不过他们这种地方自治，官治气息很重，是不合乎吾党民权主义、全民政治的要求，但他们的某种精神和方法在训政时期却很可参考，所以仍然很有考察的价值。"

据李宗黄：《总理的训示》，载一九四五年五月
五日重庆《扫荡报》第七版"六全大会特刊"

关于南北和谈与中日关系

与美国《桂冠领袖报》记者谈话

（英 译 中）

（一九一八年八月三日刊载）

说起内战时，孙先生表示，如果南北冲突能够得到永久性解决，南方人便会乐意启动南北和谈。

不过，孙先生补充道，尚不确定能否在段总理在位期间实现和平目标。孙先生建议南方政府可以考虑向日本寻求经济援助。

说起中日关系时，孙先生表示："我一直在关注与日本签订协约的问题，我也坚信这是个感情问题。如果两国人民能够协调一致，中国就一定能够早日实现和平。"

据 Dr. Sun Yat-sen Goes to Japan. *The Laurel Leader*
（Mississippi, U. S. A.），August 3, 1918, Page 4.（《孙
逸仙博士远赴日本》，载一九一八年八月三日美国密西
西比州《桂冠领袖报》第四页）（高文平译，方露校）
英文原文见本册第 511 页

先定宪法后选举总统

在上海与记者谈话

（一九一八年八月至九月间）

……惟期望国会者甚切，以为国会成立后，最重之职责，应以宪法及选举总统为要。意则以为制定宪法，尤宜较选举总统为先。必使民国先有宪法而后有总统，切不可先有总统而后有宪法。盖有宪法不患无总统，而有总统而恐终无宪法。诚以总统先宪法而产出，则今日之民国总统者未必即为缔造民国之人，不能尊重民国政体，受宪法之束缚，自在意中。其桀者则不使宪法成立；即其驯者，亦能厌恶其条项之束缚，而令国会迁就。其个人之意思，是无宪法与有等于无之宪法，皆由总统之选出而致，此中华民国之危机也。民国二年，国民党失败后，不惜变其先定宪法后举总统之主张，以先举总统。其结果袁氏当选，而宪法、国会随之而毁。宪法方在审议，而先补选举副总统问题又起，其结果补选之副总统，即为领衔干涉宪法、解散国会之人。此皆前车之鉴，为国会议员所宜大觉悟。是以今之国会议员，诚能先定宪法，后举总统，则中华民国之基既归巩固，虽有野心者不敢冒违宪之名。然其悍然出于违宪，自有弹劾权与叛逆之罪刑随之。吾人亦可以拥护宪法起而问罪。讵不胜于拥护临时约法，使违法者得以反唇相稽耶？

据《孙总裁最近之政局》，载一九一八年
九月九日上海《民国日报》第二版

法律是板定的国会为建国之根本

在上海与戊午通讯社记者谈话

（一九一八年十月二十六日）

记者问：此次南北战争，纯为法律问题。但现时平和会议将见微芽，将来对于法律一层，其趋势是否为调和的程限抑是板定的？

孙答：法律二字与他种事物迥乎不同；法律之性质如几何学，如物理学，当然为板定的，绝无通融挪移之余地。国人对于法律往往混道德、人情为一例，此根本之错误。譬诸专制时代，俗犹有云："王子犯法，庶民同罪。"可见专制时代于一切普通法，尚不可有所出入，而况民国。盖国家之治安，惟系于法律，法律一失其效力，则所尚专在势力；势力大者，虽横行一世而无碍；势力少者，则惟有终日匍伏于强者脚下，而不得全其生。则强暴专国，公理灭绝，其国内多数人，日在恐惶中，不独不足以对外，且必革命迭起，杀戮日猛。平时不能治安，外力乘之，必至亡国。故吾人对于法律问题，终不敢稍有迁就也。

问：今北洋派已成一种特别势力，究将何以待之？

答：民国号为五族共和，汉、满、蒙、回、藏五族公有，汉人且不能私有之，何况北洋派、何况民党。不过民党之所求者，国中无论何人及何种势力，均应纳服于法律之下，不应在法律之外稍有活动。乃数年以来之事，竟大不然，袁氏解散国会，谋为帝制，此北洋派第一次之破法。袁氏既伏天诛，而段氏乘之，〔又〕复包藏祸心，破坏国会，蹂躏约法；借对德为言，以欺弄友邦，借款招兵，惟日不足，举国之内，惟暴力纵横，正义灭绝，此为北洋派第二次之破法。护法之师以起，血战经年，逆焰稍熄，而徐世昌又由私人机关之伪国会，举为总统，觍然就职，此北洋派第三次之破法。国为五大族所共有，北洋派安得如此专横？国人不能彻底觉悟，辛亥之役，皆曰袁氏有造于民国者，究也何如？袁死段继，又皆曰段氏当有造于民国者，而今又何如？今徐非法被举，其出身尚不如袁、段之正，而国人复曰徐氏有造于民国者，岂不怪也哉！其父杀人，其子必且行劫，徐、段、袁何择焉。前事不远，后事之师；我国人何健忘若是也？徐氏之为人，其生平历史，国人无不以长乐老目之，在清为宰辅，而不能救清之亡；仕袁为相国，而不能阻袁之帝；姑不论其政治学术，果与观世新潮流，为顺为逆，即其品行操守行为，亦决不足障百川而东之，挽狂澜于既倒。所谓亡国大夫，不足与图存；再醮之妇，不足与言贞；尚何论其守法不守法哉？

况民国以国民全体为主，而代表国民之总意，以行使其主权者，则厥惟国会。共和国之国会，犹专制国之皇帝，皆为建国之根本。至于国会议员，果谁为良而谁为莠，此乃由于个人问题。决不可因议员不良，即轻视国会；更不可因不如己意，以强力驱逐议员。如有此举动，在国法上即谓为叛逆。即如君主皇帝虽不肖，不能因其人而轻视皇帝之位；更不可因其人不遂己意，即以强力驱逐之，另拥立同己者。如犯此者，在国法则视为权奸，视为乱臣贼子，人人得而诛之矣。此理至明，此义至显。徐氏而果守法者，则不应承认此伪选举，当请代大总统下取消以前非法解散国会之命令，使国会得自由召集重开会议，以解决时局。更以君主时代之大义例之，如徐氏果为忠臣，即应不受僭主之命，极力迎立旧君复位；所有一切平治之法，皆应听命于旧君之裁可。而自己可襄赞于其间，旧君感其忠诚，且有复位之功，自然命之为宰辅，以掌国政。今徐氏先既通谋废立，后又受僭主之命，复与乱臣贼子通同一气，以此附乱从贼之人，而与勤王将士护法义民商言和平，和平胡从言起？若西南此时而与徐氏谋和，则西南自居于何地？岂非以讨贼之人附贼，靖乱之师通乱耶！此事乌乎可行？此理亦说不通，国人以此判断之，则思过半矣。

据《民党某君之政局谈》，载一九一八年十月二十七、二十八日上海《民国日报》第三、六版

目前中国南北对立是日本助长起来的

在上海与松永安左卫门①谈话

（日 译 中）

（一九一八年十一月十六日）

目前中国南北对立是日本助长起来的，日本如果改变援助北方派的政策，北方派就会不攻自灭。

日本如果援助南方派的话，可以承认日本对"满蒙"的领有。

据藤井昇三著，朴成昊、丁贤俊译：《孙中山与"满蒙"问题》，载《国外中国近代史研究》第三辑，北京，中国社会科学出版社一九八二年六月出版

---

①　松永安左卫门是日本访华实业家。

希望日本政府援助南方派

与有吉明谈话①

（一九一八年十一月二十六日）

南北和平会议中如果南北两派之间达成妥协，日本的势力将被逐出东亚，由英美两国取代日本，希望日本由现在默然坐视英美之跋扈转而采取果断措施坚持东亚联盟的理想以援助本人，以资实现将来之大计，并希望将上述意图迅速转达日本政府。

据藤井昇三著，李吉奎译，马宁校：《孙中山的“亚细亚主义”》，载《国外中国近代史研究》第十八辑，北京，中国社会科学出版社一九九一年二月出版

南北统一问题

与有吉明谈话

（日　译　中）

（一九一八年十一月二十八日）

孙中山早晚两次会见有吉明，认为从现状进行南北统一，对中日两国均不利；唐绍仪也不赞成姑息妥协；孙在福建有势力，在浙江、四川处于有利地位。希望将此观点转达外务省。

据李吉奎：《孙中山与日本关系大事记》，载《孙中山研究论丛》第六集，广州，中山大学学报编辑部一九八八年十二月出版

---

① 此件系日本驻上海总领事有吉明致内田外务大臣，一九一八年十一月二十六日发，外务省记录《支那南北调停一件》。

今后日本政府应有之责任

与有吉明谈话①

（日 译 中）

（一九一八年十二月五日）

对日本政府对彼之友情，深表感谢，希望告知其宗旨。同时，认为事情至此地步，除等待时机之外，别无其他意图。再者，关于共同劝告，认为此举对北方有巨大效果，根据间接传闻，徐世昌有同意恢复旧国会，并由旧国会正式选举大总统之举。至于今后即使会议亦易于召开，而此次之劝告，若系出于日本之主意，则应使妥协在正义之基础上进行。今后日本应有之责任，厥为从事敢于干涉，使旧国会得到恢复等正义之行动，不胜盼望之至。若果然如此，则各国亦不可能有反对之理由。

再次，参战督办处今仍依赖日本援助训练军队之事实，认为中国除需要完备之警察官外，不需要一切军队。并强调，今当有一律裁兵之需要时，日本仍扶植一部分军阀之势力，执行产生同样结果之措施，此所以徒然招致中外之疑虑也。其特意训练之军队，安知他日不为别国所用乎？

有吉明力言应加注意之必要，希望予以仔细慎重之考虑。

据一九一八年十二月六日上海有吉总领事致内田外务大臣电，第九八号，载外务省调查部编纂：《日本外交文书》大正七年第一、二册上卷，东京，日本国际协会一九六八年发行（陈明译）

---

① 十一月二十六日孙文与日本驻上海总领事有吉明谈话意图，希望迅速转达日本政府。十二月四日内田康哉外相来电授意有吉答复孙：深刻谅解"孙文始终忧虑东亚大局，以日中提携为念"。南北和平劝告既已施行，望"顾及大势归趋，此刻宜持稳健自重之态度，赞同日本之方针"。是日有吉面晤孙转达。孙对内田外相的答复表示遗憾，对日本行动提出希望及批评。

诗学偶谈①

（一九一八年）

中国诗之美，逾越各国，如三百篇以逮唐宋名家，有一韵数句，可演为彼方数千百言而不尽者，或以格律为束缚，不知能者以是益见工巧，至于涂饰无意味，自非好诗。然如"床前明月光"之绝唱，谓妙手偶得则可，惟决非寻常人能道也。

今倡为至粗率浅俚之诗，不复求二千余年吾国之粹美，或者人人能诗，而中国已无诗矣。

据胡汉民：《不匮室诗钞》卷八，广州，
登云阁现代仿宋印刷所一九三六年出版

对胡瑛的声言②

（一九一八年）

胡瑛来莫利爱路谒孙先生，苦述赞成洪宪为不得已之苦衷，求先生宽恕。

孙厉声曰：胡经武，我从前以三民主义号召汝革命，并未教汝劝人做皇帝，如汝非革命党人，而保皇党、进步党、宪政党为之，翻然改悔可恕也；保皇、立宪、进步党员，尚多不屑为此劝进丑事者，而子为之，是可恕，孰不可恕乎？士君子重廉耻道义，爱人以德，既毁袁世凯，又来此忏悔，汝并无以对袁项城于地下矣。汝宜闭户思过，求有功德于人民者，作一二事，国人当为宽恕，不必向予悔过也。

据刘成禺《先总理旧德录》，载南京《国史
馆馆刊》创刊号，一九四七年十二月出版

---

① 这是一九一八年某日孙文在广州与胡汉民、朱执信等的谈话。

② 胡瑛是"洪宪六君子"之一。一九一八年孙文因广州改七总裁制，居沪著书立说，胡瑛来莫利哀路谒见孙文，孙乃有此声色俱厉的责言。

有关商务印书馆出版的教科书

与戴季陶等谈话

（一九一九年初）①

商务印书馆的教科书实在太坏了，我们革命就要革这些教科书的命！
（总理还要求数位同志重新编辑教科书。）

据戴季陶述，张振之记：《关于孙文学说》，载上海
《新亚细亚》第三卷第六期，一九三二年三月出版

在上海与王正廷等谈话

（一九一九年一月上旬）

党员有参与巴黎和会者，孙先生告之曰：宜提出取消中国与列强所订之不平
等条约，收回被侵掠之各地，承认高丽之独立，庶符民族自决之旨，苟不能是，
则和会为无价值。中国之参加，尤无意义矣。

据"中华民国"史料研究中心编：《胡汉民先生
遗稿》，台北，台湾中华书局一九七八年印行

给邵力子的指示②

（一九一九年五月六日）

孙中山接邵力子电话报告五四运动的消息，对邵力子当天在《民国日报》报

---

① 底本未说明日期。此次谈话发生于上海商务印书馆拒绝出版《孙文学说》之后，但说
明是在《孙文学说》完稿后联系出版之时。故酌定为一九一九年初。

② 上海《民国日报》总编辑邵力子，得到孙文的指示，即到复旦大学亲自打钟，集合学
生，向他们宣读该报有关五四运动的头条新闻，对掀起上海的学生反帝爱国运动高潮起了重要
作用。

道了北京学生游行示威爱国反帝的情况嘉许不已。

孙中山指示：《民国日报》要大力宣传报道北京学生开展的反帝爱国运动，立即组织发动上海学生起来响应，首先是复旦大学。

据蔡开松：《五四运动中的孙中山》，载一九九二年五月六日北京《团结报》

在上海与邵元冲谈话

（一九一九年五月二十日）

邵问：先生平日所治甚博，于政治、经济、社会、工业、法律诸籍，皆笃嗜无倦，毕竟以何者为专致？

孙答：余无所谓专也。

邵问：然则先生所治者究为何种学问耶？

孙答：余所治者乃革命之学问也。凡一切学术，有可以助余革命之知识及能力者，余皆用以为研究之原料，而组成余之"革命学"也。

据《治学杂谈》（一），载秦孝仪主编：《国父全集》第二册，台北，近代中国出版社一九八九年十一月出版

对上海学联的意见①

（一九一九年五月二十九日）

这次你们学生罢课，完全出于爱国热忱，中山先生非常赞成。但是目前这样温温吞吞的下去是不成的，势必会旷日持久，贻误时机。中山先生说，你们学生应该再大胆些进行活动，不要怕这怕那，要有牺牲精神，要有突击运动，要扩大阵线，要设法激起怒潮来。万一工部局起来抓人，中山先生已经为你们请好外国

---

① 孙文电话通知上海学联派代表于是晚在西藏路南京路口老晋隆西餐馆约会密谈，上海学生联合会正会长何葆仁、总干事朱承洵前往会见了孙派来的代表，该代表转达孙的意见。

律师，一名是法国律师达商，一名是英国律师穆尔素，一定会出来办交涉的，你们放心大胆干好了。

据朱仲华：《我有幸多次得见孙中山先生》，载《孙中山与浙江》，杭州，浙江人民出版社一九八六年出版

在上海与邵元冲谈话

（一九一九年五月）①

邵问：先生何自苦若是？何不令他人校之？

孙答：此稿已由人校二度，此为第三度，特自校之。然尚时见讹误，校书之不易，于斯可证。

据《治学杂谈》，载秦孝仪主编：《国父全集》第二册，台北，近代中国出版社一九八九年十一月出版

段祺瑞如赞成护法当可联络

与谢君焦君谈话

（一九一九年五月）②

我本不是当段祺瑞个人是仇敌，因为他做背叛民国的事，我所以反对他。如果他能够自己把参战军全撤废了，把所有他经手的卖国条约都取消了，而且实实在在的服从国会、服从法律，明明白白地把自己的罪恶都宣布出来，向国民谢罪，那么自然大家不会十分为难他的，有什么联络不联络？

据《孙先生联段说之辨正》，载一九一九年六月二日上海《民国日报》第二、三版

---

①　底本未说明日期。书稿《孙文学说》于一九一九年五月二十日付印，孙文亲自校阅，六月五日由上海华强书局出版发行。谈话时间据此酌定。

②　底本未说明日期。据一九一九年六月二日上海《民国日报》载《戴季陶君之谈话》一文，谈及孙文此次谈话时间"当在一个月前"。酌定为五月。

在上海与何葆仁朱承洵谈话①

（一九一九年六月二日）

　　你们能攻破上海这个帝国主义的顽固堡垒，是很了不起的胜利！这是同学们团结一致的力量！

据朱仲华：《五月忆泪》，载上海《上
海青运史资料》一九八四年第一期

在上海与何葆仁朱承洵谈话②

（一九一九年六月十日）

　　孙中山用英语对他们说了两句话：

　　团结就是力量，分裂导致灭亡。

据朱仲华：《我有幸多次得见孙中山先生》，载中
国人民政治协商会议浙江省委员会文史资料研究委
员会编：《浙江辛亥革命回忆录》第四辑，《孙中
山与浙江》，浙江文史资料选辑第三十二辑，杭州，
浙江人民出版社一九八六年三月出版

---

　　①　是日孙文在寓所亲自接见何葆仁、朱承洵，详细询问这次上海示威游行的情形，特别对上海学生粉碎圣约翰大学校长卜舫济破坏爱国救亡运动的阴谋活动表示赞赏。

　　②　是日北京政府被迫下令免除曹汝霖、章宗祥、陆宗舆的职务，消息传来，何葆仁、朱承洵又一次前往莫利哀路晋谒孙文。

要使人明白三民主义须做社会思想上的指导工夫

在上海与戴季陶谈话①

（一九一九年六月中旬）②

进了先生的书斋，看见先生正在那埋头著书，我就坐在旁边的一把椅子上。停了一会，先生折转身问道："你这几天研究什么东西？"

我说："我和两个朋友办了一个《星期评论》，一天总要写一点文章。而且《建设》月刊的出版也近了③，我已经担任了的著作和翻译都要准备起来。所以，一天看书作文已经很忙，便连会客应酬都谢绝了。"

先生说道："《星期评论》里面，我觉得有一篇《国际同盟和劳动问题》④，是不是你的？你也留心这个问题么？"

我说："不错。这劳动问题，中国人差不多向来没有注意到这个地方。……不过就上海地方说，工人的人数有三四十万，而且罢工的事件也常常发生。前几天罢市风潮的时候，同时就引起了大罢工的事实⑤。幸而北京政府免曹、陆、章⑥的命令下来了，如果再迟一两天，恐怕会变了全市总同盟罢工的景象。当时上海有

---

① 戴季陶是一九一九年六月八日创办的上海《民国日报》附刊《星期评论》主编，于某日上午前往法租界莫利哀路二十九号（今香山路七号）孙文寓所拜访。他在访谈录中称孙文为"先生"，并以"我"自称。

② 底本未说明日期。因孙文在谈话中提及发表于六月十五日的一篇文章，而访谈录又发表于同月二十二日。故酌定是月中旬。

③ 由孙文创办的《建设》月刊于一九一九年八月一日在上海出版。

④ 此指六月十五日出版的《星期评论》第二号所载《国际同盟和社会问题》一文，戴季陶撰。

⑤ 五四爱国运动在北京发生后，上海和全国各地纷纷响应。六月三日北京政府大规模逮捕学生，五日上海更掀起罢市罢工风潮。截至十一日统计，约有十一万各业工人先后投入大罢工，另有七万店员工人参加罢市。而上海中等以上学校的学生自五月二十六日起即举行总罢课，六月五日全市各小学校亦加入罢课行列。

⑥ 六月十日，北京政府被迫免除遭爱国群众痛斥为卖国贼的交通总长曹汝霖、币制局总裁陆宗舆、驻日公使章宗祥三人职务。十二日，上海开市并复工复课。

知识的人差不多没有一个人不焦心，大家想法子劝告工界的人不要罢工。为什么呢？就是因为这许多无组织、无教育、无训练又没有准备的罢工，不但是一个极大的危险，而且于工人本身也是不利的。但就这次的现象看来，工人直接参加政治社会运动的事已经开了幕。如果有知识有学问的人不来研究这个问题，就思想上、知识上来领导他们，将来渐渐的趋向到不合理、不合时的一方面去，实在是狠危险的。所以我受了罢工风潮的感动，觉得用温和的社会思想来指导社会上的多数人，是一桩狠要紧的事。"

先生想了一想，问道："你是想要直接去指导他们呢？还是站在研究的批评的地位，做社会思想上的指导工夫呢？"

我就直爽地应道："我的目的还是属于后者。因为我对于这个问题现在知识还狠浅薄，所以打算努力做研究的工夫，拿我的研究所得发表出来，供他们各方面的人的参考资料。"

先生说道："你这个意思很好。我们改革中国的主义是三民主义，三民主义的精神就是要建设一个极和平、极自由、极平等的国家，不但在政治上要谋民权的平等，而且在社会上要谋经济的平等。这样做去，方才可以免除种种阶级冲突、阶级竞争的苦恼。所以我们在经济上，一面是要图工商业的发达，一面是要图工人经济生活的安全幸福。不过目前这个时候，我们对于许多不明白的人，要使他明白。应该怎么样呢？有一点顶重要的，就是指导他们方法很要注意。

"中国现在不但工人没有知识，连号称知识阶级里面的人也是一样没有知识。工人没有知识，就是一切新旧知识都没有的。知识阶级里面的人，就是有有害的知识，没有有益知识。对于毫无知识的，给他一个知识是容易。对于号称有知识的，教他判别是非利害倒是很难。我们在这个时候既然立了一个主意，要做指导社会的工夫，最要紧的就是不好先拿我们的知识，整个的放上去，以为这件事我已经明白了，他为什么不明白？两次说不明白便生了气，这是不行的。我们要晓得群众的知识是很低的，要教训群众、指导群众，或者是教训、指导知识很低的人，最要紧要替他们打算，不好一味拿自己做标本。这样的去做工夫方才有趣味，方才得到研究的益处，方才能够感化多数的人。

"你看教马的人，他怎么能够把马教会的？就是他在教马的时候，他自己的意识已经先变了马。他不是先要马懂得他的意思，他是先要自己懂得马的意思。教马的人，在马的面前是一点也用不得人的智慧的，如果要用人的智慧，一定要和马打起架来。你又看那教猢狲的人，他也是要就猢狲的性去教猢狲，不是要就人的性格去教猢狲。因为在我们看来，英国是这样，美国是这样，俄国是这样，德国是这样，拿许多的榜样做材料，就归纳到中国应该怎样的本题，成一个主张。但是那多数的人，他却是不懂的。所以我们如果要指导多数人，是先要把自己的知识学问收藏起来，处处去顺他的性，来诱起他的自觉，然后得来的结果方能够圆满，然后我们指导社会的目的方能够达到。"

先生讲的这一番话，我从前已经听见了一次。……我又想起了一桩事来问道："此刻这个时代，思想的震荡已经到了极点，中国在这世界思潮的震荡的中间，也就免不了震荡起来。但是因为知识程度太低的原故，一般的人对于世界上思想的系统不能够明白，那些做煽动工夫的人，就拿了一知半解、系统不清的社会共产主义，传布在无知识的兵士和工人里面。这几天报上登载说军队里面发现题名'兵士须知'的小册子，就是这种事实了。如果因为这一种无意识的煽动发生出动乱来，真是一塌糊涂，没有办法了。先生对于这个问题有什么意见？"

先生听了我的问话，想了一会，说道："这确是一种危险。因为无论在哪一国，他们各种思想都是有系统的，社会上对于有系统的思想的观察批评也是有系统的。政治运动是政治运动，经济运动是经济运动，各有各的统系，都随着人文进化的大潮流自自然然的进步，如果没有特别的压力，像俄国从前那样的政治，决不会有十分激烈的变态发生出来的。中国在社会思想和生活还没有发达、人民知识没有普及、国家的民主的建设还没有基础的时候，这种不健全的思想的确是危险。不过这也是过渡时代一种自然的事实，如果要去防止他，反而煽动人的好奇心，助成不合理的动乱。再冷静一点想，无论在什么地方，荒地开的时候，初生出来的一定是许多的杂草、毒草，决不会一起便天然生出五谷来的，也不会忽然便发生牡丹、芍药来的。这种经过，差不多是思潮震荡时代的必然性，虽是有害，但也用不着十分忧虑的。"

据戴季陶：《访孙先生的谈话——社会教育应该怎么做？》，载上海《民国日报》附刊《星期评论》第三号，一九一九年六月二十二日出版

关于收回山东与山东权利

与《大阪朝日新闻》记者谈话

（一九一九年六月二十四日刊载）

兹承贵记者问：中国人何以恨日本之深，及有何法以调和两国感情？

予当竭诚以答，并以此告吾日本之故友。予向为主张中日亲善之最力者。乃近年以日本政府每助吾国官僚，而挫民党，不禁痛之。夫中国民党者，即五十年前日本维新之志士也。日本本东方一弱国，幸得有维新之志士，始能发奋为雄，变弱而为强；吾党之士，亦欲步日本志士之后尘，而改造中国，予之主张与日本亲善者以此也。乃不图日本武人，逞其帝国主义之野心，忘其维新志士之怀抱，以中国为最少抵抗力之方向，而向之以发展其侵略政策焉，此中国与日本之立国方针，根本上不能相容者也。

乃日本人之见解则曰，中国向受列强之侵略矣，而日本较之列强无以加也，而何以独恨于日本尤深也？呜呼，是何异以少弟而与强盗为伍，以劫其长兄之家，而犹对之曰：兄不当恨乃弟过于恨强盗，以吾二人本同血气也。此今日日本人同种同文之口调也。更有甚者：即日本对德宣战，于攻克青岛之时，则对列强宣言以青岛还我。乃于我参加欧战之日，则反与列强缔结密约，要以承继德国在山东之权利。夫中国之参战也，日本亦为劝诱者之一也，是显然故欲以中国服劳，而日本坐享其利也。此事以中国人眼光观之，为何等之事乎？即粤语所谓"卖猪仔"也。何谓"卖猪仔？"即往时秘鲁、智利、古巴等地，垦荒乏人，外洋资本家利中国人之勤劳而佣值廉也，遂向中国招工。乃当时海禁未开，中国政府禁工出洋，西洋人只得从澳门招工，每年由澳门出洋者，以十数万计。此等工人，皆拐自内地，饵以甘言厚利，诱以发财希望，而工人一旦受欺入于澳门之猪仔馆，终身无从逃脱矣。而猪仔头（即拐卖工人者）则以高价售之洋人，转运出洋，以作苦工。工人终世辛劳，且备受种种痛苦，鞭挞残杀，视为寻常，是无异乳猪之受人宰食，故名此等被人拐卖之工人曰"猪仔"。曩者日本之劝中国参战，而同时又攫取山东权利，是何异卖中国为猪仔也。夫猪仔之地位，固比家奴为尤下也。

家奴虽贱，倘服务勤劳，奉命惟谨，犹望得主人之怜顾而温饱无忧也，而猪仔则异是。是故当时澳门之为猪仔头者，无论如何贪利，断不忍卖其家奴为猪仔也；必拐诱休戚不相关之人，而卖为猪仔也。以中国视之，则日本今日尚不忍使台湾、高丽服他人之务，而己坐享其利也，是日本已处中国于台湾、高丽之下矣。是可忍孰不可忍？倘以此为先例，此后世界凡有战争，日本必使中国参加，而坐收其利矣，此直以猪仔待中国耳。尤有甚者，昔澳门之猪仔头，亦不过卖人为猪仔，而取其利于洋人而已。日本今回之令中国参战也，既以此获南洋三群岛以为酬偿矣，乃犹以为未足，而更取山东之权利，是既以中国为猪仔矣，而犹向猪仔之本身割取一脔肥肉以自享也，天下忍心害理之事，尚有过此者乎？中国人此回所以痛恨日本深入骨髓者，即在此等之行为也。而日本人有为己辩护者，则曰日本之取山东权利，乃以战胜攻取而得者也。果尔，则日本何不堂堂正正，向列强要求继承山东权利于攻克青岛之时，而乃鬼鬼祟祟于中国参加欧战之日，始向列强要求为酬偿之具也。夫中国尚未隶属于日本也，而日本政府竟已对中国擅行其决否之权，而且以行此权而得到列强酬偿矣，此非卖中国之行为而何？

　　夫此回欧战固分为两方面，旗帜甚为鲜明者也：其一即德、奥、土、布，乃以侵略为目的者；其一英、法、美、俄，乃以反对侵略为目的者。故英、美之军在欧洲战场战胜攻取，由德国夺回名城大邑，不啻百倍于青岛也，且其牺牲，亦万千倍于日本也，而英、美所攻克之城地，皆一一归回原主也。日本为加入反对侵略之方面者也，何得以战胜攻取而要求承继山东德国之权利耶？若日本之本意，本为侵略，则当时不应加入协商国方面，而当加入德、奥方面也。或又谓中国于参战，并未立何等功绩，不得贪日本之功也。而不知此次为反对德、奥之侵略主义而战，则百数十年为德国侵略所得之领土，皆一一归回原主也。彼波兰、捷克二族亦无赫赫之功也，而其故土皆已恢复矣；我中国之山东青岛何独不然？且丹麦犹是中立国也，于战更无可言功，而德国六十年前所夺彼之领土，今亦归还原主矣。是中国以参加战团而望得还青岛，亦固其所也。乃日本人士日倡同种同文之亲善，而其待中国则远不如欧美。是何怪中国人之恨日本而亲欧美也。

　　日本政府军阀以其所为，求其所欲，而犹望中国人之不生反动，举国一致，以采远交近攻之策，与尔偕亡者，何可得也？是日本今日之承继德国山东权力者，即为他年承继德国败亡之先兆而已。东邻志士，其果有同文同种之谊，宜促日本政府早日猛省，变易日本之立国方针，不向中国方面为侵略，则东亚庶有豸乎。

孙　文

据《孙中山先生答朝日新闻记者书》，载一九一九年
六月二十四日上海《民国日报》第二版

在上海与邹鲁谈话

（一九一九年六月）

某日先生告邹曰：一般人读书不认真还不要紧，我们革命党人却千万不可不认真。因为一般人读书，或是为个人的前途，或是为一家的生活，他读书不认真，成败得失，只他个人或其一家。革命党人则不然，一身负国家社会之重〈责〉，如果自己读书不认真，事情做错了一点，就不但害了我们的党，连整个国家社会也被害了。

某日邹等问：鉴别文章的方法如何？

孙答：很容易，一篇文章能当做一章读，一篇文章能当做一段读，一段文字能当做一句读，这便是好文章。因为惟有这样的文章，全篇气势方能贯注，作文之道亦如此。

据邹鲁：《谨述我亲见亲闻的国父言行》，
载一九四五年五月五日重庆《扫荡报》

在上海与常万元谈话①

（一九一九年七月）

中国的将来，中国的命运，这些重大的责任，完全落在你们这一代青年的身

---

① 是月常万元（今名常宗会）担任安徽学生会代表，到上海参加全国学生联合会总会的成立，曾赴莫利哀路谒见孙文。

上。你们要学科学，要爱国。否则的话，你们爱国之心虽有，但是力量不够，作用亦就不大了。有了学问，才能发挥重大的力量去爱国。

据常宗会：《一九一九年在上海两次见到孙中山先生》，载中国人民政治协调会议江苏省委员会文史资料研究委员会编：《江苏文史资料选辑》第七辑，南京，江苏人民出版社一九八一年九月出版

任总裁徒代他人受过

与董昆瀛等谈话①

（一九一九年八月二十一日）

余任总裁徒代他人受过，于所抱救国志愿丝毫无补。今承两院诸君厚意，用特切实声言，余救国之志迄未稍衰，而总裁职务则久经断念。

据《国会议员挽留孙先生》，载一九一九年八月二十二日上海《民国日报》第十版

护法者友坏法者敌

与张瑞萱等谈话②

（一九一九年八月二十二日）

余之主张惟"护法"二字。护法者余之友，坏法者余之敌。段〔段〕祺瑞、徐树铮而能护法，余愿友之，何有于王揖唐？反是，则余不必明言矣。

至于国事，以余观察，此时实无办法。余不久将赴欧美旅行，不欲再闻此无

---

① 八月七日孙文通电辞总裁职，广州参众两议长致电驻沪国会议员董昆瀛、张瑞萱挽留孙。他们接电后，于是日下午二时谒孙陈述一切，再三挽劝，孙辞意甚坚。

② 旅沪国会议员对北方议和总代表王揖唐到上海与孙商议关于和会问题不理解，公推代表张瑞萱、方潜等四人，分谒孙和唐绍仪。孙向张、方等人表明对护法及时局的态度。

聊之聒絮矣。

据《孙唐两氏与议员谈话》，载一九一九年
八月二十三日上海《民国日报》第十版

与方潜等谈对南北和议的态度

（一九一九年八月二十三日）①

余对于和议不置一辞，余之主张惟救国，在护法。北方勾结日本毁法卖国。若北庭能脱离日本范围，方能谋合法之和平，否则和不和均非余所知。

据《旧议员与孙唐之谈话》，载一九一九年
八月二十五日上海《时报》（三）

援救陈独秀胡适

与许世英谈话②

（一九一九年九月上旬）

孙对许说：独秀我没有见过，适之身体薄弱点。你们做得好事，很足以使国民相信我反对你们是不错的证据。但是你们也不敢把来杀死；身体不好的，或许弄出点病来，只是他们这些人死了一个，就会增加五十、一百。你们尽做着吧！

许听了这番话，口口声声的："不该，不该，我就打电报去。"

据：《沈定一给胡适的信》（一九一九年十二月十六日），载中国社会科学院近代史研究所中华民国史组编：《胡适来往书信选》（上），北京，社会科学文献出版社二○一三年七月出版

---

①　八月二十三日，原国会非常会议议员在沪开会讨论南北和议情况，随后公推方潜、刘云昭、王试功、张瑞萱四人分谒南方总代表唐绍仪及孙文咨询意见。本篇系孙所表明的态度。

②　九月，孙文在上海听到陈独秀、胡适被捕，深为焦虑。适北京政府代表到上海进行南北和议，孙一见许就面斥北京政府拘捕陈、胡之非，进行援救，不几日，陈、胡获释。

当务之急是强化民众基础

与宫崎龙介谈话

（日　译　中）

（一九一九年九月十六日至二十七日间）①

孙中山批判自己过去所使用的革命方式，认为当务之急是"民心开发"，强化民众基础，对日本期待民众力量去改革。

> 据李吉奎：《孙中山与日本关系大事记》，
> 载《孙中山研究论丛》第六集，广州，中
> 山大学学报编辑部一九八八年十二月出版

对和局之意见

与王揖唐谈话②

（一九一九年九月二十二日）

王叩以对和局之意见。

孙面斥段氏之无识坏法，谓：现在惟一解决方法，只有恢复国会，使其自由行使职权。此为余二年来护法之主张，亦即为全国人谋和注意之点，若能办到此层，和局今日即可成立，即不再开会，余亦可负完全责任。否则断无可商量。

王：北方不能办到此层。

孙：既不能办到，则更何和可言。

> 据《孙先生对和局之意见》，载一九一九年
> 九月二十三日上海《民国日报》第十版

---

① 底本未说明日期。据《宫崎滔天年谱稿》载，一九一九年九月十六日宫崎寅藏偕子龙介到上海，二十七日乘"八幡丸"离上海。谈话时间据此酌定。

② 王揖唐，安福系首领之一，时任北方议和总代表。

关于南北和谈①

与曹亚伯谈话

（一九一九年九月二十三日）

和之一字，当根本取消。若北方能服从条件，以旧国会完全自由行使职权，则南北本属一家，国民同心救国，本可减轻全国工人之负担，吾当即日将徐、段来商始宣布，使中外咸知。

据《王揖唐来沪第五日记》，载一九一九年
九月二十四日上海《民国日报》第十版

坚辞总裁职

与《上海晨报》记者谈话②

（一九一九年十月十六日）

记者问：童某所言，有无是事？

孙果答曰：我并无对童说是语。报章所载，殊无根据。我既已决定辞职，一定坚辞到底，万无中途被人摇动之理，请汝在报上为我更正之。

据《孙先生辞意坚决》，载一九一九年
十月十七日上海《民国日报》

① 中华工业协会理事长曹亚伯对于王揖唐来沪议和，特赴莫利哀路二十九号谒见孙文，询问云："北方不法，西南护法，吾辈工人两年以来掳掠负重，驱为牛马，待死不暇；吾辈工人，固不反对合法之议和，但反对分赃之和议。如某为总统、某为总长、某为督军、某为省长……全国工人，无论南北，惟有拒绝不许。"

② 粤报发表童杭时报告孙文谈话后，《上海晨报》记者为此特赴莫利哀路孙文寓所访问，诘以童所言有无此事。孙即发表"取消辞意之说不确"的声音。

附录：辞军政府政务总裁职之原因

与童杭时谈话①

（一九一九年十月十四日刊载）

改组军政府采多头政治，与民国约法规定元首政治，本为不合，且总裁多不到粤，虽派代表，对于办事进行，诸多困难。故余原始本不赞成，当拟辞总裁职，嗣缘国会议员诸多挽留，故不得不牺牲个人意思，勉遵国会多数意旨，表示不辞而已。至办事上，仍难积极负责。今两年以来，徒挂虚名，毫无实效，自问甚觉无谓。故此种总裁，辞与不辞，殊无足轻重。现诸君恐政局上及制宪人数上，或受影响，以为余似灰心护法矣。孰知余并不灰心护法，且仍积极护法，必求贯彻主张然后已。即制宪人数决不致受影响。

盖余辞职有两种意思：一因国会议员前曾函推余赴欧美，余因著书未完成，旅费未筹足，故暂缓行。今著书已脱稿，一俟筹备旅费，即拟起程，对于世界各国，说明我国国会完全恢复之必要，祈同为公道之主张；二因沪上和会将重开，余拟以国民资格要求和会提出一个条件，即国会必须完全行使职权，不得稍加限制是也。若仍挂总裁虚名，即倚一偏，诸多勿便，不如辞去，纯以国民资格较自由也。现承诸君仍再三诚挚挽留，余当又暂不再表辞意，以尊重国会及各方挽留者意旨。但在余看来，此种总裁，虽〔徒〕挂虚名，对于护法前途，实际上毫无裨益。

据《童杭时报告孙中山先生之谈话》，载一九一九年十月十四日上海《民国日报》

---

① 广州世界和平共进会派赴上海挽留孙文辞卸政务总裁的代表。童杭时经孙接晤后返粤，对和平共进会会员及国会议员作了汇报，传达孙谈话内容。

在上海与宁武谈话

（一九一九年秋）

在国际上要联俄，学列宁的革命方法；在国内，五四运动正蓬勃发展，中国新青年起来了，这是中国革命的新血液、新生力量。我们要把握时机，取得政权，擒贼擒王，首先必须打倒北洋直系军阀。因此，我打算即回广东，重组政府，亲率大军北伐。另一方面，我们要分化北方军阀，利用直系与皖系的利害冲突，联络段祺瑞，特别是关外实力派张作霖，三方合作声讨曹（锟）、吴（佩孚）。

据宁武：《孙中山与张作霖联合反直纪要》，载尚
明轩、王学庄、陈崧编：《孙中山生平事业追忆
录》，北京，人民出版社一九八六年六月出版

留学生须学得活知识以贡献于国家社会

在上海与张道藩等谈话①

（一九一九年十一月中下旬）②

不管你们到那一国去留学，也不论你们将来学什么，只要你们能够刻苦用功，切切实实的去学，将来一定会有成就的。

但是你们要知道，我们中国虽然已经推翻了满清专制政体，建立了五族共和的中华民国，可是我们的立国的基础还没有巩固。许多官僚、政客、武人对于共和政体还没有真正的认识，所以才有袁世凯推翻共和政体，要做洪宪专制皇帝的

---

① 行将赴欧洲留学的张道藩（曾加入中华革命党）、黄齐生等十八人，在上海候船之际前往法租界莫利哀路二十九号孙文寓所拜访。孙文就他们所提出"怎样的好好求学，将来能够对国家社会做一个有用的人"的问题发表谈话。后来张道藩相继进入英、法的大学学习，其他留学生亦多在这两国就读。

② 底本未说明日期。据底本称，张道藩等于一九一九年十一月中旬抵沪，下旬乘商船离沪赴欧。另有史料记载，该船在十一月二十二日起航。

可笑事件发生。袁世凯现在虽然已经死了，北方政府仍然在北洋军阀、官僚、政客的手里。所以我非在广东组织护法政府，重新革命，不能挽救中华民国。你们也要知道，中国还是一个贫弱的国家，事事都受世界列强的干涉和压迫。我们全国同胞，尤其是知识分子，必须要大家齐心参加革命，才能使中国得到独立、自由和平等。

我国在各国的留学生应该都是最优秀、最革命的知识分子，可是事实上并不完全如此。许多留学好的只知道读死书求智识，其次的只学了一些外国学术的皮毛，再次的只学得些外国人的生活享受和恶习。最奇怪的是，大多数都不知道过问政治。比较起来，还是留日、留法的学生好一点。比如过去留法学生在巴黎和平会议①时的表现，和最近留日学生为了爱国运动宁可牺牲学业，离开日本回国参加反日工作。最不行的是留英学生，他们多半误解以为英国人民不管政治，因为受了这种影响，在留学期间或者回国以后，也就以为参预政治是不必要的。因为英国人民平时只靠他们的政党替他们过问政治，而很少直接参与。但是他们留英期间如果遇着英国一次大选，他们得到机会仔细观察，就知道英国人是怎样疯狂参加政治活动的。

所以我希望你们到外国去，不要以能读死书求得一点智识为满足。你们应该除了专门科目而外，随时随地留心考察研究各国的人情、风俗习惯、社会状况以及政治实情等等。这些活的智识于你们学成归国之后，对国家社会会有很大贡献的。

据张道藩：《酸甜苦辣的回味》，载台北《传记
文学》第一卷第六期，一九六二年十一月出版

---

①　即第一次世界大战结束后，战胜国一方于一九一九年一月至六月举行的巴黎和会。中国作为"协约国"成员派代表与会，但会议竟决定由日本继承战前德国在山东的特权，北京政府又对此采取妥协态度，从而引发五四爱国运动。中国留法学生与工人亦积极响应，甚至包围中国代表的住处迫使其拒绝在《凡尔赛和约》上签字。

论和局情形

在上海与某君谈话

（一九一九年十一月二十二日）

孙中山氏对某人言：不赞成南方军阀之行动，并预料谭延闿行将失势。

孙氏言：护法派人（即孙氏与旧国会所代表者），自有强固势力，非南方军阀派所能蔑视。

某人问：北方靳总理是否诚意谋和？

孙氏言：彼信靳之谋和计划已失败，料其不能久安于位。靳之计划，在南北两方武人单独媾和，而漠视护法派之条件，盖靳氏以为南方军阀能包办和局也。

孙氏又论和局情形，谓：彼之媾和条件，可望承认，即国会必须完全行使职权。此次条件既有北方承受之希望，则北方代表王揖唐将不离去沪上。其在北京方面，靳云鹏与安福派对于阁员之争，现已变为徐世昌与段祺瑞之争，徐氏助靳，必欲周自齐为财长，段氏则反对之；现小徐①扬言如周氏果为财长，彼将行急剧行动。

据《西报纪和局转变形势》，载一九一九年
十一月二十三日上海《民国日报》第三版

在上海与邵元冲谈话

（一九一九年十一月二十四日）

邵曰：近欲赴美治学，希先生有以教之。

孙答：既决意治学，亦大佳。然必须至美国中部，华人既寡，研究始专；若东美、西美，则华人众，意易致纷，不宜于学。既学必求其通，勿浅尝辄止也。

---

① 小徐：即徐树铮。

孙问：汝将治何业？

邵答：吾人志行，既以革命为依归，则所学自期有裨于革命、有裨于主义。吾党主义，民族，民权两部分，领悟者较多，民生一部，了解较寡。故此行研习，当以民生为主，其基础则经济学、社会学也。

孙曰：甚是。

据《治学杂谈》，载秦孝仪主编：《国父全集》第二册，台北，近代中国出版社一九八九年十一月出版

中国时局与劳资关系

与上海《大陆报》记者谈话①

（英 译 中）

（一九一九年十一月二十五日）②

孙中山昨对《大陆报》代表云：新内阁人员绝对为亲日派，靳云鹏③即为去年赴日参预秋操时订结中日军事协定者。而略有亲美倾向之周自齐④，则已为安福国会⑤所拒绝。

孙君评论路透电所传过激派致函孙君请其发起中国劳工革命之说，谓中国并

---

① 访谈录对孙文使用第三人称。

② 底本未说明日期。此据上海《大陆报》的说明。

③ 靳云鹏为皖系将领，一九一九年九月以陆军总长兼代国务总理，同年十一月五日正式出任国务总理，即孙文所称新内阁。前此，靳曾于一九一七年十月奉派赴日本参观陆军大操并商洽军械借款，一九一八年代表段祺瑞内阁先后在北京与日方秘密签订三项军事合作协定。

④ 周自齐早年留学美国，并长期担任清廷驻美外交官，民国成立后在北京政府历任交通总长、财政总长、农商总长等要职。此次未能加入靳云鹏内阁。

⑤ 一九一八年皖系军阀首领段祺瑞组阁期间，为对抗一九一七年孙文在广东召集的国会非常会议，决定重新选举国会议员，其御用团体安福俱乐部（即安福系）通过贿买选票等不正当手段获得大部分议席，是年八月召开的国会因受安福系完全控制，故被称为"安福国会"，亦即下文孙文所称"非法国会"。徐世昌乃于同年十月被该国会选为总统。而为区别于民初国会起见，时人亦称该国会为新国会，称民初国会为旧国会。

无传播过激主义之机会，彼尚未接到该函，恐亦未必能接到，因英国社会党人有许多致伊之信，均为英国当局扣留。

孙君又云：南北战事系余发起，故余能操纵讲和条件，余之惟一条件为国会必须有全权行使职权。北京政府一经承受余之条件，和平可以立成。段祺瑞已允余之条件，惟他派人不愿国会重行召集。徐世昌不愿旧国会恢复，因彼之自身系由非法国会选出，若非法国会解散，则彼将去职也。日本亦不愿旧国会恢复，因旧国会将否认中日间一切密约也。现有此等阻力，故去和平尚远。惟北军将不与吾人作战，北方或将派兵数十万及大宗之金钱以与南方战，然吾人有法使其失效。北军一到战地，必即投戈向南，至迟三个月内，纵不与南方为友，亦必为中立者。须知吾人殊不畏巨大之军队与新式武器也。前者徐世昌曾得南方一最有力武人之助，此人即陆荣廷①，彼等曾谈判南北武人单独媾和。但今日护法派人已与陆荣廷作战，预期六个月之内，陆氏虽拥有强固武力，必将蹶败也。段祺瑞则已知悔思补其前失，现愿与余提携，惟阻力颇多，彼目下之势力不足以脱离其前此同伴之束缚。彼以前袒日，今虽自愿排日，而有所不能。

孙君信过激主义不至传入中国，其言云：余恒主张铁路、矿产、水力均归国有（此等皆为国家实业之关键），因为此则劳动与资本之战争将从此消灭也。英人恒言"预防胜于疗治"，国有一端，即为劳动反对资本之预防法。欧美资本主义发达，故过激主义易传入，现在英、美两国似均有以路矿改归国有之倾向矣。中国则资本主义并未发达，路矿等多自始为政府所有。而过激主义不过一种劳动反对资本之方法，今中国已有预防策，即无需于疗治矣。

孙君对于本埠出口公会所谓"过激危险遍伏于中国之说"不以为然，谓其绝无理由，上海工界之一二行动或有类于过激主义之色彩，然绝不能谓全中国皆然云云。

据《西报纪孙先生谈话》，载一九一九年
十一月二十七日上海《民国日报》第三版②

---

①　陆荣廷为广东军政府政务总裁、桂系军阀首领，一九一八年五月军政府改组后即受其控制。

②　此系译自同月二十六日《大陆报》第一、四页，原标题为 New Cabinet Pro-Japanese, Says Dr. Sun（《孙博士说新内阁为亲日派》）。另一译文见二十七日上海《申报》（第十版）所载《〈大陆报〉纪孙中山之谈话》。内容与底本相同而文字各异。

中国并无传播过激主义之机会南北战事系余发起

与上海《大陆报》记者谈话

（一九一九年十一月二十六日）

孙中山对记者云：新内阁人员绝对为亲日派，靳云鹏即为去年赴日参预秋操时订结中日军事协定者；而略有亲美倾向之周自齐，则已为安福国会所拒绝。

孙君评论路透电所传过激派致函孙君请其发起中国劳工革命之说，谓中国并无传播过激主义之机会，彼尚未接到该函，恐亦未必能接到，因英国社会党人有许多致伊之信，均为英国当局扣留。

孙君又云：南北战事系余发起，故余能操纵讲和条件，余之惟一条件，为国会必须有全权行使职权。北京政府一经接受余之条件，和平可以立成。段祺瑞已允余之条件，惟他派人不愿国会重行召集。徐世昌不愿旧国会恢复，因彼之自身系由非法国会选出，若非法国会解散，则彼将去职也。日本亦不愿旧国会恢复，因旧国会将否认中日间一切密约也。现有此等阻力，故去和平尚远。惟北军将不与吾人作战，北方或将派兵数十万及大宗之金钱，以与南方战，然吾人有法使其失效，北军一到战地，必即投戈向南，至迟三个月内，纵不与南方为友，亦必为中立者。须知吾人殊不畏巨大之军队与新式武器也。前者徐世昌曾得南方一最有力武人之助，此人即陆荣廷，彼等曾谈判南北武人单独媾和。但今日护法派人已与陆荣廷作战，预期六个月之内，陆氏虽拥有强固武力，必将蹶败也。段祺瑞则已知悔思补其前失，现愿与余提携，惟阻力颇多，彼目下之势力，不足以脱离其前此同伴之束缚。彼以前祖日，今虽自愿排日，而有所不能。

孙君信过激主义不至传入中国，其言云：余恒主张铁路、矿产、水力均归国有（此等皆为国家实业之关键），因为此则劳动与资本之战争，将从此消灭也。英人恒言，预防胜于疗治，国有一端，即为劳动反对资本之预防法。欧美资本主义发达，故过激主义易传入，现在英、美两国似均有以路矿改归国有之倾向矣。中国则资本主义并未发达，路矿等多自始为政府所有，而过激主义不过一种劳动反对资本之方法，今中国已有预防策，即无需于疗治矣。

孙君对于本埠出口公会所谓过激危险遍伏于中国之说，不以为然，谓其绝无理由，上海工界之一二行动，或有类于过激主义之色彩，然绝不能谓全中国皆然。

据《西报纪孙先生谈话》，载一九一九年
十一月二十七日上海《民国日报》第三版

在上海与马伯援谈话①

（一九一九年十二月一日）

孙谓马曰：你初自日本归，知道日本近况，请你报告报告。

马乃将日本军缩运动及民主思潮为先生详述之。

孙曰：如是方好。恐怕他们的国民不能有如此觉悟。但吾人对日本无多大希望，只求其不行劫可也。

马谓：听说冯玉祥的军队颇好，予愿以宗教关系往说。

孙曰：我也听说他的军队很好，又听说他不肯革命，究竟如何？不得而知。你能去看看，那是最好的一件事。

据马伯援：《我所知道的国民军与国民党合作史》，
上海，上海商业公司一九三二年出版

在上海与邵元冲谈话

（一九一九年）

孙问：神农氏"日中为市"出于何书？

邵答：此事除载于《史记》等书外，大楼〔概〕以《易经·系传》所载最为近古。

据《治学杂谈》，载秦孝仪主编：《国父全集》第二册，
台北，近代中国出版社一九八九年十一月出版

---

①　马伯援自日本回国，是日下午二时往上海莫利哀路二十九号谒孙文并汇报情况。

在上海与胡汉民谈话

（一九一九年）

孙问：你看，我这本书①在文章上有什么特点呢？

胡云：先生这本书的文章是前后一气呵成的啊！

孙谓：不错的。我这本书文章的特点就在这个地方，从第一句到最后一句，一气读下去，实在是一篇文章。

据胡汉民：《孙文学说的写稿经过与其内容》，载秦孝仪主编：《国父全集》第二册，台北，近代中国出版社一九八九年十一月出版

在上海与马湘谈话

（一九一九年）

孙中山与马湘一起步行至愚园路，孙忽然指着路旁一幢幢的洋房对马说：你看，愚园路这一带地方，以前都是坟墓，现在都是华丽的洋房了。这些洋房都是我国军阀建筑的。他们割据地方，横征暴敛，开烟开赌，无恶不作，吸尽民脂民膏，来到这里盖起洋房，娶小老婆，打麻雀牌，饮洋酒和吃大菜，弄得工人农民都吃不饱，穿不暖。这样，中国还能不亡国？所以我们非打倒军阀不可。

据马湘：《跟随孙中山先生十余年的回忆》，载中国人民政治协商会议全国委员会文史资料研究委员会编：《辛亥革命回忆录》第一集，北京，中华书局一九六一年十月出版

---

① 这本书：指《孙文学说》。

童年生活与革命经历片段

在上海对林百克的口述①

（英 译 中）

（一九一九年）②

记得有一天，著者问孙博士道："博士，人家说你是生在火奴鲁鲁的，这话确不确？"他笑着——当他说到同志的时候，总是笑的——说道："这种传说确是有的。我的几个过于热心的同志，以为我倘若说生在火奴鲁鲁，便可以得着美国政府的保护，而同满清反抗。我也确是在那里住过好多年，所以他们便这样说。其实我和我的几代近祖，的确是生在翠亨村里的。不过我家住在那里只有几代，我们的家庙却在东江上的一个龚公村（译音）③里。"

…………

中山有一次告诉著者道："我所记忆最早的，是住在吾家一位老叔母所讲我听的一椿〔桩〕故事。那时我是一个小孩，伊以为这金星港④的事，很可以使我听了快活。虽然这金星港相离很近，但是那时我年纪很小，总以为是很远的。叔母从前住的地方，可以望见那金星港的全景。伊是善于讲故事的。伊说这些外国船停在那儿实在不妥当，因为常有可怕的事情在他们船上发现出来。这些外国人，

---

① 林百克（Paul Myron Wentworth Linebarger）曾在菲律宾任美国巡回法庭推事，后被孙文聘为顾问。应林百克之请，孙文同意为他本人撰写英文传记，抽暇口述历史，如对童年时代的忆述即用一整天。谈话内容经林百克记录整理，自称"著者"，而对孙文使用第三人称。本篇系选录。

② 底本未说明日期。孙文于一九一九年夏同意撰写传记并开始口述历史。故酌定为该年。

③ 此句原文是 The village of our ancestral temples is at Kung Kun, on the East River，可译作"我们宗祠所在的村庄，却在东江流域的 Kung Kun"。类似发音"龚公"的村子并不存在，据邱捷、李伯新《关于孙中山的祖籍问题》一文谓"英文原文之'Kung Kun'，当系'Tung Kun'（以往东莞县的英文拼写法，发音据广州话方言）之误"。

④ 金星港，原文为 the Harbor of Venus。金星是伶仃洋一小岛，金星港亦称金星门、金星口，位于香山县唐家湾（今为珠海市唐家镇）与南海中的淇澳岛之间，珠江出海口之一。

金钱都很富足，他们所穿的衣服很是奇怪。最异样的便是他们头上一个没有辫子，有几个竟一丝儿头发也没有，但是却有不少的胡须，他们的胡须有时会有火一样的红。伊听人说，那些外国人是用锋利的刀子来吃东西的。伊并且说，伊曾经亲眼看见，有烟从他们常用的枪里出来。因此伊见了那些洋人，心里实在害怕。伊教好的中国小孩子，应该远远地离开他们，因为那些洋人十分暴躁。"这个小孩（指中山）课余在田野间做工作的时候，脑子常常想：既然洋人是这种样子使人不安，他一定有什么可以值得研究的事情。

…………

中山说道："我很小的时候曾经遇到一过〔个〕侨商，他讲他游历的故事的时候，我站在一家茶馆门前。他讲到在海洋中经过了许多日子，于是到了一块地方，有山有水，同中国一样，不过那边有很多的金子。又有一种人叫做红人，还有截路的强盗，为了抢劫金子杀死人命。有一椿〔桩〕这个侨民讲的故事，使我终生不会忘掉。他说他总把自己的金子分做两起：一起放在容易看见的地方，待强盗看见了就让他抢去；还有一起藏得很秘密，强盗去后，依旧可以保存着。因为翠亨也有水盗，所以我们听了引起一种兴味。最使得我们有深的印象的是他把金子分成两起，因为他又说有几个同伴把全部的都隐藏起来，因此就遭杀害。我那时候，觉得这个侨民在取与的世界里，得到了一种实际有益的特殊哲理了。"

……中山从小就有出洋的企慕，后来他终于计画去了，但是他的计画有种阻力，许多年不能实现。因此著者有一次问他说："虽有反对的，你不想私下跑去乘了一只外国船到美国去吗？"他回答道："我从来没有这样想过，因为这是违反了我对于国民的责任了。"在这个答复里，就含着改造家的哲理。

…………

中山的父亲①年轻时候，曾经到过相去三十英里的澳门去做裁缝的学徒。……著者问中山道："你的父亲在澳门居住了多少时候？"他答道："据我所知，他住在那里并不长久。因为他害了恋乡病，渴念着翠亨，这是因为他重视对于家庭的责任的缘故。"……著者对中山说道："我想你的父亲是很特异的。"他说：

———————————

① 孙达成。

"特异么？他是和善可亲的，所以一家的和同他在一起的人，都很敬重他。"

…………

中山曾送给著者一张他合家的照片，他的母亲①在中间，在这张照片上可以看得出他的母亲的年纪很大了。……著者先取出一张照片来，指着上面的人一个个问他是谁？最后指着他母亲的肖像说道："这是一件很美丽的衣服，并且鞋子很美很小！"中山用很郑重的口气说道："是的，我的母亲是中国人，自然是缠足的。"他很郑重地注视着这张照片，又说道："我所以这样长久地容忍这种习俗的原因，是因为敬重我们的母辈。"他说到他母亲的时候，音调低下来了。

…………

"你小孩子的时候，你们家里的人叫你什么？"中山听了我这句话，脸上的笑容突然收敛，表示出一种受感触的神气，因为他回想到他小时候一家的人现在差不多都死了。他回答道："他们叫我文。"……"你小时候最不可少的东西是什么？这是指点关于你游戏的事情，并不是关于学校的。"著者又问。这个问题，他回答得很快，并不像他平时那么再三思维。他说："这是一个奇怪的问题，我那时常常想，我要一只鸟，一只真会叫的鸟。"……放风筝是中山很喜欢的，踢毽子、跳田鸡、量棒、劈甘蔗这几项游戏也是中山很着魔的。量棒这游戏是用一根棒把另一根棒打出去，一个孩子便用衣襟来接，倘若他能接得住，便调他去打，到后来便量出二人打出的长度来，做胜败的决断。劈甘蔗的游戏很像一种赌赛，先把甘蔗扶着竖立在地上，手一松，乘他没有着地之前，用重刀猛力地一劈，劈下的甘蔗最大的便算胜利。

……他能做游戏的时候不但很短，而且是不常有的，因为他同别的中国小孩子一样，要去上那没有星期休假的烦杂的功课。每天要读《千字文》，学《三字经》，还要习练那五谷、五常等等的象形字和许多强记的文句。……每天另外还要做些工作，在空旷的户外，和一个有益的环境之中。……他幼年虽须力作，但却是很快乐。他告诉著者说，虽然他在翠亨村天天做那呆板的例行功课，在这幼年时代也常觉得有新奇的事情。

————————

① 杨氏。

……著者因为中国人有的用一种使人惊奇的砖枕，所以问他道："博士，你小时候用什么枕头枕着睡觉的？"他笑道："我欢喜用装豆的枕头。因为这种枕头，既不像那套硬布的砖枕那么生硬，又不像那装茶叶的枕头那么柔软。我那时虽是一个小孩，却知道采用一种舒适的中和之道。"……我又问道："你们每天什么时候从田里回来吃饭？"他答道："天才亮我们大家起身，那些要到田里工作的人，便要吃些充足力气的食物。但是其余的人，每天只吃两餐规定的广东饭，一餐大约在早晨九点钟，还有一餐差不多在下午四点钟。不过这也是随各人家便的。"著者又接着问道："翠亨地方可有什么能发扬志气的事情吗？"他说："我的母亲是很好的，我的父亲也是很好的。家庭中虽是守旧一些，但却是古朴可风，另有一种美德存在着。我因为要博他们重视，所以一心上进。所说的那种美德是保守的，并不是进取的，不过却是很适合于人生道德的。我的母亲希望我能得家庭中的信仰和全村人的敬礼，使我自己得以身心愉快。"

…………

中山一个月中天天到村庙学塾①里去同别的学童高声朗诵《三字经》，不断地在抄簿上一页页的写缺少兴味的字句。中山幼稚的头脑，觉悟到这种教授法的不合理，于是站了好久，起来反对道："我一些不懂，尽是这样唱是没有意思的，我读他做什么？"教师惊骇地站起，取了一根戒尺，在手中惦〔掂〕量。于是他的手臂放下，因为他正在思索：中山是全校中最善于背诵的，打他似乎不能使别人心服；而且中山的父亲是村中的长者，恐怕也不能如别人一样对待他。于是教师挥他的戒尺，可怕地喊道："什么？你反叛经训吗？"

"不是，我并不反对经训。但是我一些不懂书中的意义，为什么要天天这样无意识地念呢？"

"这就是大不敬，就是反对先圣贤之教。"教师可怕地说。

"但是我到学堂里来要先生教我读的，而我竟不明白我所读的。"抗命的少年回答说。

---

①　"村庙学塾"的原文是 the village temple school，此处宜译作"祖庙"而非"村庙"，因当时翠亨的村塾以祖庙名义开办，设于冯氏宗祠；被称为村庙者系"北极殿"，即后文所叙孙文破坏神偶之处。

　　教师不胜震惊。中山比较别的学童有进步，所以他应当有求先圣贤学问的机会。

　　"可否请先生启发我，知道我所读的书中的意义？"这少年学生又说。

　　……教师无言可答。但是中山的这种反动，竟使他深入经书的意义中间，这种求学的方法造成他通儒的基础。没有这样，他还不能做人民领袖呢！不论什么时候，他勤勤恳恳地在经书上做工夫。他下面这个思想在教室中诵声里面回应出来："就是这个经书里面一定也有道理的，我总有一天要寻求出来。"

　　……当他在杂乱的经书里边做工夫的时候，他自己安慰自己道："一定有别的真理可以在蓝谷之外寻求到的。我总有一天要出去寻求这个真理，于是就可以不再闷在黑暗中了。"

　　…………

　　一天他正在村塾里念书，忽然外面起了极大的喊杀声，伴着攻墙器击墙碎石声，震动翠亨全村。这是水盗对于一个由美国回来的侨商住宅的攻击。……这个幼小的旁观者，就是自己预定将来要做一个反对恶势力的良善的领袖者，自己思索道："为什么中国没有洋人这样的法律？为什么这个侨商冒了生命的危险挣到诚实的金钱，洋人允许他带回来的，在中国竟得不到法律的保护？"

　　…………

　　翠亨镇上有三个弟兄，他们本是穷的，但是后来富了。……中山常常到他们的园子里去游戏。他因为他的父亲说他们的钱财得来很正当，所以对他们很是尊重。……后来有一天，中山在园子玩耍的时候，忽然起了一阵吵闹，尘沙起处，有数十名满清兵士携带枪刀，同着许多衙役，还有强盗一样的官吏，一齐抢到三兄弟的家里和园里来了。他们包围了三兄弟的家宅，把三兄弟拖出来，上了脚镣手铐，押去受刑。而几个官吏竟留在那里，占据了他们的财产和家宅。

　　……中山跨过一道破墙，眼看景物是这样颓败变化了。一个满清官吏佩着刀走出来。幼小的中山立在场上，满清官吏问道："你来这里干吗？"中山答道："我到三兄弟的花园里来，这是他们的园子，他们是我们家族里的朋友，我来赏玩他们的园子。"这个官吏听了这几句话大怒道："你说的什么话？"中山又答道："我说我到这里来赏玩我的朋友的、就是三兄弟的花园，他们常常对待我很好的。

这是他们的花园，我们也当然可以赏玩的。你们为什么把他们捉去？为什么把他们上镣加铐？为什么杀了一个弟兄？为什么把他们关在狱中？"这官吏因为中山敢于这样抗议，勃然大怒道："好，我要教导你怎么样赏玩你朋友的花园！"这官吏说了这句话，就很凶猛地拿刀子来刺中山。中山见他有武器，自己要吃亏，急向园外逃去，回到家中。因为他敢于对处置三兄弟不公平的事情提出抗议，心中很是高兴。

…………

中国人完税也有一椿〔桩〕苦痛的事，就是白契完税。孙家的白契，是在从前迁到翠亨的时候就得到的。他们从前得了数千亩的田地，后来因为急需卖掉了一部分，这几次所卖的，都是照中国习惯用白契转让的。因为若是要官吏在白契上盖印，将白契改为红契，要费很多的钱。所以让与者不过给一张正式合同与受主，当一张来注册的地契。这种办法使受主得了田地，而地册上的主人名义依旧是让与者的。所以孙家虽然卖掉了许多田地，在地册上仍为地主，继续负付税之责。因此，收税员每年到孙家来，向家长收取一大部分的地税。……中山曾经对著者说："我一遍一遍问我自己，为什么那些官吏对于红契要这样勒索重费，而使人家用这种白契的权宜方法呢？为什么这般官吏不依经书上合于道德的办法做呢？为什么所谓天子的容许这样不公平的法律，使百姓设许多诡计逃过官吏加的苛税呢？而且我一遍一遍自行打量道：一定有补救的方法反对官吏的罪恶的。"

…………

自从三兄弟的悲剧演了之后，他很注意到权力的意义。谁把打人锁人的权力给残暴的官吏的？是不是因为官吏是强有力而带武器，还是另外别人有比较他所给的暴力更大的力量？谁是发令斩决三兄弟中的一个和囚其余两个在牢狱的人？

后来著者问他道："那时他们说到关于北京的事情吗？"中山说："直到我十三岁离开中国到火奴鲁鲁的时候，我记得没有听见说北京是皇帝权力的中心。不过知道翠亨村是与香山有关的，香山是我们翠亨的县城。在他的周围，那许多村人们的温和无变的生活，在政治和社会中的行动很是整齐，好像永久依着轨道一样。因为翠亨和香山周围别的村子，都以为凡与法律秩序有关的事情，香山是权力最后的地方，所以他们以为北京是同我们没有什么关系的。"

著者又问他道："翠亨的村民管不管给予香山管理官吏的权力的地方？"

"翠亨的村民这样厌恶权威，所以他们同香山官吏觉得越少交涉越好，所以自然不敢问到比香山以外的权力了。翠亨村中的长者教村民对于香山的税收快些交付，因为他们看纳税像纳贿与水盗一样，付了税，就可没事了。"

……他的母亲既不能给他政治上的智识，他以为伊可以帮助他知道别的问题。中国人常常用一万年表示极长的时间，他有一天问他的母亲道："一万年是怎么样长久？"他的母亲答道："这是极长的时间，没有一个人知道的。"

又有一次他问她道："青天是什么东西做成的？""这是像一只饭碗合了转来。"他又问道："但是没有别的碗合在这第一只碗之上呢？"老母不能回答。

他幼时又早有人生不朽的思想，所以问他的母亲说："人死了怎么样？"他的母亲黯然说："种种事情都完了，死完结了一切。文！"幼小的搜求真理者肯定地说："但是我死之后，不要我的生命就此完结。"他的母亲没有使他满意的答复，她只能把爱给他。

著者并不烦扰这改造家，教他想起他家庭中拜祖先的详细事情。但是他告诉著者：他在孩童的时候，早已发见崇拜祖先有很对的理由，是很可嘉尚的举动。服从父母是很对的，因为他们是教养孩子的，敬礼他们，同时也要敬礼近代的父母。

…………

一八七九年，中山是十四岁了，他由水道从翠亨村直接到澳门去。他的哥哥的共事者，已在那里雇定了一只约两千吨的英国的铁汽船叫做"格兰诺去"①的，预备载运中国侨民到火奴鲁鲁去了。这是中山离家的第一次。……著者问他道："你上了船使你感触最深的是什么？"他靠着他的椅子，深深的想了一会，说道："感触很是厉害，但是使我比较机器和汽锅的奇异更加重视的，不过是船上的一个铁梁。这是贯连着船的两边，使他更加坚固。我看起来，这是一椿〔桩〕很重大的事情。吾记得那时吾想这么重的一个梁，要多少人才可以把他装配好，忽地想到那已发明这个大铁梁的天才，又发明了应用他一个机械的用法。外国人所做

① 原文是 Grannoch，今译"格兰诺赫"号。

的东西，我们中国人不能做，吾立刻觉得中国总有不对的地方了。外国人既能制造这些坚实金属的大梁，并且又能把他装配好，这岂不是他们在别方面优于中国人的证据么？"

…………

那时火奴鲁鲁虽然比现在小的多，在中山看起来，好像已经是大而奇了。那时巨大的王宫还没有建造，但是那旧的邮政局（现已拆掉好久）和他的游廊与栏杆都好像很是奇怪。中山说："这旧的邮政局，在我的心里还记得很是清楚。因为他们告诉吾说，只要把信上贴了邮票，写了姓名住址，投入一只箱子里，便可以把他寄回中国去，像大汽船一样的快，不必等候几个星期甚至几个月找一个归国的侨民托他带回去。所以吾当他是一所奇怪的房子。"使他感触最深的是良好的秩序，随处他见到尊重法律、信任、保护的证据。

……那里是没有攻墙的水盗和巨大的火铳，没有官盗，没有白契，没有收税员。他知道这富裕的新国里没有衙署，很是快活，就想起了"生时不入衙门，死后不入地狱"这句老格言。那里不但非常隆盛，并且各物丰富，人民都觉得安适愉快，他不得不把以上种种归功于法律；因为夏威夷没有满清衙署，法律很是有效。

…………

那时他还穿着长袍，拖着发辫。校中比他年长的土人和杂种的儿童，都开始拖他的发辫来取乐。……那时他因发辫而受的麻烦，不单是如上述者，并且常有和他很友善的外国人问他："你为什么不把你的发辫剪掉呢？"这个问题，后来他自己亦是要问的。他招聚些别的中国人，把因了发辫所受的困难告诉他们。但是他以为这是政治上的标记，所以关于这事，全体的中国人应该一致的。把辫子剪掉，可以免掉一个中国人许多的麻烦和凌辱，但是不能增进全体中国人的地位，并且将要使外国人相信中国人自己因是中国人而以为耻辱的。那时他的主张是："我们为剪辫最后的目的，应该大家联合起来，等到全体的中国人都可剪辫的时候，才把辫剪掉。若是一个一个的把发辫剪下，是不相宜的。这种愚蠢的风俗，是满洲人强着我们做成的，必须等全体的中国人决心把他去掉，或者至少要有一个大多数，使全世界都知道才行。并且这发辫不过是中国所受许多耻辱中的一种，我们应该立刻的把许多耻辱全体去掉的。"

…………

大哥既有严厉的命令，中山不得不从火奴鲁鲁回中国了①。……那时他已十八岁了。他没有到翠亨的时候，就得到一个宣传改造的机会。因为要改乘一只中国沙船开往翠亨，不得不离所乘的大轮船在香港登陆，他很热心地乘了这最先的机会，在旅客中行改造的工作。

这沙船在香港口子，一定要经过一小岛上的中国税务处。这船将近小岛的时候，船主因为对于本国人独立的品性已饱受了经验，特地把全体的乘客招聚拢来劝诫他们道："你们对于厘捐局②中吏员不要麻烦，若是触怒了他们，他们要难为你们的。"这些乘客对于他们无理的勒索，很安静地忍受着。那时中山因为要免得船主多受困难，对于厘捐局中吏员过度的勒索，亦是忍受着。这些吏员但知强取勒索，绝不注意他们的职务。许多旅客恐怕这些贪吏要把他们的东西充公，或者要逮捕他们，或者要罚他们的钱，要求太平，不得不拿些礼物送给他们。

中山见他们拿了许多东西去，以为他们一定满意了，所以拿行李收拾起来。刚上了锁，不料又来了一批，对他说道："把你的行李打开给我们瞧。"中山对他们说道："我已经受过检查了，你们为什么还要使我受检查的麻烦呢？"这些狡猾的吏员道："上次的检查，不过是收本地的海关税③，我们是收厘捐的。"中山听了这句话，不回答，只得把他的行李打开。第二次的检查完结了，他重新把他的行李收拾起来，像第一次一样再上了锁。过了一会儿，第三批的吏员又到甲板上来了，他们携着刀子，叮哨地响，对着中山厉声道："打开来！"中山说道："我已经过两次检查了。"这新的一批很轻侮地说道："他们不过是收本地的海关税和厘捐罢了，我们是查禁私运鸦片，保护百姓的官员。"中山准他们第三次搜查了，

---

①　孙文于一八八二年在意奥兰尼学校毕业，一八八三年归国。据林百克记述，归国原因是孙眉不愿他继续受外国教育。

②　"厘捐局"的原文作 Likin Officers，即厘卡，清政府设于各省交通要道征收厘金的机构。Likin 或下文译为"厘捐"的 Likin dues，即"厘金"音译，厘金亦称厘捐，为始创于清咸丰年间的内地货物通过税。这种苛捐名目繁多，税率随地而异，且吏员除征税外屡藉故敲诈勒索。

③　"海关税"的原文是 Native Customs，即本地进口税。在清代，征收进口税为外国列强所控制的海关，文中记述的厘捐局（厘卡）无此权限。

再第三次把行李收拾起来，预备航行。不料第四批又来了，穿了制服，携了军械，他们命令道："打开行李来！"中山问他们道："你们现在为什么来的，检查了三次还不够么？"这第四批的首领说道："不是，我们是查禁私运火油，保护公众的官员。不要迟延，快些把你箱子与囊橐打开来，我们才可以知道你私运火油没有！"中山驳他道："这是胡说，你们看了我行李的数目和大小形状，便可以知道没地位〔方〕可藏火油的。你们为什么把这无意识的要求来麻烦我呢？"这些吏员恐吓中山，但是他总是不肯给他们检查，对于他们无理的要求不肯服从。因此别的旅客都来恳求他道："这一回也听他们检查罢，否则他们要无缘无故扣留我们在这里的。"中山仍旧不肯，他想这是开始努力于改造的一个荣幸机会了。于是沙船的船主来说了许多很高兴的说话，中山回答他道："我替你与诸位乘客忧虑，但是等我们到了港口，我将帮助你们上诉，若是上级官厅是公正的，那么这些共谋害民的吏员要受罚了。"这沙船的船主听了这句话大笑起来，对中山说道："你岂不知道在中国没有上诉的事情么？若是你到上级官厅那儿去，他们亦不过使得我们再受些麻烦罢了。"

沙船的船主对着乘客曾经劝诫他们不要触怒那些检查的吏员，否则将要受麻烦的，那时果然不出船主所料，乘客真的受着麻烦了，因为这些吏员把这沙船扣留，不准开行。直到第二天早上，船主纳贿给他们，沙船才得开行。官吏叫纳的贿做罚款。那时中山就乘了这个机会对着乘客演讲中国政治改造的必要，问乘客道："中国在这些腐败万恶的官吏掌握中，你们还坐视不救么？"他在船中尽力地宣传，直到这旧〔只〕沙船到了金星港才停止。

……他到了故乡，对着村中某人很大胆地说道："你们为什么用最美丽的文字上书北京的朝廷呢？你们想那朝廷愿阅这些文字么？你们相信这些文字可以得到朝廷片刻的注意么？你们在呈文中颂扬朝廷仁德、圣主洪恩，在中国什么地方有表示这种仁慈与恩惠的事情呢？你们说朝廷是好的，官吏是坏的，他们中间的异点是什么呢？朝廷是什么做成的？因为官吏腐败，所以朝廷亦是腐败的！"

……他后来竟要攻击县衙门了。他说："你们的县衙门是在香山城里，你们的衙门替你们干什么事呢？每年衙役到翠亨来一次，向你们收取那县衙门所规定的钱。他们收了你们的钱就去了，你们不向他索什么，他亦不再向你们索什么。"

当中山讲的时候，村中的人都环绕他听着。他又说道："这衙役对于一年中村间所遭的事情，无论怎样的重要，他总不告诉你们。你们的县衙门与衙役和邻村来的人，对于你们村里的事一点都不知道，亦不询问你们。为什么呢？因为你们未必比县衙门高明些，你们不要县衙门干涉你们的事，县衙门亦不要你们干涉他们的事，所以中间就有了隔阂。他们拿了你们的钱，你们没有受着出钱的益处。一个政府应该替人民管理种种事情，正像家长应该注意到家中各人一样。现在你们若是要一条路，你们要自己造的，或者要你们自己捐钱的，甚至清兵所用的桥也要你们出钱造。这里因为车子少，我们无须大路，这是确的。但是因为小路是通大路的，我们也应该鼓励建造大路。你们既然出了税，他们应该每年做些事情给你们看的，无论是建造学校、桥梁、马路。你们所出的钱哪里去了？到天子那里去了。天子替你们在这翠亨村里干了什么事呢？没有！这天子的朝廷这样的腐败，你们不要和它的官员有所交涉，你们因为要他们不加干涉，你们所以付这些税项。你们知道，道路、桥梁由你们自己建造，学校由你们自己维持，比让满清人来替你们建造、替你们维持，费用要省得多哩。"

中山又拿村中人民和外界少交接的事叫他们注意，又因村中和四周没有什么连合，很为悲叹。这都是因为满洲人漠不关心所酿成的。蓝谷①里有三个村子，一个北边的村子每十天里逢二、五、八三天有市集，南边的村子逢一、四、七有市集，东边的逢三、六、九，三个村子组成一种循环的市场。他以为从这种市场可以得到利益的，人民靠了这些市场的媒介，因相互的利益与进步的动作才能够结合起来。中山对他们讲道："你们应该利用这些市场，那么每个村庄因了与别个村庄的交接可以得到益处。你们都是一样的迷信，一样的愚昧，所以这三个村子中没有一个足以为模范。你们为什么不觉醒起来，记忆着人们只有靠着结合的力量，才能够改善他们的地位呢？"这些就是中山在青年时，一有适当时机所作政治宣传的意思。许多听他演讲的人，都是信服他的。他又说："这是不能归咎你们的，这是你们所称的天子的不是，一个政府至少应该使他的人民得到些便利于商业的基础。你们也注意到满清的币制吗？满清没有正确的币制给你们，所以

①　"蓝谷"的原文是 Blue Valley，在林百克笔下，或泛指翠亨村周围地区，或为翠亨村的别称，以其四周丘陵环绕、景色秀丽而名。下文所叙，指翠亨的三个邻村。

无论上面有什么字样的铜钱，你们总要把他的重量重新秤过。满洲人不但在政治上不替你们干什么，并且对于种种道德教育都是忽略的。你们大家还是相信风水，怎么能够有风水这种道理呢？"

中山手里拿了一个铜钱问他们道："中国的元首是谁？"他们立刻回答道："天子就是中国的元首。"中山问道："这天子是中国人么？"他们回答："自然，除了中国人以外，没有人配做天子的。"他说道："你们瞧这铜钱上天子的字，这些不是中国字，是满洲字。统治中国的不是中国人，是满洲人！"

…………

中山在火奴鲁鲁时就常常记起翠亨乡庙中的三个神像，觉得这些神像就是中国贫弱的记号。他觉得中国人民须要前进，但是他们相信了这种神像和经签的说话，就永不能进步了。他知道迷信是愚昧的原因，又常想到中国在紊乱的礼拜和迷信的桎梏状态之下，只有退化的。他说："迷信使人害怕，这些神像必须在中国能够成一个进化的民族之前去掉。因为迷信的意思就是怕惧和愚昧。"有一天他领了几个同伴走进乡庙到神像旁边，有的同伴提议向神像跪拜，中山拉他们站起来，把他们推向后面，他走进去握住了北帝的木手。在旁边的孩童看见了他亵渎神道，大惊。他喊道："我们为什么敬礼这个木偶？他们自己还不能帮助自己，谁说他能帮助我们？现在看我拉掉他的手指，他能不能阻当我，看①他还〈能〉不能回避。"于是把北帝的木手用力一拉，就拉断了，把手指握在手中说道："现在你们看见这样的保护乡村的神道了，我折了他的手指，他还照旧笑，这样的神道来保护我们的乡村？"……中山的父亲因为要平乡中父老的气，立即把破坏的神像修复，又被迫把中山驱逐出乡村。中山既被家庭迫得立刻要离乡，他同他们辩论一番之后，决定到香港。他已得他父亲的允许入香港皇家学校②。

…………

中法战争开始时，他并不在中国，因为他在香港学校里，所以有机会知道战争经过。……有一个乡民说："中国当然是胜的。哈哈！现在要这班洋人尊敬我

---

① 此处删一衍字"好"。

② 原文是 Queen's College，即皇仁书院。按：孙文当时就读的学校为香港中央书院（官立中学），一八八九年易名域多利书院，至一八九四年始改称皇仁书院。

们中国了。"中山候着他们丧心病狂大言的时候，做宣传革命的机会。他公然说道："无意识！法国人有铁甲舰，而我们只有木制的沙船。法国人有新式的炮和精练的炮手，我们的枪很是难放一响的，我们的兵没有纪律，不过是一群暴徒。你们怎么敢说我们胜利？你们连法国在哪里都不知道，你们能打法国人么？你们说我们已胜了战事，但是我们没有兵船攻到法国去。我们在战争以前，应当不应当预备并且熟习外国的法子，那样我们才可以用外国的法子同法国开战。我们有多数的人，但是多数的人不过阻碍而不能帮助战争。即使我们已经驱尽了法国兵舰，也并不是胜利，因为胜利的意义是统治。倘使我们是真的胜利者，我们要能够跑到法国去，到它的海岸上去打它，再冲进它的内地，像它加于中国的一样。谬妄可怜的百姓呀，你们因为用了古时偶像的心理，所以变成愚蠢了。你们还没有自己的政府，而你们还要自称强大。满清是外国人，统治你们，并且用寡廉鲜耻的手段统治你们。你们还不知道地球是圆的。你们为什么不先学世界的事情，在你们自以为战胜以前？"

这个时候，在一八八五〔四〕年八月二十三日，法国元帅戈白进了闽江到福州兵工厂，七分钟的炮火，毁了中国水师的十一只木制大战船①。中山问道："现在你们要不要相信我们应当造钢铁的轮船？木头船是没用的！"中山说这种说话，他们都当他是帮外国人的奸细。但是他继续宣传革命，说要战胜法国并非难事，只靠民众力量。他很悲观战事的刺激，不足以唤醒民众知道他们对于自己和世界的责任。他们太相信古训，太佞神佛！

此后忽然在战争的昏暗中有一桩案件发生，可以证明中国人虽在外族统治之下也并不是没有爱国心。这个意外的事发生于一只法国兵轮从台湾来，因大受损伤到香港修理。中国工人因为这是敌舰，修好之后要去打自己国里的，于是拒绝工作。这个热诚的举动，给中山希望革命的勇气。这个抵制修理兵轮的事实证明中国人已经有相当觉悟，虽然是微小而被动的，但是此事可证明转移到自动的动

①　此指中法战争初期著名的马尾海战，法国海军突袭驻扎闽江口内马尾军港的福建水师。戈白（Amédée Anatoie Prosper Courbet），通常译为孤拔，时任法国驻远东舰队司令；原文 French Admiral 即法国舰队司令，此处译成"法国元帅"欠妥。福州兵工厂的原文是 Foochow Arsenal，应指马尾船政局（造船厂）。

作将要来了。中国国民的困难在太被动、太退缩，这件事情表示中国人还有种族的团结力。

……在中法战争中间，当宣传革命的时候，中山开始考察满清的兵备。论其人数和军器，他得到完满的报告。他们并不用外国式的枪炮和机关枪。他知道清室的军法规例，他秘密进行推翻满清的心愈加厉害了。

…………

中山从〔被〕他大哥被〔从〕火奴鲁鲁送回家的时候，差不多是一个年轻人中最有钱的了。这个财产是因为中山帮他大哥经商而得的。大哥很爱中山，以为很应当把他商业利益的一半给他。……可怜的大哥！从翠亨来的消息说，中山的亵神行为和他因为毁坏了神像从家乡驱逐出来，对于他的刺激是怎么样呢？大哥接到了这个报告，决意以为这个财产在中山手里是很危险的。他以为必须立刻重新取回来，但是这件事有极大的阻力，因为财产已在中山名下，要取回来必须召中山到火奴鲁鲁，然后他可以将财产交出。大哥于是立即送信召中山到火奴鲁鲁。

中山此时正在香港求学，得了信甚为惊异，他也不再问究竟，立即乘第一次船到火奴鲁鲁。大哥所命，弟弟应当服从的。大哥欢迎他仍像从前爱他一样，但弟弟可以看出欢迎里边带些忧愁的样子。欢迎宴毕后，大哥很忧郁地评论他的任性妄为，他的不敬现时所尊崇的中国习惯，和毁坏北帝圣像贻全家以失体面。大哥极敬重北帝的，因为这是北帝保佑他平安经过可怕的海洋，又带了财宝回乡。……中山后来说："我抱歉我使你失望，我抱歉不能在中国古人所走的路上尽我的责任。如其我的良心允许我，我也愿意遵守中国的法律做事，不是一味要遵守外国法律。但是中国自己并不能尽自己的责任，我不能遵守已败坏的习惯。你所很慷慨地给予我的产业，我很愿意还给你。我不再有什么要求，财富不足以动我心。金钱是中国的灾害之一，金钱可以用之正当也可以用之不正当，不幸在中国官场以金钱充贿赂，以致增加人民担负。兄长，请你完全告诉我，怎么样把产业交还给你？"大哥大喜过望，因为他起初怕外国势力把中山的性质都改变了。大哥就同中山到律师办事处。他心上满意，因为知道中山就是仍旧固执着外国的疯狂行为，至少也不能带了他辛苦经营的一半财产一同败坏。

…………

　　在皇家学校的时候，中山知道中学毕业之后为新中国工作起见，他一生须从事于一种职业。要做革命事业，必须先凭藉一种职业以为藏身地步。……倘使有机会进陆军学校，恐怕中山已进去了。但是满清政治势力决不肯给反对他的人的，他没有政府的帮助，就不能进陆军学校。他又想进海军学校，但是中国只有一个福州海军学校①，这个学校又在中法战争时候被法国人毁坏了。他又想做一个法律家，但是那时候中国也没有法律学校。所以最后他就选定了医科。……中国的医学那时候很不进步，人都不看重医生。中山想用新医术救人，以改革旧医术的窳败，同时他可凭藉医业以终身从事革命事业。于是他在中学头班毕业之后，就进广州的博济医学校②。他选中广州，因为那里可以做发展革命的中心。……他在广州医学校里读了一年，日里专心在实验室和课堂用功，一定的几个钟点他可以自由从事革命工作。那时他革命事业的萌芽很得他一个同级生郑士良的帮助。在这个早的时期他又开始组织革命会党，做叫〔叫做〕哥老会，内分军事、民事、爱国募金三部，军事部内后来产生了敢死队。

　　一八八七年一个新的医学校成立于香港③，中山为革命活动便利计，转入这个学校。他在香港读了五年（一八八七至一八九二年），毕业后他想在澳门悬牌应诊兼活动革命，但葡萄牙政府于医生立案颇觉为难，因此他最后决回广州，于是，一八九三年他在广州及广州城外均设诊所，他有了两个政治活动根据地，都以医生招牌为护符。他很尽心治病，良医的名声大震，获利很多。

　　…………

　　中山在一八八五年④第一次从火奴鲁鲁回国的时候，就承认要推倒满清靠着两样东西发挥他才能的要件：第一样，是把他的头端正在两个肩头上；第二样，

---

　　① 福州海军学校的原文是 Fuchow College，应指马尾船政局附设的水师学堂。

　　② 博济医学校系译自原文 Pak Tsai Medical School，其后又作 Canton Medical School，实指博济医院（Canton Hospital）；一八八六年孙文入院就读时尚无医校名称，至一九○一年始有"华南医学堂"之附设。

　　③ 指香港西医书院（The College of Medicine for Chinese, Hongkong），原文作 Hong Kong Medical School。

　　④ 英文本误作一八七五年，译者改成一八八五年亦误。孙文第一次回国的时间应是一八八三年。

是做一个他可以立脚的讲坛。在他前面，没有什么东西可以做他的讲坛。他要推翻皇帝，但是他不能找皇帝的差〔碴〕；因为中国人当皇帝是不差的，从来没有人能昌言反对君主专制。但是他后来终究思索出一种口号来，可以做推翻皇帝的讲坛，这种口号并不是反对皇帝，但是反对忠君。倘使忠君的理想可以推翻，皇帝便没有凭藉，而他的权力也失掉了。中山在秘密会议里面开始提出推翻皇位的时候，党人都问道："你用什么来代皇帝呢?"倘使他说"服从法律,"他们必定要误会的；倘使他说"人民的主权,"他们还不知道"人民的主权"是什么。实在中山的困难，就是用什么言语开始他对于皇帝的攻击。中山后造出四个字的宣言，就是：

"天命无常。"①

用了这个口号，中山宣传反对忠君。这四个字是无害于众人的，所以很容易深入人心。工人苦力都懂得这个简单、无恶意而却是动人的口号，所以他知道一定可以成功的。他又发表了一篇攻击皇帝的文字，广为宣传。这篇文字的大意是：

"暴君肆虐，罪恶滔天，信任奸邪，滥施淫毒。应天顺人，除彼独夫。凡我同胞，毋稍瞻顾!"②

…………

一八九九年夏天，中山的处境很困苦。他这时在日本作亡命客。……他决计要在满清耳目的前面做革命运动，以横滨满清领事馆为目标。他租定了最近该处的一所房屋，做革命运动总机关。他的敌人举足就可到的。这个房屋就是山下区一百二十一号③。……跟从中山的人一天多一天了，世界各部分都有人来，日本更多。横滨有二千五百个中国商人和雇佣者，大半是广东人，这班人都爱戴中山为领袖。在长崎也有许多宁波人，神户和大阪有许多福建人，都加盟于中山党中

---

① 在英文本中，"天命无常"的原文与前篇《我的回忆》完全相同，系据汉语音译；紧接下文尚有对此四字的解释，意为"神权不会持久"，亦与《我的回忆》同。但中译本并未译出。

② 在英文本中，林百克称本段文字乃出自孙中山的"独立宣言"（Declaration of Independence），经他译成英文如下：No longer shall we reverence the throne. The Son of Heaven is incompetent. His rule is an abomination. He shall give way to the will of the people. No longer shall we reverence the throne. 中译本系据此回译。

③ 即外人居留地（原称山下町）一百二十一番地。孙文在一八九八年八月自东京迁居于此。

的。……这是革命的积聚时期，中山在此时增加能率使革命势力焕然一新。"孙博士，等了这几年了，你也觉得失望吗？"有人问他。"譬如一个人开始造一间房子，他要不要失望，倘使他要等材料。我们并不等工作，我们不过等材料。"他答道。

…………

中山知道茶馆不是鼓吹革命的好地方，所以他创立秘密集会所以代茶馆，在那里招致一班人民，灌输他的主义。……中山费了很少的钱做鼓吹革命事业，他的钱是用来买军械，组织义勇军。这种军队，本来是茶馆里的份子，而现在做了会党里强有力的党人。这种人加入于劳工的军队里面，都是受的中山感化的力量。中山做革命事业并不把钱当做最要紧的东西，他曾说："金钱并不是常常有用的，北京政府有很多的钱，但是他仍旧得不到真正替他出力的人。人民觉醒之后，金钱在革命事业里面是比较不重要的。"①

…………

中山辞职②后，于一九一二年……八月到北京同袁氏③会商发展铁路计画。……一件事情使中山很不快的，袁氏委任官职并不注意人是否合宜，是否能实行民国改造事业。……中山对于这个委任官吏的事情，直接向袁氏提出来。袁氏温和地回答道："你对于中央政府用人的意见怎么样呢？"中山答道："我所要的第一是诚实的官吏，但是中国官吏诚实之外还需要别种美德。中国需要有创造新事业才能、使中国人从事实业以生利的官吏。我不管谁任命为中央政府的官，只要人民自身在立法上面有全权对于任命官没有否认。我不注意于置我的朋友于职位，因为我并不要与我已经退位的执行大权有所冲突。我的事业现在是建设的，我不要干涉你的职务上的自由。倘使我干涉你的自由，我就要照我干涉的程度而负失败的责任。我并不要干涉你的执行职务，也不要别人干涉我的建设职务。倘使我要任用我的朋友，我可以用在我自己的地方，所以我不注意官吏的任命。我的志愿是愈急速，愈好开始我的建设事业，开始建筑我所计画的中国铁路统系。我们有了铁路统系发达于全国，就可以为了人民的利益以开辟工商业的道路，农业的

① 本段所述，主要指孙文筹备一九〇〇年惠州起义的活动。
② 指一九一二年四月初辞去临时大总统职务。
③ 袁世凯，继孙文任临时大总统。

中国要变成工业的中国了。为取不正当利益而找官做的人，就要改变从赋税上取利的法子，而向更有利的服务的路上了。"

袁世凯问道："你怎么样可以做这种种事情呢？"袁氏听说可以得利益的，就提醒他了，因为他可以不用勒索敲诈弄钱了。中山答道："铁路是开发新地的企业第一件需要的事情。私人组织建筑受政府管理的办法，须经议会通过，这个是同美国建筑铁路计画相符的。倘使铁路归政府所有，就给谋官的人以牟利的机会；倘使是归私人公司所有，不能得外国投资。倘属私人组织，仍归政府管理，就可脱离政治势力且有政府管理的益处。"

……一九一二年八月十五日张振武将军的被害，演一出在袁政府暴力之下敢死军人的流血惨剧。张氏是军人出身，他是中山主义的信徒，武昌起义时擢升统帅。……张将军，一个勇冠侪辈的军人，用少数精兵冒险搜寻黎统领①。黎从这一间屋子跑到那一间屋子，后来在床下找到一个隐身之地。张冲进这个里边，在床下见黎的一双足跟，黎面向地下躺着、抖着。……于是黎带他的全镇降附于张。这是没有什么奇异的，黎从此就恨张，要致之死地而后快。过了许多时候，黎终究报了仇。黎氏同袁世凯接近，他就怂恿袁邀张入京商议国事。袁措辞谦抑，张氏这样的受敬礼，心中欢喜，随即入京。袁设盛宴欢迎，张很满意于这样款待。袁忽然发命令道："处以死刑！"兵士早已预备，就牵张到静处杀毙。……因为张的朋友知道之后不肯干休，朋友呼吁之后，国民都忿忿不平。这件事实，这样的众目昭彰，后来使袁氏的仇人增加，他们都联合以抗袁。袁氏起初冷笑，后严厉，最后心惊胆战了。因为他怕张的朋友得人民的后援，或者要危及他生命；议会弹劾袁氏，袁格外恐惧。

……袁氏想道："倘使孙逸仙来，他可以救我。"这样他发了一个诚恳的邀请书给中山，请他到北京来，用国家的上宾礼款待。中山的从者说道："不要去。他请你去，要用对待张将军的手段杀害你的。"中山说道："去是我的责任，因张振武的无故被杀，内战可以因此而起。我们必须保持中华民国的统一。倘使我不到北京去，国民都要以为我惧怕袁氏。倘使我去，国民都要想我是保护他们利益

———————————

①　黎统领：即黎元洪。

的。"于是中山立刻动身到北京去。袁氏用天子御辇，到车站迎孙入宫。袁氏的选练的卫队，全部护卫手造民国的伟人。全北京城对中山致敬意。在满清专制时代，人民从来没有这样诚挚的欢迎。但是第二天中山就拒绝使用御辇，且命卫队减至百人。后来著者问中山道："你怕你也要照党人的话被袁世凯杀害吗？"中山笑说道："并不，因为我知道袁氏是一个谨慎的人。我知道他不敢害我的，因为他怕我的帮助的人报复的。"

富于同情心的中山，看见袁氏作卑下的悔过态度，至少使中山疑惑。寒暄之后，中山表示很惨苦的神情，差不多第一句话，中山就激烈地说道："你为什么置张振武于死地？"袁惟惟，很卑谦软软地答道："因为黎氏给我一个电报，说张振武不但图谋反对黎氏，且图谋反对政府。"袁说的政府是指他自己的，"所以，因为他图谋反对政府，似乎应当处死刑的。"中山说："无识之徒，你相信你的恐惧心可以辩护你的行为是对吗？"于是袁氏好像表示真的痛悔，过了一会中山就哀怜袁氏，袁氏饱受虚惊。中山继续咎责袁害张振武之非，袁氏继续表悔意，以黎氏催促从速执行以绝后患的来电自护罪过。

…………

一九一三年九月中山因起兵讨袁，为上海领事团所请，离开上海。……亏得日本领事发给护照，他于是在福州转船到台湾。到了台湾，换乘日本轮船到日本门司，再到东京。他又在日本设立讨袁机关，这是中山一个很失望的时期。因为他的好几个同志都灰心了，说中国总要为专制势力所统治，要除去专制是做不到的。他的一个同志有一次表示他的灰心，中山于是告诉他道："你为什么灰心？你为什么惨伤？十年以来我们工作没有成功，于是我们成功了，现在又失败了。所以让我们忘记去了成功，而重新到十年前的地位去。"

> 据林百克著，徐植仁译：《孙逸仙传记》，上海，三民公司，一九二六年五月再版①。英文原版 Paul Linebarger, *Sun Yat-sen and the Chinese Republic*, New York：The Century Co.，1925（林百克：《孙逸仙与中国革命》，纽约，世纪公司一九二五年出版）

---

①　该书初版本发行于一九二六年二月，再版时有所修订。

日本应归还中国权利并承认朝鲜独立

在上海与东京《大正日日新闻》记者大江卓谈话①

（日　译　中）

（一九二〇年一月一日刊载）②

日人大江访孙逸仙氏而言曰：愿公勿认吾以日本人，而认以亚细亚人也。

孙氏曰：尔日本人非亚细亚人也。

大江愕然询其故。

孙氏曰：尔日本人为欧人使用而侵略吾亚细亚人者，焉得为亚细亚人乎？尔日本人若欲以亚细亚人行世乎，则将满洲权利与山东问题早行还付中国，而许朝鲜之独立。……

今中国各地之排日运动依然炽盛，固为遗憾，然最近中国人之排日感情，其为浸润颇深远。若谓容易而除去，此则不可能也。余亦认日本自然的膨胀不得已也。若日本为其发展地求诸中国，则其结局之为绝望，不可不言也。将来日本以其进出口向于中国，则中国人取猛然反抗的态〈度〉，无违也。日本为目下的世界憎恶之中心，陷于非常之穷地，在中国则受中国人之排斥，在南方要求发展则买欧米人之反对，在西伯利③亦一样也。惟将来日本不受排斥，充分发展之地则赴南洋也。爪哇、斯玛透罗④方面之土人勿论，而数十万之中国人姑无对日人之恶憾，故极力向此方面而发展为良策也。况该地非日人之故乡耶？在他地不得容纳之时，则归向故乡亦自然之事也。

---

① 朝鲜于一九一〇年沦为日本殖民地。一九一九三月一日，朝鲜爱国者在汉城发布《独立宣言书》，反日示威游行及蔓延各地的起义遭到日本殖民当局的残酷镇压。四月间，"大韩民国临时政府"在上海法租界成立。当时，孙文与中国各界积极声援朝鲜独立斗争。

② 底本未说明日期。此系东京《大正日日新闻》以日文刊载该访谈录的日期。

③ 西伯利（sibir，亦作 siberia），今译西伯利亚。俄罗斯地名。

④ 斯玛透罗（sumatera）：今译苏门答腊。

反观乎世界之大势，则以今番欧洲之大战，而世界之形势一变。盎格鲁逊民族①横暴日加，当此时我等亚细亚人非事内争之时也。盎格鲁逊民族与非盎格鲁逊民族之结合与冲突，早晚间难免之运命也。对此而非中日相结为中心之势力，而对抗则不可也。日本蓄置海军之力，中国巩固陆军之力，为必要也。

朝鲜问题，极其困难之问题。以余意见，则日本须容韩人之要求，而承认其独立为宜也。以韩、日合并而买韩人之怨恨勿论，而中国人及其他对日本之疑惑甚高，使日本陷于现在之苦境，与其莫大之影响矣。元来未有如中国民族之爱正义者。日本曾称中国侵犯韩国之独立而起清日战争②，中国以战败之结果，割让台湾，赔偿巨额，然爱正义之中国人实认其犯独立。而不惟对于日本无一言怨嗟之叫呼声，而反尊敬日本先将欧米留学之学生，为学日本之文明使趋日本。日俄战争以后尤尊敬日本。（中略）乃至今日有反对之状态者，韩日合并为事实上最大者力也。此结果对于中国人而与以非常之疑惑及不安，酿出今日之情势，为其主因也。至于今日俄帝国既为崩坏，日本对于北方无何等之威胁，而俱已消灭，则今日承认韩国之独立，无何等障碍之生。韩国反因此而表满腔之谢意，永永不忘矣。中国人对于日本之侵略而一扫其一切疑惑与不安之念，昔日之交情复活，东洋之平和于兹确立矣。

据支那前大总统孙逸仙氏谈：《支那人の日本观》，载一九二〇年一月一日东京《大正日日新闻》（三）；译文《中国前大总统孙逸仙氏对日本谈》，载上海《新韩青年》创刊号，一九二〇年三月一日出版③

附：另一译文

中国政局依然极为混沌，即便于我，亦未知其适归何处。南北议和决裂以来，长期停顿不前，转眼之间经年。察最近形势，和平机运渐次涌动，恐不久将有上海和平会议召开。但其结果究竟如何尚很难说，中国改造运动之议论最近也很盛

---

① 盎格鲁逊民族（Anglo-Saxon），今译盎格鲁—撒克逊民族。
② 指中日甲午战争。
③ 《新韩青年》系中文杂志，由新韩青年党编辑发行，大韩民国临时政府言论机关之一。

行。然而依我之见，改革的第一步除完备交通以外别无其他。首先完成此事，在此之上再渐次着手他事。

中国各地排日运动仍然极其猛烈，虽为可悲现象，但中国人的排日感情最近渗透颇为深远，如此，若想轻易摈除，实不可能。我虽亦承认日本之自然膨胀是为无奈，但日本欲向中国谋求其发展之地，只能说其结果是绝望。即使将来日本向中国扩张，毫无疑问，中国人必将采取猛烈反抗的态度。日本眼下正成为世界憎恶的中心，陷于困境之中。在中国遭到中国人排斥，若向南方发展，将会遭到欧美人反对，在西伯利亚情况亦同。日本将来若想不遭受排斥而得到充分满意的发展，惟有去南洋。在爪哇、苏门答腊，当地土人不用说，数十万华人至今仍甚欢迎日本人。因此，极力朝此方向发展之策，是为良策。何况，该地不是日本人的故乡吗？在他处不为人所接受时而返回故乡，是极为自然之事。

反观世界大势，此次欧洲战争一改世界形势，盎格鲁—撒克逊民族横暴日甚。此时我等亚细亚人实不应内讧。盎格鲁—撒克逊民族与非盎格鲁—撒克逊民族的联盟发生冲突，是迟早难以避免的命运。关于这一点，日本与中国必须联合起来成为中心势力进行对抗。果能如此，印度人自不必说，土耳其、德国、巴尔干诸国也都会加入我方，形势将变得意味深长。作为亚细亚人必须着眼大局谋事，虽说际此我们要构成中心势力，但我认为有必要为了全局，日本全力积蓄海军力量，中国则以巩固陆军为主。

朝鲜问题亦日益成为难题，依我之见，日本须接受朝鲜人的要求，承认其独立。合并朝鲜之事，不用说必然招致朝鲜人的怨恨，增加中国人及其他国家人民对日本的猜忌，这对导致日本陷入目前困境有多么大的影响！历来没有哪个民族像中国人那么喜好正义。日本曾经以中国侵犯朝鲜独立为由发动中日战争，中国战败的结果是割让台湾，支付巨额赔偿金。然而正义的中国人真正是承认清朝皇室侵犯朝鲜的独立，对日本并无一言怨嗟。不仅如此，反而尊敬日本，曩日留学欧美的学生为了学习日本文明而纷纷赴日。尤其是日俄战争之后，更超乎尊敬变为崇拜，甚至有极端者主张以日本皇帝替代清帝，以桂公（桂太郎）为两国总理大臣，如同战前奥匈帝国那样实行真正的同君联合。然而与此相比，如今却变得完全相反，之所以有如此变化，正是合并朝鲜这个事实起了相当的作用。其结果是令中国人产生强烈的怀疑和不安，这是造成今天情势的主要原因。不仅如此，成为今日合并主因的俄罗斯帝国也已经溃退离去，今日日本在北方的威胁已被消除，日本接受朝鲜人的要求，承认其独立，会有什么障碍呢？相反，朝鲜人将会为之表示满腔谢意，永记不忘。中国人亦会一扫对日本侵略的所有怀疑与不安，恢复往日的交情。我相信，东亚和平因此始得以确立。

据支那前大总统孙逸仙氏谈：《支那人の日本观》，载一九二〇年一月一日东京《大正日日新闻》（三）（马燕译）

谈南北政局

在上海与马立成等谈话①

（一九二〇年一月十四日）

李、马两君叩以南北政局。

孙：北方武人之祸国，南方贼子之专权，昔满清之权力，吾犹能推倒之，今桂系如此，吾人应赶他。今后我同志当一德一心，驱除此万恶不良之政府，大权还之民党，方可救中国危亡于万一也。

刘：鄙人与各同志回国，得见先生，实是欣幸。然弟在加属与各同志约，欲在扬子江购地垦荒、畜牧等事，但言语不通。现在治安情形未悉，求先生指教。

孙：苟政治良则极佳。惟垦荒之事，余不敢知。若买田些少，耕兼住家或无妨；如欲大作置，多买牛、羊、猪、鸡等，即有兵劫。欲知耕业如何，祈问朱卓文君便白。盖朱君乃由美农科大学毕业，集资十万，回国业农，曾在南京买地，今则全然抛弃，赶回上海做工矣。

再叩以现在北方借债度日及南方政局如何？

---

① 是日加拿大回国华侨马立成、刘礼堂、李秉三在上海拜谒孙文。

孙：南方军府内幕，腐败不堪。陆氏①及桂系握广东政局而腐败，汝地要齐心赶走几个桂人，必要我地②粤人治粤。前日赶满清要我，现下赶广西仔要汝地云。

李、马、刘：现在加属党务自陈树人先生到后，今日党务尤为发达，《新民国报》亦然。

孙：余甚欣慰，望汝几位同志代吾慰问海外各同志。

据《同志与孙总理谈话》，载《加拿大国民党布
告录》第十八号，一九二〇年一月十五日出版

反对日本政府提出中日直接交涉山东问题的通牒

在上海与《益世报》记者徐谦谈话③

（一九二〇年一月二十六日）

记者因叩以对于山东问题应否与日本直接交涉之意见。

孙先生谓记者曰：君知我前此之意见否？

记者：愿闻其详。

先生乃言：余本主张"二十一条"应作废，日本并应于租借期满后退出满洲各地。高丽独立问题，按照《马关条约》中国亦应过问。余所主张如此，则山东问题不问可知矣。

此次日本通牒，可以置之不理，盖日本绝无可以占据胶州、青岛之理由。试观英国于欧战时，以兵力夺回德人占领比国之地，及美国以兵力夺回德人占领法国之地，均已无条件交还比国、法国，不闻英、美强行占据。日本既属协约国之一，应取一致行动，岂独能占据吾国之胶州、青岛乎？乃日本竟强行占据胶、青，无异强盗行为！日本可为强盗，吾国断不能与强盗交涉，更不能承认强盗有强夺

---

① 陆氏：即陆荣廷。下文"广西仔"亦指陆等人。

② 汝地、我地：粤语，即你等、我等或你们、我们之意。

③ 一月二十六日下午，徐谦以京津《益世报》驻沪记者的身份到孙文寓所拜访，请他就山东问题发表意见。

吾国土地之权利。况吾国既已拒签德约，自无再与日本直接交涉之理。与其现在与日交涉，何如当时签约？今约既未签而与日交涉，不蒙德约之利，徒受丧失胶、青及其他权利之害，天下宁有如此之愚人乎？

且美国之保留案，虽非全为中国，然反对日本之占据德国在山东之一切权利而不交还中国，亦属一大原因。吾国若不顾美国之好意而与日本交涉，则必失美国之同情，将使美国视为不堪扶助，殊属失策之甚。吾国现宜与美联络，而日本之强横可无所惧。此时若不知世界大势，又不顾国家人格，倘一经与日本交涉，胶、青既失，他国必且效尤，瓜分之祸随之，而美国亦爱莫能助，真可谓万劫不复矣。

非然者，吾国宁可极力坚拒日本，而以抵制日货及其他断绝经济关系之法对待之。纵使日本以兵力压迫吾国，极言之，吾国为塞尔比亚，日本为奥国，亦不过再惹起一世界大战争，其结果日本将受莫大之祸，吾国尚可无覆亡之患，且可因此而有振兴之望。

要之，日本绝不敢冒昧用兵，则山东问题吾国拒绝交涉，日本亦惟有为无条件之交还而已。此言余尝告诸日人，使达知日政府。今即以余言告诸国人可也。

据佐治（徐谦）：《南北要人对山东问题之意见》"（二）孙中山"，载一九二〇年一月三十日天津《益世报》第二版

在上海与张国焘许德珩等谈话[①]

（一九二〇年一月）

学生问：南北政局都是一团糟，请问孙先生有何方针和计划？

孙曰：你们反抗北京政府的行动是很好的；你们的革命精神也是可佩服的。但你们无非是写文章、开大会、游行请愿、奔走呼号。你们最大的成绩也不过是

———————

① 是月某日中午，北京大学学生张国焘、许德珩、康白情及一位天津女代表四人前往莫利哀路二十九号访问孙文。

集合几万人示威游行，罢课、罢工、罢市几天而已。如果现在我给你们五百枝枪，你们能找到五百个真正不怕死的学生托将起来，去打北京的那些败类，才算是真正革命。

许德珩等以责难式的口吻表示：孙先生也掌握过几万人的部队，何以革命还是失败了呢？新文化运动反对旧思想、旧势力，在那里艰苦奋斗，学生们赤手空拳不顾生死的与北京政府抗争，只因为没有拿起枪来，就不算是革命吗？

孙答：我要学生们托起枪来，不过是希望学生们的革命精神再提高一步。我并不看轻学生开会、示威等等动员民众起来反抗北京政府的行动，并相信那些行动都有重要的作用。我承认你们指责我没有充分重视学生运动和新文化运动，不是完全没有理由的。我很注重宣传，素来主张宣传与军事并重，不过事实上宣传的工作做得不够，所以不能使一般青年和民众了解我的主义和主张，要求青年信仰我的三民主义，一致合作，共策进行。

据张国焘：《我的回忆》第一册，
香港《明报月刊》，一九七一年出版

在上海与张国焘谈话[①]

（一九二〇年一月）

孙问：听说你喜欢研究马克思主义，是吗？

张答：是。

孙曰：社会主义的派别很多，马克思主义不过是其中的一派。我在欧洲的时候，与社会主义各派领袖人物都有过接触，各派的理论也都研究过。我参酌了社会主义各派的理论，汲取它们的精华，并顾及中国的实际情形，才创立三民主义。

孙指着摆满了英文书籍的书架继续说：我这些书都是讲社会主义的，你都可以拿去看。

接着孙问：听说你在学生运动中很注意民众运动和工人运动，是吗？

---

①　张国焘等四人与孙文谈话后十日，孙又约张单独晤谈。

张答：五四运动时只是以"救国十人团"的办法来组织民众，到了上海之后，才注意调查研究工会的情况。

孙阐述他注重工人运动的道理和事实。

据张国焘著：《我的回忆》第一册，
香港《明报月刊》，一九七一年出版

在上海与马特维耶夫—博德雷等谈话

（一九二〇年一月）

马特维耶夫—博德雷说：当我们问到孙中山对俄国十月革命的态度的时候，孙中山默默地从摆得很整齐的文件中取出一张不大的纸，面部带着一点刚刚能够察觉到的幸福的微笑，把这张纸递给我们中间的一个同志。

这是列宁用法文拍来的电报。在这封电报里，列宁向孙中山表示了自己的敬意。

然后，孙中山拿了一群中国赤卫军战士——基辅苏维埃代表拍来的一份电报给我们看。这些中国赤卫军战士为了争取十月革命的胜利，曾和俄国布尔什维克并肩作战。

我们从孙中山的嘴里听到列宁的名字，他准备在中国和苏维埃国家之间建立起深刻的国际主义的、友好的联系。

据马特维耶夫—博德雷：《两次会见孙中山》，
载北京《苏中友好》一九五八年第三十九期

在上海与波波夫谈话①

（一九二〇年春）

孙问：莫斯科能否对实现他的作战计划给予援助？

---

①　孙文在上海会见带着布尔什维克阿穆尔地区军区司令官信任状的波波夫大校。

波波夫提出：为何不首先攻击亲日派的徐树铮和段祺瑞？

孙答：其他事再重要，也没有必须首先从南方扫除军阀势力重要，其后再考虑处理北方之事。

波波夫问：安福系利用孙中山，先借孙中山之手打倒南方，然后再打倒孙中山，有无这种可能性？

孙曰：自己的力量比他们强大，因此他们难以做到这点。

> 据森时彦：《第二次广东军政府时期的孙中山》，
> 载中国孙中山研究学会编：《孙中山和他的时代》
> 上，北京，中华书局一九八九年十月出版

与《大阪朝日新闻》记者谈话

（一九二〇年四月四日）

该社特派员于四号晚会见孙文氏，询其对时局意见，孙氏之言如下："余对于广东之骚扰，信其易于镇铮〔静〕"（惟其理由则不肯说明，似胸中有十分之成竹者），而彼时广东军政府当即解散。国会议员来集上海，有开非常国会之事，（中略）① 余于〔与〕段祺瑞氏相提携一说，诚属事实，初非无稽之谣言，盖段祺瑞氏能服从民意，速望南北统一，故段与余提携也。无论南方督军之反对如何，纵令反对，彼等今日已无实力，何足虑哉！惟段氏最近避居南苑，与此殊无关系耳。要之北方与南方，互以军相争，殆将陷于破灭。惟顺从民意者，则得胜利。中国统一之日要不远矣。（言时孙氏面上满露得意之色。）

> 据《孙段携手之一证》，载一九二〇年
> 四月二十六日长沙《大公报》第三版

---

① 长沙《大公报》刊载时省略。

在上海与拉蒙特谈话①

（一九二〇年四月）

孙中山向美国银行家展示了一系列拟议铺设的铁路地图。

拉曰：取得建设铁路资金，作何设想？

孙答：目前，我要求您予以垫付，中国将最终偿还给您的！

拉曰：威尔逊总统要求我探索，是否有一条途径给中国的南、北方之间带来和平。

孙干脆利落地重复说：南北方之间的和平？为什么？哦，是的！拉蒙特先生，只要您给我二千五百万元，我就可以装备一倍的军队，然后我们就可以迅速得到和平。

据韦慕廷著，杨慎之译：　《孙中山——壮志未酬的爱国者》，广州，中山大学出版社一九八六年十月出版

坚决反对《英日盟约》续订

与上海《字林西报》记者谈话②

（英译中）

（一九二〇年六月十一日）

孙氏于《字林报》访员问话后，即曰：余极力反对《英日盟约》之赓续。

———————————

① 四月初，美国摩根公司银行家拉蒙特为了美国银行财团的一项任务（间接地为了威尔逊总统）去远东，孙文在上海邀请他来寓所。此谈话是拉蒙特在上海的警卫员乔治·索科尔斯基的追忆记录。

② 《英日同盟条约》（或译《英日盟约》）原订立于一九〇二年一月，一九〇五、一九一一年两次续订新约；后于一九二一年十二月失效，未订新约。

访员问曰：何故？

答曰：因有害于中国也。日本施行侵略计划时，英国何以愿意扶助之乎？英日第二次续盟后，朝鲜即脱离中国而亡。华人意见，盟约苟延至第四续或第五续时，中国亦将不保，但吾人必奋斗以拒之也。华人无一不反对日本，苟《英日盟约》再行继续，吾人亦将反对英国。

访员问曰：华人多抱此意见否？

答曰：然。不过未公然表示，如余所为耳。

访员问曰：据君之意，应以何物代此盟约？

答曰：此非余所知，但须英国自决之也。《英日盟约》实有损于英国，此约每次继续，中国辄有牺牲。朝鲜去矣，满洲亦步其后尘，如此约再继续不已，则中国亦将随之而去，届时吾华人不得不出以奋斗。日本以印度为获取盟约之具，英国本以俄国为虑，但今日俄国已亡，故《英日盟约》无继续存在之必要。苟谓日本无盟约之束缚，可加害于印度，则试问中国苟为日本所支配，日本不将更能加害于人乎？中国为笃爱和平之国家，何不以中国为日本与印度间之缓冲国乎？英日两国皆为岛国，彼此利益终必冲突。日本现拟握有中国煤铁油之天然利源与其人力，庶可固立于亚洲大陆，日本既偿此愿时，英国将无宁日矣！

访员曰：日本或能支配太平洋，但及此而止。

孙氏答曰：凡支配太平洋之强国，即能支配全世界。日本全力苟遍及于太平洋，则将殖民于澳洲，取坎拿大为外府，管辖南斐①，而予印度以独立矣。

访员询以应否以中英盟约代替《英日盟约》？

孙曰：攻守同盟之约，中国或未能多所贡献，惟中国得英国之助，则可以商务与宁靖为贡献也。中国安靖则可为印度之良好范围，而使之亦归于安靖，此非细微事体，盖印度境内革命党当向中国境中革命党征求意见也。

据《孙中山反对英日续盟之外讯》，载一九二〇年
六月十二日上海《申报》第十版②

———————

①　南斐（South Africa），今译南非。此指当时英国自治领"南非联邦"。

②　当时上海各中文报纸颇多译载此谈话者，文字稍有出入，如可参阅同日上海《民国日报》第十版所载《孙中山与西报之谈话》及上海《时报》（一）所载《孙逸仙反对英日同盟》。

附：另一译文

孙中山对本报①代表……先云：余对于英日同盟之续订，极端反对之！

代表问其故？

孙君答曰：因同盟有害于中国，日本既取侵略政策，英国何以赞助之，同盟第二次续订后，高丽即脱离中国，华人现信同盟如经三次四次之续订，则中国将步高丽之后尘矣。但吾人准备与之奋斗，华人无一不反抗日本。倘英日再续盟，则华人且将反抗英国。

代表问曰：抱此意见之华人多乎？

孙君曰：甚多。不过彼等不皆如吾之公然表示意见耳。

代表曰：同盟如不续订，君意宜以何物代之？

孙君曰：此吾不能知之。此须英国决定之。因同盟有害于英。

孙君又谓：同盟每一次续订，中国必有所损失。始而高丽，继而满洲，如再经一次，则中国岌岌可危矣。但彼时中国人民必奋斗也。

孙君继谓：日本利用印度以取得同盟，当时英国惧俄国南侵，但现在俄之帝国势力已消灭，已无复同盟理由之存在。假使谓日本既无同盟之束缚，将不利于印度，则试问中国如受日本管辖后，其危害将至何等乎。中国乃一和平之国，然则何不使中国为日本与印度间之一缓冲国乎？……日本与英国同为岛国，其利害终必冲突。今日本且图控制中国之天产如煤、铁、石油及人力，俾彼得巩固其地位于亚洲大陆，如日本竟达此目的，则英国无宁日矣。

代表曰：日本或能控制太平洋，但不过如此而止耳。

孙君曰：能控制太平洋之国，即为能控制世界之国，日本若握太平洋霸权，即能殖民于澳洲，占领坎拿大，控制南非，界印度以独立。

代表问：中英两国如缔同盟，能代英日同盟否？

孙君谓：如以攻守同盟言，中国不能多所贡献。惟既得英国之助，中国亦能

---

① 指上海《字林西报》。

贡献其商务与和平，中国既和平，印度或能因是而减少乱事，此于英国大有关系，因印度之革命党恒来中国求教于中国革命党也。

据《孙先生与西报之谈话》，载一九二〇年

六月十二日上海《民国日报》第十版

关于英日联盟之恢复

在上海与《纽约论坛报》记者谈话

（英　译　中）

（一九二〇年六月十二日）

“如果七月十八日不列颠恢复英日联盟，我作为一名具有实战经验的革命党一定尽我所能在印度和日本掀起革命。如果不列颠恢复联盟，其将失去在中国的位置，”孙先生今日在上海居所警告说。

来自英国占领地区的反对

如果不列颠恢复联盟，其将遭到澳洲、加拿大、新西兰和南非媒体的一致反对，同时也将与其在远东侨民的意见相左。而另一方面，如果不列颠拒绝恢复联盟，日本将在印度撒下暴乱的种子。日本的宣传机器是世界上最为活跃的宣传媒体，而日本随时可以在印度进行宣传。日本意欲在印度掀起暴乱，这一意图得到日本资深政客大隈重信侯爵（Marquis Okuma）的承认。在最近的一次声明中，大隈重信催促恢复英日联盟，以此维护印度和平。如果英国不恢复联盟，大隈重信藉此发出一种威胁，即日本将从印度撤出其对反布尔什维克的宣传。不列颠足够强大，可以对付俄罗斯在印度的宣传，但日本不只会收回对英国的支持，而是积极恶意推动印度暴乱。

不列颠会怎样做？如果她恢复联盟，将会永远失去与中国的友情；同时，她还令其属地不满，与反对日本野心称霸太平洋的美国关系也会紧张。如果她拒绝恢复联盟，日本则不只会在印度，还包括其他英国影响下的远东范围进行宣传，鼓动暴乱。不列颠在战争带来的混乱局面之后的重建工作遇到不少麻烦，而且爱尔兰日益成为一个棘手问题。不列颠不希望在东方的印度及其殖民地遇到更多麻烦。但如果英日联手，远东会出现更加复杂的形势。

中国与赤色同盟

不列颠恢复与日本重新结盟将会令中国与苏俄联手抗击日本和其联盟。为保卫家园抗击倭寇，中国也会煽动印度与日本国内的暴乱，而在这一过程中我们最佳的同盟无疑将是苏俄。只要在中国仍有和平，日本就会寻机渗透中国，故此，战时我不得不煽动南方与北京政府的摩擦，当时我被称为亲德派。原因是他们认为我是在阻碍战争的进程，但我不在意，因为我深知我是为最终的世界和平而努力。我的近期目标是阻击日本征服中国，而欧洲忙于与德国开战，我则通过国内战争阻止日本占领中国。如果英国日本联盟得以恢复，我将竭力鼓动印度与日本的叛乱，我也因此可能被称为布尔什维克。没有关系。我知道自己在为世界和平这一最终目标在奋斗，而允许日本征服中国，这部分世界就不会实现和平。日本只会利用中国的资源和人力作为手段来宣扬其日耳曼式的称霸世界的野心。

敦促美国签订同盟

"您建议英国如何走出这一两难境地？"我问孙博士。

"英国走出困境的通路为签署英—美—中三国同盟，以保护远东不受任何国家的侵犯。日本征服朝鲜已经完全暴露了其野心，最近又伺机占领山东。恢复英日联盟对远东其他国家意味着不列颠放任日本侵占中国，不列颠漠视日本对山东的兼并，不顾中国人民与政府表示出的抗议以及来自美国参议院的谴责。

如果大不列颠与美利坚与中国结盟，不仅可以保证中国还包括印度的领土完整，则无需畏惧日本，因为日本作为一个国家，如果丧失侵占他国领土的权力，也就不再举足轻重。日本不可能与英国和美国开战，尤其英美背后拥有无数中国人的支持。大不列颠不可能因日本丧失与美国的友谊，这不符合大不列颠的利益。如果一意孤行，大不列颠损失的不仅仅是友谊，同时带来澳洲、新西兰、南非的不满；同时不满的还有意识到日本侵略带来影响的英国在中国的侨民。"

美国惟一的朋友

"日本自然欢迎恢复英日联盟，因为这将令其有资本恐吓中国：'看，西方世界站在我们一边，你们不可能从西方获得任何帮助。'日本正是在《巴黎条约》签订山东租界时如此恐吓过中国。但美国参议院对日本侵占山东所发出抗议的声音是对日本恐吓最大的反击。中国感觉到了她在世界上还有一位朋友，那位朋友即是美国。中国过去、现在都如此感觉到世界上至少有一个国家不会任由日本侵占中国。

我不担心与日本开战。虽然我不喜欢与任何国家开战，但我认为阻止另一场世界大战的惟一方法就是阻止日本在远东所进行的侵略，这也是世界上惟一与德国在西方的侵略平行的一场侵略。而阻止日本在东方的侵略的途径就是以英—美—中联盟取代英日联盟。除非中国受到前者的保护，中国剩下的惟一选择就是与苏俄结盟反对日本和大不列颠。我是英国的朋友，但我是一位中国人，您可以在《纽约论坛报》上写我会使用革命或任何其他手段来保护中国不受外国侵略，正如我使用过革命来保护中国免除国内腐败一样。"

据 Chinese Union with Bolsheviki is Threatened. *New York Tribune*，July11，1920，Page 4.（《中国威胁可能与布尔什维克结盟》，载一九二〇年七月十一日《纽约论坛报》第四页）（高文平译，许瑾瑜校）

英文原文见本册第 511—515 页

关于英日联盟

与《青年中国每日新闻》①记者谈话

（英 译 中）

（一九二〇年六月十九日刊载）

孙逸仙博士反对联盟续约的原因来自"一个中国人的角度，对任何增强日本

---

① 英文是 *Youth China Daily News*。

实力的事情都抱有怀疑态度。"在太平洋，以及任何能够令日本继续奉行其现有政策的事情都需要质疑。

"我完全反对英日任何续约的举动，"孙逸仙博士回复道。

为什么？

"因为这将损害中国的利益。日本采取侵略性行动时，英国为何期望援助日本？第二次英日联盟的后果就是朝鲜从中国大家庭中被划出，中国人相信如果第四次、第五次英日结盟，就会轮到中国了。但我们将会抗战。"

举国反对英日联盟

"英日结盟，中国举国反对，如果结盟，我们也会反英。"

"是否许多中国人持此观点？"

"是的！尽管未必公开像我一样表达自己。"

"你有什么建议？从联盟角度看？"

"不知道，英国应该自己决定：结盟对英国有害。"

孙博士指出每次英日结盟都损害中国利益。中国已经失去朝鲜，满洲国也已失去。如果联盟继续，中国也会失陷。"果真如此，中国人只有抗战。"

缓冲国

孙博士继续指出：日本在利用印度获得联盟。当时的不列颠惧怕俄国，但俄国威胁已经消失，联盟的需求已不复存在。如果联盟解体，日本又如何能伤害到印度？如果日本统治了中国，孙博士问道，又会带来多大伤害？

他说道："中国是一个和平国度，为什么不将中国变成日本与印度之间的一个缓冲国家？"

孙博士认为，日本与英国同属岛国，作为强国，之间一定存在利益冲突，日本又图谋控制中国的自然资源，包括煤炭、石油、铁矿，以及中国人，以此来整合其在亚洲大陆的地位，如此，英国将永无宁日。

"日本可能会控制太平洋地区，但也就到此为止了，"我们的记者斗胆猜测。

"控制太平洋者控制世界，"孙博士答道："日本通过控制太平洋，将会殖民澳洲、拿下加拿大、控制南非，以及让印度独立。"

中国能提供什么？

在问及是否英—华会结盟以取代英日联盟时，孙博士指出：如果建立攻守同盟，中国也许不能提供什么，不过通过英国支持，中国可以提供商业和一个安宁的环境。以此为例，中国也可以令印度稳定下来，孙博士指出，这一点非常重要，因为印度的革命党，来到中国寻求建议。

据 Anglo-Japanese Alliance Views of Sun Yat-sen. *The Hongkong Daily Press*，June19，1920，Page 4.（《孙逸仙论英日联盟》，载一九二〇年六月十九日香港《孖剌西报》第四页）（高文平译，许瑾瑜校）

英文原文见本册第 515—517 页

日本乱华策略与段祺瑞之排日态度

在上海《大陆报》发表的谈话

（英译中）

（一九二〇年七月十六日刊载）

据孙中山先生之意见，数星期来之政治发展，如湖南之政变、北方之军队冲突、最近苏浙两省间之扰乱，总括之为安福系与直隶系之争者，其源皆出于日本之策略。而近因则为前此在沪南方四总裁之宣言，孙君与唐绍仪君之意相同，谓此次之争决非立时可了，不久必将公然开战。惟孙君更进一层，谓最后之决断将由东京为之，不论何方战胜，终为日本之胜利。又谓凡此皆使解决南北争端之更大问题，益无希望。

孙君有一语将为许多方面所不信，谓段祺瑞之本心实系排日者。彼历述引起此次争潮之一切事情，而谓四总裁之宣言实为导火线。其言云："此宣言中所最注重者，为要求宣布中日间一切密约，并要求取消军事协定，以为重行议和统一南北之基础。将来国会只能有一，执行相当方法，使中国成为强国独立。而段祺瑞对于此宣言则承受之。段氏此项态度乃与日本一切阴谋及希望相背，一经表示，于是困难乃相迫而来矣。"

孙君又历述数年来南北分裂之一切情形及中国之参战，续曰："向使余不设法使南北分裂，则中国今日早为日本之附庸矣。今日中国北方已为日本所控制，若南北不分裂，则中国全国将归日本掌握。由是可知段氏之与日本阴谋实大有关系，彼必须亲日，否则即须遭毁坏。段之承受四总裁宣言，为反对日人之第一声。彼允许排除日本势力，余觉其实出于诚意。惟彼或因懼失其权位而取消其诺言，亦未可知。又或彼将被推倒亦意中事，因日本于此次争端中究将助安福或助直系，乃一疑问也。张作霖大有举足轻重之势。假使段竟履行其诺言脱去日本羁绊，则不但须抵抗今之敌党，并须打倒为东京所操纵之一切势力，而张作霖即此种势力之一也。段若能推倒张，则能于六十日内毁灭曹锟、吴佩孚。然张绝有力，曾有一日本阁员告余，谓张作霖为日本对华政策之晴雨计。因此段氏一经承受四总裁宣言，吴佩孚立即发难，欲以全力倒段，张作霖追踵入京肆行恫喝，盖皆有线索可寻也。"

孙君言至此稍停顿，续曰："余旋致一书与日本陆军大臣田中氏表示意见，该书于六月二十九日发出，以后已见效验。盖张作霖已被召出京，召张者并非日本陆相，而为奉天日领事。张回奉后如何情形不得而知，或者已说服日人从彼之意见，彼最近致总统措词强硬之电讯，殆以此故耳。"

据《孙总裁之时局谈话》，载一九二〇年七月十六日
上海《民国日报》第二版，译自英文《大陆报》

关于南北和平与对日关系

在上海与马瑟逊谈话①

（英译中）

（一九二〇年八月六日）

"由于最近围绕北京政府所进行的内战令今日中国的国力跌落至近代以来的历史低谷，并导致北方中国完全落在亲日反动派的手中。张作霖，被称为'中国政策在中国之晴雨表'，掌握着时局的走向。张坐拥三十万大军，从而在政治上、军事上享有至高地位，且对中国的完整构成最大危险。"

……

早日实现和平毫无希望

"北方与南方之间早就存在鸿沟，实现和平遥遥无期，"他指出。"现在看不到内乱中的派系统一起来的希望，除非南方政府同意无条件向日本投降。这一点我们绝不能做，未来中国形势只会越来越混乱、混浊和复杂，而这一局面由于日本的崛起更加明显。"

在中国多数人认为最近一直在打内战的段祺瑞将军是一个亲日派，但孙博士指出，这种说法与事实恰恰相反。孙博士说：通常人们认为段将军的失败在于他是日本人的走狗，这在段本人的军队也有此传言，甚至导致他一半部下不肯替他作战。"事实上，"孙博士道："断送段将军的两股势力，一种亲日，一种反日。但今日政府中，反日派不得进入北京政府，而亲日派却被树碑立传，享受皇家接待。"

---

① 马瑟逊（R. O. Matheson）是纽约《太阳报与纽约先驱报星期日周刊》记者。在采访孙文前曾将采访书面稿呈交给他过目，孙在上面做出笔记，其中一句话如下："您对我的观点梳理得非常清晰，我建议您不只在海外发表，还应该在中国发表。因为在中国居住的外国人与在海外居住的外国人一样对中国时局迷惑不解。"

概括现状后，孙博士回顾欧洲爆发的战事详解时局：

中国的矛盾依然存在于旧与新之间。反动派从日本寻求支持，与之相对的是渴望在中国实现民主制的革命派，二者针锋相对。反动派的观点符合日本的政策，日本不希望真正的共和思想在中国传播，担心这种思想渗透到日本威胁其现存的旧制度。日本人一直试图阻止新思想的传播，支持旧观念。

日本人的计划

欧洲战争期间，日本人一开始图谋外交上征服中国。为此，日本人费尽心机将中国挡在欧洲战争之外，无论英国怎样努力让中国参战。日本占了先手，逼迫中国签署二十一条，对于中国来讲，这一最后通牒无外乎将中国朝鲜化。日本人似乎顺风顺水，几乎达成目的，而当时所有列强都无法分身保护中国。

随后战局突变，美国参战，邀请中国参加，并与德国断交。日本人意识到自己无法将中国排除在外，于是转为要求中国不再保持中立，而是向德国宣战。如此，日本放弃了外交上控制中国的初衷，而采取军事上控制中国的策略。于是日本起草军事条约，中国与日本联合出兵，但中国在日本的指挥之下。

"当然日本做出来好像这一计划是中国启动的，是北京政府请求日本与中国联合行动，打击共同的敌人。通过这一条约，日本培训中国军队，控制弹药库以及码头，甚至接管维护中国国内的维和工作。"

日本支持北方

"这是日本的第二个步骤，而日本又几乎成功，因为列强都要求中国参战，同时要求日本坚定地站在联盟一边；这实际放纵日本在中国为所欲为。这一切发生在停火协议前两年，当时没有列强愿意帮助中国。而中国人也很少看到了危险的迫近。熟谙日本人做事方式的我看到了危险正在迫近我的国家。"

于是我以南方的名义向北方宣战，如此拯救中国，挫败日本。宣战的直接效果对日本影响不大，但对于北方则影响巨大。战争阻碍了北方政府，令其无法将中国交给日本。

南方向北方宣战后，日本全力支持北方，为段将军政府提供军火与资金攻打我们南方。当然，实际上是一场支持段的观点与支持我的观点的战争，南方不愿意为我打仗；北方不愿意跟随段。惟一参战的部队即是我们双方的部队，段的和我的部队。

再详细些分析，这是一场日本和我之间的战争，因为日本支持段，投入三至六亿日元。如果生意成功，日本便可以使用同一投资来压垮南方，然后再通过新的割让控制北方。

世界局势又一次发生了变化，欧洲战争出乎意料地突然结束。五大列强告知中国的南北双方一定要在巴黎和谈会议前达成协议。

八大条要求

日本再次调整战略计划，他们放弃了通过外交手段、或者通过军事霸主实力征服中国，转而通过建立一支中国军队帮助日本征服中国。于是日本不遗余力帮助分别代表北京政府与满洲国政府的段祺瑞和张作霖扩大军队规模，企图利用这两大势力征服中国其他地方。

"当北方与南方的代表在上海见面，我坚持提两点要求，即，合法的国会应该重新召集开会；与日本签署的军事条约取消。其他南方代表提出另外六条要求，合起来称为八大条要求。当这八大条要求提出来之后，北方代表团中止了和谈，其代表被召回北京。这是大概一年前发生的事情，自此以后，双方之间没有发生战争、也没有实现和平，而在这间隔中我们一直在交换意见。段派专员见我，并指出：这场战争是我们俩人之间的战争，而从他角度来分析，他要和平。我告诉他的专员，段一定要满足我提出的两点要求。我告诉他，重新召开法律意义上的国会会议，并与日本决裂。

几周之前，段接受了我的观点，我们达成非正式和谈。在此基础上，我们发布宣言，基于八点要求成立上海和平会议组织（The Shanghai Peace Conference）。一周内，张作霖进京阻止段，而已经被说服了的段没有走回亲日旧路。而他的下台至此开始。

直隶省与安徽省两派之间一直存有争斗，但段获得日本撑腰，所以段祺瑞是无敌的。可一旦他得罪了日本人，他将会很快被赶下台。我们了解段转变的几个人开始传播关于段转变的信息，但日本人在消息产生作用前已经向段动手。日本人利用那些认为倒段即为倒日的中国人摧毁了他。

所以今日之中国，日本的地位极高，还有伪总统徐世昌（Hsue Shih-chang）为其添砖加瓦。正因为他，日本的成功才如此迅捷。"

无地妥协

"中国现状从来没有如此危急，从未陷入如此被列强所误解的危机，当然日本除外。

中国之战乱非一场新的革命无以彻底清理反动派。我必须从头再来，从最低谷开始，因为已经没有任何退路进行妥协了。北方也不可能发起任何军事行动进攻南方，因为旧的北、南分野已经模糊。现在是北方对北方；南方对南方之间发生的战乱。因此我们需首先统一南方，然后再反击北方。北方不会再袭击我们，他们不再有任何勇气来发起进攻。

同时日本会继续其以华制华计划。这是日本惟一的方法，因为今日世界不会再袖手旁观，任其发兵入侵中国。

中国问题就是如此复杂。我第一次发动革命时，我以为中国问题只属于中国。我成功地破坏了旧世界，却未能成功地重建新世界，因为当时未能关注来自外国的干预。如果中国能够自行解决自己的问题，解决时间会很短，但中国无法自行解决。"

可见众多反华势力

讲到此，孙博士被问及干预是否来自日本垄断："经常有指控其他列强在利用日本问题来分散中国人的思考，而中国发现其他列强开始干预时已经太迟，这一指控是否属实呢？"

"所有列强都在反对中国的新势力。"孙博士思忖片刻后答道。"他们都知道从反动派体系能拿到什么，但不知道新体系能够为他们准备什么。所以他们或多或少都在反对新中国。"

"所以，"孙博士结束道："中国情况会更加复杂化，而真正清楚中国现状并能够从中获利的将是日本。

"日本知道如何利用中国的政治而达到自己的目的。其他列强则未能如此。以段祺瑞政府为例，日本利用中国国民情绪来打败正可能带来对日本最大威胁的人。而其他列强却在为段的下台鼓掌，以为段的下台是对日本的一击。"

据 Sun Yat-sen Depicts China As Seeing Darkest Hour. *The Sun and the New York Herald Sunday Magazine*（New York），September 12，1920，Page 1.（《孙逸仙描述中国正见证最黑暗时刻》，载一九二〇年九月十二日纽约《太阳报与纽约先驱报星期日周刊》第一页）（高文平译，许瑾瑜校）

英文原文见本册第 518—524 页

我现在不能去美国

与林百克谈话

（一九二〇年八月）

林百克说：博士①，有一个大机会在美国等候着你！

又把关于此事的各种文件送给孙中山看，还有宣传的详细计划。

中山想了好久，不注意地把这些文件看了一看，又想了一会，说道：我实在很喜欢去望望美国人民。这是怎么样愉快的旅行呵！

接着中山说：咳，这就是为什么我想不去的缘故。我的责任——在此地看起来不是应当的吗？我走了之后，还不能说要遇到什么事情哩。还是劳你去走一趟罢。

林百克大为失望，说：什么！你不去吗？博士，你不去，将来要懊悔的。这个机会不再来了，政治是不像自鸣钟那样可以随意旋紧的，这个大的政治机会不再来了。

中山说：我的责任是在此地。我现在不能去。

据林百克著，徐植仁译：《孙逸仙传记》，上海，三民公司一九二六年二月出版

---

① 博士：即孙文。

在上海与黄一欧等谈话[①]

（一九二○年九月）

孙先生指示：现在的局面必须打开，由广东北伐，湖南首当要冲，湖南的动静关系西南大局。谭延闿不是革命党，他不会死心塌地跟我们走的，所以湖南每次的革命都没有成功。

孙先生指着一欧说：湖南这个地方很要紧。从前你父亲的部下在那里的很多事情比较容易着手，所以找你们来商量。我请道腴先生[②]回湖南活动，你们迟来一步，他已经搭船走了。你们回去后，看情况变化，如果谭延闿不愿意革命，就把他拿下来；谁把谭延闿拿下来，我就让他做湖南督军。……你们找居觉生拿点旅费，赶快回去，多多联系同志，遇事多和道腴先生商量。

据黄一欧：《谭延闿被迫下台和李仲麟被杀的回忆》，中国人民政治协商会议湖南省委员会文史资料研究委员会编：《湖南文史资料选辑》第二集，长沙，一九六三年六月出版

与刘谦谈话[③]

（一九二○年十月五日）

孙中山与刘谦达成的协议是：

一、立即把中国南部、俄国中部和远东的中国革命势力统一起来以做一日和

---

① 是月孙文致电黄一欧，嘱约阎幼甫、杨仲恒三人速即来沪。这是孙在上海寓所接见他们的谈话。

② 道腴：即周震鳞。

③ 刘谦，化名费多尔·费奥德罗夫，一九二○年起任俄共（布）阿穆尔州委中国部书记。一九二○年六月旅俄华工召开第三次代表大会，成立了隶属于俄共的俄国共产华员局，刘为中国部书记，他遂以该组织代表的身份来中国与孙文商谈后者的西北军事计划。是年向国外转移时，在中国境内被杀。——译者注

尚撞一天钟共同地、步调完全一致地为反对华北现在的反动政府打好基础；

二、为此必须在远东有一个指挥中心，确定将布拉戈维申斯克作为中心，届时将可以从这里向华南和苏俄境内的团体发布命令；

三、苏俄、华南现有军队的集结地定为新疆省，在谢米巴拉廷斯克和七河省交界处、靠近中国新疆省的地方。目前征募志愿兵的工作已在布局进行之中，从战略商考虑，此处乃顺利进军华北的最佳地点之一。关于军队混合编成的问题，已由俄国中部的华人①军队与华南领导人孙中山谈判过若干次。前者完全同意与华南采取一致行动。为同孙中山建立联系，已派出两名代表前往莫斯科，他们不久将到达此地②。二人拟在布拉戈维申斯克稍作停留，就地向工人群众和中国军队做宣传工作；

四、大力做出版工作，为此应在上海建立一个印刷厂。

据李玉贞译：《联共、共产国际与中国（一九二〇——一九二五）》，台北，东大图书公司一九九七年版

建立新政府问题

在上海与日本记者谈话

（一九二〇年十月底）

吾人可以断言，这次是建立新政府运动，具有由吾等民党统一全国的意味……决非单纯的广东政府问题。

据森时彦：《第二次广东军政府时期的孙中山》，载中国孙中山研究会编：《孙中山和他的时代》上，北京，中华书局一九八九年十月出版

---

① 指在俄居住多年并参加过苏俄国内战争的华侨。——译者注
② 指布拉戈维申斯克。一九二〇年底国民党人李章达来此。——译者注

谈时局问题^①

与《大阪朝日新闻》访员谈话

（一九二〇年十一月八日刊载）

徐世昌之南北统一命令，不过戏谈而已。北京政府在欲得新银行团借款，故有此声明，以欺瞒中外。

岑春煊亡命赴沪，其政治生命已然告终，惟政学会派尚有何等活动。

迩来陈炯明及广东各方面劝余速赴广东，至余应之与否，今尚未定。而余之行止约在本星期内决定。

据《孙文口中之统一谈》，载一九二〇年
十一月八日天津《大公报》

关于外交问题

与上海通讯社记者谈话

（一九二〇年十一月八日）

记者：山东问题之救济法，因现下舆论纷呶，尚未定有举国一致之最后办法。请孙先生表示意见。

孙答：余始终未尝表示何等之意见。惟现下照余个人观察所得，则此时似不必用狮子搏兔之全力，尽注于该问题之上；实应将目光放远一步，专行注力于满洲、高丽两方面。其第一步办法，应先要求取消《马关条约》，扶持韩人独立，以缓其冲。第二步办法，要求取消二十一条卖国条约，以锄其攫取山东之根。因养成今日之局势者，皆此二十一条中承继山东德人权利一条有以酿成之也。该两

____

① 一九二〇年十月底粤军攻克广州等地，岑春煊政学系及桂系势力被逐出广东，而北京政府则宣布南北统一。针对时局变化，孙文在上海回答日本《大阪朝日新闻》访员的提问。

步办法如能办到，则吾国藩篱已固，山东问题亦即可以连带解决。故余意目下殊可不必汲汲于山东一隅之问题也。

记者：两步办法极佳。惟如何实施之法，可得闻乎？

孙答：目下似宜先行造成一种强固之舆论，以博各国之同情。后日列强如有大半表同情于吾，然后再定实施之法，或直接向日本要求，或提交国际联盟会公判。公道自在人心，胜算即不难预卜云。

据《孙中山先生之外交谈》，载一九二〇年
十一月九日上海《民国日报》第十版

支持原国会非常会议在沪议员活动的谈话①

（一九二〇年十一月上旬）②

护法本是革命，余始终抱革命主义，一切举动悉遵国会自决。但能办理妥善，无不乐从。

据《议员会议与中山谈话》，载一九二〇年
十一月八日上海《时报》（五）

与《大阪朝日新闻》记者谈话

（一九二〇年十一月十二日）

孙氏对记者曰："徐世昌南北统一革命不过戏谈而已。北京政府因欲得新银行团之借款，故有此声明，以欺瞒中外。岑春煊亡命来沪，其政治的声明已然告终，

① 国会非常会议在沪议员曾于十一月六日开会，将数名政学系议员逐出会场，谴责岑春煊与陆荣廷自广州出逃、否认徐世昌伪统一令等，并决定仍返广州复会。他们认为，"议员所倚赖者厥惟中山"（见底本）。是时，议员曾派代表两次求教于孙文，本篇所记为孙之答语。

② 底本未说明日期。此据当时情势酌定。

惟政学派尚有何等活动。迩来陈炯明及广东各方面劝余（孙氏）速赴广东，至余应之与否，今尚未定。而余之行止，约在本星期内决定。”

记者问：军政府移至广东，结果西南更有坚固之计划？

孙氏曰：“余对此计划赞同与否，目下尚不能述其意见，惟观将来表示〔现〕之形势以定余之目的。至于全国统一一节，堪信不久必能实现。”

据《孙文口中之统一谈——对日报特派员之谈话》，载一九二〇年十一月十二日长沙《大公报》

在上海与魏金斯基等谈话①

（俄译中）

（一九二〇年十一月中旬至二十五日前）②

孙中山一反通常的中国客套，马上让我们坐在桌旁，就开始询问俄国情况和我国的革命。然而不一会，我们的话题就转到了中国的辛亥革命。孙中山异常兴奋起来，在后来的谈话中，即在两个多小时的时间里，孙中山对我讲述了军阀袁世凯如何背叛革命，如何企图借助日本帝国主义来复辟帝制，而孙中山本人又怎样在东京经过朋友们的斡旋对当时任外务大臣的加藤高明施加影响，以使日本帝国主义政府与袁世凯断绝联系。有趣的是，孙中山几乎很有把握地说，日本政府和袁世凯之间那个有名的条约即“二十一条”，并不是由于日本方面的压力才签订的。孙中山认为，这简直就是袁世凯本人向日本驻华公使提出或向其暗示的，即只要日本方面协助复辟帝制，他就签约，后来果然签约了。

谈话快结束时，孙中山又回到苏维埃俄国的话题上来。显然，他对这样一个

---

① 魏金斯基（Григорий Наумович Воитинский），亦译维经斯基，俄共（布）党员，一九二〇年受共产国际远东部派遣来华帮助建立中国共产党，曾用名吴廷康、魏琴、卫金等。根据陈独秀的建议，魏金斯基至上海法租界孙宅拜访，受到孙文在书房接见。随访者似有同时来华的译员、俄籍华人杨明斋等。魏金斯基在文中自用第一人称，对孙文用第三人称。

② 底本原说访孙在一九二〇年秋天，但又称“他近日要动身去南方”，按孙文系于是年十一月二十五日离沪赴粤。故酌为此时段标出。

问题深感兴趣；怎样才能把刚刚从广州反革命桂系军阀手中解放出来的中国南方的斗争，与远方俄国的斗争结合起来。孙中山抱怨说，"广州的地理位置使我们没有可能与俄国建立联系"。他详细地询问是否有可能在海参崴或满洲建立大功率的无线电台，从那里我们就能够和广州取得联系。

据魏金斯基：《我与孙中山的两次会见》，载一九二五年三月十五日莫斯科《真理报》（*Правда*）；译文见《国外中国近代史研究》第一辑，北京，中国社会科学出版社一九八○年十二月出版（江海译、李玉贞校）

南下后将攻略广西统一中国

在上海与记者谈话[①]

（一九二○年十一月二十三日）

予明日当与唐绍仪、伍廷芳二君偕同胡汉民、汪兆铭二人，搭乘"支那"轮船赴广东，业经决定。广东之形势，业告肃清，广东省内已无广西军踪影，但未可遽以为乐观。盖广西今虽在孤立状态，然陆荣廷之势力却不可轻视。今次粤桂战争，广西军已丧失其大部分，现在足为陆荣廷手足之军队者，虽不过三万余，然尚可与北方（经由安南）自由传达消息。我等如不压迫之，至于消尽，则深信难达南方统一之目的。故予抵广东后，当讲攻略之策。

今广西内部有反陆荣廷派，即与我等提携。如广西同志会欲改造广西，是其一也。陆荣廷亦当无安闲之日可过耳。

目下最为中国障碍者，北有张作霖，南有陆荣廷。推倒此两人，则可达统一之目的。外间以我等之南下，当开南方分立之局，此乃误之甚者。今后南方行将统一北方耳。

据《孙中山气势焰焰》，载一九二○年十一月二十五日北京《顺天时报》第三版

---

①　孙文等人应粤军许崇智之请，于十一月二十五日由上海启程赴广州。孙在离沪前与来访记者谈话。

与《东京日日新闻》记者谈话①

（一九二〇年十一月二十五日）

孙、唐均谓："废督裁兵、施行地方自治、改造军政府，非速实现不可。"至对于和会，两人意见不同。

唐氏谓："余望南北统一早日实现，若北方取消统一命令，由合法机关开和平会议，甚愿交涉。"

孙氏则谓："上海和会之复活乃一疑问，因北方政府无诚意。若南方与之议和，非北方当局将北方政府大改造不可；而改造政府，非先将现政府推翻不可也。"

据《孙唐伍在甲板上之谈话》，载一九二〇年十二月一日长沙《大公报》第三版

不承认北京政府宣布的统一命令和缔借的外债

与上海《字林西报》记者谈话②

（一九二〇年十一月二十五日）

孙君云：吾人虽渴望和平，然不能承认北京政府之统一命令，必须北方以正当方法，与吾人讨论各大问题，如宪法、外交等等。吾人之议和代表固留待于上海，如北方有电来，表示愿对等议和，吾人即可中止广州之行。惟吾人不要私人媾和，不要苟且之和平。当陈炯明将军驱桂军出粤后，岑春煊、温宗尧等鼠窜逃生，同时乃发表南北统一之宣言，此事太滑稽，不值一顾。乃北京政府欲欺骗外人贷以金钱，遂遽以宣布统一命令。夫岑春煊早已为军政府所逐，彼又安能宣布

---

① 孙文、唐绍仪与伍廷芳于十一月二日乘"中国号"轮船往香港，同行者有胡汉民、伍朝枢、戴天仇、王伯群、郭泰祺五人，此系在船上对记者的谈话。

② 这是孙文离沪赴粤时的谈话。

统一乎？

访员问：北京如缔借外债，若等承认之乎？

孙君曰：决不承认。吾人今足法定人数，以后照旧进行，当力除军阀主义，而以禁赌为第一要务，以次及于禁妓。总之，吾人当竭力以民治主义，改革广东，如上海及香港然。余尚拟行一新例，其始不免遭人反对，即凡百官吏于就职，必发誓奉公守法，不取贿赂；以后有违誓者，必尽法惩治之。总之，吾人当竭力整理护法各省之政治，俾人民蒙其福利，而得有为他省之模范也。

据《三总裁启程赴粤记》，载一九二〇年
十一月二十六日上海《民国日报》第十版

视察广州观音山的谈话

（一九二〇年十一月二十九日）

孙中山询及龙济光、莫荣新当日守御情形，此外凡经过各处炮垒兵房，皆一一视察，谓：此不祥物，无裨国防，徒供负固，行当扫除净尽，毋使市民惊恐。

据《孙总裁视察观音山》，载一九二〇年
十二月七日上海《民国日报》第三版

与陈家鼎等谈话①

（一九二〇年十二月三日）

陈等首言："军府迭次宣言并无提及召集国会等字样，外间多穿军府有不要国会之意思，究竟实情如何？请一表示，以安人心。"

孙氏初则答以此必秘书厅遗漏。

---

① 孙文、唐绍仪与伍廷芳回粤重建军政府时，旅沪议员未返粤，在粤议员反而联翩离粤，在此情形下，陈家鼎、谢英伯、马小进、蔡突灵与邓天一等留粤国会议员于三日谒询孙文。孙作此谈话。

陈等再诘以此等文电总裁有无过目？

孙氏瞠目者久之，继忽毅然答曰："我实不相瞒，此回之军府确无用国会。而如五十号、石行会馆①皆为倒蛋人物，万不容其存留。君等欲规复国会，究竟有法能将此等倒蛋议员取消否？"

陈等答以五十号、石行会馆等，此为议员不良之分子，究与国会全体无与。不能因分子不良遂欲将一机关取消，譬如军府分子亦有良歹之分，如岑、陆不良分子，而孙先生及唐、伍等则良者也，若因岑、陆不良而谓军府可废，岂有此理？至国会中不良分子之取消，此当法律行之，不能任意为去取。

据《孙文不允恢复国会之表示》，载一九二〇年
十二月二十一日长沙《大公报》第三版

附：另一记录

当陈②以军府四总裁宣言未提及召集国会字样，谓似有疏漏时。

孙答曰："国会议员南来原为护法，前被岑春煊、莫荣新等逼走，故移云南开会，汝等逗留广州不去，实为甘心附逆、罪有应得。今日岑莫失败，复又倡言护法，何以从前不到云南及重庆乎？余照〈法〉律应将留粤之议员一一逮捕，徒因军府事忙未暇为之。此后国会开会，只有纯洁而未变节之议员有此权利；其曾经附逆者非从严惩治不可。"

谢英伯起言："先生如此办理实为大公至正，为民国正本清源计必当如此。"

据《广州新军府之大事纪》，载一九二〇年
十二月十四日上海《申报》第七版

---

① 此二处系政学系国会议员常聚会的场所，意指时留驻广州的国会中政学系议员。

② 陈：即陈家鼎。

关于西南局势的谈话

（一九二〇年十二月五日刊载）

粤军朝气方盛生，攻入桂省确在指顾间。刘显世在黔失利一时，彼能助之恢复原有势力，滇黔仍可图川。至于湖南赵恒惕代谭延闿维持秩序亦出〈于〉个人之计划。不久即可重造〔组〕西南真正护法政府，惟旧议员散处各地，一时未能集会，故组国会方面尚难骤行。

据《孙中山抵粤后之态度》，载一九二〇年
十二月五日天津《大公报》第一张

关于桂军必败的谈话

（一九二〇年十二月六日刊载）

孙氏曾对广东各界宣言："桂有〔军〕必败理由有三：（一）轻弃护法团体已使西南离心。（二）粤军战胜，气势方张；桂军屡败，决难反抗。（三）粤有滇、湘助力，桂已三方受敌。职是之故，可操必胜之券。"

据《孙文轻视桂军电讯》，载一九二〇年
十二月六日天津《大公报》第一张

应速创立全国粮食管理局

在广州与梁长海伍于簪谈话①

（一九二〇年十二月中旬刊载）

希望梁等以其创立国民银行之计划，创立全国粮食管理局，以杜商人之垄断，

---

① 港商梁长海、伍于簪等向广东省长陈炯明建议，设立国民银行与全国粮食管理局，陈以兹事体大，介绍梁等见孙文面呈此议。孙对此议大为嘉许。"梁等以孙总裁以此重任相责，均甚满足，拟日内开出进行办法，然后商议进行"。

而减轻贫民之负担。此为欧战后各国政府最新而最有效之善政，中国应速仿行，以裕民食。

据《孙总裁对港商之谈话》，载一九二〇年
十二月十九日上海《民国日报》第三版

关税问题

在广州与某君谈话

（一九二〇年十二月二十一日）

孙中山与客谈及粤人主张自由贸易问题。彼殊赞同此议，盖目下之税则，徒助励外货之输入，损中国之出口家，以利外商而已。

孙诋责目下之海关制，谓：海关仅为外国入口家经营，以遏制华商为务。官场关于此事，亦未有何行动可令其注意者。

据《孙中山之自由贸易观》，载一九二〇年
十二月二十九日上海《民国日报》第一版

希望报纸宣传武力统一

与《广州新民国报》记者谈话

（一九二〇年十二月）

孙中山主张更直接的革命，即依靠武力达成南北统一。他说："惟自简单抽象而言，统一南北，必以革命之道行之。"余生平酷嗜革命，昔以革命创造国家，今以革命改造国家。余信革命为救国不二法门，舍此实无良策。

记者问道：今日大局非武力不能解决，舍兵而言和，实无有是处，先生以为何如？

孙中山一再点头称是，并明确表示武力统一是自己的真意。但目前粤中报纸三十余家，主和者十居其八，人民赞成议和者既居多数，军府惟有顺从民意。

最后孙中山激励记者，希望报纸宣传努力纠正以往错误的舆论，把目标转向宣传武力统一的正确方向。

据森时彦：《第二次广东军政府时期的孙中山》，载中国孙中山研究会编：《孙中山和他的时代》上，北京，中华书局一九八九年十月出版

在上海与李朴生等谈话①

（一九二〇年）

（一）你们是学生，要研求高深学问，革命基础在有高深的学问。

（二）我可以军队去打军阀，还用不到学生去打仗。

（三）民众不了解革命的道理，不拥护革命，革命还不会成功。

（四）你们最好回去做宣传的工作，宣传工作做得好，我的军队就会打败军阀的军队。军事行动与宣传工作是相辅相成的。

据李朴生：《钟荣光先生》，载台北《传记文学》第六卷第三期，一九六二年出版

在上海与卢宝贤谈话②

（一九二〇年）

阿卢，你可以帮我一个忙吗？我这里有价值十万港币的现金和支票，准备用来购买四架军用飞机。我们需要这些飞机，去消灭广东那帮军阀。你能够担任我的财务吗？我希望你能在银行给我开个户头并且经管它。

据卢宝贤：《与孙中山先生在一起的时候》，载一九八一年九月二十九日北京《人民日报》

---

① 一九二〇年，岭南大学副校长钟荣光提出组织学生军的主张，以备和军阀战斗。为慎重起见，他派学生李朴生、林卓夫前往上海谒见孙文，征求孙的意见。

② 卢宝贤时在上海商业储蓄银行工作。孙文约他到法租界中国航空公司见面。

统一南北意见

（一九二一年一月八日刊载）

统一南北，固余日蕲之而不可得者。惟非打破军阀专制，则民治之精神，无由实见。今北方各省军阀，余感较前尤盛，纵迁就言和，不久亦兆分崩之祸，与其敷衍一时，何如坚持到底？余之所亟亟从事于联省制者，即欲以自治之基而造就巩固不拔之统一政府。北方如诚意谋和，必先复上海和会。然和会开日，余之所持之联省制与其废督裁兵之两大条件，非完全承认无磋商之余地。广州为护法省份，将来统一告成后，南北应有对等之兵力。而统率南北军权之最高机关，应设在广州。否则，余非达到以南方统一北方之目的不止。

据《孙中山之统一意见》，载一九二一年
一月八日北京《北京日报》第二版

与褚辅成谈话

（一九二一年一月二十三日）

对于来粤议员，自应格外优待，不能遇事挑剔；务取来者不拒之方针，以免〔便〕早日凑足法定人数。

据《粤中选举总统问题》，载一九二一年
一月二十九日长沙《大公报》第二版

陈炯明与国会关系

与议员谈话

（一九二一年一月二十九日刊载）

陈炯明对于议〔国〕会之态度，非如褚辅成所谈之趋于极端。余与陈炯明间之问题，可由余自处理之，幸勿误解。

据《粤中选举总统问题》，载一九二一年
一月二十九日长沙《大公报》第二版

云南局势与关余问题

与日本东方通讯社记者谈话

（一九二一年二月十二日）

日本东方通讯社驻广东通讯员小林氏就云南局面急变往访孙逸仙氏，询问其观察。

孙氏曰："唐继尧之失足，因彼对于南北两方面，向持首尾〔鼠〕两端之态度，只知以己之地位为本位，趋于私利。因此颇招一般人士之恶感与本省人民之离叛。此际突遭顾品珍等之反抗，遂至难以立足也。军政府向不信任唐氏，且该省人民与军政府理想符合，故必无重大之影响。若仅以顾品珍等应李根源等政学会派运动之结果，而遽加以判断，则未免失诸过早矣。顾氏与军政府，以前虽无何等之谅解，但即使将来云南局面归顾氏支配，顾氏亦绝对不能与余对敌。是以川、黔、湘各省，亦不致有重大之变化也。"

小林氏又提及关税问题。

孙氏曰："军政府现正向外交团交涉，要求交付以前之关系〔余〕，大约可望交付。至于讨伐广西问题，倘广西求和，则军政府亦愿允之。否则，只得武力解决耳。"

据《日人电传孙总裁谈话》，载一九二一年
二月十四日上海《民国日报》第三版

与陈炯明的关系及广州税关等问题

在广州与解尔般脱谈话①

（一九二一年二月十七日）

孙君接见余于亚洲旅馆，时在彼迁往城市后面山上小屋中之前数日。彼以彼所特具之微笑迎余，初言欢迎余来广州，继以极谦和之状，赞余平日写述中国事情，具有使人信服之力，是为中国恶弊之劲敌；又谓若余处此纪述事情之真相，则更为有益。

寒暄既罢，余告孙君，在北京甚寂寞，故不嫌跋涉而来广州，来时以为将见孙君与陈炯明实行互相排抵，岂知事乃不尔。

孙君答曰："此间决无公然破裂之理，至于意见不同，确无可讳。惟吾人皆抛弃客气，故能免除争端。凡在正式方面，如有意见不同时，往往用客气方法以期免去争执。岂知意见酝酿愈深，决裂终不能免。今吾人已抛弃此项客气习惯，遇事皆开诚讨论，和衷商榷，故能消弭意见。此种办法，今已确有成效。目下外间一切广州将有乱事之预言，皆以北京之谣言为根据耳。"

余复问广州税关将被占领之说。

孙君断然答曰："绝无此事。税关为一种中国政府之服务机关。吾人并不承认北京，吾人乃中国之政府也。今对于关余问题，吾人依赖美国、英国及他国人民之正义观念，必有公平之判断。夫北京自能不顾西方民治国之舆论，而悍然行动。但假令北京竟用炮舰来攻吾人，则西方之人，自有最后之公论。吾人所赖者，即此正义观念耳。总之，吾人将不为任何鲁莽行动也。"

旋又谈及去夏北京之战事及孙君与段〔段〕祺瑞之联合。

孙君云："此乃容易解释者。段〔段〕氏向我保证，彼愿取消二十一条要求及由此发生之各协约。夫中国南北之分裂，即为此问题而起。段既宣言愿向日本提议此事，吾自愿与段谋和而共同行动。今使北京愿与吾人提携，解决此问题及

---

① 此系上海《字林西报》驻北京记者解尔般脱访问孙文的谈话记录。内容由该记者披露。

宪法问题，则吾人亦可与北方媾和也。去夏之战，吴佩孚所以成功者，其惟一原因，乃在张作霖奉日本之命，反抗段〔段〕氏。而日本之所以如此，其惟一理由，乃在段氏允余取消二十一〈条〉要求也。"

据《〈字林报〉通信员披露广东真相》，载一九二一年
二月十七日上海《民国日报》第三版

借款条约均须由西南军政府为主体方可同意

与士提反谈话①

（一九二一年二月二十一日刊载）

借款条约须由西南军政府为主体方可同意，否则不能赞成。盖军府之目的在于以西南统一全国，若赞成北庭之签押借款条约，而藉以获得一部现款，实与军府护法戡乱之宗旨大相违背。

据《士提反抵粤后之接洽》，载一九二一年
二月二十一日上海《民国日报》第三版

与陈炯明及中日关系问题

在广州与日本东方通讯社特派员谈话

（一九二一年二月二十六日）

中国各地及日本方面所得之孙、陈不睦，乃某国（非日本）及反对党所散布之谣言。其实予与陈炯明多年患难之交，其关系有欲离而不能离。

近时日本国民渐次有了解中国之倾向，诚为可喜之现象。从来日本人抱过国家的观念，因有时暴露其排外的言行。吾人对于友邦冀一律亲善，故不鼓吹亲美

---

① 北京政府为向银行团借款以粤汉铁路敷设权为交换条件，银行团因恐不得西南政府同意，乃派美国驻华银行代表士提反赴粤设法疏通。孙文特设宴招待，宾主畅谈。

排日等偏见。但由人文地理上之关系，中日两国比之他国有更须亲善之必要。然过去十年间之事实，反与此相反。而每至意见隔膜，其原因已为两国民所深知，不必赘言。但刻下问题，在如何改善两国之国交，以保善邻之谊而已。依予所见，贵国对于中国当废去从来政略的卖恩的或利用的权谋术策，专图对华经济的提挈。

由此观之，两国实业家之接近，实为国交改善之捷径。日本政府曩受政略的借款，滥发之余币，至于对华借款发表自缚之声明书，因此大受约束，遂至〔绝〕经济的投资亦受影响。吾人实不胜其遗憾！关于此点，予促日本实业家早日觉悟，对华投资须以非侵略的、对等的，而以增进中国国民幸福为要紧。

据一九二一年三月二十二日成都《国民公报》

在广州与伍廷芳陈炯明谈话①

（一九二一年三月一日）

如果广东不先发制人，一旦广西军事方面准备成熟，战争爆发时广东就会受害非浅，因广东现在又多少有些处于孤立无援的境地，它应该先行开战，以赢得支持，而不应该坐等别人来攻。

据《孙中山与陈炯明》（广东省档案馆辑译粤海关档案
《各项时事传闻录》的英文情报"一九二一年三月一日
条"），载广东省孙中山研究会主编：《孙中山研究》第
一辑，广州，广东人民出版社一九八六年六月出版

---

① 自从云南的唐继尧倒台以后，广东为了防御广西随时可能的入侵，军政府忙于安排本省的防卫。各总裁举行商谈，孙文主张采取攻势，伍廷芳、陈炯明则主张采取守势，除非时机有利于采取攻势。为此，三月四日孙与唐绍仪、伍廷芳致电唐继尧，"望即命驾来粤，共图进行"。

关于对日关系的改善问题

与东京《日本广告报》记者谈话

（英 译 中）

（一九二一年三月二日刊载）

"日本不断加深对华理解的每一项举措都值得庆贺，"孙逸仙博士说。"但是看起来日本人民受到帝国主义思想影响太深，常常有意无意拥护对他国人民的反对。

国际友谊应该彼此平等，所以无需强调保持与某一国家友谊的价值。但事实上我们必须承认种族或地理位置上的亲近令中日友善关系来得更加自然，更容易相互鼓励。而过往十年中的中日关系实际上却常常与这种逻辑推论相悖。中日之间公认存在疏远感。双方应该共同努力去改善条件，而非假装存在协约关系，以此掩盖事实。

日本政府应该通过实施纯粹而简单的经济政策寻找改善双方关系的首要途径，而非一直以来野心勃勃地推进需要各方面战略调遣的政治政策。日本政府正由于实施政治贷款而遭受损失，反而影响了对中华民国的经济投资。尽管两个国家间存在着疏远关系，日本当局和企业界应该正视两个国家在经济领域的相互理解，如此方能保证中日协约的实施，进而在所有问题上对华保持平等。"

据 Says Sino-Japanese Amity is Possible. *The Japan Advertiser* (Tokyo), March. 2, 1921, Page 10.（《中日亲善是可能的》，载一九二一年三月二日东京《日本广告报》第十页）（高文平译，许瑾瑜校）

英文原文见本册第525—526页

驳斥谣传与陈炯明关系紧张及讨论中日问题

与香港《士蔑西报》记者谈话

（英 译 中）

（一九二一年三月十一日刊载）

"在中国各处和日本现正谣言四起，盛传我和陈炯明之间关系紧张，原因在于某国政府以及反对党的不满，有人对我在广州的所作所为颇有微词；即便在此期间，仍有人一直在诽谤我的性格，离间我与陈将军之间的关系。而我与陈将军之间过去多年共命运，离间我们谈何容易。"孙博士就日本与中国关系进一步发表了以下看法：

"我们高兴地看到日本人民对中国的理解显现出日渐加深的趋势。坦白讲，过去日本人民由于民族感的缘由，一直在言词与行为上较为排外。中国人向来崇尚与他国为善，并不需要表现为亲日或亲美。但事实不可否认，日本与中国之间在过去几十年中关系绝非地理位置邻近与文明相近那般友善。原因无须在此展开，邻国之间大家自明。当下关键在于如何维护两国之间的比邻情谊。我认为，日本应该放弃旧的政治思想，放下侵占战略，致力于与中国之间的经济关系建设。换言之，即纯粹的经济合作，两国人民的关系应建立在商业道德基础之上。

"从此角度，两国商人应该握手，此乃改善两国关系的捷径。由于在中国过度提供政治贷款，日本政府发表的通告中承认日本政府感觉受到了桎梏，甚至其纯粹经济投资也受到了直接影响。我谨在此特别提醒日本商界密切注视这一点。

至于在华投资，不应视其为一种政治性质。双方投资商皆应拥有平等资质，投资前应该充分考虑中国人民的福祉。"

据 Japan and China. *The Hongkong Telegraph*，March11，1921，Page 5.（《日本与中国》，载一九二一年三月十一日香港《士蔑西报》第五页）（高文平译，许瑾瑜校）

英文原文见本册第526—527页

陈炯明之阴险刻毒①

与某要人谈话

（一九二一年三月十一日刊载）

竞存以我为万恶之薮。凡举措政事，其有善足述者，则引为己功；其受人唾骂者，即诬为余过。最近如查封逆党产业，本非余意，乃竞存自行招告多方暗查，冀得一宗巨款以济急用。乃查得之后，不用自己名义标封，却暗中列单交余发交政务会议通过，咨交办理。彼即以准政务会议咨办为名，自称执行咨件，纵□部下随处滋扰。现时舆论哗然，咸谓出自我□，其实皆由竞存主动。彼投变该项产业之后，款则归己，藉肥私囊，而人民株连怨苦之声，过则归余，使余府怨。此等阴险小人，试问如何共事？

又如收管海关一事，虽由余提议，然迭经会议研究始行发表。竞存无一次不与会，却未尝有片言反对。表决之时，一致赞成，始宣布实行期限。此等议决之件，既经赞成在先，无论成败利害如何，均当负责于后。乃此事一经发表，洋人反抗，宣言调兵舰封锁广州海口，断绝省港交通。斯时人心皇皇〔惶惶〕，群情震动，正待竞存出而镇摄，不料彼反发一通稿，登载各报，声言"收管海关之事，系孙总裁主张，陈省长本不赞成"等语。自此通稿发出后，一时物议沸腾，咸集注于余之一身而表同情于竞存。此等冷箭毒计尤足令人切齿，其反复无端更不待论。

余每举一事，竞存必掣余肘。有利于彼者，则亟亟为之，或假余之意以为布置，其专制刻酷手段比袁世凯为尤甚。若使他为总统，不满十日必作皇帝矣。

据《危机四伏之广东》，载一九二一年
三月十一日天津《大公报》第一张

---

① 此次谈话由孙文某秘书传出。某要人姓名及其他情况不详。

一如既往彻底实行三民主义

与宫崎寅藏萱野长知谈话①

（日 译 中）

（一九二一年三月十二日）

　　孙君请我们一起坐下来，并以日语微笑着说："日本怎么样？"我们答以对何君②所答大致相同的话。他屡次点头听着，尔后问起头山、犬养两位老先生以及其他朋友们的近况。我们一一答复。他破颜一笑说："这是我惟一要问的事。现在来听听你们想知道什么。"我们答说："我们想知道的都已经由何君说明得非常清楚了。"至此我们跟孙君谈了四十分钟。

　　尔后转入聊天，我说，在日本有的人说孙君是激进派，有的人认为他是亲美派。对我的这种说法，孙君答说："世界在变化，但中国国民仍然是中国国民。随时代的变化，其思想虽有多少进步，但在实质上，中国还是中国。我除了为我中国国民对我们的主张已经多多少少有所了解而高兴外，并不认为我们需要修改多年来我们所主张的三民主义，我们决心彻底实行这个主义。至于所谓亲美等话，我想不必由我多作说明，如果有人对此有所怀疑的话，我觉得应该去问日本当局，不该来问我。要迫使我成为亲美派或者亲英派，完全在于日本当局的态度。"说罢，孙君呵呵大笑，而我们也不由得跟着一起笑起来。

　　这种聊天，再聊也聊不完，而且客人愈来愈多，会客室已经挤满了人。于是我们遂站起来，孙君跟我们握着手说："明天晚上六点，跟老朋友一起吃饭。"

据六兵卫（宫崎寅藏）：《广东行》，连载一九二一年三月
七日至四月九日日文报纸《上海日日新闻》（陈鹏仁译）

---

　　① 宫崎寅藏和萱野长知在日本获悉孙文重建军政府甚为高兴，同时也听到一些关于他被赤化、亲美等传闻，遂以友人身份专程来华致贺并了解情况。三月十二日清晨抵达广州，何天炯陪用早餐后即往观音山麓军政府邸拜访孙文。本文对孙文使用第三人称，宫崎自用第一人称。

　　② 何君：指何天炯。会晤孙文之前，宫崎等已与何作过交谈。

宴请宫崎寅藏萱野长知的交谈①

（日 译 中）

（一九二一年三月十三日）

在宴会中，我们向孙君说，我们将搭乘明天黄昏的轮船回日本。孙君便说："快点回去，把你们所见所闻都告诉日本的朋友吧。"

可是其他的人却说："太快太快。那么快就回去的话，为什么目的而来呢？最少得再住十天才走。"

我说："一切情况我们都清楚了，所以我们才要回去。而再呆下去的话，一天到晚宴会，只怕会搞坏肠胃。"他们说："我们就不再举行宴会了，好不好。"世上没有比朋友的真情更可贵，但要我们早点回日本去解释日本朋友们的误解，而不说"过几天再回去吧"这类奉承之话的孙君意中，却更有千万无量的味道。

随后上二楼接受孙夫人的茶点招待……宴会后，军政府车子把我们送回旅馆，这时已经是凌晨一点钟了。

据六兵卫（宫崎寅藏）：《广东行》，连载一九二一年三月
七日至四月九日日文报纸《上海日日新闻》（陈鹏仁译）

唤起大多数妇女的觉悟争取女子参政权

与黄璧魂等谈话②

（一九二一年三月二十八日）

我自然愿主持公道的，但这不是说一句公道话的事。宪法规定着主权在全国人民，女子也自然应该有选举权和被选举权的。你们只有这些人去争是无效的，

① 三月十三日晚上，孙文在观音山上的孙公馆宴请宫崎寅藏和萱野长知，胡汉民、张继、汪精卫、廖仲恺等老友出席作陪。本文对孙文使用第三人称，宫崎自用第一人称。

② 为争取女子参政权，女界联合会与广东省议会引起风潮，女界全体到军政府要求孙文主持公道。这是孙接待女界代表黄璧魂、唐允恭、伍智梅、邓蕙芳等时的谈话。

要唤起大多数妇女的觉悟来才行。假使现在有五百万妇女签名要求，会怕省议会不允吗？他们便不允，你们难道自己不能取得选举权和被选举权吗？

据《妇女要求选举权风潮》，载一九二一年
四月四日上海《民国日报》第三版

政府与人民的关系

在广州与叶楚伧谈话

（一九二一年三月二十九日）

以前的中国，政府是管人民的，人民是养政府的；政府变本加厉了，便把政权来压迫人民，人民被压迫到愤极时，便不愿再养政府——停止纳税。在这种事状底下，政府和人民两方面，便各自发现出一个纷扰惨酷的陷坑来。

政府垄断了全部政权，这已经像草包里藏着无数宝贝，勾起人攘夺的野心了。何况那垄断得的政权，是专做营私利己的工具的，怎地能禁止人不来抢夺。于是胃口小的争一县一道的政权，大的争一省一国的政权，结果闹成四分五裂，国家元气与个人野心同尽。这是政权在上的一个普通现象，中国今日，便是在这普通现象中受祸最烈的。

人民专做了养政府的人，他一方面便因纳税的多少，有的做了法律的保护者，有的做了法律的牺牲者。在一个平面上，渐渐地分成了无数阶级，那最下的一层，何止地狱；最上的一层，真等于天堂。这不平等的现象，一天显着一天，结果便发生出社会经济的革命来。这是政府不能养人民、反要人民去养的一个普通现象，各国已受了这种大痛苦，中国快也要进这种危地的。

要免除上说的两件危险，我以为该颠倒过来。本来人民是由政府管的，以后便由他自己管去。本来是人民自养养政府的，以后却由政府来养他。以前人民所填筑的经济制度，由政府来改造；政府所垄断的政权，全部家〔归〕诸人民。再明白些说，政府是应该做个国归〔家〕生产的经纪人，政治上设施，全由人民自己办去。

据《西南底一件大事》，载一九二一年
四月七日上海《民国日报》第三版

成立正式政府国家前途有望

在广州与某君谈话①

（一九二一年四月七日）

从此成立正式政府，国家前途有望，惟吾辈苦矣。

据《本社专电》，载一九二一年
四月九日上海《民国日报》第二版

在广州与梁钟汉谈话

（一九二一年四月七日）

当梁钟汉把国会非常会议选举中华民国大总统的结果报告孙中山的时候，他站了起来，严肃地拉住梁的手说：同志，从你报告我这个消息以后起，救中国的责任，就落在你我辈人的身上了。你赶快去告诉其他同志，大家要勉力，要以此引为忧虑。我们要达到革命的目的，尚须同志们付出更大的努力。

据梁钟汉：《为国忘私的孙中山先生》，载尚明
轩、王学庄、陈崧编：《孙中山生平事业追忆
录》，北京，人民出版社一九八六年六月出版

---

① 是日国会参、众两院非常会议在广州举行，通过了《中华民国政府组织大纲》，选举中华民国大总统。会议随即采用记名投票。出席议员二百二十名，孙文以二百一十八票当选为中华民国大总统。孙闻被选与同志谈话。

被选举为非常大总统发表的谈话①

（英 译 中）

（一九二一年四月七日）

中国有希望了。这意味着我们必须更加努力工作，为立宪事业更加坚定地奋斗。

据 Sun Yat-sen. *The Hongkong Telegraph* , April 8, 1921 , Page 1. （《孙逸仙》，载一九二一年四月八日香港《士蔑西报》第一页）（高文平译，邹尚恒校）

英文原文见本册第 527 页

与美国记者辛默谈国内形势

（一九二一年四月上旬）②

孙：各国如能任中国之自然，不加干涉，则中国情形必日有佳象。

记者：阁下之驻〔所〕谓各国者，美国亦在内欤？

孙：否。余意中所述者乃日本耳。日本之意见，盖无〈不〉欲在中国扩充其势力，彼拟以施诸高丽人之手段，复施诸吾人，将中国改成日本之殖民地。惟日本此种政策，幸犹非日本臣民均所赞同，乃系彼军阀中之野心家主张而已。当余在日时，日人告吾，谓一千九百十五年向中国所提之"二十一条"，彼等几忘之矣。此何谓耶？彼"二十一"条当其提出之时，直至今日，固仍同样存在，彼等并未将其取消，且百计谋我加以承认。现彼政策之目的，达合③到者尚无几，故

---

① 一九二一年四月七日，国会议员在广州召开非常会议，选举孙文为中华民国大总统。选举结果公布时，孙正坐在私人办公室，几位亲密同事前来传递喜讯，听到结果，他非常镇静、表情严肃地说了这段话。

② 底本未说明日期。据"合法组织之国会，文中有今乃在广州集会，并另选一人为总统矣"，谈话时间当在广州国会选举总统之时。故酌定为四月上旬。

③ "合"，似衍文。

仍思以他种手腕以图我焉。

记者：然则北京政府如何乎？

孙：北京政府系无能力之政府，彼等之举措，不能出于日人意中所欲为之范围以外。至彼总统，亦非合法总统。缘合法组织之国会，今乃在广州集会，并另选一人为总统矣。而彼总统盖为日人之所选择而已。至吾人若论美国，则其承认徐世昌为中华民国总统一事，实有害于国民。惟余以为美国对于此种情形，其自己必膜然不知，且彼历年来固未尝故意欲中伤中国也。

记者：阁下以为帝政将有复辟之机会乎？

孙：复辟之事，有人正暗中图谋，然其不能成功，则可必也。中国人民，无〈分〉南北，对于此举均所反对。惟日人则希望之，且助其进行焉。此种运动，即使一时成功，其政府亦决不能久存。盖吾人当能以敏捷之手段而覆灭之也。

记者：人言张作霖与谋复辟然乎？

孙：此余不能言。惟张之亲日，则人所共知。当日俄战争之时，彼尝助日以攻俄。其时张尚系匪徒，逮战后始借日人向中国之提议，归降华军，充当头目。彼之势力现布满北京。而在天津之曹锟，亦有欲将其兵力推而至于北京之意。惟两人之势力终不免于冲突。故乃发起此天津会议以谋调和。

记者：所谓长江七省联盟果据何重要之地位？

孙：余以为并无何重要之处。此等联盟，仅各该省份之督军等为保护其个人私利起见，而缔结之盟约耳。故北京政府或其他方面苟非有侵及彼等私利之举，彼决无所举动也。

记者：军人此等但图自利之态度，或谓遍国皆是，果然耶？

孙：然。全国军人多借军力以搜括财货，此中国所以军队充斥之原因。盖无一武人不欲扩充其势力于最高之限度，以为保持地位之计。

记者：南北统一果有何机会？

孙：吾人无时不筹备与北〈方〉谋和，惟吾人之谋和条件，须将日本之"二十一条"撤回日本。而北京政府则不能如此作为也。故吾人此后乃不能不取战争之手段以将解决时局。余信此时各国若能承认，则统一北方，不久可告成功。盖吾人既有各国之承认，则各省必渐归向南方焉。南北统一之后，吾人当根据于地方自治政府之基，而建一中央政府。中央政府所操之权，则以不能归属于地方政府之权为限。

记者：顷阁下谓各国须任中国仍其自然，然则岂中国即无须外人之扶助，即能自拔于危难软？

孙：外国若能与中国协力，自为中国人所欢迎。惟外力之来，须出于正当之道。此等援力，当不在所谓任其自然之范围内也。吾为人当筑铁道、修驿路，改善公共事业。凡此种种，当然不免藉外款之力以成之。维余希望银行借款，系非借给军阀耳。余所谓借款于北京政府不利于中国者，即因其系借给军阀也。

据《总统与美记者之谈话》，载一九二一年
十月十二日上海《民国日报》第三版

当选总统后的谈话

（一九二一年四月十四日刊载）

个人此次被选为非常大总统，所具目的第一系重对俄，盖西南应付世界潮流有积极实行共产主义之必要。既承认俄新政府首先联合滇、粤，足知俄人重视南方人格。故望各界襄助，赶组正式政府，预备摹仿俄势〔制〕，俟有成绩，再改称劳农。

据《孙文被选后对俄态度》，载一九二一年
四月十六日天津《大公报》第一张

关于西南政务的谈话

（一九二一年四月二十六日刊载）

中央接广州林委员来辅密急电云："孙文特与各界首领提议，嗣后西南进行各项要政，紧要之点，厥在缺乏款项。现在外交团既不肯拨付关余，又不愿承借政、军各费，足可以制南方死命。但据个人趋向，则拟先向俄劳农政府借款，复于国内发行公债，一面施行减政主义，庶几可冀延长命运。"

据《孙大炮表示进行宗旨》，载一九二一年
四月二十六日天津《大公报》第一张

中国革命局势和任务等问题

在广州与斯托扬诺维奇等谈话①

（俄译中）

（一九二一年四月二十八日）

孙中山说：你们是远东共和国俄文报界的代表，想必你们对我们这里发生的事件很感兴趣。倘若你们提出的问题不涉及现在说起来还嫌过早的那些微妙的局势的话，你们将会得到详细的答复。

问：如您所知，不管是本地的还是外国的报纸，对您当选持不同态度。外国报纸更多的是进行冷嘲热讽，而反对选举的那些中国报纸则认为选举为时过早。它们没有意识到您有力量使那些持不信任态度的人们相信，您确是中华民国的总统，并且预言，您的当选会导致内战的爆发。我们想从您这儿了解一下事情的真相，听听您对这些问题的看法。

孙中山笑着回答说：报界分为两大阵营，这没有什么值得我们大惊小怪的。我们很清楚自身的力量，也知道我们要干什么。大家一致选举我为总统，国会要求我出任总统，我只能服从。

中国人民对连续不断的纷争和内战早已厌倦，并深恶痛绝。他们坚决要求停止这些纷争，使中国成为一个统一、完整的国家。因而，我们正在尽力完成赋予我们的这一艰巨的历史使命。在我国，新中国与过时了的旧中国之间的斗争早已进行，政治派系从来没有像现在这样泾渭分明过。一方面是听命于日本人的反动君主派势力的头子张作霖，以及他精心豢养的军队。中国的一切黑暗势力和敌人都麇集在他的周围。中国的纷争对他们有利，因而他们支持这种纷争。另一方面是我们——为中国的统一、强大而奋斗的立宪民主的新中国的代表。

---

① 是日苏俄远东社驻广州记者斯托扬诺维奇、俄罗斯通讯社远东社北京分社社长霍多罗夫等在广州访问孙文，双方就中国革命局势等问题进行交谈。

所有进步势力都支持我们，全体人民站在我们一边，而且，实际上事态的进一步发展将证明我们是正确的。

我们眼下还没有一支强大的军队，这不足为奇，因为我们重新掌权不过数月之久，但我们会有军队的，而且会有一支精良的军队，军阀将被彻底消灭。建军工作正在顺利地进行。

我们近期的任务是建立一个由中国优秀知识分子组成的、首先能够把整个华南统一起来的政府。

在我们周围的各省中，只有得到北京支持的广西，以武力反对我们。我现在同你们谈话时，桂军正在我们的边界上集结。但毫无疑问，它们很快就会被消灭。在桂军中，相当多的人对唐继尧可能长期呆在那里表示不满。在我们周围的省份中，广西最令人不安。一旦解决了广西，我们将立即自动与云南和贵州联合，这些省在我们这儿驻有代表，并承认我们，然后再同湖南联合。诚然，湖南省反对选举。但既然我们明确、肯定地致力于统一全中国的任务，那么，这决不会使我们放下武器；显然，同他们必有一番斗争。但我们预计在那里不会遇到特别大的阻力。湖南省对我们来说极为需要。我们将假道湖南占领中国未来的首都汉口。我们要在汉口设立政府，并由那儿开始对中国人民的一切敌人——反动分子、军阀和支持他们的那些"第三国"、"第四国"——奉行强硬政策。中国人民再也不能容忍别人瓜分自己的国家，他们希望统一，成为一个强大的和不可动摇的民族。

目前，我们的资金还不足，但我们会有的，而且，我们能够为此而克服我们处处遇到的障碍。在统一中国的思想鼓舞下，我们善于在很多方面克制自己。我们每个国会议员的工资不超过一百五十元，而在北京则可拿到四百元。这样的例子不胜枚举，我只不过是说出其中之一罢了。我们财政状况好转的速度远较敌人预想的要快得多

你们也对我推迟正式就任总统的原因感兴趣。这完全是出于技术上的考虑，而绝非政治上的考虑。

外交使团的代表对我的任职所抱态度不同，对这一点尚不应作出否定性结论。要知道，他们过去不愿同莫斯科对话，而现在却一个接一个地签订条约。

孙中山最后说：如你们所见，我们的任务非常明确，这就是为统一中国而斗

争和同日本作战。全中国人民都支持我们这样做。

问：报界常报道说，你同陈将军有分歧，这是否符合实际？

答：这是一个使一些人感到不安，而又使另一些人感到高兴的问题。在共事中，时时处处都会出现一些看法上的分歧，或者这只是由于人与人的天性不同而已。我们之间也经常产生一些分歧，然而只有我们共同的敌人才会幻想我们分裂，以期削弱我们，并由此得出我们分裂了的结论。因为我同陈将军有着共同的任务，每当我们产生分歧时，将军总是服从我这个政府首脑的。

问：还有一个问题，统一华南和建都汉口以后，是否会同北方开战？

孙中山坚定地回答：不会。北方将不得不听从我这个中华民国总统。

现在请允许我也向你们提几个有关远东共和国的问题。我对俄国和远东发生的事情很感兴趣。请问，苏维埃俄国与远东共和国不同之处何在？远东共和国到底是什么样的国家？

我们尽量阐明这个缓冲国与苏维埃俄国之间的差别。

孙中山继续问道：日本军队在其占领区都干了些什么？赤塔政府和人民对日本人的看法如何？

记者说：我们对日军指挥部给予了应有的评价，指出赤塔政府现在正以强硬的语言同日军指挥部进行对话。

俄国各阶层人民在"不许干涉"的口号下团结一致，给孙中山留下了非常深刻的印象。孙中山对有关远东共和国的所有问题都极为关注。

据《孙中山的一次谈话》，载莫斯科《远东问题》
（*Дальний Восток Проблема*）一九七四年第三期。译
文见《国外中国近代史研究》第三辑，北京，中国
社会科学出版社一九八二年六月出版（李辉译）

在广州与罗翼群谈话

（一九二一年四月下旬）①

孙问：竞存对我就职的意见如何？

罗答：陈炯明仍无决心，似有畏怯患失之意。

孙曰：我由国会选出为大总统已逾半月，决不能不就职，形同儿戏！尔告竞存，我必须于本四月内就职。

罗谨述以转告陈炯明，陈炯明戚然曰：我已商之各将领，皆谓中山先生必欲就大总统，亦不过是一时的广东总统而已，万一北京政府及邻省借词出师声讨，彼等实难负战守之责。罗以婉转之词回复中山先生：竞存意仍请稍缓，俾其饬所部于粤桂边境布防就绪，再行奉陈。

孙曰：我被选为大总统，举国皆知，只要我一出师，长江及华北军民甚多欢迎归附者，北洋军阀决无力来犯粤省，桂军残部惩于侵粤之败，哪还敢再向粤谋，请竞存放心，我必须于本月内就职并速行北伐，成功自不用说，万一事败，则我出走，粤省任由竞存去和人家妥协，我可不管，这样好吧！

罗复以此转告陈炯明，陈炯明乃语罗曰：中山先生必要做广东总统，请其于五月五日就职何如？罗遂以走报中山先生。

孙曰：好！我是广东总统，竞存是广东皇帝，皇帝开了金口，我遵命就是！

据罗翼群：《孙中山先生就非常大总统职纪略》，载尚明轩、王学庄、陈崧编：《孙中山生平事业追忆录》，北京，人民出版社一九八六年六月出版

---

①　底本未说明日期。据文中有"我由国会选出为大总统已逾半月"，谈话时间酌定为四月下旬。

在广州与陈少白刘成禺谈话

（一九二一年四月）①

　　刘成禺记：一日与少白坐粤秀楼榕阴石上，先生呼茗为黄昏月上之谈。先生指榕树曰："汝观榕树之本干乎？今被其枝条纠缠紧束而死矣。盖榕树长条堕地，起成新干，其枝蔓则缠绕老干，紧束干死。草木新陈代谢，未有若此树之自食本身者。古之创业明主，为其臣下王子篡弑而死者，亦犹此树之理欤！不能谓强干弱枝者，为多事也。"

据刘成禺：《先总理旧德录》，载南京《国史馆馆刊》创刊号，一九四七年十二月出版

就任总统前的谈话

（一九二一年五月四日刊载）

　　将来府中仿华盛顿白宫式，不挂总统招牌，表示此为平民政治之中心点。"

据《孙文就职之筹备庆祝》，载一九二一年五月四日长沙《大公报》第三版

---

　　① 　底本未说明日期。刘成禺谓："先生殆因陈竞存部下跋扈，有此感触，睹物兴怀耳！"据孙文《洪宪纪事诗》叙辞有"今春……居观音山粤秀楼，与禺生、少白、育航茗话榕阴石上"句，原序为一九二一年四月，因酌定此时间。

寻求国际承认

与美联社记者谈话

（英 译 中）

（一九二一年五月七日刊载）

在美联社专访中，广东国民政府总统孙逸仙博士重申以下国策：

他会谴责世人皆知中国与日本缔结的"二十一条"，根据这一条约日本会得到在华的重要据点。

他会争取国际社会立即承认广东政府。

他希望按照美国模式建设共和国。

他责备美国不应该承认北京的徐世昌政府。

他表达出对外国援助的渴望。

……"我周四就职后的要做的第一件事，"他说，"就是寻求国际社会承认。"

"作为一个宪法承认的国会，我的政府希望知会列强：我本人不是一个叛党；相反，徐世昌的总统是不合法的，他才是叛党。

"第二件工作即是统一中国——以美利坚为模板，通过地区自治来实现，从而给予社群更大权力。

"我会废除军事统治，重建公民权威，保留一支最低限度的部队，而现在军队规模超过百万。

"我会建设现代化中国，从修铁路开始。

"我会重新恢复中国在国际社会的地位，谴责日本的二十一条，日本依然将其作为政策的基石。

"中国在过去四年中的问题主要是来自旨在将'中国朝鲜化'的日本军国主义者。

"美国承认徐的政府其实是帮了日本一个忙（徐世昌是北京政府的总统，该政府与广东政府相对抗），徐是日本一手扶他上台，但美国并不知情。

"我们期待适当的外国援助，倾向于援助来自财团，而非给北京政府带来更多灾难而不是帮助的贷款，因为北京在军阀手中是完全无能的政府。

"广西省正调集军队进攻广州。他们大概拥有五万兵力。这是惟一对我们构成威胁的军事力量，我们希望能够击退他们的进攻。

"我们首要工作是寻求国际社会的承认。建立了国际威望，其他省自然会团结在我的政府周围。"

据 2 Governments Set Up In China May Cause War. *The Dalles Chronicle*（Oregon，U. S. A.），May 7，1921，Page 1 - 2.（《中国建立了两个政府——可能导致战争》，载一九二一年五月七日美国俄勒冈州《达拉斯纪事报》第一、二页）（高文平译，邹尚恒校）

英文原文见本册第 528—529 页

关于抗议英国炮艇炮击事件发表的声明①

（英译中）

（一九二一年五月十四日）

"请呼吁美国人民伸出援手制止此罪行，"孙逸仙博士在电文中写道，"同时将此文转发给英国政府，请英国立即停止此非人道行为"。

中国南方政府在此表示无法理解英国海军的行径。电文中写道，炮艇是在"帮助中国军阀向孙逸仙博士的政府控制下的广东省开战"。

据 British Gunboat Attack Protested by Dr. Sun. *New York Tribune*，May 15，1921，Page 2.（《孙博士抗议英国炮艇炮击事件》，载一九二一年五月十五日《纽约论坛报》第二页）（高文平译，邹尚恒校）

英文原文见本册第 529—530 页

---

① 一九二一年五月十四日，香港英国当局派水面炮艇炮击驻扎在广东的南方军队。孙文发电文声讨此行径。本电文由他在美国的代理马素提供。

希望各界共同贯彻革命主义

在广州与周君谈话①

（一九二一年五月二十六日）

余为革命之人，向尊重民意。辛亥革命虽告成功，惜未彻底，以致历年祸乱相寻，民不聊生，殊为愧恨。所以此次革命主义，超乎法律民情之上。虽谬膺总统之选，实亦贯彻革命主义，行使革命职权，以救垂亡之中国。希望贵会作同一革命之进行，俾革命之主张，得以完全达到之，则中国幸甚，国民幸甚。

据一九二一年五月二十七日广州《广东群报》

关于中国的民主与废除"二十一条"

与查尔斯·爱德华·罗素谈话②

（英　译　中）

（一九二一年五月二十九日）

孙逸仙的授权

我们讨论了中国的民主，孙博士讲起来充满激情和信仰，也许带有表演痕迹，但几乎很难觉察出。我问起新政府有何授权。他回答道：惟一选举出的国会授予的权利，这已足够。我问道国会是否有些陈腐，他不同意这种说法。拥有授权，即是几年前颁布，毕竟胜过无任何授权。我问他为何他的政府不呼吁举行新的国会选举而获得新的授权。他回答道北方政府根本不会理会。我说我了解，但南方

---

① 全国各界联合会代表周某由沪抵粤，是日晋谒孙文，询及大政方针，并望尊重民意，谋国利民福。这是孙对周的答词。

② 查尔斯·爱德华·罗素是美国《星报》特别记者。

各省会响应，一次新的选举将会极大加强南方的民主地位，因为它可以证明南方是真正地承诺满足所有的民主制要求。但他回答南方政府在伦理上无懈可击，另外一次选举也不会加强它的地位。

我们谈起伍廷芳博士所论述的南北之争，他突然提高了声音说道："请留意：我们为民主原则而战，更为了中国的基本生存而战。"

日本欲攫取中国

"日本多年来一直觊觎中国、欲肢解中国，企图一块一块地实施吞并。一九一五年，战争①令其他列强应接不暇，日本意识到这是绝佳肢解中国之机遇，于是推出著名的——或臭名的——二十一条。

现在我们可以确切地看到，二十一条本身并非源于日本人。为了尝试登上帝位，袁世凯设计了二十一条，并把它们提交给日本人以换取他们对复辟帝制的支持。他不仅向日本人提议了二十一条，也请求他们以一种中国毫无选择、只能让步的方式提出要求。毫无疑问地，日本政府太乐意与袁世凯共谋了，因为这些要求正好达到了他们的目标。

"此外，二十一条还有同样引起我们注意的两大特征：（一）签署该条约等于拱手让给日本人中国人的主权而成为日本的附属国；（二）该条约为日本侵华大开门户，除非有效制衡，不然日本得以完全实施吞并计划，之后每一个省、一个地方，如同朝鲜一样，将会逐渐被蚕食成为日本国土。"

条约定要废除

"袁世凯倒台了，但继任的日本傀儡政府，继续执行显然他们在压力之下自己提出的条约。这是第二个要点。如果中国要继续生存下去，二十一条必须被废除，而政府也必须拒绝日本的控制。

何时做到废除二十一条条约，我们南方政府将立即停止与北京政府的对抗，当然，需要民主程序的保障。某些外国势力大谈要统一中国。我可以说二十一条一旦废除，中国从可能成为日本附属的耻辱中解脱出来，中国统一很快就能实现。"

---

① 指第一次世界大战。

　　我认为大多数东方事务观察者，无论他们对日本态度如何，一致认为二十一条是一次可悲的无法防御的侵略。

　　"远不止这些，"孙逸仙指出："即使从西方角度出发，你们可以看得出日本对西方贸易和船运都做了什么。想象下拥有中国煤炭、钢铁、肥沃土壤和便宜劳工资源支持下的日本又能做出什么。同时再想象一下日本的世界野心，除非日本蚕食中国的计划被制止，你们可以看得到日本会做出什么。我们应团结起来去制止日本。因此，我们可以感觉到我们是在打一场美国的战争，美国应该给予我们道德的支持。"

据 Japan's Scheme of Absorption Blocks Way to Union
of China. *The Indianapolis Star* (Indiana, U. S. A.),
May 30, 1921, Page 4. （《日本吞并计划阻碍中国
统一》，载一九二一年五月三十日美国印第安纳州
《阿波利斯星报》第四页）（高文平译，邹尚恒校）

英文原文见本册第 530—533 页

与工党代表谈话①

（一九二一年六月八日）

　　余对诸君行动必为力助。须知余之任总统，实系工人总统，并非军人总统。盖余固因得工人之拥戴而获此职，并非得军人之拥戴而获此职云云。

据《孙文力助工人之宣言》，载一九二一年
六月九日《香港华字日报》第三版

附：另一记录

　　余之得任总统，得工界助力，非军界拥护，余必与诸君尽力。

据《上海快信・摘要》，载一九二一年
六月十五日长沙《大公报》第二版

---

　　① 连日各工厂要求加薪，罢工风潮亦正在酝酿中。是日，有工党多人谒见孙文，孙当即接见并对各工党有此宣言。

预言日本将于一九二四年向美国宣战

与普瑞斯特雷谈话①

（英　译　中）

（一九二一年六月二十七日刊载）

普雷斯特雷说，"孙博士预言日本正做好准备于一九二四年向美开战。日本人十年为一周期，孙逸仙说。他们于一九〇四年向俄国发动了场战争，现正准备卷土重来。"

据（By United Press）. *The Dalles Chronicle*（Oregon, U. S. A.），June 27, 1921, Page 1. （《（合众社供稿）》，载一九二一年六月二十七日美国俄勒冈州《达拉斯纪事报》第一页）（高文平译，邹尚恒校）

英文原文见本册第 533 页

关于日本外交

与何天炯谈话②

（一九二一年七月八日前）

日本外交，不求其助，只希望不为我害，即大成功也。

据杨天石、狭间直树：《何天炯与孙中山》，载北京《历史研究》一九八七年第五期

---

① 普瑞斯特雷（W. E. Priestley）是美国西雅图爆竹生产商。文中有今日告知合众社：中华民国总统孙文先生通过电话邀请，在他的办公室与之会面。

② 当时正值日轮"小川丸"运输枪械接济桂系军阀被发现，广州各界掀起抗议和抵制日货运动。一九二一年七月八日，孙文对日外交主要助手何天炯写信告诉宫崎寅藏，此事给予孙文的外交政策以很大影响。

东行之任务

与何天炯谈话①

（一九二一年七月十九日）

汝东行之事，余无日不希望早日实现之者，惟此番正式政府成立，汝须以代表政府之名义往，方为郑重。因此，汝之任务，固不在实业，尤不在借款。汝之任务，在宣传新政府光明正大之宗旨于日本朝野上下，告于今后贵政府不可对于东方有侵略及包办之野心。非独不可有此野心之进行，即如从前二十一条之不当要挟，亦须一律取消。如此，则彼我两国，方有经济提携及种种亲善之可言。若一部分之小小实业问题。固无须政府特派代表以为之。且日本若不改变侵略政策，则小小实业亦不易成功，虽或能进行于初，其后亦必有困难之日。且以目下之情形而论，若政府贸易与日本生特别之关系，则政府必受人民之攻击，或宣告死刑焉。盖以段祺瑞之强，其倒毙即在向敌人乞款以杀同胞，此皆可为殷鉴之事。

你此次东行，至少须有一万元才能出发，刻下总统府财政颇为困难，你外间有无友人或商人可以借贷？若有，可由政府出名，或担保。

据杨天石、狭间直树：《何天炯与孙中山》，
载北京《历史研究》一九八七年第五期

---

① 宫崎寅藏希望何天炯尽早访日，和资本家直接洽谈，何提出海南岛开发等事业供宫崎考虑。是日何接宫崎来函，即持函见孙文。孙读后很高兴，对何的东行任务作了交代。

关于中国的内政与外交

与威廉姆·菲利普·希姆斯谈话①

（英 译 中）

（一九二一年八月三十一日刊载）

"假如他们让中国自己处理，中国会处理得很好，"孙逸仙博士告诉我。我们坐在总统府二楼开着的窗前交谈。乌云卷起，遮掩了艳阳，凉风习习似乎是来迎接我，吹起廉价的窗帘花边，在风中飘荡，飘过他和我的头顶。

"他们？"我问道。

"我说的是外国列强，"孙博士说，声音中带着悲哀。广州总统②相貌和声音更像是梦想家和诗人，而非倒皇者、新帝国的缔造者。而他的确又是赶走、废黜了满族皇帝，成为第一任中国总统的人。

他刚刚被国会推选为总统，正要求外国承认他作为中华民国的合法总统。"您说的列强包括了美利坚合众国了吗？"我问起。

"我指的是日本，"孙博士答道。"日本只想称霸中国。日本想如法炮制在朝鲜所为——殖民中国。不是所有日本人都赞同这一政策，但这是日本军国主义的野心。"

"在日本，自由派告诉我他们想忘掉一九一五年中国人跟他们签订的反华'二十一条'条约。您怎样看？"

"'二十一条'现在与当时一样在生效着，"孙博士说。"我还是指的是日本军国主义者们。"

"他们并没有放弃'二十一条，一直试图逼中国接受。感谢舆论和国际社会，他们的阴谋受到抵制，但同样这些条款依然是日本对华政策的基础。他们部分实

---

① 威廉姆·菲利普·希姆斯是美国《沃巴什诚恳家日报》（*The Wabash Plain Dealer*）著名战地记者，为该报跟踪研究中国问题和状况多年。

② 指中华民国大总统。

现了一些条款，仍希望通过其他途经达到同样目的。"

"同时，"我询问道，"北京的政策如何？"

"北京？"总统说道，起身关上窗，热带风暴带来大雨，雨点越来越大。"北京已经丧失所有权力。北京政府总统不再具有合法性，因为拥有宪法的国会现在就在广东而不是北京，而且进行了新的选举。当然北京总统实际上是日本人的选择。"

"而恰恰在这里，"孙博士补充说，"美国伤害了中国：因为美国承认了徐世昌作为中华民国总统。但美国并不知情。我认为美国不是有意伤害中国，始终中国的时局也经常浑浊不清。"

"有无政变的可能？"我追问。

"一定有人认真在准备着，"他强调道。"但不可能成功。全国人一致反对，无论在北方还是南方。日本人却青睐中国皇朝复辟，而且一直在促成实现。不过即使专制君主再行登基，皇位也保不久。我们一定会很快再掀翻它。"

"张作霖将军，这位奉天督军，是否一直支持王朝复辟？"

"这我不敢说。他一直以亲日闻名，还帮助日本人打过俄罗斯人。当时，他还是满洲的土匪。战后，在日本人建议下，他投降了民国，而且在军队里接受了委任状。"

"他在北京有何影响？"

"他的对手曹锟将军在天津吧？"

"他想统治北京。"

"张曹之天津会议又意味着什么？"

"两位督军欲达成妥协吧。"

"长江联盟【……】，长江流域自成一体，这有何意义？"

"我认为不会，"孙博士正色道。"那不过是总督们为了保护相互利益而达成的协议。只要他们自身利益没有受到威胁，他们不会干预北京。"

"这一态度在整个中国很常见吧，是不是？"我问。

孙博士露出他那悲哀的笑容。

"是的，"他承认道。"很常见，不只是在长江流域，在北方、南方司空见惯。

军阀们都在明哲保身。这也说明了今日中国为何保留大批军队——应该有上百万武装部队。每一位督军最大限度地在自家旗帜下保留自己的军队以维护自己的地位。"

"统一中国有多大概率？"我换了一个话题说。

"我们已做好与北京和谈的准备，任何时候都可以，"孙博士语气比之前坚定很多。"我们只有一个条件，即中国废除日本强加到我们身上的二十一条。北京政府现在不会这样做，而我们则坚持一定要见证做到此事。这就是我们在南方斗争的目的所在。"

"我相信如果外国列强承认我们为合法政府，我们一定会在短时间内实现中国的统一。我们需要建立威望，将各省团结在我们周围。"

"之后呢，又会怎样？"

"在地方自治政府基础上重建中国，"他很快地回应道。"像美利坚合众国的模式，但我们会给予地方更多的政治权力。我倾向于联邦政府只保留城、乡、地区、省行政级别所无法管辖的领域，诸如国防、外交，等事务。"

"刚才您提到过没有外国干预中国自己可以治理好自己国家，"我说。"中国没有外国援助能够自行走出困境吗？"

"中国欢迎外国合作，"孙博士回答道。"中国需要海外的适当援助。我说中国可以自己做好自己的事情，并非排斥海外援助。我们需要铁路、公路、公共设施改善，百废待兴，急需资金来实施。我倾向于财团提供资金，而非政府间向军阀们直接贷款——我想我已经解释得很清楚。贷款给北京只会带来伤害，而非帮助中国。"

我起身告别时，孙博士再次重申控制北京的列强欲利用周边各省来打击他和他的广东政府，说时他又露出悲哀的笑容——他希望他有能力面对这一形势，并寄望外国承认为中国、为宪法主义打赢这场战争。

据 China's Part in Disarmament Plan. *Wabash Plain Dealer* (Indiana, U. S. A.), August 31, 1921, Page 3. (《中国的裁军计划》，载一九二一年八月三十一日美国印第安纳州《沃巴什诚恳家日报》第三页)(高文平译、邹尚恒校)

英文原文见本册第533—537页

太平洋会议是前巴黎和平会议的变相

在广州与蒋梦麟谈话①

（一九二一年九月上旬）②

此间自余对外发表布告后，西南各省如黔、滇、川、湘、桂等，均有长电来粤，否认北京派遣出席太平洋会议代表，所有对于太平洋会议事件，应由广州政府外交部主持一切。

按此次太平洋会议，乃从前巴黎和平会议之变相。巴黎和平会议，不过将日、英两国秘密对山东问题条约，藉该会议决，变为各国公认之约。

此次太平洋会议，因日、英续盟，为坎拿大、澳大利亚、新西兰、非洲各属地所反对，又借太平洋会议为名，避开各属地反对联盟之约。对于中国所议事件，某二国③早有商量，虽由太平洋会议公开，然某二国对于中国，仍有其他之内幕，总之，不利于中国而已。如北京派遣代表，某二国最为欢迎，将使其卖国签约之人，再作第二次卖国。苟南方此时加入中国代表，将来各国议决中国之事，谓南方亦有代表在场，而北方代表设承认所议，则南方代表更难独任反对。况请帖乃邀北方代表者，即南方加入，亦不过为北方之附庸。不如南方不出代表，只否认北方代表无代表中国之资格，将来对该会所议中国事项，否认有效，或可与中国以平反议案之机。而某某两国之秘密续盟，庶不致明目张胆，以中国为鱼肉也。

据《总统与蒋梦麟之谈话》，载一九二一年
十月三日上海《民国日报》第三版

---

① 上海总商会等团体推举北京大学校长蒋梦麟赴广州，就太平洋会议问题，征询孙文意见。

② 底本未说明日期。据文中有"此间自余对外发表布告后"等语推断，谈话时间应在九月上旬。

③ 某二国：指英、日两国。

现正积极筹备北伐

在广州与时功玖等谈话①

（一九二一年九月十三日）

北伐讨贼一举，为西南各省夙昔所主张，现正积极筹备进行。

据《鄂公团派代表莅粤》，载一九二一年
九月二十三日上海《民国日报》第六版

关于中美关系等问题

与《华盛顿先驱报》记者谈话②

（英 译 中）

（一九二一年九月十七日）

为人崇尚简单

南方政府总统很简朴、谦逊，为人民主，杜绝浮夸。身着普通灰色套装，不见任何装饰。他讲一口漂亮英文。

"美国应该认识到中国的时局到底如何，"他迫切地说。"按时局发展，停火会议很难取得多少结果。"

"你指的是中国？"记者问道。

"是的，对美国也是如此，"他答道。

---

① 鄂省人士因直系军阀吴佩孚滥用威权，摧残民意，特由湖北省议会及各团体推派国会议员时功玖、汪唠鸾二人赴粤谒孙文，备陈湘鄂两省人士迫切希望出师北伐。

② 据记者报道中称，孙文在广州总统府的家中接受采访。

"我认为这将引发战争，"采访中的第三个人说。他是一位美国人，已在东方居住很久。

孙先生点点头，表示同意，并坚信道："只有一种办法美国可以避免战争，那就是与日本论战。"

或者现在或者以后

"如果美国不显示出强硬态度，帮助中国抵御日本，美国将迟早卷入战争。我的政府已经与日本开战。我们在中国南部为美国的开放政策而战。你们却没有注意到。你们一定要及早帮助我们，不然就太迟了，或许我们已经无法独自长久承受住日本的压力和宣传。"

> 据 Sun Predicts U. S. -Jap War If Words Fail. *The Washington Herald*, September 18, 1921, Page 1. (《孙中山预言假如论战失败，美日将开战》，载一九二一年九月十八日《华盛顿先驱报》第一页)（高文平译，邹尚恒校）
>
> 英文原文见本册第538—539页

中美关系等问题

与金斯莱谈话①

（一九二一年九月十八日）

记者称：余今日晋谒中国南方政府大总统孙逸仙博士于广州总统府办公室内，谈论中、美、日外交关系，及未来之美京大会议问题。孙总统大意注重美国今日必与日本抗争，压抑其侵略野心，如美国今不以口舌与日本力争，则将来必至用枪弹死战。孙总统并注重美京会议问题。美京会议中国南方政府尚未经邀请。孙总统以为此会如无南方政府代表与会，则哈定非独不能维持和平，且将兆未来战祸。

孙总统于本年五月间，曾致一详书于哈定总统，以为今总统之召集美京会议，

---

① 金斯莱是美国民治社驻芝加哥记者。十一月十九日芝加哥《辑表报》刊登此次谈话内容，二十一日上海《民国日报》译载。

于彼书颇有影响；惟哈定总统未复孙总统，且尚未承认南方政府。孙总统希冀美国调查菲律宾委员团之乌德将军及科比氏来广州一行，两人亦未至；委员团中有数人从香港来广州，然为非正式的游〔旅〕行，未谒孙总统。

孙总统曰：余希冀美政府洞悉中国之真相，照目前情形，则美京裁兵会议难冀有佳结果。

记者发问曰：指就中国而论耶？

孙总统答曰：然。就美国论亦然。

同座中有第三客插言曰：余意裁兵之结果，将兆未来之战祸。此第三客亦为美人，曾久居远东，熟悉远东情势者。

孙总统向第三客倾首，复郑重其词曰：美国欲避除战祸，只有一法，即为及今以口舌与日本力争。如美国今不协助中国，抵拒日本，则美国将来必至与日本开战。今我政府已不啻与日本宣战。

孙总统续云：如美国承认我政府，反抗"念一条件"、取消《迎胜石井条约》①，则可免战祸。因日本今必不敢轻启战祸，即万一欲战，则不两月必败。惟如美国今弃去时机，毫无挽救，则五年之后，日本俨有中国，移殖其数百万盈余人口至中国，控有中国北部所有富源，届时欲图封锁日本，难乎其难矣。

孙总统又云：中国南部人民，今力争美人所主张之开放门户主义，美人或不知此事实。惟美人欲助中国南方政府，今须从速，否则无及。因美国如不早助南方政府，南方政府或竟不能待美国之赞助，而为日本侵略压力所推倒也。

据《美报记孙总统之谈话》，载一九二一年
十一月二十一日上海《民国日报》第三版

提议铸造国玺与大元帅印

（一九二一年九月二十二日）

孙总统提议两事：一为铸造中华民国〈国〉玺，一为铸造中华民国陆海〈军〉

---

① 《迎胜石井条约》：指一九一七年十一月二日美日两国订立以共同侵略中国为目标的《蓝辛石井协定》

大元帅印，以重信守。

据《国务会议通过两要案—铸造国玺及大元帅印》，
载一九二一年十月一日上海《民国日报》第三版

关于军政府不派代表参加华盛顿会议的谈话

（一九二一年九月二十八日刊载）

已有素马在美，即足以办理南方一切之交涉，无庸复派非正式之代表前往也。

据《粤人催派代表——孙氏意不谓然》，载
一九二一年九月二十八日天津《大公报》第一张

深切同情朝鲜复国运动

在广州与申圭植谈话①

（一九二一年九月）②

申：圭植前年在沪拜别钧座后，以俗务羁身，屡思南来晋谒，问候起居，终未克果愿，至觉歉疚。此次奉鄙国临时政府李大统领③之命，携带国书南来访粤，奉问贵大总统政躬康泰，并代表鄙临时政府及全体人民，向贵大总统致敬。

---

① 申圭植早年曾加入中国同盟会，大韩民国临时政府在上海成立后任法务总长。他作为临时政府的专使，偕同随从秘书闵石麟，至广州晋谒中华民国大总统孙文。孙由文官长胡汉民陪同，在观音山总统官邸粤秀楼接见。不久，又在观音山麓总统府举行递交国书仪式。

② 底本称于是年十一月三日晤谈应系误记。底本作者闵石麟记述，他还于同月十日参加广州"中韩互助社"成立会，十八日由申圭植向孙文递交国书，前后刚好半个月。但孙文已于十月十五日启程赴广西，此期间并不在广州。另据当时上海《东方杂志》记载，在广州与"中韩互助社"性质相仿的中韩协会系于十月四日成立（见该刊第十八卷第二十三号"中国大事记"，一九二一年十二月十日发行）。由此推测，假若底本所记日期正确而仅为月份出错，则最有可能是在九月。现暂酌定为九月，确切时间仍待考证。

③ 李大统领：即李承晚。

总统：谢谢贵国统领及贵国政府之厚意。余甚愿贵大统领及贵政府全体阁员健康安好。

申：谢谢，谢谢。

总统：先生系我老同志，辱蒙远道过访，至为感谢。此次复以韩国国使资格，相会一堂，尤所庆幸。惟今日之会既非正式，我们不妨随便谈谈，以倾积愫。

申：谢谢，谢谢。优蒙贵大总统召见，至为荣幸。圭植此次来谒之意，已向胡先生展堂详述，谅已渎尊闻。圭植自辛亥年亡命来华，适逢中国革命，遂入同盟会，追随我大总统，参加第一次革命。其意盖谓中韩两国革命同样重要，中国革命成功之日，即韩国独立解放之时。圭植不才，愿效包胥作秦庭之泣①也。讵料民国成立十载以来，袁氏称帝，张勋复辟，军阀割据，政客祸国，内忧外患，纷至沓来。圭植虽愿作包胥，实无秦庭可泣也。今幸我大总统组织护法政府，维护天地正气，重整国家纪纲，鄙国临时政府闻讯莫不额手称庆，咸谓中国统一有望，东亚曙光已启。故特命圭植南来访粤，晋谒我大总统，访问我护法政府诸公，以表崇高敬意；并拟请贵政府正式承认鄙国临时政府，在平等互惠之立场上，援助鄙国复国运动。兹携有鄙国政府所拟就之互惠条约五款，特此奉上，伏乞钧裁。

（于是余②取出该项文件，奉呈大总统，总统乃与胡公同阅……）

总统阅毕，稍事沉吟，蔼然曰：中韩两国同文同种，本系兄弟之邦，素有悠远的历史关系，辅车相倚，唇齿相依，不可须臾分离，正如西方之英、美。对于韩国复国运动，中国应有援助义务，自不待言。惟自推翻满清建立共和以来，军阀政客仅知一己私利，不识共和为何义，钩心斗角，日事禄利之争，违背余所创之立国精神，致令人民重沦于水火，国族复濒于危亡，思之殊堪痛心也。故中国不救亡图存则已，否则非有一强有力之革命政府不可。护法政府之产生，基因在

---

① 公孙包胥，春秋楚国大夫，因封于申而号申包胥。吴国兴师伐楚陷其都城，包胥入秦乞援，倚庭墙而哭，凡七日，卒得秦国出师相救，吴兵乃退。

② 余：即闵石麟。此处接录条约内容如下："一、大韩民国临时政府承认护法政府为大中华民国正统政府，并尊重其元首及国权；二、请大中华民国护法政府承认大韩民国临时政府；三、请准予收容韩国学生于中华民国军校；四、请借款五百万；五、请准予租借地带，以资养成韩国独立军。"

此。然目前北伐尚未成功，国家尚未统一，仅以广东一省力量，实难援助韩国复国运动。故关于贵政府第四条、第五条之要求，目前尚无能为力，至少在北伐占领武汉后始可以办到。又关于第二条承认韩国临时政府一节，原则上毫无问题，对于流亡中国而继续艰苦奋斗之贵临时政府，我护法政府自应予以深切同情，而加以承认。实则我护法政府，迄今亦尚未得他国家之承认也。若干年来，余对韩国问题始终异常重视，故此次出席泛太平洋会议代表，余曾语之云："所谓'二十一条'、东三省问题以及山东问题之重要性，远不及《马关条约》。盖日本侵略弱小，破坏东亚和平，实自订立《马关条约》蹂躏韩国独立始。故列国如不承认《马关条约》为平等合理之条约，则各种继起条约统归无效。"惟是所谓泛太平洋会议，不过尽人事而已，对于国际纠纷何所裨补乎？再关于贵政府第三条之要求，亦毫无问题。我等原极希望韩国子弟多多受军事教育，俾培养韩国军事人材。此事余决照办，通令各军校尽量收容贵国子弟可也。至于借地练军作革命根据地一事，余认为北方最适宜。然目前政府（护法政府）力量，尚不能达到华北，徒托空言，亦无益耳。设使现有适当地带练兵，而无强有力之政府保护，诸事亦无法进行。总之，一切实力援助，须待北伐计划完成以后，届时当以全力援助韩国复国运动也。余之言，先生或以为失之迂远，然实系真心话也。

…………

申：现在鄪国临时政府已在巴黎、华盛顿等地设立欧美委员会，此次泛太平洋会议亦将派员前往参加，以资呼吁宣传。尚请我大总统嘱饬贵国代表与鄪方代表密切联络，以资呼应为幸。

总统：可以可以，余即通知鄪国代表可电。

申：尚有一要事须奉商者，即中韩两方嗣后应有系统的外交联络。从前鄪临时政府未成立以前，贵我双方之外交多侧重私人关系，而缺少系统的正常外交联络。此种情形，弊多利少。故今后贵我两政府间应有正式的外交联络系统，俾便洽商，而免公私淆混。不知钧座之意如何？

总统：先生所见极为合理，所嘱之事自当照办。日后即请贵政府派代表南来，常川驻粤，与我护法政府保持密切联络，俾便随时磋商。至于贵代表膳宿一项，均由我政府招待可也。

申：谢谢。谨当遵命。①

　　　　　　　据《中国护法政府承认韩国临时政府始末实
纪》，载闵石麟编著：《中韩外交史话》第一
辑，重庆，东方出版公司一九四二年出版

与瓦格纳谈话

（一九二一年九月）

　　德国驻粤副领事瓦格纳（Wagner）② 首次拜会孙中山时，孙即提出与德国合作问题。力言"德国应立即承认广州非常政府，并开始谈判一双方互惠条约。德国只有这样，才能在中国获得如他国一样的待遇"。孙并告语"已派朱和中前往德国相机办理"。

　　　　　　　　　据吴相湘编撰：《孙逸仙先生传》，台北，
远东图书公司一九八二年十一月出版

对派代表出席华盛顿会议的态度③

与某君谈话

（一九二一年十月三日刊载）

　　吾人素以北京政府为非法之机关，故欲吾人派遣代表与北京军阀之代表共同列席华盛顿国际会议，实不成为问题。设华盛顿政府暨其他各国坚不承认广州政府为代表中国民意惟一合法政府，则吾人将终不派遣代表赴美。将来关于中国之

---

　　① 　申圭植返沪后，大韩民国临时政府派濮精一（纯）为代表常驻广东。
　　② 　瓦格纳（Wilhelm Wagner），时任德国驻广州副领事。
　　③ 　由美国发起的华盛顿会议（即在华盛顿举行的太平洋会议）将于本年十一月召开，为此美国曾照会北京徐世昌政府派员代表中国出席，遭到以孙文为首的广州革命政府的强烈反对。是时，北京政府乃提出由广州政府派员与北京政府代表一起出席华盛顿会议的折衷方案。某君为此到广州总统府拜访孙文，孙即表明对此事的态度。

利益纵有所议决，然对于吾国决不生若何之效果。

据《粤孙对外之态度》，载一九二一年
十月三日天津《大公报》第一张

对英国殖民当局摧残马来亚华侨教育事业表示关切

在广州与廖衡酌谈话①

（一九二一年十月六日）

英国殖民当局摧残侨民教育无异摧残我国内教育，此等悖绝人理之事，我政府誓与华侨同其祸福，可传谕侨特〔众〕，谨守文明，据理力争，不为强暴所屈。现本总统已切谕外交部筹划交涉手续，政府力所能及者，必尽力以赴之。

据《廖衡酌谒见孙文》，载一九二一年
十月十四日北京《益世报》

在广州与廖仲恺谈话②

（一九二一年十月十三日）

廖说：中西习尚，本不相同，欧洲军队常带有妇人参与其中，不为惊奇。若中国军队，绝对不容许妇人参与其中，以妇人在军中影响士气，先生首次北伐出师，对此似宜慎重考虑。

孙听后反驳说：韩世忠大破金兀术于黄天荡，赖夫人梁红玉击鼓助战，可知中国军队并非不许妇人参与其中，亦不见得影响士气。至于妇人在军中兵气不扬的一类理论，乃腐儒见解，毫无根据。

---

①　马来亚华侨代表廖衡酌因英国殖民当局摧残华侨教育事业，受派返国恳请广东当局及各社团支持，从速与英国交涉。这是孙文接见廖时的谈话。

②　是日孙文决定十五日出巡广西再取道湖南北伐。出发前曾有偕夫人宋庆龄同行之意。廖仲恺得知后，怕因此而影响北伐军的士气，便向孙进言。

廖坚持自己的意见，进一步说明道理：梁红玉击鼓助战，为历史上罕见之事，故传为美谈。今日习惯上仍以妇女不随军为原则。盖在甘苦之情形下，常为使士兵发生一种不良反感，不可不加考虑也。

孙认为廖言之有理，便接受了他的意见。

> 据马宣伟：《孙中山与廖仲恺之间的一段往事》，载一九八八年四月五日北京《团结报》

着某要人转告停止讨吴条件①

（一九二一年十一月上中旬）②

我非定要专打吴佩孚，如吴能让出武汉，将鄂省让归鄂民，实行地方自治，彼率驻鄂省之直军尽师北上，助我定中国长治久安之策，以民主主义为前提，我又何必与他个人为难？

如以权利、地盘为交换问题，中国各省地方乃中国人民地方，非武人所能随意分配占据。

请告该总理：如有所表示，先撤在鄂直军，通电申明主义，否则虽派代表无益也。

> 据《吴佩孚代表在粤之运动》，载一九二一年十二月五日天津《大公报》第一张

---

①　为取道桂湘讨伐北洋军阀，一九二一年十月孙文偕北伐军自粤进驻广西梧州等处。而吴佩孚直军占领湖北及湖南岳州等地后，为全力对付张作霖奉军，乃图笼络孙文。吴托直隶某纱厂面粉公司之总理某君，在上海向来自广州的某要人疏通，该要人即赴梧州转达吴意。本文系孙文聆听转达后所发表的意见。

②　底本未说明日期，但称晤谈地点在梧州。按孙文自十月二十九日至十一月十五日设大本营于梧州，此后移驻桂林，故酌为十一月上中旬。

向吴佩孚代表责吴缺乏诚意①

（一九二一年十一月上中旬）②

　　子玉如以诚相见，我可接谈。惜吴子玉事事骗人，即如所说，恐人亦不尽信。吴子玉一骗王占元，再骗赵恒惕，三骗鄂省人民，今则加兵岳州，进兵川、陕，俨然与西南为敌，我不打他谁打他？鄂人逐王占元乃鄂人之天职，与吴佩孚何涉？既不助王占元，又不助鄂人，反从中窃取地位权利，此种人说话毫无信义，叫我如何能信？如吴佩孚能翻然自悟，移兵北逐，让鄂省于鄂人，方有办法。否则口头上话句句好听，对于国家人民究竟有何裨益？

　　陈总司令③无论如何决不能不服从我的主义，如以为派代表来粤即可停止兵事，吴子玉真发奇想。我此次出兵，系照川、黔、滇、湘、粤、鄂六省地方长官或人民之请愿。如吴子玉服从三民主义，实际表示，亦国家之福，我所愿闻者。

据《吴佩孚代表在粤之运动》，载一九二一年
十二月五日天津《大公报》第一张

----

　　①　一九二一年十一月，吴佩孚（字子玉）派代表张雨山等来粤活动，谋求孙文停止北伐。张等抵广州后，即由一湖南籍代表赴梧州转述吴意。本文系孙文对该代表来访之回应，根本不信吴有何诚意。

　　②　底本未说明日期，但称地点在梧州。按孙文自十一月初至十五日居梧州，故酌为是月上中旬。

　　③　陈炯明时任粤军总司令。

关于北伐问题

在梧州与上海《大陆报》记者谈话

（英 译 中）

（一九二一年十二月三日刊载）

有人暗示说孙先生似乎真的要进行北伐战争，他立即回应道："我们所要讨伐的是日本而不是中国北方的民众，民众会赞成这场战争，我们要战胜的是日本人的傀儡。眼下傀儡政权似乎陷入了麻烦——除了爆发内讧，他们亦没有经济来源；搜刮民脂民膏似乎成为了谋生的惟一渠道。"

"吴佩孚呢？他是否也会成为绊脚石？"

孙先生立即自信地答道，"只要吴佩孚敢打，我们就有信心战胜他。云南、贵州以及两广地区的军队会全力支持我军；只有四川地区某些军官不赞成北伐战争，但是如果他们胆敢使四川脱离我军控制，我必将立即下令铲除他们。湖南人及湘军完全支持北伐事业，因此湘军总司令赵恒惕将被迫在支持我军与离开湖南省之间做出选择。接下米就是陕西省了，当地的居民及军队都表示支持北伐战争，如果战争爆发，他们说会义无反顾地参与其中。因此吴佩孚实际上已被包围了——他的军队数量与北伐军不可同日而语；此外，除了榨取商人与银行，吴军并无财力支撑。这极大地挫伤了吴军的士气，并将引发民众集体转向。如果吴佩孚胆敢迎战，他的失败将指日可待。然而不可否认吴佩孚十分明智，我们能想到的事情他都会考虑到，也许他会避免毫无意义的屠杀，转而支持共和事业——无论如何我们都有机会测试他对于民治事业的忠诚度。如果他确有诚意，就会明白北伐军胜利后将会对国家进行大刀阔斧的改革，而他的北方朋友绝不可能这么做。"

我们小心翼翼地提到孙陈二人的关系这个敏感话题。我告诉孙先生，民间有传言说他们早已不和，而且陈将军并不赞成北伐战争。"陈将军与我并肩作战长达十六年，他是民治事业的忠诚捍卫者。眼下他并不会背叛这一伟大事业，他是广东国民政府官员，必会遵守政府命令。否则，他就必须辞职。""但是军权不是掌握在陈炯明手上吗？照理说他拥有更多支持。如果他反对北伐事业，您会将他从华南地区驱逐吗？"孙先生的眼睛眯了一下，一道怒火夺眶而出——这表明我们的受访对象是一位行动派而不是一位平和的哲人。"陈将军逃不出我的手掌"，他伸手握紧拳头。

…………

我们谈到了华盛顿会议的问题。大家都认为只有英国才能左右时局，因为它的行为将决定亚太地区的局势。孙先生对此持反对意见，他说："真正能对亚太地区局势产生影响的是中国。日本的远征计划基于对中国的控制——不管是一八九四年的中日甲午战争还是随后的一系列对华入侵行为，最后都得由中国偿付战争代价。要发动规模如此巨大的战争，日本必须充分利用中国的资源和人民，否则自战争伊始便会被打败——这就是日本不惜一切代价买通中国政府腐败官员的原因。因此，国人眼下发动的北伐战争对象是日本以及叛国的北京政府官员。中国的自由是维持远东地区和平局势最为迅捷的方式。"

在谈及列强对待中国的态度时，孙先生的语气里明显有一丝不耐烦的意味。"当前的北京政府完全依靠列强的支持才得以存在，国民并不予以支持。如果列强拒绝承认其地位，北京政府将很快垮台。我在五月份已提请美国公使注意此事。此外，我还将该消息释放给一位英国记者，请求他提请列强拒绝承认北京政府——此举实为试探其他列强国家的态度。然而英日两国对此表示强烈反对，似乎美国政府改变立场后会使双方爆发战争，之后我只好暂缓追究此事。但是美国仍然应该带头拒绝承认北京政府——眼下美国政府得到了中国人的敬意，它不应该顺从其他列强的意愿以致丧失了这一点。"

关于南方人对待英国的态度，孙先生说这就像北方人对待日本人那样充满敌意。"我们在南方感受到了来自英国的压力，这或许就如同日本在北方那般虎视眈眈。近些年南方地区确实没有遭遇过烧杀抢掠事件——虽然日本人会在东北地区这么做，英国人却并未效仿。但不可否认的是，英国人正想尽办法扩充领地，并充分利用国际上的动荡局势达成目标。九龙地区已脱离祖国长达二十多年之久，战争①期间港英政府全力争取九龙与东江之间的领土，因此英国的属地界线直达广东。我不知道英国代表团是否得到了本国政府的支持，但显然港英政府已经做好了充分的准

_____

① 指第一次世界大战。

备。随后英国政府便与广西督军签订了臭名昭著的《卡塞尔协议》（Cassel），该协议决定广州暂由广西省管辖。难道这没有体现英国政府的侵略性吗？"

我们又回到了北伐战争这个问题上。"我们将尝试在北方地区引入真正的合法政府并使北方民众摆脱军事争霸的折磨。或成或败只有等时间揭晓，但我们完全有信心战胜任何的反击势力。北伐军为原则而战，其他地区的士兵则是为钱而战。我们的有效兵力在全国都有分布，因此拥有胜算的可能。无论如何我们都会尽力。要知道即使我们落败那也只是暂时性的，北伐军所奋斗不已的共和事业必将大获成功！"

据 Dr. Sun and the Northern Campaign. *The China Press*（Shanghai），December 3, 1921, Page 12.（《孙中山与北伐》，载一九二一年十二月三日上海《大陆报》第十二页）（方露译，高文平校）

英文原文见本册第 539—543 页

附：另一译文①

记者问：是否实行北伐？

孙答：吾人并不攻伐中国之北方，乃欲与日本战耳！因北方之人民，赞同吾人之主张，吾人今只谋推倒被日本使用之华人耳。若辈在今日已处穷境，内部已有争执，若辈又无资，除非向人索勒而得者云。

记者又问：吴佩孚如何？将为北伐之中梗乎？

孙答：吴如战，吾人可败之。今滇、黔与两广均主北伐。南方首领中只少数人不赞同，即曰四川方面，但吾人可令加入。若湖南赵恒惕如不加入，必被驱逐，湖南人民与军队均主北伐。陕西亦然，陕人与首领均愿吾人之出兵。由此可见，吴佩孚已四面受敌。况吴拥兵太多，并无充分之财力以养之，只在商人和银行方面索勒而已，如此行为徒失人民之信用，民众将反对之。吴如不量力而用兵必败。但吴颇聪明，观察与见解均高，与吾人同。吴或不愿妄杀，而向吾人投诚。吴当知其素主张之民治政府，如〈在〉南方势力之下行之，必较在北方政府权力下为有实效。

记者又问：外传孙文与陈炯明有意见，及陈不主北伐，确否？

---

① 本篇为当年译文，与上篇一样都译自上海《大陆报》，但有近半内容未译。

孙答曰：陈与余同事十六年，陈极主民治，终身以造成一共和之中国为目的，况今陈为南政府之官，必依从政府之命令，如不奉命，可易人继之。

记者又问曰：如何易之？陈自有兵，民又信之，如彼不从命，君将逐去之乎？

孙闻之，目光稍闪，继伸其手，屈其指，紧握成拳，高声言曰：军在余掌中。又曰：外间之传说不确，陈必依从政府命令。

据《孙文与美报记者之北伐谈》，载一九二一年
十二月四日上海《时报》（二）

真正意义上的国民政府才能促成国家统一

与恩达·李·布克谈话①

（英　译　中）

（一九二一年十二月六日）

中国的统一还很遥远

国际新闻社记者告知北伐军首领孙逸仙博士，华盛顿方面有消息指出，中国南北双方将启动和谈。这位大总统在前往汉口之际做出了如下回应：

"只要北京政府依旧是傀儡政权，那么旨在促进中华福祉的和谈将成为无稽之谈……"

"中国统一的首要条件在于北京政府的垮台，因为只有真正意义上的国民政府才能早日促成国家统一。"

开始围攻北京城

"北京政府或许会随着列强拒绝承认其合法性而倒台，又或许会随着军事力量介入北京城而被迫垮台。"

---

① 恩达·李·布克是美国国际新闻社记者。

"列强若拒绝承认北京政府的合法性，中国的和平进程将大大加快。此举亦可避免更多流血事件的发生。西南诸省份已承认广东国民政府的权威，其他省份亦将纷纷响应。否则，惟有战争手段才能促成中华统一大业早日实现。"

"北伐军（广东国民政府派遣军队向北进军）目前正聚集大量兵力讨伐北京政府——这是应对列强对华政策的无奈之举。"

据 South Chinese Plan Drive on City of Peking, *New Castle News*（Pennsylvania, U. S. A），December 6, 1921, Page 21.（《北伐军计划围攻北京城》，载一九二一年十二月六日美国宾夕法尼亚州《新堡新闻报》第二十一页）（方露译，高文平校）

英文原文见本册第 543—544 页

关于中国前途

与美国记者嘉乐利谈话

（一九二一年十二月十四日刊载）

美国记者嘉乐利访问孙总统，以英人此梦①问之曰：英人殆将成功乎？

孙氏答曰：是视吾如何奋斗为转移。

嘉问：先生亦畏日本否？

孙答：否。日本不足畏矣。日本之伟大人才，已如陈土，求如当年明治天皇之人才，今不复睹矣。

孙谓嘉乐利曰：世之观中国者，不当观其所已为之事业，当观其所能为之事业。中国在大体上，固尝觉暗然无生机，但自太平〈天国〉之役而后，即如美国南北战争。于绝望中忽发现新生命之时期。惟中国所经之途径，皆属黑暗无光。昔者美国民族尔时因系一少年的民族，今亦犹为少年的民族，困难问题甚少。若中国则一旧民族也，其困难问题，因之亦甚繁夥，旧日相传之习惯，势必经较长

---

① 英人此梦：指英人欲建新大不列颠帝国于亚洲，自波斯海峡东至渤海湾止，企图把中国沦为英国殖民地。孙文斥之为梦想。

之时日始能革除之。顾当吾中国人民改革旧日困难之时，则有外人从而环绕之，而掣其肘，控制其咽喉，束缚其行动，因而消灭其改革工程之效力。

孙氏又曰：至若持日本与中国比较，彼直接造成现代日本之伟大人物，皆不复存；而中国之伟大人物则正在生诞〔诞生〕。余或不能躬睹敝国获得自由最后胜利之一日，但余决不欲生见吾民沦入于西方巴比伦为人囚奴之境界。

据《美报论孙总统与华会》，载一九二一年十二月
十四日至十七日上海《民国日报》第三版

与陈炯明谈话

（一九二一年十二月二十三日刊载）

（一）北军南征适在秣马厉兵之际，闽、赣招募新兵抵御联军，粤军不宜裁汰。

（二）北伐军现已编练就绪，若提倡裁兵，军心不无动摇。

（三）粤、桂防务均在吃紧之时，桂、粤军不足分防务，应暂停止裁汰。

据《孙文反对陈炯明裁兵》，载一九二一年
十二月二十三日天津《大公报》第一张

在桂林与马林张太雷谈话①

（俄译中）

（一九二一年十二月二十三日至一九二二年一月十日间）②

马林说：我在与孙中山谈话中，听得出来他很了解与苏俄共和国的生存密切

---

① 一九二一年十二月二十三日，共产国际驻远东代表、荷兰共产党员马林，在中国早期社会主义活动家、共产国际远东书记处中国科书记张太雷（兼任俄语译员）陪同下抵达桂林，与孙文进行多次会谈。他原名斯内夫利特（Hendricus Josephus Franciscus Marie Sneevliet），在华期间曾用名马林（Maring）、马丁（Martin）、孙铎（Sentot）、西蒙斯（Simons）等。此次受列宁委派来华，旨在协助筹建中国共产党并促成国共合作。本文对孙文用第三人称，马林自用第一人称。

② 底本未说明日期。此据马林抵桂林日期至一九二二年一月十日他在桂林起草《中国建设与对苏俄关系》备忘录随后赴广州为止这段时间标出。

相关的所有重大事件。他特别关心共产主义思想在中国青年学生中的影响。因为他曾严肃地批评过这些人，指责他们根本不了解斗争的实际意义，只会埋头读书和空谈哲理。他感到，国民党元老不充分地接触日益倾向社会主义革命的、受过教育的青年是不利的。我的译员就是这些青年中的一个人，是共产主义青年团①杰出代表之一。

孙中山用中国话对译员说，他虽然已广泛地了解西方和西方的科学，但仍然非常相信中国人。为什么青年要从马克思那里寻求灵丹妙药，从中国的古典著作中不是也能找到马克思主义的基本思想吗？

孙宣称马克思主义里面没有什么新的东西，中国的经典学说早在两千年前就都已经说过这些了。孙向我说明他是怎样发展一个有希望的青年军官加入国民党的。"一连八天，每天八小时，我向他解释我是从孔子到现在的中国伟大的改革家的直接继承者，如果在我生前不发生重大的变革，中国的进一步发展将推迟六百年。"

据马林：《和孙中山在一起的日子》，载中国社会科学院马列所、近代史研究所：《马林与第一次国共合作》，北京，光明日报出版社一九八九年九月出版；伊罗生：《与斯内夫利特谈话记录》，载中国社会科学院现代史研究室选编：《马林在中国的有关资料》（增订本），北京，人民出版社一九八四年二月第二版

在桂林与马林谈话之一②

（俄 译 中）

（一九二一年十二月下旬）

孙逸仙抱怨说，青年知识分子对社会主义感兴趣，成立了一些小的集团和派别，而这对于中国的政治生活却毫无用处。

谈到承认俄国与联俄的可能性，他认为，华盛顿会议给中国造成极端不利局

---

① 当时称为中国社会主义青年团，张太雷是该团的主要创始人之一。
② 本文对孙文用第三人称，马林自用第一人称。

面。但是只要他的北伐还未完成，联俄实际上是不可能的。他说，北伐后，他将立即同俄国结盟……俄国和中国一起可以解放亚洲。过早地联俄会即时引起列强的干预。他向我阐述的观点是，如果他不联俄，他就能够在不受列强干预的情况下把中国的事情办好。

据斯内夫利特向共产国际执行委员会的报告（一九二二年七月十一日），载李玉贞等主编：《马林与第一次国共合作》，北京，光明日报出版社一九八九年九月出版

在桂林与马林谈话之二①

（俄译中）

（一九二一年十二月下旬）

马林谈了爪哇民族主义性质的群众组织——伊斯兰教联盟的发展。孙中山讲述了国民党的策略、它的历史、袁世凯时期在国外的非法活动、与太平洋各国华侨的联系和他们对国民党的帮助。他们讨论了群众运动和在工人阶级中进行宣传的必要性等等。

孙中山在谈到他发展一个青年军官加入国民党时谓："一连八天，每天八小时，我向他解释我是从孔子到现在的中国伟大的改革家的直接继承者，如果在我生前不发生重大的变革，中国的进一步发展将推迟六百年。"

马林揭露了华盛顿会议的侵略实质，华盛顿会议说明列强已把中国列为它们的殖民地，使中国处于比前更糟的情况，华盛顿会议意味着列强之间的战争已被推迟，它们之间形成了某种合作关系，而中国和苏联都将是"牺牲品"；因此，中俄两国在反抗四国联盟方面应互相合作、互相帮助。中国革命政府应同苏俄合作，应尽快同苏维埃共和国"签订一个条约"，以使自己处于更强大地位。

孙：虽然华盛顿会议已使中国处于空前不幸之地位，但到我胜利结束北伐之

---

① 本文对孙文采用第三人称。

前，要与苏俄结成联盟在事实上不可能。待北伐胜利结束，立即提议与苏俄公开建立联盟。中俄携手将完成亚洲的解放。但如果建立一个不适时的中俄联盟只会立即招致列强的干涉。如果不使自己与苏俄连在一起，就有可能不受列强干涉地独立处置中国的事情。

马：你的民族主义的宣传也必然招致列强的干涉，可是你不能忽视这种宣传，因为要不然你的整个地位就只能依靠少数将领的支持，这种人最好的情况也只能引导你到另一次南京妥协。如果目前做不到这一步，至少应立即派一个代表团去莫斯科建立秘密联系。

孙：愿与苏俄建立非官方的联系，不再前进一步。同意派一个最好的同志到苏俄去。

马：提出两条建议：一、改组国民党，与社会各阶层尤其与农民、劳工大众联合。二、创办军官学校，建立革命军的基础。

孙：赞同。

据《马林档案》第三一一一号，载中国社会科学院现代史研究室选编：《马林在中国的有关资料》（增订本），北京，人民出版社一九八四年二月第二版

在桂林与马林谈话之三[①]

（俄译中）

（一九二一年十二月下旬）

马丁[②]宣布第三国际意旨，力促国民党与之联盟，可谓语重心长。总理顾谓党人曰："诸同志亦有说乎？"众默然。总理于是郑重答复马丁曰："苏联革命甫四载，其事绩世罕能言者，文献阙然，莫由闻知焉。吾侪革命党人也，讵不同情

---

① 据底本记载，参加谈话者尚有邓家彦、胡汉民、许崇智、陈少白、孙科、林云陔、曹亚伯、朱卓文。

② 马丁：即马林。底本云："叩其姓名，则曰：'马丁'，并拼音出之，曰'MARTIN'。"

革命？顾革命之主义，各国不同，甲能行者，乙或扞格而不通，故共产之在苏俄行之，而在中国则断乎不能。况吾师次桂林，志在北伐。今吴佩孚屯军洞庭以逆我，吾夺洞庭，窥武汉，直取长江，实侵英国势力范围。"英知我联俄，必力图遏我，吾北伐之师，从此殆矣。为安全计，今仅能与苏联作道义上之联络。一俟义师北指，直捣黄龙，再谋具体合作，未为晚也。

据邓家彦：《马丁谒总理实纪》，载罗家伦主编《革命文献》第九辑，台北，中国国民党中央委员会党史史料编纂委员会一九五五年出版

对奉直两系决不苟且结合

与奉直代表谈话

（一九二二年二月十一日）

孙中山对奉直代表来粤表示意见：

一、北伐不因此停顿。

二、真为国家者，宜服从正式政府，先驱逐徐①。

三、宜服从民权最高政治。

四、以旧国会奠固政局。

五、排去交换利益恶习。

据一九二二年二月十二日上海《民国日报》

---

① 徐：即徐世昌。

攻取长沙后将召开统一会议

与某君谈话①

（日 译 中）

（一九二二年二月二十七日刊载）

我若攻取长沙后，将召开统一会议，推举梁士诒为总理。对此，奉天方面已经表示同意。若有反对统一会议者，即准备立刻讨伐之。管辖外的部队也将会助我一臂之力。

据《北伐と統一會議——孫文氏意中を語る》（《北伐与统一会议——孙文氏心中所思》），载一九二二年二月二十七日《大阪每日新闻》（二）（蒋海波译，安井三吉校）

日文原文见本册第597—598 页

只要人民联络起来土匪溃兵都不足畏

在桂林与蔡挺生谈话②

（一九二二年四月四日刊载）

记者问话要点有二：

一、湖南之现状如何？二、广西今后之进行，请指示！

大总统对一之答语云：湖南没有什么，只是一味闹饥荒，米很贵。外面的谣传，都是敌人的侦探所制造。对二之答语云：土匪溃兵，都不足畏，只要人民联络起来，成一个有力的团体，就是拿起刀枪也可以抵御。但是就我们中国人看起来，个人的

---

① 此谈话从湖南方面发至外交团的电报中转引，谈话对象及日期不详。

② 这是孙文在桂林接见《学生联合会三日刊》记者蔡挺生的谈话。

力量是很大的。譬方从前的唐太宗、元太祖、明太祖之辈，以几十年的工夫，可以把破坏和建设的事情，同时做到。像元太祖当时的威力，西边到里海，东北边到黑龙江，可以想见他的力量。又看广东的人，到南海去做生活的，不到几年工夫，居然赚了几十万、几百万回来，如此可以想见，我们个人的力量是很大的。但是我们中国人没有团体的力量。譬如我们中国办的公司总是失败的。像广东的某家、某家，从前以一个人的力量，弄得非常发达；近来因为子孙众多，变了公司性质，便衰退下来了。近来一般新文化家，一天的鼓吹个人的力量要如何的发展。其实我们个人的力量已经够了，只要我们联络起来，什么事情都可以做得到了。

联络团体，我们先要揣度一般普通人的心理，普通人的心理是顶粗笨的。切莫拿我们顶聪明的思想来看普通人。因为聪明的思想不是他们所懂得。既然不懂得，即是他们做不到。那么，只是几个聪明人走上前，一般大多数人便要落后了，岂不是和社会脱离吗？我有一个很浅的譬方，我们去年由梧州上桂林的时候，总共有百多支船，走了廿多天才到桂林，为什么这样缓呢？就是因为我们走船，并不是以顶快的那一支船为标准，是以顶慢那一支船为标准。那时动身刚得一天的时候，已经有一支船走到昭平，而一支顶慢的船离梧州还没有好远，我们当时即止住到了昭平的船缓着前进，要等那支顶慢的船一起走。若不是这样，那么，那一支顶快的船只要十一二天工夫便可以赶到桂林，而那些慢船便要丢到后头了。所以我们宁愿耐烦些，定走船的速度，以顶慢的船为标准，所以到了廿多天，百多支船一总便到桂林了。我还有一个譬方，耍猴子戏你们总应该见过。耍猴子的人，怎样教猴子呢？还有渔人，又怎样教他的鹭鸶呢？就是他教猴子、鹭鸶的法子，并不是拿人的聪明去教他，是要研究猴子、鹭鸶这一类动物，到底喜欢的是什么？怕的是什么？教的人自己要变成猴子、鹭鸶，和猴子、鹭鸶做了好朋友，这样自然可得成功了。

我们联络团体，又从哪一些人起首呢？这先要从一般无业的、做工的、种田的起首。这一些人都是极可怜的人，而又是极有力量的人，以我们有知识的人，总可以把他们说得动，联络起来。这三种人，拿到了手，还有商人、士大夫，俱不足畏了。因为这两种人，都是依靠上面三种人才生活的。上面三种人能够团结起来，下面两种人是不能奈何的。这两种人未尝不应该联络，不过后一些罢了。

我们初〔最〕初提倡革命的时候，没有一个人肯听的。但我先把一般无业的游民联络起来，替他们谋饭吃、找事做，他们便信我起来了。我最后联络的人才是一般学生。你们要联络社会的人，也要先从一般无业的、做工的、种田的人入手，最后才到商人和士大夫。

我们求学问不妨玄之又玄，妙之又妙，想入非非；但我们做事情，又不妨从顶粗的、顶笨的做起，顶粗、顶笨的事情是人人能够做得到的，不必要什么高的学问。譬方想实行地方自治，先要从调查人口入手。调查每条街有好多家，每家有好多人。并不是要怎样的学问。住家的有家主几人？男女几个？或奴仆几个？营商的有老板几个？伙伴几个、仆人几个？从旁访问，是很易得的事，并不要立什么章程。你们做学生的能够联得十个、八个做一个团〈体〉，马上便可以着手做去。有了人口做材料，地方自治便易得办了。你们学生做一样事情，并不要人家信用，我们调查我们的，人家叫我们疯子，由人家叫作疯子罢了。你们能够把人口调查起来，我总可以帮助你们。我虽然不久便要北伐，但我在外面仍然可以帮助的啊？

土匪溃兵并没有什么可怕，若果是你们能够把地方自治弄好，他们是没有路子容身的。此刻你们各乡若是有了好团体，我们都可以设法给你们得到枪枝，譬方现在桂林军械局也还有许多旧枪，可以修整回来，就可以拿来应用。其实你们团体能够团结得好，便是拿竹竿也可以抵御啊。

据一九二二年四月四日桂林《学生联合会三日刊》，桂林、桂林档案馆藏

与陈炯明交涉之条件

（一九二二年四月十五日）①

（一）省长、总司令两席让出一席；（二）孙部军全换新枪；（三）北伐军饷两星期交一半，余六月内交；（四）取消民选县长；（五）所封政学系产已揭封者

---

①　底本未说明日期。据港电日期而定。报载"余五日"疑为十五日之误。

再封并通缉；（六）陈炯明北伐。

据《上海快信·摘要》，载一九二二年
四月二十一日长沙《大公报》第二版

北伐的目的在于推翻北京政府
实现中国真正民治政府

在梧州与《华盛顿邮报》记者谈话

（一九二二年四月十六日至二十日间）①

广东合法政府北伐之目的，不在中国北方人民，而在日本及为日本外府之北庭。溯辛亥革命之役，吾人调和心理，失于过急，在当时以为可免战争流血，而结果则并革命所成就者尽失之。袁世凯当国，中国入帝制派之手，迄今战祸频仍，牺牲性命，不可胜计，咸系少数军人政客为个人私利而动兵戎。卖国之徒遂将矿产、森林、渔盐种种利权，售于日本，故急起直追，推翻北庭以撤销日本之外府，刻不容缓。盖中国苦不推翻日本在中国之势力范围，日本必利赖中国之天产及人民，以遂其穷兵黩武之帝国主义。能维持太平洋和平之国家，非英国，实中国也。吾人今日自救，即可以使全世界免除日本武力之危害。北方同胞亦逐渐醒悟，将与吾人同心协力，推翻日本之外府。

推原北庭之所以能存在者，良由列强各国之承认。倘各国否认之，中国即能统一于民意合法政府之下，然后解散无用之军队，整理财政，禁止贿赂，则国库充裕，外债即可清偿，故列强多承认北庭一日，即多重苦中国人民一日，亦即中国真正民治之政府，不能早实现一日。美国自来对于中国毫无攫取土地之野心，亦未利用中国衰弱以营私利，故今日否认北庭，当然事也。

据《与美京邮报访员之谈话》，载
一九二二年五月七日上海《民信日刊》

---

① 底本未说明日期。谈话地点在梧州。孙文于四月十六日由桂林抵梧州，二十日赴肇庆，谈话时间据此确定。

改道北伐事

在广州与梁鸿楷等谈话①

（一九二二年四月二十二日）

本大总统此次回粤，系从军事上便利计，改道北伐。各军将领皆为热心爱国之人。现奉、直已发生战事，本总统日内即率大本营兵士出发，会师武汉，直捣幽燕，务竟护法之初衷，毋负国民之属望，故驻粤之日无多。深望各军谨守秩序，保护治安，使我民安居乐业，为本大总统之所厚望。

据《抵省时之热闹》，载一九二二年五月
二十二日成都《国民公报》第二版

在广州与达林等谈话②

（俄译中）

（一九二二年四月二十七日）

达林向孙中山转达了苏俄工人、农民的敬意和对他在工作和斗争中取得的成就的良好祝愿。孙在答谢祝贺时，畅叙了对苏俄的友好感情，表示很乐于了解苏维埃共和国的形势，并询问了列宁的健康情况。

达林谈了苏维埃、红军和自由对人民大众的意义。

孙中山听得很仔细，然后提出一个建议说：我给你一个山区，一个最荒凉的没有被现代文明所教化的县，那儿住着苗族人。他们比我们的城里人更能接受共产

① 梁鸿楷时任驻穗粤军第一师师长。是日下午，孙文由胡汉民、许崇智等陪同，从石围塘回到广州交涉署。

② 一九二二年四月二十六日，共产国际的远东代表、青年共产国际东方部书记、俄国人达林（Сергей Алексеевич Далин）抵达广州。在粤期间，孙文就中国革命及苏俄援助等问题与达林进行多次会谈。本篇是四月二十七日达林偕中共党员张太雷、瞿秋白到总统府拜会孙文的访谈录。

主义，因为在城里，现代文明使城里人成了共产主义的反对者。你们就在这个县组织苏维埃政权吧，如果你们的经验是成功的，那么我一定在全国实行这个制度。

达林只好一笑说：对全世界范围的共产主义来说，一个县的战场太小了。

孙中山热情介绍亲自写的党纲。"三民主义"和"五权宪法"两篇演说①分别阐述了这个纲领。

达林问：你为什么不实行自己的土地纲领？

孙中山答：现在我面临的是军事任务，要把全中国从军阀手中解放出来。只有到那时，才能实行土地纲领。

谈到陈炯明问题，孙中山突然怒气冲冲高声说：我是总统，部长们应当服从我。他反对我，反对共和国总统，反对人民的意志。如果他一定不服从，那么他将被消灭。没有任何和解可谈。

据达林著，何均初等译，李玉贞校：《中国回忆录（一九二一——一九二七）》（*Китайские мемуарbl, 1921 - 1927*），北京，中国社会科学出版社一九八一年三月出版

在广州与达林谈话

（俄译中）

（一九二二年四月三十日）②

孙中山说：苏俄能不能帮助在中国大规模地建设铁路，建设一条铁路，经过苏俄的土尔克斯坦③连接莫斯科和广州，这是实现我的计划首要的基本的任务，以便指靠苏俄帮助中国发展经济。

---

① 此指孙文分别于一九二一年三月六日和二十日在广州所作的演说。

② 底本未说明日期。据郭廷以编《中华民国史事日志》第三册（台北，"中研院"近代史研究所一九八四年出版）所载"一九二二年四月三十日，少年共产国际代表达林晤孙中山"的日期酌定。

③ 在二十世纪二十年代初，哈萨克、乌兹别克、吉尔吉斯、塔吉克、土库曼等苏维埃共和国所在的地域，仍沿袭旧习泛称为"土尔克斯坦"。

达林没有作声。

孙中山继续说：我很需要后方的组织者、行政人员，搞国家经济，而不是搞私营经济的人员，苏俄怎样解决这些问题？希望得到苏俄专家的帮助。

达林说：中国革命的现阶段，用外国资本国有化的要求来代替泛泛的资本国有化纲领。

孙中山答：我不能这样做，因为我作为社会主义者，既反对本国的资本主义，也反对外国的资本主义。

达林说：在南方的士兵，而且连军官，从低级军官到将军，都是雇佣者。这些人在大多数情况下与国民革命的思想是格格不入的。这样的雇佣军队是不能实现国民革命，这样的军队是靠不住的。

孙中山同意这个说法，回答说：首先应当清除国内的军阀，然后在中国建立全国统一的军队。

达林说：国民党组织松弛、涣散，很难在这个词的现代意义上称之为政党。并问：党的人数？

孙中山讲了一个难以置信的大数目字说：举这个例子，上海大学生代表大会支持我，你知道，中国仅大学生就有多少，再加上我的承认国民党三民主义的军队，总计有十万人。

孙中山决定重返前线①，动身以前介绍了几个自己最亲密的战友说：这些人②是苏俄的朋友，委托他们随时将诸事进展情况告知于你。

据达林著，何均初等译，李玉贞校：《中国回忆录（一九二一——一九二七）》（*Китайские мемуарbl, 1921 – 1927*），北京，中国社会科学出版社一九八一年三月出版

----

① 孙文于五月六日离广州赴韶关督师北伐。
② 这些人指广州政府内政部长曾琦、国会议长林森、四川省政府军事代表詹大悲。

给马超俊的指示[①]

（一九二二年四月下旬）

此项发起宗旨尚属正当，虽非本党主持，亦宜予以赞赏，以免示人襟怀之不广。

据陆象贤：《孙中山与第一次全国劳动大会》，
载一九九二年五月十三日北京《团结报》

粤海关主权当收回

与驻粤各国领事谈话

（一九二二年四月下旬）

不但关余宜交回广州之中央政府，所有海关主权亦当一并收回，不得听命于北京总税务司，迟日即须施行，先行通告。所收各海关如下：甲、广州海关；乙、潮海关；丙、琼海关。

据《要闻·总统划分中央地方机关》，载一九二二年
五月二十日上海《民国日报》第三版

与钟秀南谈话

（一九二二年四月下旬）[②]

二十七日香港电：内容略，钟秀南离财政厅长后，回省见孙文，孙谓：我未

---

①　一九二二年五月一日至六日，在广州举行第一次全国劳动大会。会前，中国劳动组合书记部派邓中夏到广东机器工会商借会场问题。该会通过马超俊请示孙文，得到孙的赞助。

②　底本未说明日期。据港电日期酌定。

下令逐汝辈，胡相继辞职？须速办交代。

据《上海快信·摘要》，载一九二二年

五月三日长沙《大公报》第二版

北伐计划及与陈炯明之矛盾等问题

在广州与上海《字林西报》记者等谈话①

（英 译 中）

（一九二二年四月底）②

孙云：余赴桂林，原拟与吴佩孚相见于衡山，以解决大局。乃吴不至，故吾人不得不酌改原定之计划。

记者讶曰：与吴相见乎？

孙笑曰：然，以兵戎相见耳。吾人之军队军装不完，不足御吴于平阳之地，故吾人希望南军至桂林，吴军亦至衡山，衡山为多山之地，吾人于此固不难以降伏之。余初意吴闻余至，必率四五万人南下，军火当充裕，将其击败之后，吾人可得大宗接济。不意彼意〔竟〕不至，此今日所以必改弦更张也。从韶关进兵，可以从速。余意由桂林水路下驶转赴韶关，可乘敌人于不意之中，收复赣省。不料行抵梧州，忽闻内部发生困难，于是势必不能〈不〉先解决困难之后，再谋进行。

---

① 掌握军政大权的陈炯明（一身兼任广东省长、粤军总司令以及革命政府陆军、内务两部部长）一直反对孙文出师北伐，拒绝接济在桂北伐军经费，致使他与孙的矛盾日趋激化。孙文决定变更北伐计划，离桂返粤，移设大本营于粤北韶关，令北伐各军开赴韶关集中。四月十六日孙文自桂林至梧州，陈炯明旋即电辞本兼各职。二十日孙文下令着陈专任陆军部长，免去其他职务。二十二日孙文抵达广州，而陈则已离广州前往惠州。本篇系上海《字林西报》记者偕一美国军官在广州晤孙的访谈录。

② 底本未说明日期。底本谓"记者今日（二十）谒孙中山氏"，所指当为四月二十日。但此时孙文自广西返粤，是日尚未到达广州，故估计系于"二十"之后漏排一数目字。按文中言及"奉张现正预备击吴"、"北方战事业已开始"等，乃指直奉战争爆发之初，故酌定为四月底。

陈炯明氏对于各事早已允照余意行之，或者近来彼乃发生反对余之意见，然余意此实其左右为患耳。此辈人物悉系重要军人，其意拟用第一、二师军队以抗余。乃不知军队者非私人所有，而系公家所有，并非即可以利用者。其先彼等谓将以之〈与〉滇黔联军战，继乃谓将以抗许崇智，顾及余抵梧，而军士乃无一人愿出抵抗之举动者。

记者谓陈氏之赴惠州，窃以为系因其不以北伐为然，故不肯加入。

孙云：此余所以将其免职者也。此后彼将加入与否，余不得而知。惟余意彼当加入，何则？陈今日已无事可做，其军队并不愿抗予。君不睹余回广州，并不随带军队以俱来，彼军官如能抗余，尽可于此动手矣。

记者谓假使陈及其军队不愿加入，北伐仍当进行否？

孙云：此当然进行，且时已在进行之中，军队正陆续开过韶关也。

记者谓进行中之军队，系属何人部下？出发路径如何？将来大约与何人军队作战？

孙云：黄大伟军①今为先锋，许崇智军将继续开拔作为中队，而以李烈钧军为右翼，更邀陈炯明指挥左翼，由湘、赣两路一齐出发。湖南方面当不至有反抗事实发生。江西方面，南北按〔接〕触约在赣州②〈附〉近一带。吾人军队在人数、训练、形式各方均不及北军，惟人数、训练、形式等事在中国并不成问题。要之，吾人为主义而战，而北军则为金钱而战，故吾人可一以当十。况彼等即肯作战，即如吴佩孚部下，肯为吴个人而作战者尚不及百人。彼川鄂、湘鄂之战③，吴氏军队綦多，而有时乃不得不亲赴前敌，即此故也。现在彼若欲抗余，其困难当尤甚。

记者又询以奉粤联盟事。

孙谓现无所谓同盟。

---

① 黄大伟时任粤军第一路司令。

② 赣州，清代设赣州府，民国初已废，此指其府治赣县。今除赣县外，另析其城区置赣州市。

③ 指一九二一年七月至十一月间相继发生的湘鄂战争和川鄂战争，分别与湘军、川军交战者即为吴佩孚统率的直军。

记者谓，然则可谓与张作霖①已具有谅解。

孙曰：然，称之曰谅解宜耳。惟此种谅解者要以服从为根本，故彼当服从命令，而此种谅解然后存②也。

孙又云：奉张③现正预备击吴，故谋得外援，吾人因此曾有代表往来，彼亦知余移军队于桂林之计。桂林一地在唐继尧④未回滇以前，实为集中滇、黔军队最宜之地点。滇事后虽变化，但滇军固仍有前来助余者，现在此军已开抵黔西。奉张知西南不弱，故乐于与吾人联合。

记者谓北方战事⑤业已开始，恐南军不易于战事了结之前即能军锋及于长江，届时阁下以为奉直双方仍能欢迎南军否？又假使奉军得胜，能不阻南军向长江以北否？

孙曰：否，奉张当不致拒南军渡江，或将拒南军渡河⑥耳。然吾人固无所惧，假使不得已而战，则南军并不见劣于北军。盖南军有二优点，即习于山战及夜战是也。至于北方目下之争，则决非一时所可结局，吾人进兵尚不嫌迟云。

记者告孙，外人对于其在工界方面之势力殊为注意。

孙云：其对于劳工运动宿表同情，故尝奖励劳工之团结，惟其本身与劳工运动并无关系。

与记者同往谒孙之美国军官，斯时因谓劳工组织有时信奉极端主义，性质綦为危险。

孙氏答云：但中国人做事向不趋于极端，此可无虑。

该军官又谓，闻此地有数种工业，业主因改良机械之故可以少用若干人，而

---

①　张作霖为奉系军阀首领，时任奉天督军兼省长，掌握东三省军政大权。当时孙文举行北伐是以直系军阀为主要攻击对象，为着分化北方军阀势力，因与奉系张作霖、皖系段祺瑞存在共同的利害关系，故彼此间互有联络，日后形成时人所称的孙段张"三角同盟"。

②　此处删一衍字"存"。

③　奉天张作霖之略称。

④　唐继尧于一九二一年二月被原驻川滇军将领顾品珍逐出云南，次年二三月间率师回滇重新掌权。

⑤　指第一次直奉战争。本年四月二十六日开战，五月四日以奉军溃败而结束。奉军的迅速失败大出孙文意料之外。

⑥　"河"指黄河。

工会乃以势力迫该工厂不准其解雇，故厂家每有养游惰工人至百余者。此殊非奖励彼改良工厂者之道，此种情形宜如何补救？

孙云：是不艰，只须再多购机器，令此游惰工人亦作工可耳。

旋复谈及任命粤省长事毕，遂兴辞而出。

据《孙中山与西记者之谈话——讨论西南各问题》，
载一九二二年五月五日上海《四民报》第六版

附：另一版本

孙：余前在桂林，冀会见吴佩孚于衡山，而与之解决一切；讵彼不能来，吾人乃不得不略将计划变更。

记者：会吴佩孚乎？

孙：然。特相见以兵耳！吾人未得大炮及在平原与彼相会之设备，故希望吾人到桂林，彼当到衡山，吾人乃围彼于山中而结果之。吾人以为，彼闻余将至，当率四五万人来会，吾人乃可本其一批①大炮及其他供给品，岂知彼竟不来。吾人遂不得不改变方针以赴韶关。君当知从韶关出发进行，可以甚迅。吾人以为由桂林从水道东下，不数日全军可到，② 以迅雷不及掩耳之手段袭取江西。

吾初未知此间有任何反对，直至③梧州始知，乃只得先到此间解决此事。陈炯明原已应允，一许〔切〕服从吾之命令。彼或有反对吾之意，亦本〔未〕可知，但反对大半系出于彼之部下。彼辈自谓为广州之伟大武人，目空一切，欲与余战。以为第一、第二两师乃愿与余战者，不知此等军队，并无〔非〕私产，乃国家所有；两师士兵并非彼等之人，故不愿反对余。此辈武人初告士兵谓须拒滇黔军之苙止，既而谓须抵拒许崇智回，不提及吾名。余抵梧州后得知一切。余本欲直赴韵〔韶〕阔〔关〕，遂舍军队而自回广州。彼等闻余至，皆逃，相语曰：来者乃孙中山也。无一人愿与吾战者。

---

① 此处删一衍字"之"。
② 此处删一衍字"可"。
③ 此处删一衍字"桐"。

记者：陈炯明已赴惠州，即因不赞成北伐，不愿加入之故？

孙：此余之所以免其职也。余不知彼今尚愿来余处否；但余以为彼当愿来。因彼无他事可为，彼之部下不颇〔愿〕反抗余。君试观，余并未带兵到此，此间实际上并无兵，果使彼部下而能反抗余者，当于此间为之。

记者：倘陈将军与其部下不加入者，君亦将进行北伐耶？

孙：然。吾人现已在进行中，军队正从韶关陆续出动也。

记者：出发之军为何项军队？由何路进行？预期将遭〔遭〕何反抗？

孙：黄大伟率领前锋军队。中路许崇智统率，李福林属之。李烈钧统右翼。左翼本拟以陈炯明为司令。现在出兵计划须稍为变更，将全军分向赣湘两省出发。在湘省方面，预期毫无反抗，与在广东行军相同；江西方面，则其始在赣州附近当有若干阻力。

吾人军队不多，军器、训练均不甚良，形式亦不及北兵之美观，但此等事在中国并无多大意味。吾人之兵为主义而战，彼等之兵则为金钱而战，故数目一层无足重轻。吾敢言，吾兵一人至少可当被〔彼〕等之兵十人。不但此也，彼等之兵亦不乐与我战。吴佩孚所有愿为彼拚命之兵不过数百人，彼前与湖北人及川人战时已自知之。若与吾战，则更为难，因吾人皆同隶于一会，北兵属于此会者在半数以上，彼等并不反对吾也。

记者：所谓之会，系属何会？

孙：此非国民党，亦非同盟会，乃一种新组织，系秘密团体，有秘密符号，略与他国之共济会同。君曾闻三点会、白莲教及哥老会乎？此会大略相似。若吾人举出秘密符号时，对方之兵即将不战而与吾人携手。

记者：该会何名？

孙：各地名称不同。

记者：北方军人皆属此会乎？奉天兵亦多有属之者乎？

孙：奉兵属斯会者或不多，其他兵士则甚多。

记者：吾人于君之北方同盟极为注意。

孙：并未有同盟之事。

记者：然则君曾与张作霖及老段等成立一种妥协乎？

孙：然。乃一种妥协。惟此妥协之可能，乃以服从为基础，彼等必须服从命令。

记者：北方有一邸〔印〕象，以为君与张作霖约定，粤省先北伐以牵制吴佩孚之兵力。

孙：是（点头）。张预备与吴战，因求同志援助。吾人互派代表交换意见，彼知吾人集中桂林之计划。当唐继尧未回滇之前，桂林为滇黔军集合之良好中心。张作霖彼时允许为吾后援。吾人现又得滇军若干，有与唐继尧不洽之数〔派〕旅团，已于今日抵此点验矣。

记者：惜君桂林迁延多时，北方业已开战，恐君到长江，北战已了。苟张作霖而获胜者，君意彼将不反对君之渡江乎？

孙：〈渡〉长江未必反对，渡黄河则恐反对，但此可无虑。吾人即并与彼等作战亦不畏。吾人军队素受山战及夜战之训练，此为两种长处。但此次北方战事，非一时可了，如直皖之战然。吾人或有〔于〕其终了之前达到北方，亦未可知耳。

记者：外人闻君与工界运动有关系，深为注意。

（座中一美国军官称：劳工组织如取激进主义，颇为危险。）

孙：中国不然，中国人从不为极端举动。

美军官：但吾闻此间有雇主改用新式机器，拟少用工人，而为工人团体所反对，至有豢养数百不作事之工人者，此于改良工业殊有碍，将何以解决之乎？

孙：此易易耳。只须多购机器，即可多用工人，但余信此等大工业应归国有。如美国洛克菲勒、多卡纳奇等之事业，应皆归国家管理。中国今尚无此种大企业，将来如有之，吾愿其立于国有铁路之同一地位也。

（孙否认彼拟任工党领袖谢英伯为广东省长，并谓省长一席将由伍老博士永任。今因外交总长一职无人继任，否则伍博士当已卸外长而专任省长；至兼职之繁剧，将派干员助其处理。）

送别记者时，孙称：吾望不久在北京见君，吾意当在秋间也。

据《孙中山与西报记者谈话》，载一九二二年
五月二十九日成都《国民公报》第二版

就反基督教运动发表谈话①

（一九二二年春）

　　予孰非基督徒者？予之家庭且为基督徒之家庭。予妻、予子、予女、予婿，孰非基督徒乎？予深信予之革命精神，得力于基督徒者实多。徒以我从事革命之秋，教会惧其波及，宣言去予，是教会弃予，非予弃教会也。故不当在教会，但非教义不足贵也。教会在现制度下，诚有不免麻醉青年及被帝国主义者利用之可能。然如何起而改良教会，谋〈求〉独立自主，脱去各帝国主义之羁绊，此教友人人应负之天责，亦为一般从事宗教运动者应急起为之者也。予奔走政治，不能为直接此项运动之参加，然予亦反对现在反基督之理论。

据陆丹林：《革命史谭》，重庆，
独立出版社一九四五年版

重组国民会议达到国家统一

与美国国际新闻社记者谈话

（英 译 中）

（一九二二年五月十二日）

　　"我将尽快重组国民会议，"孙先生说道，"通过组建由各省代表所构成的大会达到统一国家之目的。"

据 Renewal of War Threatens China. *Tulsa Daily World*（Oklahoma，U. S. A.），May 13，1922，Page 11.（《中国将再次爆发战争》，载一九二二年五月十三日美国俄克拉荷马州《塔尔萨世界日报》第十一页）（方露译，高文平校）
英文原文见本册第 544—545 页

---

　　①　一九二二年春，北京、上海及其他一些大城市掀起了以反对帝国主义文化侵略为中心的非基督教运动。孙文虽然不赞成全面否定基督教的观点，但他明确表示中国教会应当进行改良，脱离帝国主义的控制。

南方正式政府是惟一合法的政府

在韶关与马科森谈话

（英 译 中）①

（一九二二年五月中旬）

　　孙中山指责华盛顿会议"以给日本自由来代替限制其权力"；孙中山以权宜之计为由，替他和张作霖的联盟进行辩护。他论证，北京政府之所以能够存在，仅仅是由于外国列强的承认。并且表明，他的政府是惟一合法的政府。在其国际开发中国计划的热烈讨论之后，孙中山断言："如果美国承认我，统一的绊脚石就会消失。"

　　孙中山对马科森的临别赠言是："帮助我们取得美国的承认，因为这样做就意味着胜利。"

据韦慕廷著，杨慎之译：《孙中山——壮志未酬的爱国者》，广州，中山大学出版社一九八六年十月出版

在广州与达林谈话

（俄 译 中）

（一九二二年五月）

　　达林问孙中山为什么不依靠贫农进行土地革命，孙中山回答：

　　"现在我面临的是军事任务，我要把全中国从军阀统治下解放出来，此后才能进行土地革命。"

　　达林谈到关于没收外国资本的政策时，孙中山说，他不能实行没收外国资本的政策。他说自己是民生主义者，根本上反对中外资本主义。但是没收外国资本的政策会吓跑中国民族资产阶级。

---

　　①　伊萨克·F. 马科森是美国《星期六晚邮报》作家，孙文在韶关会晤了他。

达林谈到中国军队的雇佣性质，孙中山同意，但是他认为，"第一步应当先清除中国的军阀，然后在中国建立统一的国家军队。"

达林说国民党组织力量薄弱，组织松散，不像一个现代意义上的政党，孙中山举行了一个天文数字并说："你看，上海学生代表大会就表示拥护我，中国光学生就有多少人？再加上我的军队，官兵都承认国民党的三民主义，总人数有十万人。"

据达林著，何均初等译，李玉贞校：《中国回忆录（一九二一——一九二七）》（*Китайские мемуарбl, 1921 – 1927*），北京，中国社会科学出版社一九八一年三月出版

与汤廷光温树德谈话

（一九二二年六月二日）

各位即当将海军积弊清除。

据《粤军忽然戒严说》，载一九二二年六月十一日上海《申报》第十版

在广州与达林谈话

（俄 译 中）

（一九二二年六月三日）

孙中山为前线战事兴高采烈、满怀信心地对达林说：再过两周，至多一个月，一定会占领汉口。那时我将正式承认苏俄。

你认为国民党所有党员都赞同苏俄？没有的事，甚至在我的政府和议会里都有苏俄的敌人。

况且，请你不要忘记了，香港就在旁边，如果我现在承认苏俄，英国人将采取行动反对我。

苏俄能不能像在蒙古一样，在满洲发动政变。

我们有共同的敌人——日本，它在麦尔库洛夫的帮助下霸占你们的符拉迪沃斯托克①，在张作霖的帮助下霸占了我国的满洲。我一打败吴佩孚，就该轮到张作霖了。那时苏俄的帮助就特别重要。

据达林著，何均初等译，李玉贞校：《中国回忆录（一九二一——一九二七）》（*Китайские мемуарыl, 1921 - 1927*），北京，中国社会科学出版社一九八一年三月出版

非俟吴佩孚有诚意北伐决不中止

在广州与美国教士谈话②

（一九二二年六月六日）

吴佩孚由美教士斡旋，请孙中山取销护法政府，承认黎元洪复位。

孙云：此乃吴之敷衍计划，非俟其有充分诚意，余之北伐计划，决不中止进行。

据《想干不敢干之黎黄陂》，载一九二二年六月七日上海《时报》（一）

在广东省交涉署与外宾谈话

（一九二二年六月七日）

希望友邦勿再扶植北方恶势力。并详述建设政策。

据《本社专电》，载一九二二年六月九日上海《民国日报》第二版

---

① 即海参崴。
② 吴佩孚由美国教士斡旋，频向孙文表示意向。

关于黎元洪不能复任总统的谈话

（一九二二年六月九日刊载）

北方徐氏既倒，护法之业已告一部〈分〉成功。黄陂①为解散国会下令之人，此时万难听其复职。即退一步而论，黎之任期业由冯国璋代理完毕，现无时期可复。若在法律上言论，只应由护法政府继承法统方为适当。

据《南方对黄陂复职态度》，载一九二二年
六月九日长沙《大公报》第二、三版

在广州与达林谈话

（日 译 中）

（一九二二年六月上旬）

吴佩孚的声明②是过去解散议会罪行的自白书。因此议会回到北京的条件，应是惩办解散民国最高立法机关的祸首和解除吴佩孚军队的武装。另一个条件，是让南方的军队开进北京。这一切应保证议会的正常工作，保障国会不致再被解散。至于议会重新选举总统，则是拒绝了。

据达林著，何均初等译，李玉贞校：《中国回忆录（一九
二一——一九二七）》　（*Китайские мемуарbl, 1921 –
1927*），北京，中国社会科学出版社一九八一年三月出版

---

① 黎元洪是湖北黄陂人，人称"黎黄陂"。
② 吴佩孚扬言同意在北京召集"旧国会"。

吴佩孚无诚意恢复旧国会

在广州与《大阪朝日新闻》记者谈话

（日 译 中）①

（一九二二年六月上旬）②

闻日、英、美、法四国间有援助吴佩孚之议，在援清朝、援袁世凯、援段祺瑞之各国，其有此事，盖当然而不足怪。惟余则不问各国之如何援助吴佩孚，惟有断乎遂行其初志而已。旧国会恢复，当然与吾人之主张合〔一〕致；问题惟在吴氏主张之动机如何。彼果诚心诚意恢复旧国会，置国家统一之根本于此，则自无反对之理由。以余所见，吴特不过穷余之一策，借此美名而已。盖吴佩孚于袁世凯时代，攻四川而未入宜昌以西，段祺瑞时代，攻湖南而不敢入岳州以南，此实由恐惧西南实力之故。故今日破张作霖而更向西南，乃彼所以为困难者。彼于是一面以恢复旧国会为题目，求各团体之谅解；一面由代表及某某外国人向余求妥协。惟彼之真意，既未之明，自不能应之。本来武力统一为不可能，如各国对于中国守严正之中立，则一年之内，必由妥协而统一中国，非不可能也。

据《总统对外宣言与谈话》，载一九二二年六月十三日上海《民国日报》第三版

---

①　原文系据国闻通讯社转译《大阪朝日新闻》广东电讯。

②　底本未说明日期。据文中有吴佩孚"今日破张作霖而更向西南"等语，应是直奉战争中奉张失败、徐世昌辞职、孙文六月六日《对外宣言》发表之后，酌定为六月上旬。

与《大阪每日新闻》记者谈话①

（日 译 中）

（一九二二年六月上旬）②

由吴佩孚以旧国会恢复为条件，劝告南北和平，确有其事。两三日来，由美国教士及直隶系人物为介，频向余求其承诺，其诚意未明白以前，决心按预定之北伐计划进行。今次日本受英、美、法之相商谓：当劝告中国裁兵统一，闻日本答以对于主义赞成。惟目下政情便难认为安定，此际仅援助北京之势力，即是助一党一派，故不可不加以考虑云云。此实甚得我心，斯盖由日本对袁世凯等个人之援助而失败所得经验欤！

据《总统对外宣言与谈话》，载一九二二年
六月十三日上海《民国日报》第三版

答《大阪朝日新闻》记者问

（日 译 中）

（一九二二年六月上旬）

至余与陈炯明之关系，某国竟宣传南方酿成内讧，将由此自灭。而此等之夸张，决非事实。余与陈为多年之同志，惟因北伐问题，余欲乘奉直关系紧迫之际断行，彼以为时期尚早反对出兵，遂至失其时机。其后彼觉悟自己之不明，即辞职总司令及省长职。想若不误于时机，今日早到河南矣。

余之三民主义中之民生主义，平均分配之理想，与欧美之社会主义及共和主

---

① 原文系据国闻通讯社转译日本《大阪每日新闻》外务省得广州电讯。
② 底本未说明日期。据文中有"两三日来，由美国教士"频向孙文"求其承诺"等语，应在六月六日之后，酌定为六月上旬。

义相异。且在中国能实行与否虽为疑问，然中国若①有欧美程度之资本主义，则经济的组织之发达，贫富悬隔，一切诚非容易进行。

据《孙文对日报记者之谈话》，载一九二二年六月十七日天津《益世报》第七版

恢复旧国会的先决问题

在广州与国会议员谈话②

（一九二二年六月十一日刊载）

孙曰：余两次来粤，皆以保障旧会③为责任。一解散于袁世凯，再破坏于督军团，再见逐于岑春煊。现在中国只有此合法国会，予曾通电各国各省，主张中国由第一届国会，为中国主人。凡国会所集合议决者，即为中国合法之举动，国会以讨贼大权赐予，故予即服从国会命令，执行不懈，此予民国六年来对国会所负责任也。

今北方徐世昌，自知为中国伪庭，一班军政要人曾与国会为难者，处于无可如何地位，又有以第一届国会为傀儡，而行其欺饰天下之计者。使若辈对于国会，果有诚意，何至两次皆见逐于北京方面也。予为主张第一届国会解决中国之一人，即为数年来保障第一届国会之一人。予对于恢复第一届国会，无论南北应有先决问题两项：（甲）惩办破坏第一届国会之重要祸首；（乙）确定第一届国会之永久保障。据甲说言之：民国五年袁世凯死去，国会重往北京开会，予即有言，国会为中华民国之主人，主人见逐于奴仆，巨奴已死，主人今归理家政，其他帮凶之恶奴多人，尚在家中。如不严加惩办，则国会主人，彼必视同儿戏，定有第二次被逐于优容之凶奴。故民国六年再演解散国会之戏，同人不注意予言，始有此种结果。

---

①　此处删一衍字"不"。

②　徐世昌退职后，北方军阀政客大唱恢复旧国会。南方国会议员闻讯，前往观音山总统府谒孙文，询问他对旧国会的意见。

③　旧会：旧国会。

六年以来，予同海军、国会，来粤护法。北方对于第一届国会，视同蛇蝎，仿袁故技，另行制造，如是有新国会。有新国会，以违法新国会之举出伪总统徐世昌，亦居然解散举出本身为伪总统之新国会。徐世昌盖有鉴于第一届国会之总统，皆能自行解散举出本身总统之国会于前，无妨解散举出本身为伪总统之新国会于后，视为惯例，殊不为怪。北方军政要人，既目合法国会与非合法国会，俱视为不足重轻之物。推其原因，以为一旦破坏解散，国家人民，不能由法律上治若辈以何等罪状，不可〈利〉用则破坏之，有时可利用则恢复之。国会既无惩办之文，若辈视为进退之具，纪纲败坏，国体何存。此次全国议论，既趋于第一届国会召集，为解决国事之一途，此予六年来所主张，天下既守服从予主义矣。但今日可以恢复，明日仍可以破坏，是恢复国会，仍无益于国家也。袁世凯第一次解散国会公案，已成过去之历史，不必深究；此后国事，来日方长。凡民国六年对于第一届国会，主张执行破坏者，无论为从、为首，择其主要，必先宣布若辈危害国家罪状，处以惩办之条，使国人有所矜式，不致有军政权者再任意妄为。予为主张第一届国会之领袖，当然有提出惩办之特权。国会锡予讨贼，所讨何贼？即讨伐惩办破坏正式合法国会之贼也。据乙说言之：民国五年国会重入北京，予即主张调南方兵数千人入京，为国会保障军。六年护法南来，予通牒美国总统，仅提出合法国会，执行国政一条，为解决中国时局之答复。予知北方军政要人，对于合法国会，观念异常薄弱，且有视为仇雠而不容存在者。盖有国会，则若辈不能为所欲为也。

予之所谓保障者，非为第一届议员计，为中华民国永久国会计，民国无合法国会，国几不国，民国而可危及国会，民国何存。世界有法纪之国家，国会当然无需保障。中国既演非法之戏两次，徐世昌更于伪非法戏中，又演伪非法戏一次；且有自认非法，而必行此非法之事者。合法国会，关于北方危险之处，一触即发。盖若辈视为成例，于己不利，则无妨照例行也。予前为提倡护法之一人，亦即为保障国会之领袖，如南北各方服从予数年来之主张，召集第一届国会，解决国事，则先宜承认保障国会条例，使国会有自由执行之权，即有永久不可侵犯之权。保障之法，予在沪上，已对外人发表，是可取为条件例也。现南北均知趋重合法国会，予甚欣慰。予断不容北方躏始利用，而终弃之故辙。故先决问题：（一）惩办祸首；（二）永久保障。然后天下始知国会之定固尊严云云。

据《孙中山之宣言》，载一九二二年
六月十一日上海《时报》（二）

在省财政厅对记者的谈话①

（一九二二年六月十二日）

此次返省，请各陈家将②宴饮，既不来；余亲往探访，亦不见。且屡屡欲图索饷闹事，摇动后方，此时已达至无可疏通，无可转圜之余地，实忍无可忍。

据《孙陈决裂前之种种》，载一九二二年
六月二十七日长沙《大公报》第二、三版

关于曾令海军可炮击陈炯明部的谈话

（一九二二年六月十二日）

余十二日向广东各界及各报记者嘱其以舆论之力，于十日以内令陈炯明部下之军队退出〈省城〉三十里以外。若至期尚未撤退，则海军可以开炮向陆上陈军攻击。

据《孙陈部下起冲突》，载一九二二年
六月十七日北京《晨报》第二版

---

①　此谈话据报载："孙前在财政厅对众演说。"或为是日孙在招待记者时的一段话，或为演说外的个别谈话。

②　指陈炯明所部将领。

陈炯明果敢作乱吾当为国除暴

与林直勉等谈话

（一九二二年六月十六日）

林直勉、林树巍前来总统府报告，言今夜消息险恶，请速离府，暂避凶锋。

孙言：竞存恶劣，当不至此，即使其本人果有此不轨之心，而其所部，皆与我久共患难，素有感情，且不乏明理之人，未必助桀为虐，受其欺弄，请诸君不必猜疑，以免惊扰。

林等言：粤军蛮横，不可以常情度之，如其果有不利于总统时，当奈何？

孙言：我在广州之警卫军，既已全部撤赴韶关，此即示其坦白无疑，毫无对敌之意。倘彼果有不利于我，亦不必出此用兵之拙计。如敢明目张胆，作乱谋叛，以兵加我，则其罪等于逆伦反常，叛徒贼子，人人可得而诛之。况吾身当其冲，岂可不重职守。临时退缩，屈服于暴力之下，贻笑中外，污辱民国，轻弃我人民付托之重任乎？吾当为国除暴，讨平叛乱，以正国典，生死成败，非所计也。

凌晨三时，林等复来劝总统出府。

孙言：竞存果敢作乱，则戡乱平逆，是吾责任，岂可轻离公府，放弃职守。万一力不如志，惟有以一死殉国，以谢国民而已。

据蒋介石记录：《孙大总统广州蒙难记》，上海，民智书局一九二二年十月出版

戡平叛乱以尽职守

在黄埔与伍廷芳谈话①

（一九二二年六月十七日）

今日我必率舰队击破逆军，戡平叛乱而后已。否则，中外人士必以为我已无

---

① 一九二二年六月十六日，陈炯明叛变。十七日，孙文在黄埔接见外交总长伍廷芳。

戡乱之能力，且不知我之所在。如畏慑暴力，潜伏黄埔，不尽职守，徒为个人避难偷生之计，其将何以昭示中外乎？

据蒋介石记录：《孙大总统广州蒙难记》，
上海，民智书局一九二二年十月出版

与《大阪每日新闻》记者谈话

（一九二二年六月十八日刊载）

由吴佩孚以旧国会恢复为条件，劝告南北和平，确有其事。两三日来，由美国教士及直隶系人物为介，频向余求其承诺，其诚〈意〉未明白以前，决心按其预定之北伐计划进行。今次，日本受英、美、法之相商，谓："当劝告中国裁兵、统一，闻日本答以对于主义赞成，惟目下政情便难认定为安定，此际仅援助北京之势力，即是一党、一派，不可不加考虑。"此实甚得我心，斯盖由日本对袁世凯等个人之援助而失败所得之经验矣。

据《孙中山对外人之谈话》，载一九二二年
六月十八日长沙《大公报》第三版

与美国领事谈话

（一九二二年六月十八日）

美领事曾于十八日赴"永翔"〔丰〕舰晤孙，劝勿开炮，顾桑梓。
孙言："我实迫处此，欲我不战，除非有生路我走始可。"

据《广东军民对粤省政变之态度》，载一九二二年
六月二十三日天津《益世报》第三版

附：另一译文

（日 译 中）

十七日，因孙文所率海军向广东市街炮击，市民死伤不少。不仅对中国人，

而且对外国人也有威胁其生命财产之虞。为此美国领事在"永翔"舰上访问了孙文，交涉绝对停止炮击省城一事，对此孙文回答道："余出此一举，实是万不得已。余因无以从广东脱身之途，此为死里求生之策，并无他义。若有脱身之途，就不会采取如此过激手段了。"

粤军的意向是，自己一派提出的条件是代表民意的，不管孙文的回答如何，都要使之承认。而孙文氏的条件是：

一、承认孙文作为南方的代表，与北方进行关于统一的交涉。

二、海军及孙派军队的经费由广东政府负担。

三、孙派人员的生命财产由粤军保护。另外还有其他两三项条件。

> 据《死中に活を求むる孫氏——米領事に調停を
> 依頼　廣東軍の妥協條件拒絶説》（《死里求生的
> 孙氏——仰仗美国领事调停；粤军拒绝妥协条件
> 之说》），载一九二二年六月二十二日《大阪每日
> 新闻》（一）（蒋海波译，安井三吉校）
>
> 日文原文见本册第 598 页

在广州与达林谈话

（俄 译 中）

（一九二二年六月中旬）

达林就孙中山与美国谈判，向孙提出一些问题。

孙中山说：聘请美国顾问①一事，将不致影响政府的政策。

达林说：请你注意政府反对工人的危险，国民党必须要与工人群众联合。

孙中山说：关于殴打工人②一事，我毫无所知，我将查明此事。

孙中山挥着拳头，脸涨得通红说：我最好的朋友陈炯明背叛了，他被吴佩孚

---

①　孙文因政府财政困难，向美国要求援助。美国以孙聘请美国顾问进入广州政府为条件，孙同意了，但美国还是不给钱。

②　广州卫戍司令魏邦平镇压工人，逮捕罢工领导人，封闭工会。

收买了，被香港的英国人收买了。但我决定还要北进，革命只是一场战争，战后要开始重大的改革。

分手时，达林告诉孙中山说：我打算离开广州。

孙中山说：请你无论如何不要走，把这一段时间专门用来详细研究南方的情况。并说：对广东距离苏俄国境太远，深表遗憾。

据达林著，何均初等译，李玉贞校：《中国回忆录（一九二一——一九二七）》（*Китайские мемуарbl, 1921 - 1927*），北京，中国社会科学出版社一九八一年三月出版

在广州与达林的通讯谈话

（俄 译 中）

（一九二二年六月二十三日）

陈炯明叛变后，达林请陈友仁①转告孙中山：祝愿他斗争成功。我即将离开广州，尽管有此次令人惋惜的事件，我对中国革命事业的胜利深信不疑。

孙中山通过陈友仁转告达林说：有关我们谈话的全部文件，我随身带到军舰上。现在仍抱希望，海军忠于我，已下令命参加北伐的军队回广州支援我。

在这些日子里，我对中国革命的命运想了很多，我对从前所信仰的一切几乎都失望了。而现在我深信，中国革命的惟一实际的真诚的朋友是苏俄。

倘我不得赴苏俄，现在我宁可不到上海去，而将于此地斗争下去终此一生。但我确信，苏俄甚至在危难之中也是我惟一的朋友。我决定赴上海继续斗争。倘若失败，我则去苏俄。

据达林著，何均初等译，李玉贞校：《中国回忆录（一九二一——一九二七）》（*Китайские мемуарbl, 1921 - 1927*），北京，中国社会科学出版社一九八一年三月出版

---

① 陈友仁是孙文英文秘书。

吾军当继承伍廷芳总长遗志奋勇杀贼

与海军将士谈话①

（一九二二年六月二十三日）

今日伍总长之殁，无异代我先死，亦即代诸君而死。为伍总长个人计，诚死得其所。惟元老凋谢，自后共谋国事，同德一心，恐无伍总长其人矣！吾军惟有奋勇杀贼，继成〔承〕其志，使其瞑目于九泉之下，以尽后死者之责而已。

据蒋介石记录：《孙大总统广州蒙难记》，
上海，民智书局一九二二年十月出版

关于陈炯明叛变

在黄埔与香港《士蔑西报》记者谈话

（一九二二年六月二十三日）②

孙曰：余料君知局面情形，与余相等。

访员问：已闻传说之事甚多，但其中关于孙氏方面者，迄未明了。

孙曰：余已堕奸人圈套中。余必不肯为强力所屈服，始终做爱国之人，以为中国将来之表率。余恒从事设法制止军阀主义，余常愿服从义理，并将余命以争正义。余愿牺牲生命以压止强力与摄权，不独为中国而牺牲性命，且为世界亦愿之。无论何人，一用强权，即失文明矣。

海军现效忠于余。自经六年战争之后，北京显著〔者〕，现始承认彼等向来之错误，现彼辈决定恢复国会及拟制宪法，但彼辈要尽收利益而泯灭余等。余等

---

① 是日外交总长兼广东省长伍廷芳病逝。孙文就伍之死与海军将士谈话。

② 底本未说明日期。长沙《大公报》载"记者于星期五下午（六月二十三号）……往黄埔谒孙逸仙"，上海电载"香港二十四日电"，访员"昨（二十三日）赴黄埔'永丰'舰谒孙"。谈话时间据此酌定。

为此数事，已战争许久，今彼等竟要收余等功业之效果。余现系为人道、文明、共和、主义四者而战。至于星期五发生战争之事①，余信为某人所命令，余永未料及余之友竟向余反抗。余曾预备对抗敌人，但未尝提防友人及下属，（中略）余由余之总统府逃出，势甚险迫。余府曾被军队围困，若余与余妻一同逃走，则余妻之安全甚可虑，因余等或致双双被杀也。故余于未开战之前数分钟，自行逃出。欲再派人接余妻，但为情形所不能矣！余之卫队，死者甚多，在总统府之四百卫队，善于战斗，鏖战一日一夜，孙夫人亦极危险，其能保存生命□，□□由于其卫队之尽忠而已！当时余并未预备对付攻击，及海军之行事，已费了日半之功夫，乃能筹备。海军轰击广州城，系为余之反抗日昨之事端，并为维持正义也。此次扰乱之震激，系为伍廷芳致病及其致死之原，伊受此种震激，乃不能挽救。余未辞职，余必不因强力而告辞，余若欲辞职，余自晓向举余之国会告辞，决不向余之下属辞职也。

访员问：海军长官、兵士多已离孙，是否确实？

孙答：伊并不知情，海军效忠于伊〔余〕，无可疑义。

据《孙中山最近之谈话》，载一九二二年
七月八日长沙《大公报》第三版

附：另一记录

我为国会议员所选举之总统，故对国会议员，负有非常重大之责任。现时我在军中，所以照常行使我之职权也。如我放弃职权，则对国会为违法，对国家即为叛国。即使我欲辞职，亦当向选举我为总统之议会正式辞职也。

广州自陈炯明主使其部下叛变以来，至今已将旬日。吾与叛军始终奋斗，坚持不息者，亦惟守法尽职，对我国会与国家负有完全责任而已。如我轻弃职守，偷生苟安，是自背初衷。从此上无道揆，下无法守，其将何以立国？吾又何必创造民国，枉费此三十年来惨淡经营之精神乎？吾誓必戡乱，以谢国人。违法之举，非吾孙某所为也。

据蒋介石记录：《孙大总统广州蒙难记》，
上海，民智书局一九二六年十月出版

---

① 指六月十六日陈炯明在广州发动兵变。

关于陈炯明兵变

在"永丰"舰上与香港《士蔑西报》记者等谈话①

（英 译 中）

（一九二二年六月二十四日刊载）

孙逸仙博士说："我想你们和我一样了解现在的形势。"

我们表示听到了许多谣言，且他所关心的形势是极不明朗的。

"我落入了背叛的陷阱中，"孙博士回答道，"被我的下属和我以为的朋友所算计。作为一个爱国的人，作为一个必须为中国的未来树立榜样的人，我不会屈服于武力。我一直在奋斗，并将永远致力于结束军国主义。我时刻准备着听从理性，为公义而奉献生命。权力无法凌驾正义。我愿意牺牲生命制止武力和胁迫，我愿意为中国以及世界献身。任何人一旦使用武力，便是文明的损失。"

"总统"继续说道：海军仍然效忠于我。经过六年的斗争，北京当局现在承认他们错了。他们已决定重新召集国会，批准宪法。

"但他们想坐享所有好处，铲除我们这些为之战斗多年的人，企图窃取我们奋斗的成果。我正在为人类、文明、共和与正义而战。

我认为是陈炯明下达命令导致了周五上午的开火。我从来没有想到朋友会与我为敌。我一直准备着抵御敌人，从未想过应付朋友或下属的背叛。他的士兵说他们是为国家利益而战，我不相信。

他们把我赶出城后，就开始抢掠，现在正在城内四处抢劫、械斗、强奸和杀人。你可以向世界揭露这些恶行。

总统府当时已经被士兵包围，我从里面逃出，九死一生。我担心夫人的安全，如果我们一同逃跑，可能两人都会被杀。因此，在开火之前几分钟我自己先逃了出去，打算之后派人回去接她，但情况已不允许。我的许多护卫都牺牲了，四百名总统卫兵奋力激战了一天一夜。孙夫人也绝处逢生，全靠她忠诚的保镖才得以

---

① 一同采访孙文的还有美国国际新闻社记者宝爱莲女士（Edna Lee Booker）。

逃生。当时我尚未做好任何进攻准备，一天半后海军才准备好行动。

轰炸广州是我对前晚事件的抗议，也是坚持正义之举。

闻此动乱，伍廷芳博士惊愤成疾，他没能从这种背叛的震惊中恢复过来，继而辞世。

我没有辞职，也不会屈于武力辞职。我若有此意，也只会向当初选举我为总统的国会递交辞呈，而不是我的部下。"

当被问及是否大部分海军官兵已经脱离了他，孙博士回应说他并不知晓，也没收到任何这类信息。他毫不怀疑海军对他和他的事业的忠诚。

据 Interview with Sun Yat-sen；Treachery Alleged Against Friends. *The Hongkong Telegraph* ，June 24，1922，Page 1. （《采访孙逸仙；指控朋友背叛》，载一九二二年六月二十四日香港《士蔑西报》第一页）（黄绪刚译，许瑾瑜校）

英文原文见本册第545—547页

附：另一译文

孙逸仙在舰上的采访中他称不会在武力逼迫下辞职。孙博士还断言南方海军仍然忠于他。

"我被自己的下属和所谓的朋友背叛，"他说。"作为一个男人和一个爱国者，我要为后代树立榜样，绝不会屈服于北京领导人的武力胁迫。"

"过了六年之后他们现在承认了自己的错误，所以重开议会，批准宪法。他们想坐享其成，铲除掉那些一直为之奋斗的人。我要为全人类、文明、共和与正义而战。我尚未辞职，也不会因武力辞职。我只会向议会提出辞职，而不是向下属。"

据 Dr. Sun 'Sold Out' by Friends；Says He Will Fight On. *The Evening World*（New York），June 24，1922，Page 2. （《孙博士被朋友"出卖"；说他将继续战斗》，载一九二二年六月二十四日纽约《晚间世界报》第二页）（黄绪刚译，许瑾瑜校）

英文原文见本册第547页

申明照常行使总统职权

在"永丰"舰上与上海《大陆报》记者谈话

（英 译 中）

（一九二二年六月二十四日）

孙博士今天在黄埔"永丰"舰上接受采访时说，他落入了曾经视为朋友的下属的陷阱。

他指责陈炯明的背叛并且宣称，作为一个爱国者和一个男人，要拒绝屈服于武力，为后人树立榜样。

"我将为正义献出生命"，孙逸仙言辞激烈地宣称，"我准备为中国，为世界献身。"

"北京掌权者正试图坐享其成，消灭那些曾经为宪政奋斗的人，而他们现在也赞成宪政。"

"轰炸广州是我对背叛行为的抗议。"

"武力面前，我不会辞职。"

"海军仍然忠于我。"

据 Dr. Sun Blames Subordinates For Canton Treachery. *The China Press*（Shanghai），June 25，1922，Page 2.（《孙博士指责下属在广州叛变》，载一九二二年六月二十五日上海《大陆报》第二页）（黄绪刚译，许瑾瑜校）

英文原文见本册第 548 页

关于陈炯明叛变

在黄埔与香港《士蔑西报》记者谈话①

（一九二二年六月二十五日刊载）

余为部下及朋友所绐，堕入陷阱。余信上星期五晨之轰击，乃出于陈炯明命令。余断不料旧友变为仇敌。余拟与敌为抗。若辈既出余即开始劫掠。轰击广州，乃表余反对前一夜之事变，并表余之拥保正谊。伍廷芳博士即因变起肘腋，忧愤成疾，遂致逝世。余并未引退，不欲屈服于武力。余仅能向选余为大总统之国会辞职，不能向余部下辞职也。

据《总统在永丰舰之谈话》，载一九二二年
六月二十五日上海《民国日报》第二版

不会在压力下辞职

（一九二二年六月二十六日刊载）

不愿在北京压力之下辞职，渠②被阳为同志阴蓄奸谋之部下所卖。渠可向国会辞职，但不能向部下辞总统职。

据《孙中山愤语》，载一九二二年
六月二十六日上海《申报》第六版

---

① 底本谓谈话对象是《香港电闻报》记者，英文报名 *The Hongkong Telegraph*，香港人通常译称《士蔑西报》。

② 广州话方言，即他，指孙文。

对伍廷芳的去世感到悲痛和拒绝辞职

与美国《堪萨斯城星报》记者谈话

（英译中）

（一九二二年六月二十六日刊载）

"对于伍廷芳的去世，我感到十分悲痛，"他说。"他一生致力于中国的建立，然后却因对所谓朋友的背叛过于震惊而去世。我也会把我的生命奉献给正义事业。"

"我们落入下属背叛的陷阱，但我不会屈服于武力，誓为后人树立榜样。如果敌人战胜我，他们会杀了我，但是请告诉我在美国的朋友们我是为全人类、文明、公义和真正共和的事业而死，而没有放弃主张投降。"

"我乐意与北方就统一问题进行合作，前提是他们秉持理性和公义而不是靠背叛和武力。"

据 Dr. Sun Too, Would Give Life. *The Kansas City Star* (U. S. A), June 26, 1922, Page 3. （《孙博士也会献出生命》，载一九二二年六月二十六日美国《堪萨斯城星报》第三页）（黄绪刚译，许瑾瑜校）

英文原文见本册第 548—549 页

坚持讨伐叛逆

与陈炯明调和代表谈话①

（一九二二年六月二十六日）

事已至此，实无调和余地。我为广东人，无论如何，总不能无故糜烂桑梓。

---

① 是日广州各界代表应陈炯明部属之请，赴"永丰"舰见孙文，恳求调和。

但须切实告各界转告广东人民，如欲广州市区不发生战事，请你们不要欢迎陈炯明进省。否则，陈炯明进省之日，即为我开炮之时。请你们自己去斟酌。

据《孙大总统坚持讨逆沪讯》，载一九二二年
七月四日上海《民国日报》第十版

附：另一记录

各代表至"永丰"舰谒见孙中山，请以地方为重。

孙问：此次何人曲直？

各代表不敢答，惟请顾全地方。

孙曰：前者联电请陈炯明返省，应负其责。但我决不开炮，且随时可离去，如陈朝回省，我朝开炮，夕回，夕开炮。

据《国内专电二》，载一九二二年
六月二十九日上海《申报》第六版

尊重外商生命财产

在黄埔与驻粤领事团谈话

（一九二二年六月二十六日）

各领事抵黄埔，即上"永丰"舰谒见孙中山，先由英领美詹臣君发言，表示来意：一、领事团并非干涉中国内政，请勿误会。二、领事团此来，实为各国旅粤侨商生命财产而起，请切实保护。

于是美、法、日各领事相继发言。

孙答言：对于外商生命财产，向所尊重，各位应请放心。如果大局能得满意解决，鄙人亦于日间离去广州。旋又以日前在珠江开炮，致外商稍受惊恐，殊抱不安，向各领事一一道歉。

据《孙中山与领事团谈话》，载一九二二年
七月六日上海《申报》第十一版

在"永丰"舰接见各界代表的谈话

（一九二二年六月二十六日）

今动以武力促我下野，各位之意思以为如何？彼恃武力，便可屈服人，试问有何公理？民国以来，人民自应有权主张公道，不能因武力而受屈服。汝辈亦可发主意，岂因彼有枪械而受屈服乎？则将业之枪械更多者，岂不又再受屈服？在本总统之下野与否，国会自有权衡，不能从部属而背叛长官。陈炯明为予部属，曾令兵士举枪致礼于我，今竟任兵士驱逐我，是谓叛逆。夫曾举枪致礼之兵士，断不赞同此种行动，然听以听其命令者，系有准兵士自由行动之优厚条件。今省城之秩序凌乱，抢劫频仍，此殆彼之条件也。我今日实力虽不足，然终有吐气之日。以彼等之行为，予曾能容。若陈氏今早抵省，我即今早开炮；今晚返省，则今晚开炮。汝等既赞成之，则自负责任。如其不来，我亦何必开炮？然我或不能以炮击中，则当以枪击之；再不能，则以炸弹炸之，不达目的不休也。总之，陈氏一日在省，则省城地方一日不宁。汝等既系来请我勿再开炮，这有何难？若能本汝等之良心主张，不欢迎陈氏，作消极之抵制，彼自讨没趣，自然不来省，则我亦可日内离去省城。否则，彼来，我亦可来耳。

代表郑某谓：总统言有离省之语，究竟何时始？孙接口曰：我三五日当可离去。省城彼既不来，我亦何必监视太紧？否则，自当别论。

据《再记各界谒见孙叶两人之真相》，载一九二二年
六月三十日《香港华字日报》第三版

附：另一记录①

继而代表邓毓生②谓：总统护法南来，我等久在骈幪之列，今回事变，殊出

---

① 《孙文不肯罢手别讯》云："（二十六日，伍朝枢）遂即与各界代表同乘公安局'七号'巡轮，驶往黄埔，见孙于'永丰'舰。"（一九二二年七月十日长沙《大公报》）

② 邓毓生是邓华熙之子。

我等意料之外，但望总统无论如何，当以保全地方为重。继黄鹭塘（商界）发言，谓：今日我等来意，总统想已洞悉，兹请总统发表意见。旋某代表又申言粤人希望和平之意。

三人言毕，孙氏默然久之，旋举目矐众一过，即云：诸君之言，想已尽于此矣。

时众皆无言。

孙即云：诸君为各社团代表，应主持公道，试问日前之事，何方为合理乎？凡平人相与，必须公道方能服人，若以武力，断不足令人悦服，况余为总统，为彼等之上官，岂有可以武力挟持之事？诸君设身处地，将若之何？今日彼等所恃者，不过武力耳，若武力可以服人，则有十枝枪者，可以屈服〈百〉枝枪者，若遇有百枝者，则彼又须为人所制矣！可见彼等恃武力而挟制人，殊非善计。况余为畏武力之人乎？余之总统，受命于国会，下野与否，惟国会能发言，余非恋恋于名位者，苟国会及人民公意，欲予下野者，予随时皆可去也。

随有某代表问：总统果欲何时离粤乎？

孙即答谓：余之离粤，三数日即可成行。但余虽离粤，必不使彼挟有武力者能主粤事，苟彼今日来者（"彼"字殆暗指陈炯明），则予今日可开炮，彼明日来者，则余明日开炮，总以使彼不能主持粤事为主。余之与彼，已立于绝对地位，如予对彼，不能以大炮取胜者，当改用手枪，手枪亦不能取胜者，则当以炸弹。余虽离粤，彼如回粤者，予必知之，予亦必跟踪回粤，必制伊死命而后已。诸君如不主张公道，而欲欢迎武力，则彼此地方糜烂之责任，君等当负之。

据《孙文不肯罢手之别讯》（续），载一九二二年
七月十一日长沙《大公报》第二版

与广东各界代表的谈话

（一九二二年六月二十七日）

二十七日广东各界代表往访孙氏，请其去粤，以免广东糜烂。

孙谓："如确系民意，则自当照行。虽然余去粤之后，余之部下因不平已极，早晚行当以炸弹、手枪灭此仇敌也。"

据《粤人请孙文从速去粤》，载一九二二年
六月三十日北京《晨报》第三版

与陈煊谈话

（一九二二年六月）

陈煊谈及一百八十万元纸币失散，并请罪。

孙曰：汝无罪，且有功。该项纸币未曾失散，予出时即乘该舰，故得保全。现此间海军十数兵舰，即赖以维持。否则，尚不知如何耳！

据陈煊：《陈逆叛变前后之见闻》，载一九二四年六月十五日《广州民国日报》第三版

关于中苏关系

与达林谈话①

（俄　译　中）

（一九二二年六月）

"过两个星期，最多过一个月，我就能占领汉口。到那时候我就承认苏俄。"孙中山眉飞色舞地说，"你认为所有国民党员都对苏俄友好吗？可不是那么回事。我的政府里和议会里都有反对苏俄的人，原中国驻美公使伍廷芳博士就是其中之一，他后来当过外交部长，现在是广州市长。"

"况且，请不要忘记，香港近在咫尺，不要忘记如果我现在承认苏俄，英国人就会起而反对我。"

据达林著，何均初等译，李玉贞校：《中国回忆录（一九二一——一九二七）》（*Китайские мемуарbl, 1921–1927*），北京，中国社会科学出版社一九八一年三月出版

---

① 这是直奉战争后孙文与达林的谈话，在座的有宋庆龄。此时北伐有些起色。

勉魏邦平效陆秀夫而以文天祥自待

与魏邦平谈话

（一九二二年七月一日）

魏邦平师长来舰，晋谒总统，问总统可否准其调解。

总统仅以大义责之。并以陆秀夫之历史勉魏，而以文天祥自待。言：宋代之亡，尚有文、陆；明代之亡，亦有史可法等。而民国之亡，如无文天祥其人，则何以对民国已死无数之同志，垂范于未来之国民，以自污其民国十一年来庄严璀灿之历史，而自负其三十年来效死民国之初心乎？

据蒋介石记录：《孙大总统广州蒙难记》，
上海，民智书局一九二二年十月出版

在"永丰"舰上答香港《士蔑西报》记者问

（一九二二年七月一日）

访员叩以对于时局之意见。

孙答：宁牺牲一己之生命，不愿退让于叛逆之下属。

问：近传君索款数百万元方允休战之说，确否？

孙答：予索款何为？当黎元洪入京复任总统时，予曾向各国发表宣言，无论此后事变如何，予必坚持宣言上所载之条件。予现时已在危急之际。

问：工党于此危机，仍守缄默，所因何故？

孙答：彼等不能转移其命运，虽干涉亦无用，反多受困多日。

问：各大舰之舰员登陆而去，久不返舰，其理由何在？

孙答：彼等不欲于战争中被俘耳。

访员述及叶举将军甚欲与孙直接谈判，以解决时局。

孙答：予不愿与属员谈判。

孙对访员谓，彼之大本营实在"海圻"舰。据云：我辈现在此间，粤军不敢进攻。

据《西报访员与孙文之谈话》，载一九二二年七月四日《香港华字日报》第三版

关于陈炯明兵变的对抗性声明

在"永丰"舰上与美国国际新闻社记者谈话

（英 译 中）

（一九二二年七月一日）

"陈炯明和他的追随者是背叛了我的逆党，"孙说，"他们无条件投降是我会接受的惟一条件。我现处于危机中，我将战斗至死。"

关于对北京政府的态度，这位已下台的南方政府元首说："必须惩罚那些对一九一七年违反宪法（解散共和国会）负有责任的人，并且保证今后不再解散议会，我才会同意与北方合作。"

据 Dr. Sun Defies Peking Forces. *The Ogden Standard-Examiner*（Utah，U. S. A），July 2，1922，Page 9. （《孙逸仙对抗北京军队》，载一九二二年七月二日美国犹他州《奥格登伦理评论》第九页）（黄绪刚译，许瑾瑜校）

英文原文见本册第 549—550 页

坚守黄埔等待北伐军返粤的理由

在"永丰"舰上对各舰长谈话①

（一九二二年七月二日）

（一）以西江水浅，如各舰移至西江，仅留三大舰在黄埔，则海军以分而力

---

① 孙文在"永丰"舰召见各舰长，说明坚守黄埔，舰队不可移动的理由。

弱，大舰或为逆军所买，则将来更难取胜。

（二）以大本营一离黄埔，则长洲要塞必失，广州附近水陆形胜，尽入叛军范围之中，牵制更难，贼焰必张。

（三）以总统移驻西江，其地面较广，活动虽易，然黄埔为广州咽喉，且有长洲要塞，其地点重要，非西江可比。且总统驻于黄埔，广州虽失，犹易恢复，威望仍在；如移西江，地势偏僻，无以系中外之望。

（四）海军如往西江，重来省河较难；如北伐军回粤，不能奏水陆夹击之效。

（五）移驻西江，而弃长洲天然之要塞，另谋陆上根据地，能否占领，尚不可知；且西江各部陆军，态度不明，能否为吾所用，尚未可必。如果陆上毫无根据，陆军又不奉命，则海军势绌，可立而待。有此五害，故动不如静，坚持北伐军速来，以备水陆夹攻省城，则贼亡有日也。

据蒋介石记录：《孙大总统广州蒙难记》，
上海，民智书局一九二二年十月出版

关于与陈炯明调解的几项要求[①]

（英 译 中）

（一九二二年七月六日刊载）

孙坚持恢复总统职位，这样在与北京方面谈判时，南方政府有一个对等的机构代表方。他还要求陈炯明承认"在占领广州事件中他所做的一切都是错误的，并处罚手下发动袭击的高级军官"。孙的要求中提到，如果陈能够做到，"我会原谅他。否则，我将竭力消灭敌方"。

据 China in Hope of Peace Soon. *The Ogden Standard-Examiner*
(Utah, U. S. A)，July 6，1922，Page 8.（《中国有望尽快
恢复和平》，载一九二二年七月六日美国犹他州《奥格登
伦理评论》第八页）（黄绪刚译，许瑾瑜校）

英文原文见本册第550页

---

① 陈炯明部兵变后，原粤军第三师师长魏邦平试图进行调解，孙文就此提出几项要求。

吾人惟有明断果决支此危局

在"永丰"舰上对幕僚谈话①

（一九二二年七月六日）

我辈既为国牺牲，当置死生于度外，方寸既决，逆军其如余何？当此危疑震撼之时，吾人惟有明断果决，支此危局而已。

据蒋介石记录：《孙大总统广州蒙难记》，
上海，民智书局一九二二年十月出版

对离粤下野之意见

与广州绅商谈话

（一九二二年七月六日）

绅商易某等赴黄埔谒孙中山，询孙对离粤、下野之真意见。

孙答：离粤一问题，下野又一问题，勿误会。但我月内必离粤，我之政府不限定设于广州，或之杭、或之沪。下野问题，我尚未能决，如北方能容我条件固佳，否则，我再奋斗。北上代表仍未有电给我，俟日间接电，我即发宣言，为允否下野之决定。

据《国内专电》，载一九二二年
七月九日上海《申报》第六版

---

① 孙文闻海军司令温树德为何某等挟制，态度益形暧昧，乃对随员谈话予以勉励。

如陈军果有悔祸诚意可予自新之路

与魏邦平谈话

（一九二二年七月七日）

魏邦平复来舰，请求总统发表与六月六日相同之宣言，以责备陈军各将领，则陈军必根据此宣言，拥护总统，再组政府。

孙中山以其事离奇，谓：陈军甘心叛逆，责备何为？如其果有悔祸诚意，则可另予其自新之路，先使其广州附近军队退出百里之外，以免人民遭殃；以广州完全归还政府，然后再言其他。否则宁为玉碎，不愿瓦全。吾为国会选举之总统，不愿为叛逆军队拥护之总统也。

据蒋介石记录：《孙大总统广州蒙难记》，
上海，民智书局一九二二年十月出版

与陈炯明调和代表的谈话

（一九二二年七月七日）

能恢复政府，陈亲出谢罪，叛军悉退出广州，可赦。

据《本社专电》，载一九二二年
七月八日上海《民国日报》第二版

与广州劳动者代表谈话

（一九二二年七月八日）①

孙文向往访之劳动代表声称："年来对于劳动者，拥护其权力，自信不无微劳；而劳动者对于此次事变竟取旁观的态度，未免令人灰心。"

据《孙陈间议和条件之沪讯》，载一九二二年
七月十一日北京《晨报》第二版

与调和人士谈话

（一九二二年七月九日刊载）

我如无力量剿平陈炯明，我即死于珠江。②

据《专电》，载一九二二年七月九日
天津《大公报》第一张第三页

对各舰长的指示③

（一九二二年七月九日）

各舰由此出动西江，须经过牛山、鱼珠之叛军各炮台；又有三大舰已在沙路港口，监视我各舰行动。叛军炮台，或可鼓勇冲过，而沙路港口之三大舰，监视严密，其必妨碍我行动，阻止我通过无疑。故我舰队，此时惟有袭取车歪炮台，驶入省河之一策，其余皆非计也。

据蒋介石记录：《孙大总统广州蒙难记》，
上海，民智书局一九二二年十月出版

---

① 底本未说明日期。此系记者在广州发电日期。

② 指流经省城（广州市）的珠江河段，时又称省河。

③ 是日长洲炮台失守，海军陆战队司令孙祥夫叛变。孙文乃召集各舰长和陆上部队指挥官开会，决定率舰进驻白鹅潭。

吾生平不服暴力不畏强权

在广州与夏税务司谈话

（一九二二年七月十日）

孙中山率舰队由黄埔经车歪炮台进入省河白鹅潭后，广州夏税务司登舰谒孙。

夏问：总统是否来此避难？

孙言：此为我之领土，我可往来自由，岂可谓之来此避难？汝言何意，令人不解所谓！

夏乃言：白鹅潭为通商港口，接近沙面；万一战事发生，窃恐牵涉外国兵舰，引起交涉。不如请总统离粤，俾可通商自由。

孙言：此非汝之所应言者！吾生平不服暴力，不畏强权；吾只知正义与公道，决不受无理之干涉！

夏乃默无一言，如礼辞去。

据蒋介石记录：《孙大总统广州蒙难记》，
上海，民智书局一九二二年十月出版

我决不去护法戡乱之责任

与广州各社团代表谈话

（一九二二年七月上旬）

予曾作中华民国总统，今为部下受北方吴佩孚之联合，因副总统问题，欲置我于死地，为陈竞存与吴佩孚分配南北正副总统张本。设非竞存有如此大权利条件，以持与彼二十余年关系，何至如此下我毒手？其实竞存亦系至愚，设彼好好助我，必能作我替人，我年已六十①，竞存尚属壮年，不但副总统可作，大总统

———————————

① 孙文生于一八六六年十一月十二日，一九二二年只有五十六岁，"已"字当是"近"字之误。

又岂无希望。今出此下策，急欲与吴佩孚瓜分大、副总统，合而谋我；今我已出险，有我在，决不使彼达副总统之目的。我想吴佩孚上面尚有曹锟，吴佩孚亦不易去曹锟而自为大总统。我初不决信竞存有此糊涂条件，经北伐军前敌将士在赣州搜出来往电报多通，方能相信。

虽然，如广东能出一个副总统，亦我粤人之荣耀，但今日予在兵舰，诸位劝我与竞存订和约，中华民国十余年来，以下犯上成为风气，予决不与下属订条件，非予固执，实欲保持中国纪纲。如不严加整顿，则廉耻道义绝灭矣，国乱其有已时乎！我总算做过中华民国总统，如兵舰不能住，我只有死在广东，决不逃往沙面、香港，逃往外国兵舰，求外人保护。我既为总统，决不能失中华民国体面于外人。

现在竞存军队在省城、韶关一带，奸掳烧杀。竞存原为我部下，如此作乱，我为总统，部下①残害人民，只有我对不住广东桑梓及各省流寓广东之人。将来将此项强盗军队消除，我只有对人民谢罪而已，故予前次军舰开炮，实由叛军先攻击军舰，海军人员恐波及省城人民，只放实弹，而未放开花弹。设叛军再〈来〉激〔攻〕击②，我海军人员为自卫起见，施放开花炮，则对省城人民，当先请恕我不得已之苦衷。各叛军不来攻我，我决不对省城燃放一炮。

予受议会之托，护法戡乱。予在南京曾弃总统如敝屣。且予曾宣言，国会自由行使职权，非明是非，严赏罚，办到确实保障，为中华民国一劳永逸之计，予决不去责任。予提倡逐满革命，建设中华民国以来，今年近六十，尚不为民国定一永久强固基础，何以对中国死难先烈及举国人民，此希望诸公知吾主持正义所在，非争广东一方面而为此也。

据《孙中山最近之表示》，载一九二二年
七月十四日长沙《大公报》第二版

---

①　此处删一衍字"及"。
②　此处删一衍字"来"。

如陈炯明军不退惟有一战

在广州与日本记者谈话

（一九二二年七月上旬）

　　广东乃正式政府，如陈炯明军不退，予惟有出于一战，决无条件可言。许崇智已抵韶关，数日内，各事可望解决。

据一九二二年七月十五日上海《民国日报》

对陈炯明的态度

在广州与香港《士蔑西报》记者谈话

（一九二二年七月十一日）①

　　问：近与粤军有复开谈判之说否？

　　答：事实并非如此，只有某某官员及公众团体于前二日内竭力与予磋商耳。

　　问：先生以何辞答之？

　　答：予之答辞，与前无异，如彼等允遵从予之良好条件，必须请予返省，俾执行政府职权，以惩办战务负责之人。

　　问：先生允不再炮击羊城乎？

　　答：是也。但须附以粤军不击予之条件。

　　问：先生现有之兵舰七艘，是完全效忠于君乎？

　　答：是也。（复言各舰水兵，俱效忠于予。各舰员则已受贿，无力驾驭水兵。前有兵舰二艘，由舰员驶来此处，今已避去。）

　　问：先生曾接陈炯明之来函否？

---

　　① 底本未说明日期。据文中有"车歪炮台自十号被兵舰炮击后"等语及上海《申报》一九二二年七月十三日，载《香港十二日电》的内容，酌定谈话时间为七月十一日。

答：数日前予在黄埔时，曾接陈氏直接来函，乃陈氏自缮，其计划及决断，完全谬误。君当知陈之目的，业已失败。彼料我军败于江西——有人妄告陈，谓北伐军全军覆没，——彼之决策，盖根据北伐军即未尽败，而返粤亦必遭敌军追击之说也。（孙又述陈氏阴谋陷害之计划，并言予若被害，陈将诿咎于不负责之兵士，而声言深以此事为可惜，然后再表示其悲悼之意。言至此，略犹豫。）

问：尊意将谓彼于先生死后赠以花球或诔词乎？

答：是也。彼将致一诔词，表示对于予死事抱憾之意，以脱身事外，熟知事竟出其意料所及。予现待北伐军之返省，北伐军一部已抵惠州，一部由北江而下，本月八号占取韶关，且有湖南军与北伐军联合。

问：黄埔之战，是否有北洋舰三艘，助叶举军队炮轰长洲炮台乎？

答：并无此事。该三舰于中夜驶去，水兵初不知驶往何处，经此一役，水兵将不复听舰员之命。该舰由温树德统带，惟水手效忠于予，此数舰现实归予所有。（又谓：车歪炮台自十号被兵舰炮击后，台兵已逃走一空，乡民于两军开战后，一致群起由后方袭击台兵，占夺炮台，现代予保守之，予目下地位，获益良多。）

问：兼有保障乎？

答：非保障之问题，予与城中之交通，较前极近，且与北伐军愈为接近。北伐军之数，最少亦有三万人。

据《关于陈炯明叛变之谈话》，载胡汉民编：《总理全集》第二集，上海，民智书局一九三〇年二月出版

附：另一记录

我失长洲〈炮〉台，得车尾〔歪〕〈炮〉台，地势更好，因可与北伐军夹击陈军。北伐军约有三万人，分两路回粤，一抵惠州，一由北江下，庚（八日）已占韶关，我专候北伐军到广州即行事。现彼方不攻我，我亦不开炮。陈欲杀我，卸其责于部下，惟其计不行。

据《国内专电二》，载一九二二年七月十三日上海《申报》第六版

海军士兵仍然效忠

在"永丰"舰上与香港《士蔑西报》记者谈话①

（英译中）

（一九二二年七月十二日刊载）

当我见到他时，孙逸仙博士显得非常高兴，在经历了过去两天煎熬之后他丝毫没有慌乱。他满意地说，他仍然在自己的船上，海军的士兵仍然效忠于他。他认为这个基地并不亚于其他。我还询问了关于他与敌方已经展开新的谈判的报告。

"不是这样的，"孙博士回答说。"然而，官员和公众在过去几天已经试图和我进行谈判。"

"你的回答是什么，孙博士？"我问。

"和以前一样，"他回答说。"如果他们愿意很好地满足我的条件，我们可以和谈。他们必须让我回城复位，这样我可以带领政府恢复运转，并且惩罚相关责任人。"

我问孙博士他是否已经承诺不再炮轰城市，他说的确如此，只要自己没有受到攻击。

"您有七艘舰船，他们都完全听命于您吗？"我接着问道。

"是的"，孙博士回应道，然后又再次限定了一下他的说法，改为"所有的船员"。有的军官已经被收买了，但是他们不能支配船员们。有两艘是之前被军官带到这里来的，但是他们之后就逃走了。

"您收到过陈炯明将军的信息吗？"我问道。

"是的，"孙博士说，"几天前当我们还在黄埔的时候，我收到过陈炯明的亲笔信。但他的计划和结论都错了。他的目的失败了。他估计我们的军队会在江西

---

① 本文对孙文用第三人称，记者用第一人称。

落败。他误以为北伐军在江西（Kiangsi）已经全线溃败。他算计着若我们的军队在江西没有完全被打败或还能够返回广州，他也能从后方进行夹击。"

接着，孙博士提到了陈炯明谋害他的阴谋。"如果我被杀，"孙博士说，"他可以说他对此行动很抱歉，将袭击广州归咎于不负责任的士兵。然后他会进一步表达——"孙博士在此犹豫了一下，想选个恰当的词。

"您的意思是他会在您死后献上一个花圈，或表示悼念，可以这么说吗？"我建议。

"是的，一个悼念表达对我身故的歉意。他可以用那种方式洗白自己。然而，事态发展和他所想的完全不同。我正在等待北伐军返回。一支队伍已经到达惠州（Waichow），另一个则经北江（North River）到达。我们在八日夺回了韶关（Shiu-kwan），有支湖南的军队也正要来加入我们。"

关于黄埔的战斗，我问是否真的有三艘北方战舰加入了叶举（Yip Kue）的军队炮轰了长洲要塞。

"根本没有，"孙博士回复道。"他们半夜离港的，但是海员们并不知道自己要被带去哪里。他们若是知道就不会听从那些军官们。温树德（Wen Si-tak）现在控制着这些战舰，但船员们还是忠于我的。所以这些船实际上还是属于我的。"

在回答另一个问题时，孙博士说，由于昨天他的轰炸，澳门炮台废弃了。他说，战斗开始时，当地村民全体起义，团结一致，从后方攻击了守卫，占领了炮台，正等待着迎接他（孙博士）。"我现在的处境很有利，"孙博士评论道。

"那么安全问题呢？"我问道。

"安全不在考虑的问题内。"他反驳道，"我和城里的通信大为缩减了，而且现在我和北伐军保持着密切联系。"在回答另外一个问题时，孙博士补充说这支军队至少有三万人。

据 Sun Yat-sen Interviewed. *The Hongkong Telegraph*，July 12，1922，Page 1.（《孙逸仙接受采访》，载一九二二年七月十二日香港《士蔑西报》第一页）（黄绪刚译，许瑾瑜校）

英文原文见本册第 551—553 页

面谕陈树声

（一九二二年七月十三日刊载）

竞存实欲杀我，其部下所为全出于竞存指使。故其〔期〕将此实事，为我布告海外同志。

据《陈炯明叛乱之实录》，载一九二二年
七月十三日上海《民国日报》

宁死决不离粤

（一九二二年七月十四日刊载）

孙中山表示决不离粤时谓："愿为正谊而死。"

据《专电》，载一九二二年七月十
四日天津《大公报》第一张第三页

在"永丰"舰上对部属谈话①

（一九二二年七月十九日）

广东有人欢送我，北方则都欢迎我。我之尊荣决无足念，惟此时放下一走，则忠诚之海军失所依归，而北伐大军之归者亦无以善其后，故不能不忍耐以待。

据《广州来客之粤事谈》，载一九二二年
七月二十八日上海《时报》（一）

———————————

① 据七月二十日自广州到上海的某君对《时报》记者说：十九日他在"永丰"舰上，亲闻孙文对其左右部属所言。

在广州与西报记者谈话

（一九二二年七月二十日）

　　昨浮雷几中美舰，殊难负责。余派秘书见美舰，请同维海面秩序，吾不移别处。列强准叶举间谍利用沙面对余施限制。韶战恶耗，吾不灰心，吾革命家长受压力，华若得合格政府，吾为总统，或苦力亦不计。

据《孙答西访员》，载一九二二年
七月二十二日上海《申报》第四版

决意坚守原地与指责外国势力偏袒

在"永丰"舰上与香港《士蔑西报》记者谈话

（英 译 中）

（一九二二年七月二十日）

　　关于在孙逸仙博士舰船附近发生的浮动水雷爆炸事件，他说，毫无疑问这是企图炸毁他的船。他把这次失败归因于计算水雷威力和潮水转向的某些技术失误。孙博士说，这次事件可能意外影响到了他的对手，因为水雷几乎击中美国"特蕾西"号（Tracey），相关责任问题就难处理了。孙博士补充说，他已经派自己的秘书长去拜见"特蕾西"号的船长鲍姆（Captain Baum），请他"合作维护海港和平"。孙博士进一步表示，自己没有打算离开目前的停泊处。

　　"外国势力一直是我所有麻烦的根源，"孙博士说，"他们希望中国内乱不断，却忽视了内乱影响必定会损害他们自己的贸易利益。当初我在广州执政时，他们做事并不总是按照我们的要求，但他们现在的一些行为，只能解释为承认了叶举（Yip Kue）的政府，而叶举和许多人一样是个叛乱者。这些国家不仅允许叶举的间谍使用沙面（Shameen），还针对我实行各种限制和控制。"

　　"我天性不会气馁。"孙博士就刚刚从北方传来的坏消息回应道，"我反而会欢迎这样的经历。我是一个革命者。"——他强调了这个词——"只要中国有一个最适合他需要的政府，我不在乎自己是总统还是苦力。你知道我曾经放弃做中国大总统。和平年代我甘心做一介平民。无论北方的军事形势如何，如有必要，我会留在这里，慷慨赴死。这一点我已经告诉过你了。"

当被问到是否收到了黎元洪派来南方的两位代表的电话，孙博士回答说："没有，我还没有见到这些代表。"

关于黎元洪总统可能辞职的传闻，我问孙博士认为谁最有可能成为他的继任者。他答道，"我不知道。我现在只关心广州的发展动向。"

在进一步对话的过程中，孙博士说："美国一直与中国很友好。其他列强则不是，他们想摧毁我在全世界心目中的地位。"

对于水雷在他的舰船附近爆炸的危险，孙博士说将来会使用探照灯和搜索队加强护卫。

孙博士在采访结束时说，很抱歉他没有提供新的信息，但韶关（Shiu kwan）目前的消息还极不明朗。

据 I Am A Revolutionist. *The Hongkong Telegraph*，
July 21，1922，Page 1.（《"我是一个革命者"》，
载一九二二年七月二十一日香港《士蔑西报》
第一页）（黄绪刚译，许瑾瑜校）

英文原文见本册第 554—555 页

附：另一译文

孙逸仙博士宣称美国一直与中国保持友好，但是其他国家则意图摧毁他在世界心目中的地位。孙博士称外国势力一直是他所有麻烦的根源，因为当初他在广州执政时，他们无视他，而现在却允许叛变者叶举（Yip Kue）政府使用外国租界沙面作为密谋地，并且还针对他实行各种限制。

"我是一个革命者。"孙博士宣称，"只要中国有一个最适合他需要的政府，我不在乎自己是总统或是苦力。你知道我曾经放弃中国总统职位。无论军事形势如何发展，我已决意留在此处，如果必要，则慷慨赴死。"

　　鉴于最近的水雷事件，有人曾向孙博士提出交涉，要求其舰船远离美国战舰。在回复美国军舰"特蕾西"号（Tracey）船长鲍姆（Captain Baum）时，孙博士一开始建议"特雷西"号离开，但是当他得知美国战舰很早就拥有该处的停泊权利后，他承诺离开。

据 Dr. Sun Charges Powers With Aiding 'Rebel' Spies. *The Washington Post*，July 22，1922，Page 3.（《孙博士指责外国帮助"叛军"间谍》，载一九二二年七月二十二日《华盛顿邮报》第三页）（黄绪刚译，许瑾瑜校）

英文原文见本册第 556 页

与外国记者谈话

（一九二二年七月中旬）①

　　北伐军已占据韶关。即因此故，然是时省中由石龙运往之粤军及别处运来添派往韶赴援者，其数约有万人。此项新兵一到，重复返攻，器械复又充足，故因而转败为胜。其尤为得力者为李炳荣由惠州派往翁源截击许军之一支②，盖北伐军中以许军由翁源而来者，其势为最猛，力量已延及英德一带。二及李炳荣由惠州境绕道而出，许军遂有不得不引退之势。又许军之根据地在大塘，彼欲绕道攻夺马坝，及省中新兵至，反守为攻，由侧面攻入，并将北伐军包围，此时北伐军如不引退，则将被截断在赣边军队之交通。为战备计，又不得不引退。迨阵势一动，粤军乘之，当然获胜矣。刻下北伐军仍退至大塘，而从前有进无退所争得之二十五里阵地均已为粤军争回矣。

据《孙陈军之战况》，载一九二二年七月二十六日上海《申报》第十版

---

　　① 底本未说明日期。据报道七月十五日两军在韶关激战后，孙文在舰上与记者谈话。据此酌定谈话时间为七月中旬。

　　② 指许崇智所部的北伐军。

在"永丰"舰上的谈话

（一九二二年七月二十三日）

孙文现被外舰之劝告，令脱离险地。孙犹向外人声明："十九日水雷之事①，彼不负责任。"现更对人云："吾为一革命家，一时之失败，余决不灰心。北伐军虽见失利，但认〔若〕吾人志不衰颓，终有恢复之一日。余但求中国有一合法政府，即退而为一劳动者亦乐为之。惟此种政府之造成，须视吾辈革命之效〈果〉如何。"

据《孙陈仍奋斗》，载一九二二年
七月三十日长沙《大公报》第二版

在"永丰"舰上与随从谈话

（一九二二年七月二十五日）

将士沾泽被恩，无如陈炯明之厚者。今陈且叛乱，则洪、熊②等背义附逆，更不足奇矣。

据蒋介石记录：《孙大总统广州蒙难记》，
上海，民智书局一九二二年十月出版

对某军的慰言

（一九二二年七月二十六日）

某军有脱离叛军之表示。孙中山派员慰之曰：如某军甘心附逆，执迷不悟，

---

① 指十九日叛军以水雷攻击自鹅潭上之"永丰"舰时，水雷在美国"特拉西"驱鱼雷艇停泊处爆炸。

② 指洪兆麟、熊略。

则不过为叛逆陈炯明私人之功过，终见其自杀而已。倘能觉悟自警，反正附义，尚不失为悔过之良好军人，吾固知某军必有悔悟反正之一日也。

据蒋介石记录：《孙大总统广州蒙难记》，
上海，民智书局一九二二年十月出版

与某议员谈话

（一九二二年七月三十日刊载）

据最近由广东来沪之某议员语人，彼行前曾谒中山于军舰，中山谈次谓：护法之役，业已告终。我言法统，彼等亦言法统，无足相恃，惟竞存以部下抗我，非讨灭之不可。俟粤局底定，我亦要休养，将来另革命。

据《沪滨要闻汇录：孙中山认为护法告终》，载
一九二二年七月三十日长沙《大公报》第三版

传令各舰将士[①]

（一九二二年七月三十日）

敢死队纯出于自愿牺牲，岂非招募而得？且何处去招募如许敢死队，与领江之人？陈炯明谋害之心虽切，此种伎俩，终无如我何也。传令各舰将士，严密防守，勿自惊扰。

据蒋介石记录：《孙大总统广州蒙难记》，
上海，民智书局一九二二年十月出版

---

① 探报陈炯明派陈永善在江门装修钢板小轮船三十二艘，招募敢死队三百名，预备袭击海军之用。对此，孙文传令各舰将士。

在"永丰"舰上对幕僚谈话

（一九二二年八月三日）

军事之得失与成败，当听其自然，不可勉强而行，徒使人以难堪，其事或有非人力所能为也。

据蒋介石记录：《孙大总统广州蒙难记》，
上海，民智书局一九二二年十月出版

允与北方联络的谈话

（一九二二年八月五日刊载）

孙已允与北方联络，但曾宣言："北方应速先将南北议员日（？）为一炉。个人牺牲地位，不舍向日主义，以示贯彻宗旨。请速决定交换办法，前途可望统一。"

据《孙中山允联北方之主张》，载一九二二年
八月五日天津《大公报》第二张第二页

对各舰将士的指示

（一九二二年八月六日）

各方报告，纷纷不一，至难判断。孙中山谓：须得其确实报告，方可深信，此皆不足为凭。惟有照前定计划，慎防敌军，巩固舰队，静待前方确实报告而已。

据蒋介石记录：《孙大总统广州蒙难记》，
上海，民智书局一九二二年十月出版

未得前方确报决不轻弃职守

与居正程潜谈话

（一九二二年八月八日）

居正、程潜登"永丰"舰，劝孙中山离粤，另谋进取。

孙中山以未得前方确报，决不轻弃职守。谓：敌报不足信。如前方军队未退，以我离粤，牵动前方军心，因以致败，则我将何以对前方两万余人为我牺牲之将士耶？

据蒋介石记录：《孙大总统广州蒙难记》，
上海，民智书局一九二二年十月出版

对陈炯明袭舰计划谈话[①]

（一九二二年八月九日）

吾信陈炯明或有此计，然今日幸巳败露，当不致为所陷害。吾可派人通告各国领事，嘱其自卫，如果有此惨无人道，嫁祸贻患之不轨举动，陈炯明当负其责也。

据蒋介石记录：《孙大总统广州蒙难记》，
上海，民智书局一九二二年十月出版

---

① 是日，有人密报陈炯明袭舰计划，专袭"永丰"舰，贿买坐舰士兵中立，并贿买某舰长发炮射击沙面外人居留地，使外人干涉，以拳匪之祸嫁于孙文。孙闻后即作处置。

今后中国外交应取的态度

在"摩汉"号炮舰上对幕僚谈话①

（一九二二年八月九日）

不图吾与君等，竟得脱险，以有今日。一息尚存，此志不懈！民国责任，仍在吾人身上，不可轻弃，以自负初心也。

美国素重感情，主持人道；法国尊重主权，又尚道义；而英国外交，则专重利害，惟其主张，中正不偏，又能识别是非，主持公理，故其对外态度，常不失其大国之风，在在令以敬爱。吾国建设，当以英国公正之态度、美国远大之规模，以及法国爱国之精神为模范，以树吾民国千百年永久之计。

然而今日中国之外交，以国土邻接、关系密切言之，则莫如苏维埃俄罗斯。至于以国际地位言之，其与吾国利害相同，毫无侵略顾忌，而又能提携互助策进两国利益者，则德国是也。惜乎国人不明俄、德真相，徒以德国大战失败，为不足齿列，而不知其固有之人才与学问，皆足资助吾国发展实业、建设国家之用也。又以为俄国布尔歇维克为可怖，而不一究其事实。吾忆三年前，日本参谋本部部员某访余于上海，问余是否赞助俄国之无政府主义者？余答曰：俄国列宁政府，组织完备，固为其堂堂正正之政府，焉得指其为无政府耶？该员闻此，亦不知其言所自出，乃竟不能复答。今日吾国人士对俄之恐怖心，固犹如昔。至于今日俄国之新经济政策，早已变更其共产主义，而采用国家资本主义，并弛私有之禁，其事已逾一年，而国人不察，至今尚指其为共产主义，为过激派。其故盖由某国不能发展其侵略主义于东亚，而又与俄国利害冲突，积不相能。故俄国明明有政府，乃强指其为无政府。俄国早已弛去私有之禁，而又宣传其为共产国，为过激派。以彼之恐怖而不相容者，而又忌人缔交亲善，故特布此恐怖之宣传。

吾国外交，本非自主，向落人后，而又不能研究其利害与得失之所在，殊可

---

① 孙文以北伐军失利，待援无望，乃召集各舰长会议，决议离粤。是日下午四时，孙率幕僚乘"摩汉"号炮舰离穗赴港。孙在炮舰上对幕僚讲述今后中国外交应取的态度。

叹也！今后吾国之外交，对于海军国，固当注重，而对于欧亚大陆之俄、德二国，更不能不特别留意，不宜盲从他国，致为人利用也。

据蒋介石记录：《孙大总统广州蒙难记》，
上海，民智书局一九二二年十月出版

在香港赴上海舟中与陈公哲谈话①

（一九二二年八月十一日）

孙：您在国内服务社会有几年了，现在又到南洋推广国术，海外亦会受益不浅。我从事中国政治革命，到处奔波。而您本着服务社会的精神，希望功在社会，也是不计较苦乐啊！

陈：先生与我都是广东香山人。先生革命数十年，至使清帝逊位，革命告一段落。现在军阀专权，陈炯明叛变，这是革命中的波折。以前承蒙您数次邀请我参政，但是我向来以改良社会为目的。如果社会健全，则对于国家政治，不是没有好处的。

孙：您所做的，实际上是社会革命。社会基础健全，是国家振兴的本钱。我们是走不同的路，但是都为人民谋幸福。

据黄石峰：《孙中山与陈公哲》，载
一九八八年五月三日北京《团结报》

---

① 一九二二年六月十六日，陈炯明在广州发动兵变。孙文脱险后率海军各舰讨逆，因势孤无援，乃于八月九日离粤赴香港，次日乘"俄国皇后"号邮船往上海。陈公哲是精武体育会的创办人之一。

联省自治与分县自治之利弊

在香港赴上海舟中与蒋中正等谈话①

（一九二二年八月十二日）

以中国各省之土地与人民，皆比世界各小国为大而且多，故各省之自治可不依附中央而有独立之能力。中国此时所最可虑者，乃在各省借名自治实行割据，以启分崩之兆耳。故联省自治制之所以不适于今日之中国也。

至言真正民治，则当实行分县自治。盖县之范围有限，凡关于其一乡一邑之利弊，其人民见闻较切，兴革必易，且其应享之权利亦必能尽其监督与管理之责，不致如今日之省制大而无实，复有府道界限之争也。分县自治或不免其仍有城乡区域之分，然其范围狭小，人民辨别较易，以其身家攸关，公共事业之善否与是非，当不致为中级社会所壅蔽，且因其范围不广，故其对于中央必不能脱离而称独立也。至如今日之所称为"联省自治"者如果成立，则其害上足以脱离中央而独立，下足以压抑人民而武断，适足为野心家假其名而行割据之实耳。

吾之主张联省不如分县者以此，当世明达必有决择也。

据蒋介石记录：《孙大总统广州蒙难记》，
上海，民智书局一九二二年十月出版

---

① 一九二二年六月十六日，陈炯明部在广州发动兵变。孙文脱险后率海军各舰讨逆，因势孤无援，乃于八月九日离粤赴香港，次日乘"俄国皇后"号邮船往上海。蒋中正曾任援闽粤军第二支队司令，深得孙文信任，广州兵变后自沪奉召来粤登舰辅助讨逆。此为邮船驶沪途中对蒋中正等随行人员的谈话。

革命与叛逆之名不可丝毫假借

在"俄国皇后"号邮船上对随员谈话①

（一九二二年八月十三日）

　　与徐同时下野之约言，不知其从何而来。吾在民国元年，曾有与宣统同时退位之语，而今日与徐同时下野之说则无有，其或造谣生事者，根据于与宣统同时退位之语而来，不过假此以荧惑世人耳目耳。如吾果有与徐世昌同时下野之语在前，是无异承认其为合法，承认其为正式总统，安能为之？吾之就总统职者，乃知名器之不可以假借，职权之不可虚悬，正名定位，不使是非混淆，以乱天下人之耳目。名分既定，则吾自无与徐同时下野之理。至于南北统一之议，则吾已于六月六日宣言，表示与北方停战言和，以望统一之成，焉得谓之统一之障碍哉？至于革命与叛逆之名，则不可丝毫假借，其理甚明。盖革命为一宝贵尊严之名词，须知革命有革命之主义，有革命之道德，有革命之精神。法国革命之主义在自由，美国革命之主义在独立，而吾国之革命，乃求实行三民主义也。故革命之精神与道德，亦皆由此三民主义而出。至于陈炯明此次叛乱之行为，纵兵殃民，图袭谋害，适与革命之精神与道德成一反比例，而其主义则在盘踞与割据，以逞其一己之私欲而已。此革命与叛逆之所以分，不容丝毫淆乱者也借〔假〕令彼能堂堂正正以革政府之命，则革命为吾人所乐许，吾且奖励之不暇，焉能禁人之不欲加诸我也。惟乱臣贼子，不得借汤武神圣革命之名词，以实施其篡窃欺盗之行为耳。犹之魏、晋、宋、齐之禅化，不能伪托唐、虞、商、周之美名，此稍治历史者所能别之，而况共隶于一护法旗帜之下，大业未终，自叛降敌，乃可谬援名称以自掩饰？公道在人，岂能尽欺耶？

据蒋介石记录：《孙大总统广州蒙难记》，
上海，民智书局一九二二年十月出版

---

　　① 是日在"俄国皇后"号邮船上，有人谈到陈炯明自认为此次广州叛乱为革命，视孙文为南北统一之障碍，故要求孙实践与徐世昌同时下野之约言时，孙发表谈话。

离粤非被迫出走

在上海接见各界代表时谈话

（一九二二年八月十四日）

北伐军近虽少受挫折，并未全败，前敌军队固有数次退后，第此为军事上之作用，全部仍在作战中，深信最后必击破叛军

与陈炯明数十年深交，乃不虑其竟甘冒大不韪。当离粤之前，闻陈部下尚有种种乱谋，意图运动部下之海军共同作乱，在广州租界作战，并危害余之身体。离粤非被迫而出走，系另有其他种种原因。迨我人最后胜利之后，当可证明强权之非，即为公理也。

据《孙大总统平安抵沪·到寓后简单谈话》，载一九二二年
八月十五日上海《民国日报》第十版

在上海与日本东方通讯社记者谈话[①]

（一九二二年八月十四日）

初到此间，诸事多未妥帖。此等问题[②]，难即发表意见，一切拟经协议后再决定。愚见不日将发表宣言书。

据《孙中山抵沪之电讯》，载一九二二年
八月十六日天津《大公报》第一张第三页

---

① 孙文于八月十四日抵达上海，在法租界寓所接受日本人在沪所办东方通讯社记者采访，作此表示。

② 指记者所提之总统府与国会移沪与否等问题。

关于中国统一问题

在上海与各界谈话①

（英译中）

（一九二二年八月十四日）

孙逸仙博士宣称虽然他已经离开了广州，但仍未被击败。来到上海是因为能够更好地与国家领袖们商讨中国统一。

"我未来的行动取决于和北京方面的会议结果。北京方面正在寻求我的帮助，以实现统一大业。我相信我们会达成令人满意的协议。"

据 Sun Yat-sen Lands At Shanghai For Meeting. *The Washington Times*，August 14，1922，Page 11.（《孙逸仙抵沪会谈》，载一九二二年八月十四日《华盛顿时报》第十一页）（黄绪刚译，邹尚恒校）

英文原文见本册第 557 页

附：另一译文

孙逸仙今日宣布，此次前来的主要目的是与全国军政要人展开商谈，并且提供一份计划，以迅速解决冲突，达成统一。

孙博士继续说道："我认为最近北京国会的召开是真心实现统一的一步。明日我将发表声明，宣布当国会运行正常，不受任何派系或利益所束缚时，宪政论者的目标便可得以完成。"

"当一个合法的国会运行时，我会服从并支持它的决定。我不属于任何派系。

---

① 一九二二年八月十四日孙文乘俄国"皇后"号轮船抵达上海，随后发表宣言，宣布粤变始末及解决国事主张。

我没有个人野心，惟图中国之福祉。"

据 Chinese Open Peace Parley：Representatives of Northern Leaders to Meet With Sun Yat-sen at Shanghai. *The Bisbee Daily Review* (Arizona, U. S. A)，August 15, 1922, Page 1.（《中国开启和平会谈——北方领导人代表与孙逸仙在沪会面》，载一九二二年八月十五日美国亚利桑那州《比斯比每日评论》第一页）（黄绪刚译，邹尚恒校）

英文原文见本册第557—558页

关于国会与时局问题

在上海与索凯尔斯基谈话①

（英 译 中）

（一九二二年八月十五日）

当记者问到他的计划时，孙博士回答道："当国会运行正常，完全没有束缚时，宪政主义者的目标便可得以完成。由当局篡夺而引发的特殊局势结束后，我将遵守国会的任何决定。"

"我向来没有个人野心，所图之事只是国家福祉。因此，若由一个自由而无束缚的国会选出总统，我当承认其合法决定。"

……孙博士对陈将军没有多少个人仇怨，他说这次政变，是广州本地问题。在即将发表的宣言中，他会提到，陈将军的行为不仅是政治上的背叛，而且是对社会的犯罪，因为这危及到人类之间的基本关系。

…………

他愿意会见北方集团，承认当前的北京国会。如有可能，还将在不妨碍国会

---

①　一九二二年八月十四日下午孙文抵沪后，曾召集国民党同志等讨论国会与时局问题。索凯尔斯基（George Sokolsky）是美国记者。

的前提下与现在的北京政府合作。

据 Dr. Sun Yat-sen Is Hopeful For Union Of China.
Berkley Daily Gazette（California，U. S. A），August
15，1922，Page 5.（《孙逸仙对中国统一抱有希望》，
载一九二二年八月十五日美国加尼福利亚州《伯克
利每日公报》第五页）（黄绪刚译，邹尚恒校）

英文原文见本册第 558—559 页

关于南北统一问题

在上海与某君谈话

（一九二二年八月十八日）

北方形势太混沌，尚待详查，故一时不便发表具体意见。惟南方用兵数年，今北方军人亦已知有法律一物，则不难与之讲道理。国人既渴望统一，吾人自无反对统一之理。

据《北方求容于总统实况》，载一九二二年
八月十九日上海《民国日报》第十版

恢复和平与真正之统一

在上海与某代表谈话

（一九二二年八月十九日）

余已面告各代表①，余并不在谋党派之结合，若有一派或数派欲谋抗反对派，而与余联络，余将严行拒绝。余现在惟一之目的，系在恢复和平与真正之统一。

据《外报之南北接近消息》，载一九二二年
八月二十日上海《时报》（三）

---

① 孙文抵沪后，各方代表往谒孙。孙在寓所与各方代表分别会谈，均不置一辞。

议员应该进京

在上海与国会议员谈话①

（一九二二年八月二十三日）

孙氏云：当今国会在京开会之武力障碍既经扫除，议员之责任即在迅速入京，将护法派所主张之次〔主〕要问题，一一由国会提出施行。

孙并称渠于政府用人行政组阁诸问题，俱不愿有所讨论。

据《孙中山对议员之表示》，载一九二二年
八月二十五日上海《申报》第十三版

附：另一记录

议员问：关于吴佩孚将军和曹锟将军的代表来沪的原因，孙是不是打算去北京，是否劝他们这些前议员也上北京？

孙拒绝回答前两个问题，但劝告这些前议员说：你们②应该进京，因为你们是合乎宪法程序选进国会的代表。

据《上海公共租界工部局警务处情报选择
——有关孙中山在沪期间政治活动部分》，
载上海《档案与历史》一九八六年第三期

---

① 这是二十三位前国会议员于是日下午赴莫利哀路二十九号进谒孙文时的谈话。

② 底本为"他们"，今改为"你们"。

关于国家统一问题

在上海与报界记者谈话①

（英 译 中）

（一九二二年八月二十四日）

孙逸仙今天提出了一个恢复中国财政的计划，建议以偿还借款为基础，由美国接管中国对欧洲国家的债务，以此偿还部分欧洲对美国的债务。

为了说明他的建议，孙博士明确表示，除非可以制定出一些令人满意的财政计划，否则他看不到他前往北京并协助重组政府的前景。他也坦承，认为美国是帮助中国重新恢复国家偿还能力的重要因素。

这位南方政府领导人说，除非混乱的财政能变为相对有序，否则中国将无法实现政治统一。他还断言："除非有一个高效的北京政府，有能力使各省财税收入流入国库，否则国家统一就是空谈。"

偿还能力的必要性

"若国家无法恢复偿还能力，建立这样的政府是不可行的。在北京拖欠外债之前，也很难先实现统一后整顿财政，而现在就更不可能了。

尽管受邀前去北京，但我无意接受，除非可以看到解决财政问题的合理方法。我可以去北京，前提是美国和其他债权国能向我保证，在偿还到期债务的本金的合理计划中，有为中国好好考虑，而在我们重组整顿的时间里，根据外方建议，国际财团可以通过提供必要的贷款以继续参与管理。"

孙逸仙认为，中国与列强的任何安排都必须把中国财政问题与美国参与欧洲重建的大问题联系起来考虑。

---

① 是日晚，孙文在上海法租界寓所宴请三十余名报界人士后发表讲话。

孙指望美国

孙博士认为欧洲必然会向美国明确建议调整战争债务，所以他希望美国届时记得中国对欧洲国家还负债累累，并能够考虑将欧洲债权国的身份转移给美国。

他承认提出这个方案的真正目的是相信中国能够从美国可以获得比欧洲更宽松的条件，因为美国的财政状况良好。他还认为，美国可能遵循庚子赔款的前例，抵消部分从欧洲转到美国的中国债务。

孙否认有任何怂恿中国拒绝承认外国贷款的意图，但是他希望如果美国同意，欧洲各国可以本着对中国的善意，同意转让债务。

据 Sun Hopes U. S. Will Aid China: Former President Wants America to Take Over Debts of His Country. *The Salt Lake Tribune* (Utah, U. S. A), August 25, 1922, Page 1. （《孙希冀美国援助中国——前总统希望美国接管其国家债务》，载一九二二年八月二十五日美国犹他州《盐湖城论坛报》第一页）（黄绪刚译，邹尚恒校）

英文原文见本册第559—561页

外人应协助中国整理财政

与鲍威尔谈话①

（一九二二年八月二十五日）

孙中山谓中国之内部政潮欲求解决，必须先从解决财政入手，尤以解决北京政府之对外借款义务为特要。在北京前此开始拖欠外债之前，欲先谋统一然后整理财政，其事虽非不可能，然极困难。今已不复如是矣！北京若无一有效力之政府，能实施其命令于全国，并收集各省之税款而不遭阻挠者，则统一之举，徒属空谈。而国家之还债若不恢复，则设立此种政府显然为不可能之事。中山于未觅

---

① 鲍威尔是美国《芝加哥论坛报》记者。此件系《世界新闻社》转译日本《广智报》上海通讯员索克思是日的报道。

到若干解决中国财政问题之方法以前，不准备加入北京政府。彼以为当小数薪金尚不能付之时，断然无法处理北京大局。彼云：倘余得有美国及其他中国欠债之国之保证，证明中国提出关于归还过期外债借本之提议，将得优惠之考虑，又保证在依据外人良好顾问不久即将实行之整理时期内，新银团将给与垫款，以供寻常行政用途，则余将往北京。

中山谈及大战后各国政府之外债与中国有关系，彼谓有许多国家为中国之债权国，而对美国则为债务国。假使欧洲各国果郑重向美国建议请取消战债，则彼希望美国应记得中国乃欧洲之一大债户，或可将中国欠欧洲之债移渡于美国之一问题加以考虑。去年华会开会，广州政府要求参加时，中山曾组织一委员会研究此问题。彼之提议以中国欠欧洲之债移于美国，其用意盖因美国经济情形较良，中国或可取得较宽之条件及调整。彼云：关于此种希望，有一先例，即美国之归还拳乱赔款是。倘美国再作此主张，则此同项政策，或亦可适用于其他之赔款；但余须着重声明者，即凡北京政府所合法缔结并经国会最后批准之任何借款，余绝无否认之意。

中山现仍从事与北京领袖谈判，以谋统一之进行。

据《美报记孙总统之谈话》，载一九二二年
九月八日上海《民国日报》第三版

与苏俄建立紧密的联系和改组国民党

在上海与马林谈话

（俄　译　中）

（一九二二年八月二十五日）

孙中山告诉马林，他现在感到与苏俄建立一个更紧密的联系是绝对必要的。

马林劝孙中山不要单纯用军事行动去收复广州，而要以上海为基地开展一个群众性的宣传运动。并告诉孙中山关于他去莫斯科的情况，共产国际已经通知中国共产党人参加国民党。

孙中山接受了马林关于改组国民党的意见。

据中国社会科学院现代史研究室选编：
《马林在中国的有关资料》（增订本），北
京，人民出版社一九八四年二月第二版

与国会议员谈话

（一九二二年八月二十五日）

六年来南北战争已告终熄，不致再事纷扰。

据《孙文之和平态度》，载一九二二年八月
二十五日天津《大公报》第一张第三页

关于时局问题

与村田孜郎谈话①

（一九二二年八月二十九日）

问：阁下北上之说如何？

答：尚未决定。

问：阁下将派遣陈友仁、郭泰祺二氏代表北上之说有之乎？

答：此事亦未解决，目下大约尚无派遣代表之事。

问：阁下将承认现在之民国六年国会乎？抑主张民八国会乎？

答：余之希望当为恢复民八国会。

问：闻阁下劝在沪议员北上，有之乎？

答：是诚有之。

问：闻民党之方针决定维持黎总统，此说如何？

答：苟黎氏能处理得当，则维持问题，视黎氏之能力与态度和何而定。

---

① 村田孜郎是《大阪每日新闻》驻沪特派员。

问：阁下以为与直隶派提携而无视安徽与奉天之各派，得有完全统一之望乎？

答：于统一之前，对于无论安徽派、直隶派，当无反对之理由。

问：阁下曾与段祺瑞相提携，今乃与为仇敌之吴佩孚氏相提携，将来阁下与段氏之感情上，可无龃龉乎？

答：段氏对此，颇了解予之衷心。为图谋统一计，自与段、曹、吴等会商为佳，即与张作霖氏谋之亦无不可；惟曹吴果有对于统一之诚意与否，尚属疑问，苟彼等无此诚意，则予当然拒绝与之提携也。

问：直隶派将推荐孙洪伊为国务总理，事果属实否？

答：此事尚未有所闻。

问：将来之总统，当然属之阁下，以为如何？

答：此事予尚毫未有所考虑。

问：对于陈炯明氏，作何处理？

答：不出三月，必见消灭，盖即放纵之，彼已不能维持广东，彼为人道之贼，非但广东实全国之民所共弃者也。

据《孙中山关于时局之谈话》，载
一九二二年九月五日北京《益世报》

关于国会等问题

在上海与日本东方通讯社记者谈话

（一九二二年八月三十一日）

外传余将北上，决无其事，即代表亦未派遣。北方武人与余之主张接近，确为事实。但余非知其诚意如何？决不与之联络。苟有诚意，不论为张作霖、为吴佩孚，均可引为同志。国会问题，余主张恢复民八国会。至对陈炯明，余必按宣言膺惩之。

据《本社专电·沪东方社来电》，载一九二二年
九月二日上海《民国日报》第二版

反对军阀割据与改进国民党

在上海与李大钊谈话①

（日 译 中）

（一九二二年八月下旬）②

……孙先生首先从北上问题谈起，他认为：如若能恢复民国八年的国会③，又能恢复当时的非常总统，我的北京之行也许必要；但目前已把民国六年的国会④恢复了，我本人就连打破这"六年国会"、恢复"八年国会"的一点武力都不掌握，所以我之北京之行既已失去必须去的任何理由，而且也没有这个必要了。

对中国处在如此混乱状态之下的这种局面，我时常在考虑解救它的方法。我以为应恢复合法的国会、护法总统、护法政府，与此同时，使中央在事实上拥有强大的武装力量，以此来削弱各督军的势力，这是促进统一的最好方法。我决不承认现在这样的督军割据的联省自治，应当一面采取集中兵力于中央的办法，一面扩大县的自治权力，从而削弱现有督军的权力。

---

① 一九二一年五月中华民国正式政府在广州建立，由国会非常会议（亦称"非常国会"或"护法国会"）选举孙文为大总统（外界或称"非常大总统"），谈话中所称"合法的国会、护法总统、护法政府"即指此。一九二二年六月陈炯明部在广州叛变，孙文脱险后于八月十四日抵达上海。李大钊时为北京大学教授兼图书馆主任，系成立于一九二一年七月的中国共产党主要创始人之一。八月二十三日李大钊到上海后，曾往法租界莫利哀路二十九号孙文寓所拜访，进行多次交谈。其后不久，李大钊即在孙文主盟下以个人身份加入国民党，后又应邀参与国民党改组工作。本篇系李大钊返京后于九月十三日接受《北京周报》记者访问时，介绍有关孙文谈话内容的部分。

② 底本未说明日期。此据李大钊在上海逗留时间酌定。

③ 指存在于一九一九年广州的国会。原为一九一七年八月在孙文创议下所设的"非常国会"，由赞成护法的部分议员组成。因不足法定出席人数，至一九一九年乃将不报到的议员除名，由各省候选人递补，被称为"八年国会"或"民八国会"。

④ 指存在于一九一七年北京的国会。袁世凯死后，一九一六年八月由继任总统的黎元洪重新召集，一九一七年六月在安徽督军张勋的武力胁迫下解散，被称为"六年国会"或"民六国会"。一九二二年六月，直系军阀扶植黎元洪复任总统，并在其控制下恢复"六年国会"。

在逐步加强兵力于中央来实现全国统一的同时，紧接着就需要组织强有力的政党。所以我目前正在改组①中国国民党，使本党能有更多的工人参加进来。这样经过改组后的大政党，一方面要讨论政治手段的运用，作一般政党应做的工作；另一方面为了谋求社会的根本改革，还要努力唤起民众的觉醒。归根到底，是要把它建成一个群众革命的先锋组织。总之，我国在近期内，想要依靠短暂的统一来实现永久的和平，那是不现实的。除了四万万民众的觉醒和真正的群众性的改革之外，别无他途可寻。

> 据李大钊著，韩一德译、穆传金校订：《中国统一的方策与孙吴两氏的意见》②，载北京《近代史研究》一九八五年第一期。译自日文《北京周报》第三十三号，一九二二年九月十七日出版③

在上海与李大钊谈话

（一九二二年八月下旬）

当李大钊在加入中国国民党前向孙中山说明自己是第三国际党员不能脱离其党籍时，孙中山说："这不打紧，你尽管一面做第三国际党员，一面加入本党帮助我。"

> 据《汪精卫先生在第二次全国代表大会之政治报告》，载广州《政治周报》第五期，一九二六年三月七日出版

---

① 此处译为"改组"未必恰当，其时孙文有较长一段时间是使用"改进"的提法。

② 标题中"吴"指直系军阀首领吴佩孚（两湖巡阅使），当时以"恢复法统"相标榜，李大钊曾于九月上旬在洛阳与吴晤谈。

③ 该期《北京周报》迄今未见。

美国之民选议员

在上海与刘成禺谈话

（一九二二年八月）①

常闻中国谐论。某进士公见人读《史记》，问为何人所著。答曰：太史公。进士曰：太史公是哪科翰林？翻阅数篇，曰：不过汝尔。此种笑话，正如华盛顿民选下议院议员，所问成一正比例。

美国合众国大总统称 President，大公司、大学、农场首长亦称 President。有南部某小州，民选下议院议员，系农场出身，未入大都会。一日，议会论合众大总统之权限，某南部议员发言曰：合众国 President 权限，是否与我农场公司 President 权限一样？我农场公司 President 有紧要可召董事，合众国 President 遇有紧要，随时召集议员，有何不可？全场大笑。美国为民选主义之国，其政党以金钱竞选，结果乃有此无学之议员。故予主先考议员，考入选者，使人民就中投票。因国家大政大法，非有金钱而毫无学识者所得参议，东西洋可谓物必有偶矣。

据刘成禺：《先总理旧德录》"政事第五"，载南京
《国史馆馆刊》创刊号，一九四七年十二月出版

与马林谈话②

（一九二二年八月至一九二三年十月间）③

孙中山屡次向国际代表说：共产党既加入国民党，便应该服从党纪，不应该

---

① 底本未说明日期。据刘成禺在孙文谈话后对孙曰："有一相似谐话，一日与王用宾进谒大总统黎元洪，论及议员资格……"当时刘成禺、王用宾是北京国会议员，一九二二年八月十五日黎元洪命刘等三人为代表来沪晋谒孙。谈话时间据此酌定。

② 文内"国际代表"乃指共产国际代表马林。

③ 底本未说明日期。底本用"屡次"一词表明，这并非一次性谈话，而是孙文在多次谈话中表达了相近的含意。从当时建立国共合作的实际进程及马林在华居留时间判断，当以在此标出的时段较为合理。

公开的批评国民党，共产党若不服从国民党，我便要开除他们；苏俄若袒护中国共产党，我便要反对苏俄。

据《陈独秀告全党同志书（一九二九年十二月十日）油印本原件，北京、中共中央党校图书馆藏

国民当各秉天赋能力随时尽国民之天职

与上海商界总联合会代表谈话①

（一九二二年九月一日）

民国之主人翁为国民，国家兴亡，凡为国民者人人有责任。是以当此国家危亡之秋，士农工商皆应起而救国。上海为全国商业最发达之地，诸君实握有重大权力。即如前次六三运动，上海商店愤而罢市，北京乃不得不释所囚之学生。惟诸君之权力既重，诸君之言行亦不得不慎重。罢市为商人最后之武器，非至必要时，不宜滥用；滥用则效力失，商人之武力穷矣。是以深愿诸君能各秉天赋之能力，随时尽国民之天职。

代表复请总统于奔走国事之暇，建设良好之工商政策，俾全国商民得减痛苦。总统云：当视能力所及，尽为为之。

据《总统与商界代表谈话》，载一九二二年九月二日上海《民国日报》第十版

谈工兵政策实行问题②

与北京张君谈话

（一九二二年九月四日）

现在救国分治标、治本两种办法。治标则应实行工兵政策，但工兵政策之实

---

① 是日午后上海商界总联合会代表三人往孙寓，由孙文延入接待室座谈。
② 九月四日，北京地方公益会及自治筹进会代表张某在上海拜谒孙中山，叩问救国方策。

行非用款不可，用款非借外债不可，借外债非先统一不可。须知不统一不能借债，此余之所坚持者，否则今日外债诚不知增加若干，国家早破产矣。

现在如能实行工兵政策，则可借一种生产外债，余已有计划，对欧美人谈过。但详细条目尚在考虑中，俟计画妥定后，余必到北京去。至于工兵政策之实行，不独国家财政不患不足，且兵士本身可以得加倍工资，种种优待。此事尚望北京言论界加以鼓吹，促其实现。

据《滞沪中之孙中山》，载一九二二年
九月八日天津《益世报》第三版

附：另一版本

孙氏力言兵工政策之足以救国，并云实行此策须要资金，而资金不得不仰给于外债，借外债又非先统一不可。不统一，外债绝不能借。不然纵借外债，适足以使国家早日破产而已。目下果能实行兵工政策，则借外债自得用于生产事业。余已有此计划，其详尚在考虑之中。一俟此计划决定后，余必北上。

据《孙中山最近之表示》，载一九二二年
九月八日天津《大公报》第二张第三页

附：另一译文[①]

日本从来援助中国旧官僚悉归失败，其后不得已取不干涉主义。由不干涉主义，今又遭逢对华政策新建设之时期。其新政策为何？即一变过去援助旧官僚失败之计画，采积极的援助民党之方针。而日本维新之际，德川氏方面之失败，革新论者方面之成功，此即明白之证据。日本于过去数年间对中国投三万万元巨额之资金，至未得何等之结果，此全系援助逆行时势之旧官僚所致。且中国面积甚大，一向困难统一。日本维持尚早，因当时之外交关系复杂，故统一如何在外交

———————————

① 天津《益世报》称本文译载自《大阪每日新闻》，虽无具体日期，但其内容与上篇相同而文字有异，故附收于此。

之关系如何耳。日本援助袁世凯、段祺瑞既失败，如积极的援助民党时，或早由五年前即统一矣。今中国财政穷乏已达极点，而欲救济此穷乏之财政，则不可不借多额之外债，整理从前之债务，再从事政治的〈改革〉，以期根本革新。如斯，余深信须超二十亿至三十亿之长期借款。

据《日报纪孙文及张继之谈话》，载一九二二年
十月二日天津《益世报》第六版

关于借债问题

（一九二二年九月十四日）

近来外间传有国民党改造之说，此不过协议扩张党势之方法。又北京政府与劳农政策开始交涉，此事以北京政府于对外关系上恐有不可能。其次财政问题，颇现困穷，予之主张在借债，然限于次之二种：（一）偿还到期借款债约五一万元；（二）裁兵借债约五六万元。此种借债，则绝端反对，又因关税之增加，赞成撤废厘金，其他烟酒税、地租税等如与改善，收入必见增加，其裨〈益〉于财政者当非浅尠鲜也。

据《孙中山之借款谈》，载一九二二年
九月二十日长沙《大公报》第三版

要求日本政府援助中国革命党

在上海与村田孜郎等谈话①

（日 译 中）

（一九二二年九月二十五日）

孙文氏对我们的提问，作了以下回答："派遣民党干部赴北方，完全是为了对

---

① 九月二十五日，《大阪每日新闻》驻沪特派员村田孜郎、《东京日日新闻》视察员四方田两人，首先走访了将于二十六日北行的张继，然后在他陪同下前往孙文寓所访问。

日前北方派遣代表来访的礼节性回访①。如果北方各派领袖真有诚意的话，也可以考虑加强进一步的联系。在工兵问题上，吴佩孚赞成我的意见，我也打算可以让张继和他就此问题进行会谈。"

孙文氏就最近的日本对华舆论如何，反过来向我们提问。他继续说："至今为止，日本一直采取援助旧官僚的政策，但都一一失败了，所以才不得已采取不干涉主义，但是这种对华政策也早已碰壁。现在日本停止实行不干涉主义，我认为这表明日本正面临着如何重新构建对华新政策的课题。新政策应该是什么呢？应该是吸取过去援助旧官僚政策失败的教训，从今往后积极援助民党。就像日本在维新之际，跟随德川氏的就失败，而站在革新派一边的却获得成功一样，这不是非常明白的经验吗？日本在过去几年中对华投入三亿元巨额，结果却什么也没有得到，这完全是由于援助逆时代潮流的旧官僚所致。而且不能认为，由于中国领土大，统一就困难。日本维新较早成功，当时的国际关系还不太复杂。相反，今日中国的对外关系相当复杂，统一与否之症结乃在于外交关系如何。当时如果日本不援助袁世凯、段祺瑞两人，而是积极援助民党的话，那么中国早在五年前也许就统一了。中国的财政极度匮乏，要拯救这种状况，就不得不借贷巨额外债，也就是说既要整理以前的债务，又要资助中国政治的根本改革。为此，我认为有必要启动二十亿乃至三十亿元的长期贷款。"

据《代表北上の目的——張繼氏に案内されて孫文氏を訪ふ》（《代表北上目的——在张继氏带领下访问孙文氏》），载一九二二年九月二十七日《大阪每日新闻》（二）（蒋海波译，安井三吉校）

日文原文见本册第 599—600 页

---

① 按照当时孙文的计划，拟于两日内派张继访问南京齐燮元、洛阳吴佩孚、保定曹锟等直系要人，汪精卫访问奉天张作霖，胡汉民访问天津段祺瑞及郭泰祺、黎元洪等。

期望苏俄为统一中国提供帮助

在上海与格克尔等谈话①

（俄 译 中）

（一九二二年九月二十六日）

孙逸仙声明他基本上同意越飞同志的想法（指其第二封信②），就此信没有什么问题，然后格克尔同志请孙逸仙说明现在拟讨论哪些军事问题。

孙回答说，首先要说的就是，俄国是否愿意支持他统一中国的行动这个原则问题；第二，俄国能够用什么方式提供帮助。

格克尔同志发表意见说，俄国原则上同意在统一中国的事业上给予援助，而且毫无疑问，俄国认为孙逸仙是能够统一中国的人。越飞同志前曾说过，最佳方案乃是谋求同吴佩孚的联合，尽可能避免内战，因为内战会引起外国列强的进一步干涉，也许还会出现北京被占领的情况。

孙说，那样的干涉很可能出现，但他以为，想防止吴佩孚与张作霖之间的战争再起是不可能的。孙希望张作霖是胜家。

格克尔同志说，他亲眼见过吴佩孚军队的组织情况，他认为吴的军队要比张作霖的军队强大得多。至于吴佩孚的财政经费是否够用，他当然不能断定。吴对孙极抱好感，同意建立一个由孙领导的政府。格克尔认为吴是一个为中国统一和独立而奋斗的民族主义者。

孙认为必须把吴、张这两个对手的特点加以说明。吴佩孚是中国的老学究（scholar），不容易被新思想所吸引，他乃是一件"成品"。而张作霖是"原料"，

---

① 此次谈话于是日上午在莫利哀路二十九号孙文寓所进行。来访者格克尔（Анатолий Ильич Геккер）为苏俄高级军官，于本年八月随苏俄驻华特命全权代表越飞（Адольф Абрамович Иоффе）来华，中苏建交后任使馆武官。同时到访并作记录者是荷兰人马林。此次谈话由《上海俄文生活报》（Шанхайская Жизнь）的古尔曼（Гурман）担任翻译。访谈录对孙文使用第三人称。

② 即越飞于本月十五日自长春致孙文的信。

可以加工。认为张仅仅是日本的工具，这说法不对。有一些事例证明他推行自己的政策。他虽然没有受过教育，却是一个聪明人。吴佩孚则惟英、美马首是瞻，他不止一次欺骗中国人，孙逸仙十分怀疑目前吴对俄国的友好姿态是否出自真心。他反对日本，这毫无疑问，然而与此同时却可能无意识地成了英、美资本主义的工具。吴佩孚的胜利就会是英、美的胜利。

格克尔同志说，他要同吴佩孚再会谈一次并向他直言不讳地说明，俄国人只有在吴完全摆脱英、美影响后才能向他提供援助。他想说服吴佩孚务必同孙逸仙合作。吴已经知道，俄国承认孙逸仙为中国民族运动的领袖。张作霖眼下的作为只能表明他勾结一切与俄国为敌的人。满洲像是日本的一个省，那里随处可见到日本人，可有时候却不见张的踪影。张作霖与俄国的君主主义者合作，但现在与狄特里志斯（Литерихс）将军没有联系。俄国不能坐视满洲成为第二个蒙古，让新恩琴分子在那里得到援助进攻俄国。

一段时间以来，孙已经为使张作霖改变政策而做了一些工作。他现在又一次派代表到奉天去，说服张作霖视新俄国为中国的朋友。如果不能把张作霖说服，那么孙逸仙就将反对张作霖。另一方面，俄国的代表们应该告诉吴佩孚，帝国主义的支持不能使中国统一起来。如果能让吴佩孚正确理解中国的实际情况，向他说明，中国只不过是列强的殖民地，这就是一大成功了。但愿此举成功，届时即可与吴携手。

孙博士坚信，中国迟早会统一起来。不过只靠自己的力量，他要花费很长的时间。外国列强阻挠中国的统一事业。我们需要一个支持中国统一的朋友，只有俄国可以成为这样的朋友。孙想在中国西北边界或新疆，拥有一支自己的由俄国提供武器和军用物资的军队。那一带有军需食品，只是交通非常不便。无论如何一定要建立这支独立的军队。可以在吴佩孚与张作霖之战以后进行这方面的工作。然而，即使吴、张不战，那也必须着手组建军队。孙逸仙在广东、江西、广西、贵州、云南、四川等南方省份也还有自己的军队，但是装备极差。俄国是否会帮助在西部（西北部）建立这样的武装力量？

格克尔同志举了土耳其为例。那里各种信仰的民族主义者共同进行反对外国侵略者的斗争。他本人就曾前去参加战斗，非常了解情况，所以他知道眼下凯末尔的胜利就是俄国的胜利。经常可以听到，俄国穷，无力助人。土耳其的情况就证明这种说法完全是错误的。首先应该把所有的民族主义力量联合起来，然后依靠俄国的援助组织起来，顺利地反抗资本主义列强。

孙博士强调组建独立而可靠的武装力量的必要性。即使为此作出某些和解也在所不惜，和解后现有各派势力可以暂时合作。不过要考虑到各派系领导人之间的相互关系是会变化的。俄国能否为这样一支革命军队提供交通工具、辎重和武器？现在有三条路线，最长但最可靠的一条是经过土耳其斯坦。有这样一支武装力量也能在华南把国家统一的障碍予以清除。孙介绍了他的力量在南方省份分布的情况。如果他的观点原则上可以接受，一旦得到越飞同志通知后，他就会派一个军事专家赴长春，与格克尔同志一起为莫斯科拟订一个计划。他询问，俄国能否提供一些飞机，俄国是否制造飞机，是否有汽车，有哪些型号的大炮，机关枪多不多等等。

格克尔同志同意在长春进行更加深入细致的讨论，指出运输的极大难度，讲述对土耳其的帮助、红军现状以及在军队中进行宣传工作的必要性。

孙逸仙在地图上指明了运送援助物资可以利用的路线。

格克尔同志问，能否在洛阳同孙的代表联系，届时他们即可在那里开展这方面的工作。

孙博士说最好是分头进行。因为那样，不必经过讨论就可以遵循同样的计划。不过，孙并不反对让格克尔同志带上几封信，孙给越飞写了一封简短的回信，并且请格克尔费神向越飞详细转告会谈情况。

据《ВКП（6），Коминтерн и национально-революционное Движение в Китае》（документы），т. I. 1920-1925（Москва，1994），No. 39 "Запись Г. Маринга беседы А. И. Геккера с Сунь Ятсеном"（《联共（布）、共产国际与中国国民革命运动（一九二〇——一九二五）》第一卷，第三十九号文件"马林记录格克尔与孙逸仙的谈话"，莫斯科，一九九四年俄文版）（李玉贞译）①

---

① 本书由俄、德两国学者合编，同时出版俄文版和德文版，所收均为莫斯科的俄罗斯国家社会政治历史档案馆（前身为苏共中央社会主义理论和历史研究院中央党务档案馆）珍藏的原始档案。该书现有中译本两种，皆出版于一九九七年：中共中央党史研究室第一研究部译《联共（布）、共产国际与中国国民革命运动（一九二〇——一九二五）》，北京，北京图书馆出版社一九九七年一月出版；李玉贞译《联共、共产国际与中国（一九二〇——一九二五）》第一卷，台北，东大图书公司一九九七年五月出版。

始终不渝地贯彻护法宗旨

在上海与郭泰祺谈话①

（一九二二年九月二十七日）

　　予自到上海以来，外面对予之态度，均不甚明了，而各方面劝我北上之电报，已积有八百余件，未几又有直系分子来电，询予是否有联张联段之事。其电多系湘、鄂、豫各法团名义，不知予向来抱定护法宗旨，始终不渝，全不为权势威逼，彼方面借名通电，劝我统一，其用意在淆乱我的宗旨，好为彼等利用。当予北伐军初入江西时，并无一人劝我谋统一，何至今日而劝我者纷至沓来？深知各方面均欲以我为玩具，藉以居奇；惟予之心目中，除"护法"二字为主脑外，余概不足为动余。至关外张作霖，向不知"护法"二字为何物，更谈不到与我有所接洽。惟彼等性同土匪，招集乌合之众，占几个地盘，遂张牙舞爪，以疆吏自居，在予目之，殊不值一笑也。

　　予奔走护法已十一载，李协和、许崇智从予之志，百折不回，试问北方政府自元年以至今日，内阁不知几经改组，尚不能统一局部，除勒索军饷百端借债外，毫无成绩可言。予此次虽失败，然"护法"二字，仍然不灭，自信对国人可告无罪。今各方面欲拉我北上，毋乃陷我投入漩涡。须知段芝泉乃北洋老宿，历军三十余年，尚为一般土匪式的军队所卖。故予决计久居此地，俟时局稍可为，予即仍图贯彻"护法"二字。

据《孙中山之近态》，载一九二二年
九月二十八日北京《益世报》

---

①　这是郭泰祺赴京前孙文与他的谈话。郭抵京后对某议员转达，并披露报端。

陈炯明之德义不及吴佩孚

在上海与郦模谈话①

（一九二二年九月三十日）

郦君说明倾仰中山人格，及顺道来沪问候之意。中山当用英语与之谈话至二小时之久，大意研究各国宪法，与其主张三民主义、五权宪法等等。

郦君问北方之吴佩孚与南方之陈炯明，此二人将来之成败得失为何。

孙谓：若论吴、陈二人之近来武力主义，颇不合民治国家潮流。二人若能真正为国家谋建设，将来均有希望。但吴系北方军阀，近尚能有尊重法统之表示。彼陈炯明为余二十余年来同患难受恩惠者，竟至用种种不人道主义之手段加害于余，如此则陈之德义又不及吴佩孚矣。

言毕，即赠《建国方略》一厚册。

据《荷人郦模昨访孙中山》，载一九二二年
十月一日上海《申报》第十三版

对时局之六项意见②

（一九二二年九月下旬）③

（一）对于国家建设问题。今日无论何党派或全部国民，如不能以法兰西大

---

① 郦模（C. C. Riem）是荷兰驻华公使馆秘书，至爪哇公干后返京前来到上海，经工商友谊会成员、国民党员童理璋介绍，于九月三十日中午至孙文寓所拜访。

② 孙文为谋求国家和平统一，曾于一九二二年六月六日在广州发表《工兵计画宣言》，八月到上海后接直系军阀首领曹锟（直鲁豫三省巡阅使）、吴佩孚（两湖巡阅使）来电表示赞成，曹、吴及齐燮元（江苏督军）还派代表来沪联络。孙文乃命张继（字溥泉）作为回访代表，自九月二十六日至十月十二日相继在南京、保定、洛阳与齐、曹、吴三人洽谈时局问题。此六项意见，系张继出发前，孙文指示他与直系商谈时所应采取的基本态度和主张，为张返沪后向报界披露者。

③ 底本未说明日期。所标时间为张继离沪北上时间。

革命之精神改造国家，最小限度亦须有日本维新之气魂〔魄〕与努力，方可希望。国势危殆，再不①容敷衍苟且。

（二）方法。改造国家之器具有二，一合法国会，二非常机关。目下北京所开之国会，以不合法，故不能得国民之尊重，焉能制定宪法？焉能令全国听命？改造国会俾之合法，为今日之急务。如万办不到，则以诚意施行民治为标准，较护法更进一步，可设置非常机关，成立非常建国局面。

（三）总统问题。黎元洪三次背叛民国，罪当服上刑，无论合法局面或非常局面之下，决不可使之居要位②。今日国民元气不振之故，由于居要位者以取巧丧廉耻之行为为天下倡。将来总统为何人，只要由合法国会选出，吾党可认之（中山先生无意于斯席）。

（四）县全民自由〔治〕。省隶属于中央，县由人民组织，中央政府与省政府皆为人民使用之奴仆。县自治乃确定人民发号令之主权基础，县知事由民选为县自治最小之限度。

（五）工兵政策。满清式之驻防政策，为中国不统一之大原因。改兵为工，则可化恶感为有益，南北问题亦赖之融和。

（六）国内息争。国内战争只有革命党有权主张，以其为进步为代表公理之行为，可以代表人民之公意者也，其他皆攘夺地盘之内讧、无意识之争斗而已。无论何方面不可再用兵，奉直调和尤为目前之急务。如斥奉张③及西南各省为一种割据，则保、洛及直系督军亦为一种割据；如斥奉张为侵略关内之民贼，则直系亦为侵略长江之民贼。五十步与百步之计较，可以口舌判断之，无兵火相见之必要。

据《张溥泉君之宁保洛报聘谈话》，载一九二二年十月二十五日上海《民国日报》第二、三版

---

① 此处删一衍字"能"。

② 一九二二年六月，黎元洪在曹锟、吴佩孚扶植下复任总统。前此，黎曾于一九一六年六月袁世凯死后继任总统。

③ 即奉天张作霖，张为奉系军阀首领，时任东三省保安司令。同在本年九月下旬，孙文派汪精卫为代表往沈阳与张作霖联络。

附：另一记录①

一、国家建设问题，中国国民全部，应具有法国革命及明治维新当时之气魄与努力。

二、国家改造有两种机关，一为合法国会，二为非常机关。目下北京国会不合法，不能得国民之尊重，其何能制定宪法？故使国会合法，为今日之急务。若并此不明，则以施行民治为标准，设立非常机关，以图解决。

三、总统问题，黎元洪三叛民国，以如此之人，身居要位，为国民元气不振之原因。总统不论为何人，须由合法国会选出。但孙中山无做总统之意思。

四、县民自由。省隶属中央，县由县民组织，中央与省政府，为人民公仆。县之自由，为确定人民发布号令主权之基础，县知事民选，为县自由最小限度。

五、工兵政策。清朝式驻防政策，为中国不统一之主因，故宜变兵为工，恶感一去，南北问题，自见融和。

六、防止国内战争，奉直调和，为目下之急务。若奉天与西南同为割据，则保定、洛阳及直隶系督军，亦为一种割据，仅五十步百步之差，有何诉诸武力之必要？

据《张溥泉所述孙中山之意见》，载
一九二二年十月二十七日北京《益世报》

关于南北和谈及时局问题

在上海与某记者谈话

（英译中）

（一九二二年十月六日）

"中国目前处于历史过渡时期，此后将迈入民主共和时代。"孙博士在位于上

---

① 张继奉孙文命赴洛阳、保定，与吴佩孚、曹锟会晤。此为张继所发表的孙对时局的六点意见。

海的寓所接受访问时说道。此时他正与多位政治及军事代表举行会谈。

"过去六年我们为争取宪政而不懈努力。北方军阀也终于认识到支持这一事业的伟大意义——若求国体康健，法律必须成为最高权威，立法机关必须能够独立行使职权。"

"当前我们并不关心北方军阀是否真正拥护共和。因为即使他们表里如一而我们却没有完成既定使命，中国会重返十年前的混乱状态。相反，倘若这只是虚情假意，民众及媒体都会全力阻止他们各行其是。"

"既然各大军阀均已允诺支持共和，眼下便没有开战的必要。由此可见，武装力量并非实现国家统一之重要渠道。我们应该将武力抛诸身后。"

"军阀们的自决使得各方无需通过武力阐明统一之条件。维护统一之重任如今落到了民众肩上。国民必须确保共和制的崇高理想——民主原则——能够在中国得以实现，如此一来吾国之根基才能永葆稳固。"

"在中国大地横行十年的军国主义最终落败。袁世凯是共和国的头号军阀。他以为他的权力能够摧毁所有抵抗，然而却忽视了民心向背，这导致了他的最终灭亡。"

"我相信中国政府已成功引入共和制，此后亦不会有人胆敢再次推行君主制，但不排除眼下某些军国主义者仍旧心存幻想。"

"中国曾通过独裁手段或军事手段达成了暂时统一，而我们真正需要的持久统一却只能借由宪政实现。因此，新闻媒体肩负着传播宪政实质以及监督军阀行为的重大责任。如此一来，中国才能实现真正的民主。"

孙博士并未提及正在进行的会谈的重要性。他赞同上届国会议员前往北京的想法。

尽管孙博士已获总统邀请前往北京进行会谈，但他说具体日程尚未确定。眼下他将继续留在上海。

据 Dr. Sun Sees Good Future for China. *San Antonio Evening News* (Texas, U. S. A), October 6, 1922.（《孙逸仙博士说中国将有美好的未来》，载一九二二年十月六日美国得克萨斯州《圣安东尼奥新闻晚报》）（方露译，高文平校）

英文原文见本册第561—563页

关于时局的谈话[①]

（一九二二年十月十六日）

汪兆铭赴奉结果，张作霖于大体上已得谅解余之政策。福建方面，已归许军[②]之成功。惟徐树铮在闽举兵，事前并未与余相商，而彼谓遵余与段氏[③]之命令，此次行动实未受余何等命令，故闻段、卢[④]两氏亦咸不直徐之所为，结局恐以失败而终。总之，福建局面尚不免经几多之曲折。李厚基原拟联陈炯明而攻余，余故先发以制之，其次当讨陈矣。

据《孙文之时局谈》，载一九二二年十月
十七日天津《大公报》第一张第三页

与日本东方通讯社记者谈话

（一九二二年十月中旬）

汪兆铭赴奉之结果，经得张作霖之谅解。余之意见，闽省方面，许军已告成功。惟徐树铮事前与吾人并无若何之接洽。徐氏虽谓遵奉余及段祺瑞之命令，但非与余有关系，且卢永祥及段祺瑞亦并无同意于徐氏之行动。因李厚基与陈炯明联络抵抗吾人，故有讨伐之举。吾人现拟先行讨李，次及陈炯明。

据《东方通讯社电报》，载一九二二年
十月十九日《香港华字日报》第三版

---

① 是日孙文在上海接受访谈，详情不明。其时正积极联络奉、皖两系，以图共同对抗直系军阀势力。

② 许军，指许崇智所部之入闽北伐军。是时任福建督军兼省长的李厚基原为皖系将领，第一次直奉战争后转而投靠直系。许部与在闽皖系将领徐树铮、王永泉取得联系后，于十月十二日攻进福州，李厚基逃逸。

③ 段，指段祺瑞。

④ 卢，指卢永祥。

在上海与朱德等谈话①

（英 译 中）

（一九二二年秋）

朱：我们决定到外国留学，在重新回到中国的政治生活之前，要先会见共产党人，研究共产主义。

孙对于共产主义没有任何偏见，问曰：既然要留学，为什么不到美国去？美国没有封建背景，又有很多进步制度。

朱答：我们两个都没有可以在美国念书、在美国久住的款项，而我们愿意到欧洲是因为听说社会主义运动在欧洲最强大。欧洲已经出现了新的社会力量，也许对我们更有好处。

孙同意朱的意见，说：我正在制定国民党的新政策。

据史沫特莱著，梅念译：《伟大的道路——朱德的生平和时代》，北京，三联书店一九七九年四月出版

关于闽省自治问题

在上海与雷寿彭谈话②

（一九二二年十一月一日）

闽省实行自治，由省议会选举正式省长，并拟由许崇智尊重议会。

据《闽省议长来沪商榷善后》，载一九二二年十一月二日上海《民国日报》第十版

---

① 一九二二年朱德与孙炳文到上海，在赴欧留学前前往莫利哀路二十九号访问孙文。

② 孙文为讨伐陈炯明，令东路讨贼军总司令许崇智率粤军于一九二二年十月十七日进驻福州。于是福建省议会副议长雷寿彭特来沪谒见孙，商榷福建省善后问题，"谈论颇久"。

将致力于建立良好的共和国政府而努力

与美国《基督教科学箴言报》记者谈话①

（英 译 中）

（一九二二年十一月一日）

一次特殊的采访

"您问到孙逸仙博士是否会再次退出。"陈友仁先生说："一九一三年，孙博士采纳了友人的建议，同意这个国家要由袁世凯出任总统，但最后袁世凯却称了帝，成为共和国的叛徒。现在，孙博士已从这次经历中吸取教训：自己退出不仅于事无补，甚至会有害。为了给中国带来和平与繁荣，孙博士当然愿意做任何事情，但是他感到，自己退出并不是实现这个目标的最好办法。"

此时，孙逸仙博士肯定道，只要他还活着，就将不断致力于在中国建立一个良好的共和国政府。我问孙博士，经历了这么多事情，他有没有变得更加实际，特别是关系到比方说他对政治伙伴的选择问题时。比如张作霖，满洲的军事领袖，目前他仍在合法外衣之下继续他的土匪办法。

陈先生此时插进我们的谈话，"人们一直对他说，孙博士，您是一个不切实际的空想家。"陈接着对我说："这些证据可以告诉你，孙博士到底是不是一个空想家。十五年前，人们都说要使中国变成共和国是痴人说梦，然而，现在的中国已经是一个共和国，而这主要就是通过孙逸仙博士的努力。一九一七年，当所有人都在战争中失去理智时，孙博士却认为中国应该从战争中抽身，因为中国从中得不到任何好处。后来中国虽然战胜德国，却仍旧失去了山东，因此，现在我们所有人都变得彻底地愤世嫉俗，同时也意识到，孙博士当时的建议是多么明智。"

国会非法解散

中国加入战争之时，国会就被非法解散。孙逸仙博士在当时就说，这个国会

---

① 此次采访，记者提出的问题皆由孙文英文秘书陈友仁作答，孙发言极少。

必须被重新召集，以此作为合法性的象征。然而，中国北方却选举出了另一个国会，相应的政府也运作了三年，并被外国势力所承认。孙博士的话却显得像一个理想主义者最渺茫的梦。但是，众所周知，当时被解散的国会在今年夏天刚刚被重组，而它现在正在北京集会。孙博士也在一九一八年提出了一项迫切要求：腐败的北方政客的工具，以不合法的方式被选举为总统的徐世昌必须离开总统职位。公众舆论也趋于同孙博士看法一致。两个月前，徐世昌迫于舆论压力狼狈离开北京。

倡议建设铁路系统

"孙博士还有其他梦想。他希望把中国辽阔且无组织的疆土用一个铁路大动脉联结起来，它将把中国人民更紧密地连在一起。美国金融家拉蒙特先生在中国时曾告诉孙博士，他的这个计划是不切实际的，因为这需要数以亿计的资金。孙博士还认为中国必须要有三个大港口，分别位于北方、中部和南方。广州将作为南方的港口。但是，他一旦谈起发展这个港口，以使船只能够直接进入广东，而不必在香港重新装卸，英国人就会变得极其恼怒。英国人是孙博士每个设想的主要贬低者，他们认为这些计划都是无所事事的空想家的方案。"

我问到孙逸仙博士近期的计划。"我虽受邀前往北京，"他说，"但感到我不能仅仅出于做一个姿态，或是进行一次愉快的旅行而到北京去。如果真有什么事情要我完成，我自然会去。但是，我现在连付给衙役的钱都没有，两手空空我也无法成行。我感觉我的敌人们都希望我去北京，好让他们羞辱我是个不切实际的空想家。另一方面，粤军总司令（Cantonese general）陈炯明趁我离开广州组织北伐时背叛了我，现在他问我，如果他肯道歉我是否能原谅他，那么我应该有望很快回到一个更有影响力的位置上。"

除了表示他正致力于重组他认为合法的一九一七年政府，关于他的近期计划，孙博士不愿再透露更多。

据 Dr. Sun Yat-sen, In Hiding, Tells Hopes Regarding China, *Christian Science Monitor* (Boston, U. S. A), November 3, 1922, Page 1.（《在躲藏中，孙逸仙博士谈对中国的期望》，载一九二二年十一月三日美国波士顿《基督教科学箴言报》第一页）（祁雅文译，高文平校）

英文原文见本册第 563—567 页

建议美国不要插手中国事务

与福克斯谈话①

（英 译 中）

（一九二二年十一月十五日刊载）

孙逸仙表示，中国对美国无私的行为表示感激，他称美国之前并未插手中国政务，他补充说："一帮国际银行家在一家捆绑着中国手脚的英国银行的控制下，掌控中国的关税和其他国内事务，令中国爱国人士热血贲张。而你们（美国）一直冷静地作壁上观，并未插手。"

"北方运动，"福克斯博士说，关于北京政府，这位中国领袖告诉他，"是在一伙不讲原则的贪污受贿者的掌控之下。这就是我反对他们的原因，我还将继续同他们斗争，而英国和你们其他国家要么堂而皇之地同这帮盗贼合作，要么冷静地站在一旁看着一切发生。"

据 Sun Yat-sen, Deposed President. Advises United States to Keep Hands off China, *The Salt Lake Tribune* （Utah, U. S. A）, November 15, 1922, Page 1.（《已下台的总统孙逸仙，建议美国不要插手中国事务》，载一九二二年十一月十五日美国犹他州《盐湖城论坛报》第一页）（祁雅文译，高文平校）

英文原文见本册第567—568 页

---

① 孙文的建议是提给美国长老会新时代运动（New Era movement）秘书长（general secretary）福克斯博士（Dr. William Hiram Foulkes）的。他在结束了对远东局势为期三个月的研究之后，于一九二二年十一月十四日回到美国。

中国需要美国的机器和专家

与某记者谈话

（英 译 中）

（一九二二年十一月二十一日）

"中国相信美国是他的朋友。因此，他想向美国借两样东西：机器和指导机器操作的专家。"这是孙逸仙博士坦率的声明。孙博士是中华民国南方政府的总统。"中国不应该借钱。"孙认为。他解释道："每一个借钱给中国政府的银行家都是在给他自己的葬礼预支。资本家们习惯同政府打交道，他们希望贷出的款项有政府做担保。但是，银行家们现在信服了，贷款给政府也不是十分安全的选择。各国民众的觉醒，以及他们不愿用自己的未来为现在的低效和自私作抵押的决心，让贷款给政府变成了一个危险的选择。"

据 China Needs Machinery and Experts from U. S. , Says President. *The Star Journal* (Ohio, U. S. A) , November 21, 1922, Page 12. （《总统说，"中国需要美国的机器和专家"》，载一九二二年十一月二十一日美国俄亥俄州《星报》第十二页）（祁雅文译，高文平校）

英文原文见本册第 568 页

日本必须与苏俄携手合作

在上海与东京《日本广告报》记者谈话

（英 译 中）

（一九二二年十一月二十六日刊载）

在世界大战中，日本必须参加德国一方，我曾鼓励各种日本的国务活动家这样做。如果日本向协约国宣战，安南和新加坡将会起兵反对法国和英国；印度人将会向大不列颠英国造反；在日本联合亚洲的努力中，土耳其人和中国人有可能支持日本。由于日本参加了协约国，泛亚细亚计划就被无限期地搁浅了。因为日本遭到了失败，中国势必又会被号令去把亚洲变成所谓为亚洲人的亚洲。

假如日本真正希望看到亚洲人来管理控制亚洲的局面，它就必须加强和俄国人的关系。俄国人也是亚洲人。在他们的血管里，流动着亚洲人的血液。在反对盎格鲁·萨克逊人的侵略当中，日本必须和俄国人共同进行斗争。在维护亚洲人的权利而进行斗争时与俄国携手合作，将展示出使日本与其他东方国家从大灾大难中获得拯救的惟一希望。盎格鲁·撒克逊人贪得无厌的野心，正使这些国家沦落于苦难深渊之中。

据一九二二年十一月二十六日《日本广告报》

劳工运动与国家社会主义

在上海与白莱斯福特谈话①

（英 译 中）

（一九二二年十二月九日刊载）

白氏问：曩在广州时，得悉君被视为劳工之友。余复得知君对于劳工界曾有所尽力，即如君用君之势力使劳工参加于广州市议会是也。但君究望为劳工成何事业，能明白见告否？

中山答：余之目的在使劳工被认为社会间一种有资格之人。从前劳工在中国政治生活中毫无势力，一般人视彼等为奴隶，不配预闻公共事。余则确信公共生活若有劳工势力参加其间，其意味当益浓厚。

问：君当知香港报纸甚至英伦报纸因君被指于本年春间赞助香港之罢工②者，

---

① 一九二二年六月陈炯明部在广州叛变，孙文脱险后于八月抵达上海。《日本纪事报》（*The Japan Chronicle*）系英国人在日本神户所办英文报纸。此为该报记者约翰·白莱斯福特访问孙文的谈话记录。

② 此指一九二二年一月至三月的香港海员罢工，因要求加薪而起。

故颇加责备，且诋君唆使罢工。君于此有所说否？

答：当罢工事起时，余在广西之桂林，其地与广州不通火车，余方以全力注于北伐。彼时主管广州政府者为陈炯明①。余初不知有罢工事，直至吾人军用品因交通断绝不能达梧州（经此往桂林）时，余始知之。至余对罢工者之感想，苟彼等之目的为经济的，余固予以同情。而彼等之罢工，其后虽牵涉政治，原始时实为经济的也。但谓余赞助罢工以期损害英国利益，余绝对不能承认。惟凡关于改良劳工情形之运动，余皆赞同之。

问：君之特赦犯杀妻罪之陈炳生②，尤受人指摘，即君之友人亦有不以为然者。

答：余之友人当知，特赦问题之来余前，实经当然之轨道。余为总统，有特赦之权。该案经省当局详细考查，据云陈妻犯奸，故陈杀之。如此杀妻，依中国旧习，实不认为刑事罪名。而余所接之公牍中请余特赦，省当局及伍廷芳博士③均赞助此议，余遂执行余之特权而赦之，不料乃大遭反对也。

问：君素主张依地价征税主义，即单一税主义④，海外人士时时道及。君至今仍持此主义乎？

答：余仍持依地价征税主义，但与正派单一税主义者不同，即余主张再征收他种税款是也。近世国家生活情形复杂变化，迥非昔比，若严格施行单一税主义，于理于势，恐皆不当。依余之计画，应将现时地价重行估定，以后地主苟有不以代价换得之地产，概归为国有。地主得自行定价，但国家有权随时依地主自定之价购其地产。

问：现君此言，可知世人虽多非难国家社会主义，君仍视为一种稳健主义。

---

① 陈炯明时任广东省长。

② 陈炳生，原中华革命党党员，在广州、香港两地注册的中华海员工业联合总会（因总会设于香港而被称为香港海员工会）会长，香港海员罢工主要领导人之一。罢工发动后，他率领罢工海员至广州，不久因枪杀其妻被捕，囚于法院拘留所，数千海员曾包围法院要求释放。海员罢工结束后，由广州地方审判厅以杀人罪判处陈炳生死刑，当日即遭大总统孙文特赦而获释。

③ 伍廷芳于一九二二年四月接任广东省长。

④ "单一税主义"即单税社会主义，创始者系美国人亨利·乔治（Henry George），其代表作为《进步与贫困》（*Progress and Poverty*）。

答：诚然。但余亦深知，经验已告吾人以国家社会主义确有缺点。有许多事业可由国家管理而有利，亦有必须竞争始克显其效能者。余并不固执，经验之教训自不可漠视。但试观大战中各国多以大规模行国有事业，各项实业逐一归国家管理，以期得较大之效能，其中自不免许多耗废，但此泰半因其目的纯在尽速尽量生产，不顾费用之多寡，对于获利与否或供过于求与否皆未尝措意耳。

问：但在国家社会主义下之工作往往耗废而乏效能，有许多人言此乃势所必然，因与工人利益太远故。如邮局即其一例，此层君自知之。

答：余知此说信者甚多，但须知国有事业归政府主管，经验尚浅，非私人事业可比。私人事业如合资公司，当其初兴时亦有困难。中国今日合资公司往往失败，因缺乏西方已具之经验故。由此推之，国家社会主义在近〈期〉的将来亦将遭许多阻力，迨经数十年之经验后，阻力自可渐消。故余以为此项反对论据，不能永久适用。更就全体论之，余以为为公共利益作工，不为私利作工，纵有上述之弊，亦为利重弊轻矣。

问：但以经济权与政治权并置于政治领袖之手，宁非危险？岂非将增多专制之机会乎？

答：人性不变，贪权之念不灭，此项专制之危险终将存在。但余意国家管理实业，是使富源之分配较为公平。在现时制度之下，财富集中于少数人之手，他一方面则多数人贫无立锥，成为一大问题。且国有实业苟能生利，又毫无弊窦，即足减轻纳税之负担。现时纳税负担，贫民尤重。各进步国家莫不有增税倾向。国家企业而能获利，至少可以减增税之需要。利害相权，吾终以为国有企业较胜于现时之私有制。

问：君曾研究基尔特社会主义①或苏维埃否？君愿劳工及资本家两方共同主有并管理实业乎？抑愿限制劳工方面对于现时之资本家与将来之政府机关之相对地位乎？

---

① 基尔特社会主义（Guild Socialism），或称"行会社会主义"，二十世纪初英国的一种社会学说。

答：余曾览柯尔①之书，对于基尔特制度尚未完全研究，但余觉依吾人之经验，尚不足使吾人坚持此项制度。人类性质乃游移无定者，且终苦经验缺乏。今日国家企业之不经济，其真因即在此。但就中国论之，此项对于社会主义之反对论据，实比西方为不适用，因中国之一切大工业均在萌芽故也。申言之，无论私人企业或国家企业，在中国今日乃由同一点出发，不问采用何法，终需外国之经济助力也。

据《西报载孙总统最近谈话》，载一九二二年十二月九日上海《民国日报》第十版，译自英文《日本纪事报》

亚洲人民将团结一致对抗外来势力

在上海与希姆波谈话②

（英　译　中）

（一九二二年十二月九日刊载）

"如果日本当初选择与日耳曼势力为盟，亚洲人民必将团结一致、奋起抗击外来势力。据此，今日之亚洲，当为自由之沃土。"

孙博士坦言，"日本未能充分利用加入同盟国的大好机会，引导亚洲人民共御外敌，推动亚洲地区之独立进程。战争伊始，我便去函革新俱乐部总裁（President of the Kokuminto）犬养毅先生（Mr. Inukai），敦促日本协助日耳曼势力，以此削弱盎格鲁撒克逊人的相对优势，最终实现双方力量的均衡化；日本亦可由此成为亚洲领袖。然而日本拒绝接受我的提议，也因此错失了成为东方霸主的绝好机会。"

"如果日本深谙高级政治并敢于向同盟国宣战，越南和新加坡必将武装抗击英

---

① 柯尔（George Douglas Howard Cole），英国人，基尔特社会主义的主要代表人物之一；孙文所阅柯尔的著作，似指一九二〇年在伦敦出版的《劳工世界》（*The World of Labour*：*A Discussion of the Present and Future of Trade Unionism*）。该书现藏上海孙中山故居纪念馆。

② 希姆波（Jiji Shimpo）是东京《时事新报》特派记者。

法两国。毫无疑问，印度人亦会如法炮制；而土耳其和中国也终将觉醒并协助日本统一亚洲。"

"事实上，日本最终选择了加入同盟国，这意味着泛亚计划的实现将遥遥无期。由于日本错失良机，所以推动亚洲地区独立进程之重任将落在中国肩上。"

"我在战争前期便敦促过日本多位要员，恳请他们利用自身的影响力引导民众支持国家联合日耳曼势力，然而他们并未认真对待我的提议——某些官员确实认同本人观点，然而当真正需要付诸行动之时，他们却逡巡不前。其结果是亚洲丧失了在真正意义上走向独立的大好机会。"

弥补过错的可能

"日本仍有机会补救战争期间所做出的盲目举动。如果日方确有诚意推动亚洲地区独立自主之进程，第一要务乃改进与俄国的关系——俄国亦是亚洲地区不可分割的一部分，该国人民的身体里流淌着亚洲的血液。日本务必联合俄国以抵御盎格鲁—萨克逊人的侵袭。只有两国联合、共同捍卫亚洲人的权力，日本与其他东方国家才有可能从盎格鲁撒克逊人无法餍足的野心所带来的深重灾难中得以解脱。"

据 Sun Yat-sen: His Advice to Japan during the War.
Hongkong Daily Press, December 9, 1922, Page 5.
（《孙逸仙对日本的忠告》，载一九二二年十二月九日
香港《孖剌西报》第五页）（方露译，高文平校）

英文原文见本册第569—570页

附：另一译文

孙逸仙坚持认为，日本政治家若是支持同盟国，可能已经轻易地实现了泛亚计划。孙认为，目前，俄国是挣脱"白人侵略者"的仅剩途径。

孙博士说："在世界战争伊始，我曾给革新俱乐部总裁（President of the Kokuminto）犬养毅先生（Mr. Inukai）去函，力劝日本协助条顿势力，从而削弱英国的相对力量，平衡世界各国势力。这样的结果本将使日本上升到亚洲的真正领导的

地位。然而日本并未接受我的建议，从而与这样一个能够使其成为东方领袖的天赐良机失之交臂。

"如果日本懂得何谓高级政治，同时有足够的胆量向协约国集团宣战，安南和新加坡本会奋起抵抗英法两国。毫无疑问，印度也会起身反抗大不列颠，土耳其和中国的民族意识也将觉醒，并支持日本统一亚洲的努力。

"弥补日本在战争期间的盲目作为尚不算太晚。如果日本果真希望看到亚洲由亚洲人自己所掌握，她就必须改善同俄国的关系。俄国人也是亚洲人。他们的血管里流着亚洲人的血液。日本必须同俄国一起承担反抗英国侵略的共同事业。英国无尽的侵略欲望正将日本和其他东方国家推向巨大的灾难，只有同俄国合作维护亚洲的权利，日本才有希望将日本和其他东方国家从英国侵略的暴风中拯救出来。"

据 Russo-Jap Pact Only Hope Of Supreme Asia, Says Sun. *The Washington Post*, January 7, 1923, Page 10.（《孙逸仙认为，日俄联盟是亚洲强盛的惟一希望》，载一九二三年一月七日《华盛顿邮报》第十页）（祁雅文译，高文平校）

英文原文见本册第 570—571 页

中国最终将获得统一

在上海与美国合众国际社记者谈话①

（英 译 中）

（一九二二年十二月十六日刊载）

孙博士相信一个民族主义口号，"中国乃中国人之中国"，该口号被不同的民族以不同字眼喊出。因此，当他提议由美国主导修补中国破裂的政治体系时，不免令人吃惊。

----

① 根据稿中有"合众社供稿"字样推测。

"毫无疑问，中国最终将获得统一，尽管在最终的平静到来之前，更大的混乱可能会出现。"

在最近的一次长达两小时的采访中，孙博士说。"中国就像一个浩瀚的海洋，军阀们就是在浪尖翻滚的泡沫。他们虽在政治上活跃，但泡沫破灭之时，他们就将沉入深不见底的海洋。千千万万的中国人民则时而奋起，时而隐忍，但他们始终蕴含着永无止息的力量，在中国这片大海里潮起潮落。"

"美国应该意识到它在太平洋地区的责任。战争以后，因为她强大的经济实力和潜在的军事实力，美国已经成为了世界的支配性力量，亚洲是他的特殊领地。美国有了新的商船队，而中国与她的海岸相隔只有几天水路的距离，她应该坚持自己的主张，停止消极追随欧洲势力自私地强加于中国的政策。"

"美国每任政府对中国的政策都会有所变化，其他大国的对华政策却无变化。新的美国政客在被这些政策包围的同时很可能会无意识地采取旧的世界政策。"

据 Dr. Sun Wants United States to Help China. *The Columbia Evening Missourian*（U. S. A），December 16，1922，Page 2.（《孙逸仙要求美国帮助中国》，载一九二二年十二月十六日美国《哥伦比亚密苏里人报》第二页）（祁雅文译，高文平校）

英文原文见本册第572—573页

与北方某君谈话[①]

（一九二二年十二月二十日刊载）

（一）"总统问题绝对不拘成见，当初以谁为倡导民国者应谁先任总统；今乃觉悟其大可不必，故惟有实力即与赞成谁为总统。对保曹亦可以赞成，既属实力问题，无庸经过鬼祟烦琐之投票手续，简直由实力派推戴可矣。民六议员不配举总统，彼辈捣鬼十一年，与国家毫无裨益，论理真可以解散之。"

————————————

① 因孙文久未发表政见，北方某要人先与保定方面接洽，后赴福建会见许崇智。许介绍其返沪晤孙，此系孙的谈话。在座有汪精卫、胡汉民。

（二）中山又自言："建设虽不敢谓有何才能，惟号召多数人以与某种势力抗，则自问绰绰然有徐裕。故欲为总统者，不能不承认余在国家社会中之相当地位，否则亦足以抗之，使其不成。"又谓："陈炯明应为全国人之公敌。苟及〈联〉陈者，余即以敌视之；苟有诚意与其［余］联络者，非一致排斥陈炯明不可。"

据《孙中山崛起之酝酿》，载一九二二年
十二月二十日长沙《大公报》第三版

在上海与王昆仑等谈话①

（一九二二年十二月）

今天看到你们北方来的青年，我很高兴。你们在北方的情形我都知道的，这次的经过也先有人打电报报告我。

在违法的政府底下哪里会有好的教育？所以不是什么彭允彝②的问题，也不是黎元洪的问题，而是产生黎元洪的那个违法的国会的问题。你们在北方常听见说南方政府要护法，就是为了要有个合法的国会，有了合法的国会才能产生一个合法的好政府。

现在的许多军阀都不讲法、不守法，许多政客、议员玩弄政府，捣乱政治，所以国家就大乱起来，也不能统一。现在要想国家统一，就先要使这些军人觉悟，不要专靠武力征伐，把自己的兵裁掉，实行我的兵工政策，然后才能有一个好的政府，有一个不是靠军人为后台的政府。

黎元洪的政府一方面要讨好那些违法的议员，一方面实在是吴佩孚支持他，他没有力量做什么好事；你们要求他做什么事或反对他做什么事都没有用。你们学生现在知道过问政治，就应该懂得政治上的大道理。

我们国民党革命的目的，就是为了根本解决中国的政治问题。如果中国的政

---

① 北京大学学生王昆仑等四人到上海，由国民党交际部长张秋白陪同到莫利哀路二十九号访问孙文。

② 彭允彝时任汪大燮内阁教育总长。

治问题不能根本解决，即使黎元洪被你们赶走了，吴佩孚不会另找一个人来做大总统吗？所以我们要推翻的不仅是黎元洪，而是要推翻北方军阀御用的政府，把它变成一个革命的政府——革命的政府，你们明白吗？

北方的学生和人民都很痛苦，我们知道。可是北方的人很多不懂得革命的大道理，革命的大道理就是三民主义；要救中国就要相信我的三民主义。我们国民党辛亥革命的目的是为了造成一个中华民国，不是要造成一个军阀国；所以袁世凯专权，破坏议会，杀国民党，我们要再革他的命。我们现在还要打倒吴佩孚，要叫吴佩孚也来服从我们的三民主义。可是我知道你们北京的学生要说，既已把满清推倒了，怎样还要革命呢？这是北京官僚对你们说的话。革命是以造成一个真的中华民国为目的，就是人民都享幸福，国家政治的主权在人民，政府要听人民的话，这样才叫中华民国。

这革命的大道理从前只有我们革命党懂得，后来南方的人民也大多懂得了；可是北方的人民就不大明白。现在你们来看我，足见北方的学生也懂得了革命，这很多的军人也都渐渐觉悟了，他们都愿意相信我的三民主义。譬如北方的张作霖和浙江的卢永祥近来都已表示接受我的主张。现在可以说全国各方面都很好，只有南方一个陈炯明反对我，北方的一个吴佩孚还执迷不悟。

陈炯明不成问题！就是吴佩孚也不成问题！可是我们先要解决陈炯明和沈鸿英。

有人说我们的北伐军已经分散了。其实不对。我已下令北伐军集合起来：许崇智的粤军有三万人在江西；朱培德的滇军有两万人在湖南，滇、桂军杨希闵、刘震寰有三万人由广西进广东；还有福建的王永泉也听我指挥，还有熊克武有五万人在四川也可以出来；此外李烈钧、柏文蔚都有许多军队等候调用，至多两个月内我可以完全解决广东问题。那时我要和吴佩孚讲话，要他觉悟，他不要以为打了两个胜仗，就能以武力统一中国。要统一中国就要裁兵，裁了兵就没有军阀，那时才能以和平手段来统一。现在只剩吴佩孚一个还没有接受我的主张，但是全国都觉悟了，他个人再倔强也没有用处。他到将来才能知道自己没有力量。

还有许多问题等我回到广东自然都可以解决。

据王昆仑：《我初次谒见中山先生》，载重庆《中苏文化》孙中山先生逝世十五周年纪念特刊，一九四〇年三月十二日出版

与曹锟使者谈话①

（一九二二年）

中华民国人民，不受法定限制者，人人皆有被选为总统之权利。只要一不藉武力，二不藉金钱，则未来总统属任何人，皆不反对。

据《汪精卫之孙曹携手观》，载一九二二年
七月二十六日长沙《大公报》

恢复广东与南北统一

答村田孜郎问②

（日　译　中）

（一九二三年一月五日）

村田问：陈炯明之失败，似已成为时期〔间〕问题，但彼于"战"之一字亦为健者。联合军③究能完全击破陈氏乎？

孙答：确有胜算。

问：闻联合军已促足下南下，有其事乎？

答：然，已接到此电报矣。

问：足下其拟南下耶？

答：目下未定。现在拟暂不远行。

问：广东恢复后，其即再建政府乎？

---

① 报载称此为汪精卫转述孙文的谈话。

② 在孙文领导和推动之下，近两月来各路讨贼军在闽、桂、粤各地与陈炯明叛军交战中接连获胜，被叛军盘踞的广州岌岌可危，局势发生了极大变化。在这种情况下，《大阪每日新闻》驻沪特派员（底本译为记者，此据日文原报）村田孜郎对孙文进行访问。

③ 指滇桂联军和由粤军旧部等组成的东路讨贼军。

答：目下未定。

问：闻陈炯明已向吴佩孚乞援，吴氏能发援兵否？

答：此事恐未必然。纵欲实行，事实上亦有所不能也。

问：福建省内之民军①，尚未出动攻粤乎？

答：犹未出动，目下正在急谋准备之中。

问：广东恢复后之方针如何？

答：当向南北和平统一处进行，凡事俱照予前次宣言行之。

问：统一之方法如何？有开南北和平会议之意否？

答：此事非恢复广东后，难于明言。但此种会议，征诸前例，恐未必有效。

问：如此，则非与中心势力交涉不可，足下究认何人为北方之中心势力耶？

答：北方并无所谓中心势力者在。

问：保定、洛阳②如何？

答：保定、洛阳乎？若以彼等为中心势力，则此外者尚极多，奉天亦其一也。

问：广东问题，今暂勿提。最近伦敦《泰晤士报》谓中国之统一须借外力，《字林西报》则谓中国之政治今后当由国内之商业团体支配之，足下对此之意见如何？

答：以外力之援助而统一亦可，由商业团体而统一亦无不可。但若借外力以图统一，则外国非先与民党结合不可；若依赖无力之北京政府，则统一永无可期。商业团体亦然，必须先变其从来反对民党之态度，而尊重民党然后可。如此则无论用何种方法，亦易于统一也。

据《孙中山与日报记者之问答》，载一九二三年
一月十二日天津《大公报》第二张第二页

附：另一译文③

因两广形势发生激变，我（村田特派员）于五日访问了孙文氏，问答如次：

---

① 指东路讨贼军许崇智、黄大伟等部。

② 保定、洛阳分别指曹锟、吴佩孚的直系势力。下文奉天则指张作霖的奉系势力。

③ 文内小标题为底本原来所有。

恢复广东

问：陈炯明的没落将是时间问题。就战争而言，他也算是一个人物了。联军能够完全打败陈炯明吗？

答：确有胜算。

问：联军敦促阁下早日南下，确有此事吗？

答：是的。已经接到有此主旨的电报。

问：阁下是否考虑南下？

答：目前尚未决定，近期内不想移动。

问：恢复广东后是否有考虑重建政府？

答：目前未定。

问：陈炯明欲求援军于吴佩孚，吴君会派遣援军吗？

答：恐怕不会有这种事，即使他想这样做，事实上也是不可能的。

问：福建省内的民军尚未出动攻击广东，为什么？

答：虽然尚未出击，但目前正在加快准备。

南北统一

问：恢复广东后，方针如何？

答：南北将趋向和平统一吧。万事将沿着日前我发表的宣言的方向运行。

问：南北统一的方法如何？是否有意召开南北和平会议？

答：在广东恢复之前，还很难明说。这种会议，征其前例来看，恐怕不会有什么效果。

问：既然这样，就必须与那些中心势力交涉。您认为什么人是北方的中心势力？

答：北方没有所谓的中心势力。

问：保定、洛阳如何？

答：哈哈哈哈（冷笑之后），是保定、洛阳吗？如果说他们是中心势力的话，其他还有很多呢，比如奉天。

问：广东问题就不谈了。最近伦敦《泰晤士报》说中国统一必须依靠外力，而《字林西报》则说中国的政治问题今后将由国内工商团体来支配。阁下对此有何高见？

答：依靠外力的援助来统一中国，或者说由工商团体来统一中国，都是可行的吧。但如果要用外力图谋统一中国的话，外国必须与民党结合；若是依靠无力的北京政府的话，统一就永远不可能。商业团体也一样，只有改变过去一贯反对民党的态度，首先就必须尊重民党。这样的话，无论依靠什么方法来统一，都是很容易的。

据《陳氏駆逐と民黨　廣東回復後の方針如何——孫文氏と本？特派員の問答》（《驱逐陈炯明与民党广东恢复后的方针——孙文氏与本社特派员之问答》），载一九二三年一月七日《大阪每日新闻》（一）（蒋海波译，安井三吉校）

日文原文见本册第 600—602 页

与某记者谈话

（一九二三年一月五日）①

孙中山语往访之某通信记者曰："广东方面形势之变化原为预定之计划。至陈炯明倒后是否即赴广东，又或组织政府，现尚未设想及此。但当照前次宣言，尽力于南北和平统一，其方法现虽非发表之时期，然将来总有具体的发表之机会。最近外国新闻有谓中国统一须加入外力，又有谓须待中国人自身之自觉，加中流阶级之实业家尤须奋起等主张固不待论。但无论加入外力，或实业界奋起，如将余等民党视为度外，总不能得真正统一，此观于从来之事绩亦自明甚。"

据《梧州陷后之粤桂战事》，载一九二三年一月十一日长沙《大公报》第二版

---

① 底本未说明日期。此处系记者发电日期。

广东情势

与上海《字林西报》记者谈话①

（一九二三年一月八日）

孙曰：其计划现已见效。陈军将领如第一师长梁鸿楷及从前叛孙〔余〕首领之叶举，皆已与护法派联合。滇军将领张开儒、桂军将领沈鸿英，均已尽忠于余。梧州、德庆、封川以及其他数处，亦已入张开儒之手。余之故乡亦已为吾军占领。

记者问：其约若干日，其军方能入广州？

孙答：约两星期。余希望于五日内取肇庆（梧州与广州间之大城），得肇庆后再进取广州，约两星期便可到手。

记者问：福建方面是否将同时发动，以攻陈之北？

孙答：江西一方面已足，似可无需。福建方面将领并未有令其进攻广东之命。

记者问：吴佩孚与公等曾言和，同时又曾与陈联络，吴现在究将援助何方？

孙答：吴固与吾人言和，但至后并未有何结果。吴现方派军入赣，意在攻击福建之吾军。

记者又问：曹锟又将如何？

孙答：曹亦相同。曹亦曾与吾人言和，现正在谈判中。

据《孙中山先生与外报记者谈话》，载一九二二年
一月九日上海《民国日报》第十版

---

① 经孙文派邹鲁等联络后，滇军杨希闵，桂军沈鸿英、刘震寰等部代表于一九二二年十二月二十六日在广西藤县大湟江"白马会盟"，随即出师讨伐陈炯明，二十八日收复梧州，随后收复德庆、封川等地。上海《字林西报》记者于是日下午到上海莫利哀路二十九号访问孙文。

向陈炯明来沪代表刘君亮提出五项议和条件①

（一九二三年一月十日）②

议和条件五端：（一）惩办破坏大局之叶某③；（二）宣布以后始终服从；（三）交出当时祸首名单；（四）对于护法各省及孙系表示道歉；（五）须将陈部各军全体离粤。

据《粤局剧变后之孙中山》，载一九二三年
一月十二日上海《时报》（三）

与全国商联裁兵劝告委员代表谈话

（一九二三年一月十日）

余对于裁兵之意见，曾于客夏六月六日发表宣言。此次之运动极表赞同，而期贯彻。公等奋斗，不胜感佩！惟劝告当局为第一步，第二步办法宜有积极的准备之计划，不可徒托诸空言，尚望公等努力一番。

据《孙文赞成裁兵》，据一九二三年一月
十一日天津《大公报》第一张第三页

---

① 滇桂粤讨贼联军入粤后，顺利进驻肇庆，陈炯明不得已特派刘君亮为代表来沪，拟向孙文议和。孙文因见刘君亮态度诚恳、乃召集有李烈钧、居正、程潜、汪精卫等人参加的会议商讨对策，决定晤见刘君亮提出五项议和条件，刘得到答复后即电告陈炯明。

② 底本谓此事发生于"前日"。故暂定为一月十日。

③ 指叶举。

在上海与《纽约时报》记者谈话[①]

（英 译 中）

（一九二三年一月十三日刊载）

孙逸仙博士说他的计划已付诸实施了。陈炯明手下的许多指挥官已转投立宪派，如第一师师长梁鸿楷（Liang Huang Kai），迫使孙博士离开广东省的叛军首领叶举（Yip Kue），滇军将领张开儒（Chang Hoi Yu）和桂军将领沈鸿英（桂系陆荣廷部下）等均承诺绝对拥护宪政。梧州、德庆、封川（Fungchunyun）和某些其他地区已由常将军接管，香山县（孙博士诞生地）首府石岐镇亦由孙博士的军队所占领。

该记者问道，"您的军队多久后会进驻广州？"

"两周，"孙博士答道，"我希望他们能在五天之内夺取肇庆（Shiuhing，位于梧州与广州之间的一个大城镇）。他们必会行军至此并在两周之后占领广州。"

"那福建省呢？北伐军会攻打陈将军吗？"记者又问。

"不必了，"孙博士答道，"由一支军队攻打就够了。我并未下令福建省的督军进攻广东省。"

"那吴佩孚将军将支持哪一方呢？据说他已向您求和，但也与陈炯明将军达成了共识。"——"他确实已向我方求和，但尚未采取实际行动。如今他已派军进驻 Kiaogai，意在随时攻打福建。"

"那曹锟呢？"——"他那边的情况还算顺利——曹锟已向我方求和，眼下双方正在谈判。"

孙博士并未透露他将于何时奔赴广州，但很有可能即刻启程。他对军队的胜利信心满满。

据 Interview with Dr. Sun Yat-sen. *Hongkong Daily Press*，January 13，1923，Page 3.（《采访孙逸仙》，载一九二三年一月十三日香港《孖剌西报》第三页）（方露译，高文平校）

英文原文见本册第 573—574 页

---

① 此次谈话在孙文位于莫利哀路二十九号寓所进行。

欲谋统一须先裁兵

在上海与吴南如谈话①

（一九二三年一月十四日）

广东方面虽极望余回粤，惟余之行止尚未能定，刻正在考虑之中。广东军队虽颇复杂，惟陈炯明一去，即无问题，收拾亦非难事。是〔此〕后对于大局，当仍秉统一和平之旨。惟欲谋统一，须先裁兵。前既屡次表示，盖武人把持军队，不特足以引起战祸，并实陷国家财政于绝地。至裁军之安插及以后军队之维持，则仍持兵工政策。

军人所以保卫国家，而非宜治理国家；排除武人政治之方，只有国民自起努力，造成有组织之民意，始可以打倒军阀。前年美国波兴上将手持六百万雄兵，不敢如中国军人之为非者，国民能力强厚，监督严密故也。

据《孙先生关于时局之谈话》，载一九二三年
一月十五日上海《民国日报》第十版

主张和平统一希望北方军阀彻底觉悟

与国闻通讯社记者谈话②

（一九二三年一月十六日）

余与西林于前日始行见面，条件之说，绝对未有其事。余对于时局，主张和平统一，希望北方军阀彻底觉悟。今日所以仅将战事限于广东局部者，在予北方当局以觉悟之机会；否则余为革命党人，当以贯彻主张为职志，势不能与人为虚

---

① 是日孙文在上海寓所接见前国务院秘书吴南如，对时局发表意见。

② 是日上午国闻通讯社记者走访孙文，就上海《字林西报》所云孙以不在广州设立政府为条件，实行孙、岑（春煊）携手等问题询问孙，孙作此答复。

与委蛇之周旋。是以余之设立政府与否，当以北方有无真正觉悟与办法为断，其责任并不在余。

某西报之态度与言论，素为国人所知，其于民党及余个人向持反对。昨日此段纪事，难保非中伤挑拨之故智，望舆论界注意了解。

据《孙中山先生对于时局之又一表示》，载一九二三年
一月十七日上海《民国日报》第十版

力主和平统一

与李希莲等谈话①

（一九二三年一月十九日）

总统勉以赴北京力争合法国会之实现，并谓今后解决时局，以不用兵力为最宜。法律问题可以和平方法奋斗得之，故非至万不得已时，国会不必在广州重行集会。

据《孙总统力主和平统一》，载一九二三年
一月二十日上海《民国日报》第十版

与某西报记者谈话②

（一九二三年一月二十日刊载）

孙逸仙君对于他报载岑春煊君劝其勿赴广州云云，表示否认。孙君谓彼赴广州与否，当决之于北京政府办统一之能力。又谓他报所载粤西攻击陈炯明之军队，属于岑春煊、莫荣新二人云云，亦属绝对不确。攻陈最力之滇军，实由彼所任命

---

① 留粤国会议员于洪起等电沪法统维持会，转请孙文返粤复职，并邀两院同人赴粤重行集会。是日下午，李希莲持电晋谒孙文，询问孙的意见，孙作此答复。

② 此谈话系某西报记者转述，详情不明。

之杨某①统率。现在军事行动限于广东，用意在希望北方军阀之觉悟。统一倘不能和平完成，彼亦难于舍其主张久居沪上。至于星期日晚赴岑春煊君之谦会，不过属于交际性质，并未谈及政治。

据《粤局蜕变后之各方态度》，载一九二三年一月二十日天津《益世报》第三版

裁兵为统一之根本条件

在上海与参议员王用宾谈话②

（一九二三年一月二十六日）③

自民六护法以来，一般政界要人及社会群众皆知国家分裂若此，有统一之必要。但政治不外历史之教训，即政治之经验。吾人今日所主张之统一政策，即此七年之政治经验也。

依我六年来之观察，前此所用政策不外三种：其一武力统一，即能以兵力打胜一切者乃能统一也，此种政策之失败自不待言；其二为法律统一，然法律是一种理论，至于欲求实现此理论仍非诉之实力不为功，其动机虽与武力不同，而结果乃与武力相等；其三为策士统一，即离开今日政治之实象，而以纵横捭阖之手段行之，如前此之联省会议、庐山会议、国是会议之类皆是也。以上三种统一政策，虽有诚伪、善恶、虚实之不同，而有一绝对相同之点，即一切皆就政界之人而言统一，未尝实证于国民之前而求其承认是也。中国今日纷扰之根本病源，即强弱〔仆〕各自有其是非，而四万万之弱主人无置喙之机会是也。欲人民对于今

---

① 杨君：指杨希闵。

② 王用宾为国民党员，追随孙文南下护法多年，并奉派赴北方联络部分军阀势力。一九二二年六月黎元洪在北京复任大总统后重开国会，王用宾仍任参议院议员（一九一三年当选）。一九二三年一月四日张绍曾出任国务总理后，即通电全国主张南北和平统一。王用宾受黎、张之托并携带张绍曾亲笔函专程至沪拜访孙文，征询他对南北统一的意见。

③ 底本未说明日期。按孙文与王用宾晤谈后，着其携一回复张绍曾之短函返京，该函系一月二十六日所写，故酌定为是日。

日政争发言，须先使人民认识政争为何物。前述三种统一政策，武力固为人民所畏避，即法律统一之说亦是陈义过高，人民仍难骤然理解。至于策士统一乃纯然为少数人升官发财而为之，于人民尤为毫不相关。

余意今日国民所最苦者莫如兵多，即主张先裁兵，而裁兵即为统一之根本条件。人民乐于裁兵，故人民亦必乐于统一。故余自信余之统一政策最得易〔易得〕人民之了解，故可断定人民亦必因此而乐于为我之后援。人民表面上似无能力，然要知对于某问题既得一种直觉之了解，则实力异常伟大，不使枪炮而其力大于枪炮十倍百倍而未已。盖人民有罢工之能力，有罢市之能力，有抗纳税之能力，

有撤回代表之能力。果使人民一旦正确认识其幸福〈在〉于统一，统一在于裁兵，一人传十，十人传百，虽有拥兵百万、据地千里之军阀，一朝可使之为独夫。故余之统一政策即本此七年之经验，而知惟有以裁兵谋统一，则手段与目的完全一致，最容易得国民之赞助。

据《孙中山论统一政策》，载一九二三年二月五日上海《时报》（二）①

赴粤着手调整内务

与东方新闻社记者谈话

（英 译 中）

（一九二三年一月二十六日）②

他昨天表示，此次赴粤并非像先前为重建政府而去，真正目的为在最近的军事冲突中我方取得胜利后调整南方的政治格局。

---

① 另见同日上海《申报》第十三版所载《孙中山之统一谈》，与底本内容完全相同，惟有少数讹脱字，而底本之讹脱字亦据该文勘正。

② 底本未说明日期。文中有"孙逸仙博士今日搭'太阳之子'号（Taiyo Maru）轮船启程前往广州"字样，今日即一月二十七日，昨日即一月二十六日。

据昨日孙博士称，他将充分利用此次机会，尽快使各大军阀达成和解，恢复南方秩序。此外，为推行裁军计划，他正与香港政府积极谈判，期冀使粤港两地共缔睦邻友好关系。

据 Dr. Sun Leaves Today；To Seek Readjustment. *The China Press*（Shanghai），January 27, 1923, Page 3.（《孙博士今日赴粤着手调整内务》，载一九二三年一月二十七日上海《大陆报》第三页）（方露译，许瑾瑜校）

英文原文见本册第 574 页

嘉许上海《大陆报》用无线电话
传布《和平统一宣言》①

（一九二三年一月二十七日）

余之宣言，亦被宣传，余尤欣慰。余切望中国人人能读或听余之宣言，今得广为宣布，被置有无线电话接受器之数百人所听闻，且远达天津及香港，诚为可惊可喜之事。吾人以统一中国为职志者，极欢迎如无线电话之大进步，此物不但可于言语上使中国与全世界密切联络，并能联络国内之各省、各镇，使益加团结也。

据《无线电话传布孙先生统一宣言》，载一九二三年一月二十八日上海《民国日报》第十版

取消返粤之行

在上海与国闻通讯社记者谈话

（一九二三年一月二十七日）

余此次本不愿回粤，欲在上海与各方进行和平统一，共图建设。乃粤省军民

---

① 上海《大陆报》与上海无线电公司立约，每晚传达新闻消息。一九二三年一月二十六日，上海无线电台节目中曾将孙文的《和平统一宣言》列入传播。二十七日，孙对上海《大陆报》发表谈话，表示赞美。

各界函电纷驰，以军队云集，纠扰堪虞，要求赴粤，藉便镇慑调解，俾资善后，因定于今日回广州一视，略事料理，即行返沪。讵忽得急报，昨晚驻粤各军在江防司令部开军事会议，邀魏邦平到会，桂军沈鸿英竟执魏氏而杀之（但同时另有报告，谓魏仅被执而未杀）。主客军既已决裂，余欲前去调解之目的已然丧失，只好待其自然解决，故取消轮船舱位，不即出发。余为主张和平之人，自不便命令攻击沈鸿英军队。惟魏果被杀，则已挑起粤军反感，沈军人数不过数千，恐难任其猖獗；所可叹者，在广州作战，地方受害耳。

据《孙中山先生中止返粤》，载一九二三年
一月二十八日上海《民国日报》第十版

在上海与马伯援谈话①

（一九二三年一月二十九日）

马向孙中山报告赴陕西之工作及其结果，后问其将来进行方针。

孙曰：胡景翼既是"浩然楼〔庐〕"的同志②，请你报告他，我们彼此心印。不过冯焕章的事，须当更进一步，劝其革命。

马则曰：革命须有步骤，对于西北军人，漫然促其革命，恐无偌大效果。因彼等所处之环境，不似南方之自由，而北方人性情与南方多少不同，吾党当暗中结合之。孙颇以马之言有理。

据马伯援：《我所知道的国民军与国民党合作
史》，上海，上海商业公司一九三二年出版

---

① 马伯援奉孙文命赴陕西访问冯玉祥，一九二三年一月回上海，二十九日下午三时往莫利哀路二十九号谒孙文，汇报情况。

② 一九一四年一月胡景翼到日本，并入"浩然庐"军事干部学校学军事，因此孙文引为同志。

越飞访日的重要性

在上海与《大阪朝日新闻》记者谈话

（一九二三年一月三十一日）

　　此次越飞赴日，系为观察日本人民对于俄国之观念为如何。以日俄关系之重要，此实为日本人民表白真正意见之绝好机会，愿日本新闻界唤起人民之注意，勿盲然失此机会。

据《日报记者谒中山先生》，载一九二三年
二月一日上海《民国日报》第二版

孙文越飞会谈纪要①

（俄译中）

（一九二三年一月）

　　越飞向莫斯科报告说，"孙的计划有两个，一个是立即行动计划，第二个是前一个失败时的应变计划"。

孙中山的第一个计划

　　依据这个计划，孙中山首先要立即彻底消灭陈炯明。

　　陈炯明被迫逃出广州，藏匿于两广交界处一个名为梧州的地方，据说，他有约一万军队。孙想派兵从两个方面夹击陈部，将其钳住，聚而歼之。不过孙认为

---

　　① 一九二三年越飞写给俄共（布）、苏联政府和共产国际领导人的这个汇报，是迄今为止能够见到的孙越会谈的惟一详细记录［李玉贞译《联共、共产国际与中国（一九二〇——一九二五）》］对于中外媒体来说，最早见于报端的关于他们会谈的情况，是由一九二三年一月二十七日上海《大陆报》公布的，但内容简略得多。——译者注

如果陈炯明突围则更好，届时吴佩孚部必来接应，那孙吴之战势不可免，这更易理解。我①认为孙忽略了另外一个可能性，即陈炯明突围不得，孙也不能将其拿下，因为陈被逼逃到海上后，有可能由其友人或同盟者英国人搭救；孙同意，认为有这种可能性，但是并不可怕，因为他觉得陈不可能在广州东山再起。

不管怎么样，击败陈后，或者在追歼的过程中，孙吴冲突必然发生，孙拟从湖南（孙有可靠军队）和四川（孙在此处有十万自己的军队）两方兴兵打吴，即攻打吴部牢牢盘踞的河南洛阳和汉口。②

与此同时，张作霖就要挥戈北京，占领首都。孙中山认为驻扎京畿的"基督将军"冯玉祥不太会从中作梗，而曹锟与其党徒无还手之力。

此计划中事态的下一步发展则是，张作霖把北京让给孙中山，后者此时当已将吴佩孚击溃，以统一的中国代表者的身份入主北京，到那时，所有的省份就都应该在孙的掌握中了。

我认为，在目前北京政府的混乱局面中，在华北民生凋敝的形势下，鉴于孙中山威望在全中国范围内日愈提高，他只要提出想竞选总统就足够了，就能同样以全中国（选举产生的）代表的资格入主北京，我便问孙中山为什么不用这样的和平办法入主北京。孙中山回答说，也许这是对的，但是根据中国的习惯，如果他不用武力击败敌人，那么即使把他选为总统，他也不可能免于一死，因为在那种形势下，北京会有人暗中刺杀他，这一点丝毫不容怀疑。

这是胜利时的计划。孙认为这个计划的致命缺陷乃在于下述两点，第一个致命点由于经费不足，孙中山无法调动足够的军队去打吴佩孚，所以不能将吴击败。为了消除这个危险性，孙中山最多需要两百万墨西哥元（约合同样数目的金卢布），故此孙切望我国会给他这笔钱。

第二个致命点是张作霖拿下北京后，由于吴佩孚将忙于同孙交战，张可能食言，而不把北京交给孙。出现此种情况时，孙中山也同样坚决指望我国会帮助他，也就是说，他指望我们在满洲挑起事端，将张作霖的兵力从他占领的北京吸引到那里去。

---

①　文章采用第一人称，"我"即越飞。下同。

②　原文如此。汉口在湖北。——译者注

我回答孙说，我会立即就上述两种情况下我国给予帮助的问题请示我国政府，但我本人对我国提供财政援助事持乐观态度，然而我认为更加现实可行的是我们的军事援助，也就是我们依据同孙中山的协定，进军满洲。

不过我当即补充说，无论孙还是我国，都必须考虑一个情况：一旦我国进军满洲，日本可能也出兵就地对付我们。

孙中山的第二个计划

如果孙的第一个计划由于得不到上述我国的援助，或者由于其他预料不到的原因而不得实行，那么，孙据其惯有的毅力和遇到失败时的习惯做法，已经拟定了第二个长期的计划，这一计划完全是依靠我们的。

孙，显然出自这样的想法，他认为他迄今为止所遭受的失败，其原因乃在他一贯把基点全放在华南，所以对帝国主义国家的依附性太大。

非常清楚，鉴于上述原因，他想在完全摆脱帝国主义列强、在同我们联合的基础上，构筑其行动纲领，尽管他强调，激烈反对他的只有一个英国，而美国是支持他的，日本则可说是同情他，并不敌视他（至少安福系支持他），法国——无所谓。

况且，孙中山因一向把基点放在华南，就时时要考虑到，"列强"可以随时切断他同海外的联系，迫使他就范。所以如果能把基点移到中国腹地，离我们近一些的地方，那么，只要同我们达成协议，列强在太平洋沿岸的任何破坏活动，也就绝对没有什么可怕处了。这是孙中山的一段议论。

目前，在这里，就说是穆斯林聚居的新疆省和邻近的省份吧，已经都在孙中山势力的牢固控制下了。孙在这里的势力有待加强还有另一个原因，即不管情况怎么样，他务必保持同我们的密切而直接的联系。

再者，从四川省出发，还可以不经过吴佩孚的辖地，即通过甘肃、宁夏等省调动孙中山在那里的十万军队赴蒙古边界，这一带是产粮区和富庶的省份，正处在通过新疆、通过库伦同我国直接联系的必经之路上。

这支军队由我国提供装备（辎重、衣服等孙中山拟自筹，但是需要一些我国的军事教练）。（孙认为过一两年）这支军队进入战备状态后，即可进行孙的最后一次"北伐"，那就"稳操胜券"，届时列强的任何干涉都不足惧怕了，因为即使把海路全切断，列强也阻挠不了这个计划的实施，而从海上派兵到中国腹地——他们不敢铤而走险。

那时候，只有一个日本能够从满洲调兵，但是这并不可怕，因为有十万人的一支劲旅，足能把日本拒于千里之外。

孙认为，按照他的计划，我们就不应该同北京政府签署协定，也许，我们甚至应该把我国使团的驻地迁至符拉迪沃斯托克，我可以从那里同孙联系。这就是孙的第二个计划。

我已经把我个人对这个计划的想法用书面形式写出（随信附上）。孙中山同意我做的所有政治性的修正，但是他指出我关于蒙占问渝想法不对。他说，他没有想在蒙古境内而只是想在临近蒙古的地方拥有自己的军队。

就这样，孙现在已经决心按照我向他建议的融政治—外交—军事于一体的综合方法开展活动。

但是，即使这后一个被修正了的计划最终定了型，孙也还是完完全全指望得到我国的支持与援助。

如果得不到我们的援助，孙就不得不同帝国主义者妥协，自然也要同受列强役使的北京政府妥协，中国国民革命的胜利就会长期拖延下去。

据李玉贞译：《联共、共产国际与中国（一九二〇——一九二五）》第一卷，台北，东大图书公司一九九七年五月出版

没有青年学生加入国民党
革命便不能成功

*在广州与王昆仑谈话*①

（一九二三年一二月间）②

你们青年学生愿意来加入革命，我很高兴，足见近来北方的学生一天一天觉悟了。

现在的青年除了加入我们的党是没有办法的。青年要救国，必要相信我的三民主义。青年要自己有前途，也必要相信我的三民主义。我们国民党现在正需要你们青年。当时发起革命推翻满清的许多革命党，也是和你们一样的青年。可是我们国民党从辛亥革命到现在经过了多少困难，多少次的失败，当时的同志牺牲了，没有牺牲的，到现在变节的变节了，老的老了，奋斗的时代太久了，觉得我们的党也有些衰老了。党要改组，就是要叫革命党再年轻起来，所以必须要你们青年来加入，来续党的新生命。党没有青年加入，就要中断的。

中国的革命事业，是要全国的人民跟我们国民党一起来干才能成功的。在长江一带、广东和海外，常有很多的青年学生和教员来入党，我们非常欢迎他们。从前北方的青年入党的太少，这是因为不懂得我的三民主义的原故，因此国民党在北方不发达。现在我正要派张先生③到北方去办党，以后许多事情可以请这位张先生告诉你们。

---

① 一九二三年初，北京大学某学生爱国组织派王昆仑等四人到上海联络有关推翻黎元洪政府事宜，他们曾往莫利哀路二十九号孙文寓所拜访。王昆仑在聆听孙文阐述革命道理之后，便决心加入国民党。根据王昆仑的请求，党本部党务部长谢持安排他到孙文寓所再作单独晤谈。晤谈时，谢持及党本部宣传部长张继在座。访谈录中的记述文字，"先生"指孙文，"我"系王昆仑自称。

② 底本未说明日期。访谈录中言及当时已闻悉一九二三年元旦国民党发表宣言等情况，过不久孙文又于二月十五日离沪赴粤。所标时间即据此酌定。

③ 张先生：即张继，字溥泉，本年二月被孙文委任为国民党北京支部部长。

（先生指一指旁边坐着的张溥泉先生）又接着说：

你们北方学生五四运动的精神很好，可是专研究新思潮是不够的。学生要读书，也要懂得政治，因为政治不好，使你们读不成书。读书研究学问就是为了把国家弄好，要把国家弄好就要来入革命党。我希望你们北京的学生，从今以后都来帮助我们革命。我们的革命，没有你们学生加入是不能成功的。国民党的革命事业不是一代人所能做得完的，必要一代一代的接着干。近来许多青年来找我，我觉得很乐观。以后国民党要许多青年进来一同干革命。

…………①

我便请问先生："我们怎样才能把黎元洪政府推翻？以及以后我们怎样干？"

北京很黑暗，你们在那里很痛苦，但是因此你们才应该努力，使北方的学生们都起来奋斗，起来帮助国民党来革命。你们从此努力下去，你们的力量就一天一天大起来。现在你们并不能推翻北京政府，可是你们的力量将来能改造中国。

你们愿意加入国民党，就是做了革命党了。革命党一定能解决中国的问题！

"先生，我入了党就不回北京去了！我北京的那些朋友也都可以来。"我心里炽烈地燃烧着，幻想着入党以后留在上海工作。

"这倒不必。你们是北方的学生，就正好在北方努力。而且你入党以后，就要为了党到北方去做事。"谢先生②从旁这样说。

这时张秋白先生③走进来了。先生指着我对张、谢两先生说，要他们给我办入党手续。④

据王昆仑：《我初次谒见中山先生》，载重庆《中苏文化》"中山先生逝世十五周年纪念特刊"，一九四〇年三月十二日出版

---

①　此处略去张继的长篇插话，他同时询及北方学生的政治状况。

②　谢先生：即谢持。

③　张秋白先生，时任党本部交际部长。

④　过后不久，王昆仑即往党本部由谢持等担任介绍人办妥入党手续，并致函北京大学同学，动员他们加入国民党。

与李日垓谈话

（一九二三年二月八日刊载）

此事，决不怪西林。

据《广州事件与孙岑关系》，载一九二三年
二月八日天津《大公报》第二张第二页

在上海与马伯援谈话①

（一九二三年二月十五日）

予赴广东，大概有所成就。吾人不可专在南方作工夫，你能到北京去看看冯玉祥甚好。

据马伯援：《我所知道的国民军与国民党合作史》，
上海，上海商业公司一九三二年出版

与日本东方通讯社记者谈话②

（一九二三年二月十五日）

余抵粤后，当依然本和平统一之主旨，徐图收拾时局。

广东方面，现极平稳，滇军誓为余效。今驻韶关沈鸿英军之真意虽不明，然已派代表请余南下。闻说孙传芳与刘冠雄呼应，企图入闽，惟余尚未接到何等确报，倘偌辈济终以武力相与，则势不得不讲对待之法，实则曹、吴对于余之和平统一主义，并未发表何等意见。孙、刘之入闽，或与之有关系。

---

① 是日孙文回粤，马伯援等相送于其寓，便中又谈及冯玉祥军队事。
② 孙文于二月十五日启程赴粤，这是离沪前接受该记者采访时的谈话。

余现并无在粤设立总统府及召集国会之意，即滞在期亦未定。

据《中山赴粤前之谈话》，载一九二三年二月
二十二日天津《大公报》第二张第二页

与秘书谈话①

（一九二三年二月十五日前）②

秘书问："李根源在先生处说些甚么话？"

孙直告之③，且曰："李根源说得恨〔很〕少，也非李根源不能说此话，堂堂阁员之身价、人格如此！府院方面对于粤事，信使则不绝于途。命令又一批一批的只管发表。"

据《粤中通讯》，载一九二三年四月
二十八日天津《大公报》第二张第三页

与旅港粤商代表谈话

（一九二三年二月二十日）

旅港粤商代表谒见孙中山，因广州赌禁大开，请求制止。

孙云：此是叛党乱政，一到必除。

据《本社专电·香港》，载一九二三年
二月二十一日上海《民国日报》第二版

---

① 李根源从北京到上海谒见孙文，遭到冷遇，李去后孙向秘书作此谈话。

② 底本未说明日期。按谈话在孙文离沪赴粤前，酌定为二月十五日前。

③ 报载李根源的讲话是："根源岂啻是公之儿子，我的功名、富贵亦是公给我的。儿子得罪父亲，父亲岂有不要儿子进门之理，况根源在北京，于公有许多利益，公尽管去做。〈我在〉京中当能为公出力敷衍。"

在广州对日本东方通讯社记者发表政见

（一九二三年二月二十二日）

　　广东欲再建政府与否，不能明答，惟欲尽全力以促进统一。至其手段，则以西南之团结为必要，固不俟言。余与张、段之三角联盟，现正进行甚顺利，当以之制吴佩孚。吴若不从余之主张，当用联盟之武力讨之。但予不背夙昔先裁兵后统一之主张，不问北方之态度如何，余欲裁去西南所有兵数之半，以示诚意于天下，此点当为一般人留意者也。

　　又近时外人间有谓中国统一必借外力；中国之政治，将来当依商业团体支配者，此亦一有理之议论也。至关于广东一省之事，则财政之穷乏已极，各军之处置，为国家之大问题，将有非常之困难伴之而生；然余既有诚意，确信可圆满解决也。

据《孙总统宣述政见》，载一九二三年
二月二十五日上海《民国日报》第二版

在广州与杨希闵等谈话

（一九二三年二月下旬）①

　　你们来广东是跟我革命。但要革命，必先知道革命是为了什么。简单地说：革命就是为了国家的富强，人民能过幸福的生活，衣、食、住、行样样得到解决。而且光知道革命的目的还不够，同时要知道革命的对象，也就是革命的敌人是谁；我们革命最大的敌人就是帝国主义和军阀。所以，你们要跟我革命就要打倒军阀和帝国主义。

据杨希闵：《回忆与反省》，载尚明轩、王

---

　　① 底本未说明日期。据文中有"中山先生抵达后立即召见滇军主要将领，谕以革命大义"，谈话时间酌定为二月下旬。

学庄、陈崧编：《孙中山生平事业追忆录》，
北京，人民出版社一九八六年六月出版

与某外报记者谈话

（一九二三年二月下旬）①

余裁兵〔主〕张，不论各方赞同与否，余绝对抱定斯旨努力进行，并愿以广东为裁兵策源地，以表示诚意于天下。并谓：余之裁兵主张将来必有贯彻之希望。如护法之役必达至旧国会恢复之目的。至施〔政〕方针，已决定军民分治，军队之编制法，亦分省军、国军二组。国军直辖统属于大元帅，省军则归省长节制，如时局底定，则省军一律废除，以警察维持治安，至类似督军之总司令，此后亦当使此项名称绝迹，以免孕育军阀政治。民政事宜，固卿可负全责，余绝不过问，且固卿长粤，深得粤人之欢迎，定可胜任愉快。至徐绍桢就职省长后，其治粤之方针，闻先以救济金融、维持纸币及禁绝赌博为最先业务，现已与各方筹商具体办法，又以善后诸端亟待整理，复电请叶夏声返粤襄助一切，惟叶氏一时尚难成行云。

据《中山回粤后之裁兵运动再志》，载
一九二三年三月四日长沙《大公报》第二版

对北京政府的态度

在广州与《大晚报》记者谈话②

（一九二三年三月二日）

孙总统之重组护法政府与否，须观北京当局能否进行统一问题为断。总统愿

---

① 底本未说明日期。此据报载日期酌定。
② 是日孙文在广州农林试验场正式成立大元帅大本营，统率各军。孙在回答《大晚报》记者是否重组护法政府问时表明对北京政府的态度。

以和平之方法，力谋中国之统一，现尚不欲有所举动，以冀北方军阀悔悟。

据总统言：北方军阀如以武力对待西南，则彼决以全力抵抗，绝不让步。又谓："目前国民一致要求和平，北方之政府与督军为破坏和平之蟊贼，反言中央政府实行裁兵废督，其谁信之！"

据《外报记孙总统最近态度》，载一九二三年三月四日上海《民国日报》第六版

与谢持周震麟谈话

（一九二三年三月三日）

国会有自由集会之权，并不主张电邀。如护法议员自由南下集会，开非常会议以解决时局纠纷，则本人亦不加阻止。

据《吴佩孚请明令申讨中山耶》，载一九二三年三月三日天津《大公报》第一张第三页

教育经费与政令统一问题

与广东高等师范学校学生代表谈话①

（一九二三年三月七日）

孙曰：此次教职员罢课，弄到教育界似有一种恐慌，殊为可惜。政府确不愿有此现象，不过现时广东省库的确罗掘俱穷，原因由于军队复杂，各属征收机关又未能解款前来，军饷尚无法筹措。因此，欲整顿教育，提倡实业，必须先从政治着手。政令不行，则万民失业。故欲卫国安民，必先要政府提人民之信仰。诸生当此罢课期间，很希望出来为广东服务，代政府做些宣传功夫。果尔，一月半月后，广东就完全平靖，教费不难即发。现时则学生帮助政府，将来则政府帮助学生。

———————

① 广东高等师范学校的教职员因政府未发给经费举行罢教。该校学生会评议部派代表求见孙文，说明情况，请示维持办法。

孙问：贵校教员和学生对于国家的思想是怎样？

代表答：敝校教员和学生，多是主张和平统一的。

孙又问：贵校学生在陈炯明时代，反对政府借款，不过现时广东非借款不得，诸生对于我的借款反对否？

代表答：借款本身无可反对的，不过看其用途适当否耳。

孙曰：此次借款，纯是实业的借款，并非政治的借款。我的借款条件，亦断没有上当，请诸生放心，并希望诸君将此种意思向一般社会解释。

据《孙总统对学生之谈话》，载一九二三年
三月十八日上海《民国日报》第二版

关于外交问题的谈话

（一九二三年三月七日）

民党如得外交上之同情援助，则革命容易成功。西南方面如结束〔合〕坚固，则东北自归向我等。

据《孙文代表将表示态度》，载一九二三年
三月十三日长沙《大公报》第二版

主张先裁兵后统一和化兵为工

在广州与某君谈话

（一九二三年三月十二日）

我这次来粤，经过香港时，觉得有一个很大的机会。香港政府的态度，从前是很赞成吴佩孚的，譬如香港报纸便极力代吴佩孚宣传；到了陈炯明造反之后，数月内中国不但不能统一，并且广东的军队奸淫抢劫，无所不为，政治腐败，日甚一日；香港的外人看见，知道吴佩孚真不能有为，觉悟他们从前的主张大错，所以这次便根本改变方针，竭力和真正民党亲善。我们现在得了一个和门户极接

近的帮助，便是成功的大机会。革命的成功与否？就古今中外的历史看起来，一靠武力，一靠外交力。外交力帮助武力，好像左手帮助右手一样。从前美国独立，所以成功的原因，一半固然由于本国武力的血战，但一半可说是由于法国外交力的帮助的。如果专靠武力，决计是难于成功的。譬如洪秀全革命，由广西打过湖南、湖北，以至建都南京，而终不能成功的原因，大半是由于外交失败，没有外交力的帮助。所以革命的成功与否？外交的关系是很重大的。我们现在既得了香港外交力的帮助，又有诸君武力的基础，以后要想革命成功，统一很快，便要取和平的态度，以取得舆论的后援。所以本大总统这次回粤便主张第一和平统一，第二扫清叛乱军队，第三化兵为工，第四精练一部分军队。如果不想法子安插过量的军队，便和四川一样，兵士太多，长年的打仗，从前有主军与客军相打，现在内部相打。目前两广兵多为患，真是和四川相同。要消灭这个祸患，应该赶快设法，安插不良之兵。我前在上海宣言，主张化兵为工，奉、皖两系是很赞成的，只有直系不赞成。我们主张是先裁兵，后统一；直系主张先统一，后裁兵。诸君要晓得裁兵便是统一的方法，先裁兵，后统一，那才算是真统一。如果先统一，后裁兵，便是假统一。譬如袁世凯从前不裁兵，借统一的招牌，便借了很多的外债，打败我们民党。又如两个民家械斗，要想和平解决，便先要停止器械的战争。佛家所说："放下屠刀，立地成佛。"我们要想成佛，必先要放下屠刀才好呀！这个道理，是很容易明白的。至于我主张裁兵，是在化兵为工，并不是把所有的兵完全裁去；就现在兵士的情形而论，在广东的饷项，每月只发六七元，有时伙食领不到手，另外每日还有早操、午晚操，总共约有七八小时之多，一旦有了战事，还要去拼死命，这种情形是很苦的，是很可怜的。不但广东的兵士是如此，就是各省的也是一样。到了化兵为工之后，每日做工不过六小时，在劳动一方面，是很舒服的；饷银除原饷之外，另加工钱一倍，简言之，便是可以得双饷。至于做工的种类，或是开辟道路，或是办极大工厂，所做的工是永远的，不是临时的。像这样讲来，在没有化兵为工之先，兵士的饷银既少，操练又辛苦，生命又危险；在已经化兵为工之后，兵士的饷项加倍，劳动合度，生命又安全，他们一定是情愿去做工的。所以这次欧洲大战之后，欧美联军，一定有几千万的兵，不到一二年之后，大半可以裁去的道理，便是用这个安插的方法。这次回粤，化兵为工，便是利用欧战〈后〉各国裁兵的方法，整顿西南的交通，发展一切的实业。诸君要晓得我们革命，是要做什么事呢？是替人民谋幸福的！革命的责任，是爱民的，不是害民的。我自明日起，就想一个办法整理内部，令西南可以成一个模范，让东北各省看见诚心向我，自可不用武力，统一全国。如果各省明白了西南的革命是为大义的，就是到不得已的时候，要有武力，自然是"东面而征西夷怨，南面而征北狄怨"，所谓"仁者无敌于天下"，不必用大武力，是各省欢迎的，到了各省欢迎，所用的武力是很小的。我们自今晚起，要把这个责任担负起来，大家向前奋斗，另外造成一个新局面吧。

据《孙先生最近裁兵谈话》，载一九二三年
三月十三日上海《民国日报》第二版

关于对外关系的谈话

（一九二三年三月十三日刊载）

吾人若得外交上之援助，则目的自易达到。余由沪到粤途中所受香港政府之态度视之，此事颇有希望。且吾人之西南之结合愈坚，则〔与〕东北之联合自愈巩固，而对内自能速见成功。

据《孙中山计划偏重对外》，载一九二三年
三月十三日长沙《大公报》第二版

与广州新闻记者团谈话

（一九二三年三月二十日）

中山接见广州新闻记者团，力言："自鄙人回广州后，粤、港两政府交情日见亲密，此次借款纯为谋经济上之发展起见，亦足以表示中英睦谊之益敦也。因地理上种种关系，粤、港两政府必须互相协助，方足以谋彼此之乐利。至于此次接洽之二千万借款，只可视为地方上之行政举动，与中、英两国政局上并不发生何种关系，故北京政府亦决不应有所抗议。"

中山又谓："广东既系处于自治之地位，自身外交，中央当然不能预闻。至于外人方面亦难免有误会发生，但□与路矿等利益亦属开放门户之一种表示，与机会均等绝不相背而也。今欲为解粤民之倒悬计，冗散之军队必须立即裁撤。又如粤省赌博之事亦须严禁。凡此种种皆须借款以为活动。"

（关于南北统一问题，中山目前甚抱悲观，但以为早晚必可实现。）

据《中山最近发表之政见》，载一九二三年
三月二十五日天津《大公报》第一张第二页

谈北军图粤

与某记者谈话①

（一九二三年三月二十日）

孙军②入闽，吴、沈③图粤，虽为事实，而非如传闻之切迫。此次行动，乃北方因过信沈鸿英实力之误算，殆冒险事也。使粤、奉、皖三角联盟而健在，则余畏不以前途为悲观。

据《倒阁声中之内阁形势》，载一九二三年
三月二十三日天津《大公报》第一张第二页

关于沈鸿英与吴佩孚关系的谈话

（一九二三年三月二十二日）

吴佩孚之所以相信沈鸿英者，实为沈氏竭力自向各方面鼓吹其实力如何丰富之功。吴氏采用此等政策之结果，不过使粤人再受一次兵祸，至于吴氏之目的，则终难达到也。现余与段、张之联络既日趋巩固，则对于前途之希望较前愈大。

---

① 孙文于三月二十日在广州接受某记者采访时的谈话。

② 孙军：指孙传芳部。

③ 沈：指沈鸿英。

吴氏虽采此政策，余实未尝不仍抱乐观也。

据《孙文对沈鸿英督粤之态度》，载一九二三年
三月二十三日北京《晨报》第二版

与某外报访员谈话

（一九二三年三月二十四日）

孙中山二十四日对某外报访员言：沈鸿英既受我桂军总司令之任命不敢就督理职务。

据《快信》，载一九二三年三月
三十一日长沙《大公报》第二版

与外国记者谈话

（一九二三年四月三日刊载）

记者谒孙，询其对沈氏督粤①之意见？

孙谓："沈鸿英既受我桂军总司令之命，谅不敢就粤督。"

据《沈杨拒绝北廷任命之粤局》，载一九二三年
四月三日长沙《大公报》第二版

---

① 指北京政府任命沈鸿英督理广东军务。

与广东民权运动大同盟代表谈话①

（一九二三年四月五日）

谭平山代表述来意："北廷破坏和平，请元帅组织革命军打倒军阀，组织人民政府及统一革命军名称，以便出发。"

大元帅答谓："余对于各团体意思想其为赞成，但须先由国民各团体证明北廷破坏和平，始能用武力。"又谓："余在上海发表三次和平统一宣言，到广州后又发表一次裁兵宣言，已表示真正和平意思。但须国民知道北方破坏和平，有用武力之必要时，然后用武力。不然，则人皆以我非真欲和平统一，一到广州即变态度也。"又谓："几年来之对北战争，国民皆若不关痛痒，故屡不成功。今若用兵，不但须南方人民知道公道是非，且须北方人民明白公道是非，自能事半功倍，可得好结果。是余之所厚望！"

代表答谓："愿带领群众为大元帅后盾。"

据《广州民权运动大同盟之巡行》，载一九二三年
四月十五日上海《民国日报》第六版

准日人在西沙设实业公司及将琼改省问题

在广州与黄耀武等谈话

（一九二三年四月十日）

黄问：是否准日人西沙实业公司恢复？

孙承〈认〉此事，谓：西沙不过枝叶，琼人何不从根本将琼改省，然后自撤

---

① 北京政府发布《闽粤督理令》后，广东民权运动大同盟于三月二十八日召集各界代表开声讨大会，反对北京政府破坏和平统一，是日举行示威游行，并派出谭平山、唐丽波、麦波扬、曾西盛、张瑞成、何洲泉、冯菊坡、阮啸仙、杨伯智、施其详、方润碧、张慧坤、萧举恩、黄石棠等赴大元帅府请愿。此系孙文与代表们的谈话。

销该公司。

黄谓：何必俟改省，请顾琼民意。

孙谓：昔四万万人均谓清朝深仁厚泽，余独反对，可知民意未尽得当。

据《国内专电》，载一九二三年
四月十一日上海《申报》第四版

与唐宝锷谈话①

（一九二三年四月十七日刊载）

孙中山接见张绍曾代表唐宝锷谓："北方下闽粤督理令，破坏和平，沈鸿英听我令，不就职②，不日北伐。可转知黎黄陂、张绍曾预备子弹。若要调和，除非将闽粤督理〈令〉取消。"

据《粤电志要》，载一九二三年四月
十七日天津《大公报》第一张第二页

在广州与叶恭绰谈话③

（一九二三年四月十七日）

叶入见，中山先生时方指挥调度，汗流满面，曰：君来正好，但省城现势危险，君非战斗员，如怕，或先回港亦好。

叶曰：如怕，即不来矣。

中山先生笑曰：有是夫。

下午叶再往见，中山先生延入密室，屏左右言曰：余请君来，非为一地一时

---

①　唐宝锷是北京政府的皖派人物，经其叔唐绍仪请孙洪伊介绍到广州谒见孙文，此系孙与他的谈话。

②　指不就任北京政府令派的广东军务督办。

③　四月十五日，沈鸿英于广州北郊新街通告就粤督理职。次日，沈通电要求孙文下野，孙下令讨伐沈。是日叶恭绰到广州河南大元帅府谒孙。

关系，不料省城情况忽紧，不得不先其所急，但大计不定，枝节何裨，君知我约君回国之意乎？曹、吴之指使各方攻我，其背后尚有主之者，而我内部派别分歧，政策之执行，固不能贯彻，即行政事务，亦互相牵掣，各为其私，其何以济？君既来意坚决，我想将一切政务事务交君主持，我专务其大者远者何如？

叶闻之，出于意外，惶恐无地。乃答曰：余以一党外之人，未尝追随先生从事革命，且军务尤非所习，怎能当此大任？且先生何为而出此言？目下军队虽然庞杂，财政更形枯竭，党内诸先进，或不尽互相融洽，然对党纲政策，及先生命令，当不致违背，且精卫、汉民，随先生有年，即有不合，亦当不至有大出入。

中山先生欲言又止，旋曰：今且姑谈应急之策，今孤守广州，财源将竭，君竟计将安出？

叶曰：余去国经年，离乡二十载，情形极为隔膜，容细思奉答。

据叶恭绰：《我参加孙中山先生大本营之回忆》，载尚明轩、王学庄、陈崧编：《孙中山生平事业追忆录》，北京，人民出版社一九八六年六月出版

在广州向报界记者介绍进剿沈鸿英军的情况

（一九二三年四月二十二日）

连日战斗，白云山一役最烈，我军伤亡千人，沈军伤亡两千余，被俘千余。我军已占肇庆、英德，当乘胜攻韶。潮梅为粤门户，暂由许崇智驻劢。

据《国内专电》，载一九二三年四月二十四日上海《申报》第三版

与王宠惠谈话①

（一九二三年四月二十七日刊载）

对沈鸿英之激战乃正当防卫，并不背和平之旨。

据《珠江战讯》，载一九二三年四月
三十日天津《大公报》第二张第三页

与唐宝锷谈话

（一九二三年四月二十八日刊载）

汝来此干什么？我有全权代表胡、汪、徐、孙②等四人在沪，尽可向他们商量，不必来此多劳往返。但你免〔既〕来，我痛快告诉你，北庭〔廷〕如不将吴佩孚免职及黎元洪离京，简直无商量余地，你们快去罢。

据《粤中通讯》，载一九二三年四月
二十八日天津《大公报》第二张第三页

北方虽阴使沈鸿英叛变但仍可与之言和

在广州与王宠惠杨天骥谈话③

（一九二三年四月下旬）④

此次北方阳言和平，阴使沈鸿英叛变，于夜半急攻大本营。若我军战败则无

---

① 北京政府代表王宠惠两次谒见孙文，此系孙谈话的部分内容。王谒孙后对人言："中山赞成和平统一，不赞成武力统一；北方果诚意言和，当先去吴佩孚。"

② 指时驻沪办理和平统一事宜全权代表胡汉民、汪精卫、徐谦、孙洪伊。

③ 王宠惠、杨天骥是张绍曾派往广州见孙文的代表。杨回到上海时转述孙与王、杨的一次谈话。

④ 底本未说明日期。据谈话内容及王行程，酌定为四月下旬。

可言，惟现已战胜，不能不述此事；惟我仍不改主张，可再与北方言和，但须视北方之觉悟如何。

据《孙中山言和平须待北方觉悟》，载
一九二三年五月十六日北京《益世报》

附：另一记录

余对于和平统一，未变初衷。虽北方一面言和，一面助沈鸿英等扰粤，和平似已破裂，然余今既驱逐沈氏，戡定粤局，北方果从此觉悟，则和平统一仍可继续商榷。

据《杨天骥返沪之和平谈》，载一九二三年
五月十一日上海《民国日报》第十版

国家统一需由各省领袖协商实现

与王宠惠谈话①

（英 译 中）

（一九二三年五月四日刊载）

王宠惠交给孙逸仙一份书面陈述，言他已决定远涉重洋，因为在中国他看不到重新统一的希望。来广东访问给了他新的视野，他说，孙逸仙与他观点一致，即武力并非解决问题的最佳方式。

王宠惠说，孙逸仙认为若要在这代人中就实现中国统一，只能通过各省领袖协商实现。中国太过地广人稠，不可能由任何个人统治。

"这一点，"王宠惠引用孙逸仙的话说："不会改变，因为各省之间交通不方

---

① 王宠惠自上海赴海牙国际法庭就职抵香港，一九二三年四月二十三日由港赴广州，是日谒见孙文，孙留王在粤办事，王未应允。

便，军队无法在不同战略位置之间轻易移动。"

据 Chinese Must Unite or Fall. *Akron Weekly Pioneer Press* (Washington)，May 4，1923，Page 4.（《中国人不团结则沉沦》，载一九二三年五月四日华盛顿《阿克伦每周先锋新闻》第四页）（高文平译，许瑾瑜校）

英文原文见本册第 575 页

临城劫车案

在广州与外国记者谈话

（一九二三年五月十五日）

此次临城劫车案①，掳中外乘客，系袭老洋人②掳西教士受吴佩孚改编国军故智。吴首开此风，令匪党以接洋财神为不二法门，后患不堪设想。祸魁有属，舆论家宜注意。

据《本报专电·广州》，载一九二三年五月十六日上海《民国日报》第二版

与温树德谈话

（一九二三年五月十八日刊载）

温谓："树德数电子玉③，劝与我公戮力同心，共缓国难。无奈子玉颇自用，不肯下听。"

中山笑谓："足下意下如何？"

---

① 临城劫车案：五月五日夜，津浦线一辆火车北行路经山东滕县临城镇时遭土匪孙美瑶部洗劫，并掳去全部中外乘客三百余人（外籍三十九人）以勒索赎金，酿成国际交涉案。在帝国主义压力下，北京政府以收编孙美瑶部了结此案。

② 老洋人：即河南著匪张庆。一九二二年底曾绑架外国教士及商人二十余人，后被吴佩孚收编。

③ 吴佩孚，字子玉。

（温被孙一诘，大为难情，当现不安之状）随后答云："当维我公之命是听，决勿有他。"

据《广东海军北归失败之经过》，载一九二三年
五月十八日天津《大公报》第一张第三页

与商民代表谈话①

（一九二三年五月）

各宜安居乐业，毋自惊慌。地方治安，彼当完全负责。

据《孙总统巡视石龙情形》，载一九二三年
六月六日上海《民国日报》第三版

日本应当抛弃对华的西方式侵略政策

与鹤见祐辅谈话②

（日　译　中）

（一九二三年五月）

过去二十年日本对中国的外交都是失败的，辛亥革命以后援助北京的政策都是违背中国人期望的、缺乏远见的政策。正因为如此，中国革命才失败了。

日本应该放弃过去对中国实行的错误的西方式侵略政策，停止对北京政府的援助，必须从满洲撤退。要不然，无论日本怎样施展策略都不能得到中国人的谢意，中国人只会以深感怀疑的眼光继续注视着日本。

据藤井昇三著，朴成昊、丁贤俊译：《孙中山与"满
蒙"问题》，载《国外中国近代史研究》第三辑，
北京，中国社会科学出版社一九八二年六月出版

---

① 该代表详述地方治安情况，孙文着他转告商民。

② 是月鹤见祐辅前往广东谒见孙文，写了《广东大本营的孙文》，载《改造》（一九二三年七月号）。

附：另一译文

到最近，才了解到苏俄是中国可以信赖的国家。中俄两国若结成攻守同盟，则世界上没有任何国家足以畏惧。又，土耳其、波斯、阿富汗、德国等都是中国的朋友。但是，我们对日本还是没有绝望。为什么呢？因为我爱日本，感谢流亡时期庇护过我的日本人。此外，作为东洋的拥护者，需要日本。跟与苏俄结成同盟相比，我们更希望以日本为盟主的东洋民族复兴。因此，日本应当抛弃对华的西方模式的侵略政策，停止援助北京政府，从满洲撤退。否则，不论日本实施何种政策，也不能赢得中国人的感谢，中国人将继续以怀疑的目光注视着日本。

据藤井昇三著，李吉奎译，马宁校：《孙中山的"亚细亚主义"》，《国外中国近代史研究》第十八辑北京，中国社会科学出版社一九九一年二月出版

在石龙与马林谈话①

（俄 译 中）

（一九二三年六月三日）

马林问：改组国民党和政治宣传的必要性问题。

孙答：在解决广东问题之后，我们就能着手进行。

马林：建议尽快派代表到莫斯科。

孙声明：现在南方迫切需要财政援助。

据一九二三年六月二十日马林致越飞、达夫谦函，载中国社会科学院马列所、近代史研究所：《马林与第一次国共合作》，北京，光明日报出版社一九八九年九月出版

① 马林因孙文长时间在石龙前线，乃和廖仲恺于是日前去访孙。

东江战事不日结束拟赴北江巡视

在广州与张开儒等谈话①

（一九二三年六月十四日）

东江战事，不日当可结束。今有汝为在惠城主持，予尽可放心。东江既平，则北江沈军，决无能为，且予早经逆料其必来再犯，曾与藻林、介石、绍基三君预筹应付计划。故当东江军事最紧时候，接得沈、北军再犯韶城的警讯，予与绍基早已胸有成竹，绝不惊惶。想不出旬日间，当可聚而歼之。予决拟日间或偕藻林赴北江巡视一切，并慰劳前敌各军士兵。

据《孙总统将巡视北江》，载一九二三年
六月二十三日上海《民国日报》第三版

在广州与马林谈话

（俄译中）

（一九二三年六月十九日）

马林：鉴于目前北京的危机，必须往上海一行，必须设法抓住反对北廷运动的领导权。

孙：这并不重要。我②想在两个月之后去俄国，再由莫斯科前往柏林。现在我的抱负是："我们的主义和德国的技术，在五年之内建立新中国。"

马林：我对斯汀尼斯③和列宁结合起来的可能性表示怀疑。

孙解释说：除了斯汀尼斯外，还有别人。日本的维新需要五十年，我们将在

① 是日孙文从东江前线返回广州，与张开儒、胡汉民、汪精卫、谭延闿、杨庶堪等人谈话。

② 原文为"他"，此改为"我"。下同。

③ 胡果·斯汀尼斯德国垄断资本巨头。

五年内实现。

马林：建议你①留在中国，派一位像廖仲恺或汪精卫这样的亲信去莫斯科。

孙：想在三周以后派汪精卫和你②去莫斯科，而我自己在两个月之后也要去。

据一九二三年六月二十日马林致越飞、达夫
谦函，载中国社会科学院马列所、近代史研
究所：《马林与第一次国共合作》，北京，
光明日报出版社一九八九年九月出版

在广州与李大钊谈话

（俄 译 中）③

（一九二三年六月中旬）

如果没有一个政党，把北京的领导权夺到手也属徒劳。

等解决了广东问题之后，我应该亲自前去俄国，预计在一个月之后，我就
要……④

据一九二三年六月二十日马林致越飞、达夫
谦函，载中国社会科学院马列所、近代史研
究所：《马林与第一次国共合作》，北京，
光明日报出版社一九八九年九月出版

----

① 原文为"他"，此改为"你"。

② 原文为"我"，此改为"你"。

③ 一九二三年六月二十至二十日，中国共产党第三次全国代表大会在广州召开。李大钊
出席了大会。大会期间，李由廖仲恺陪同与孙文会谈。

④ 原文如此。一九二三年六月二十九日孙文致□□电称："拟粤中军事大定之后，则亲赴
俄、德一行，以定欧亚合作之计划，以为彻底之革命。"

谈时局变化

与某外报记者谈话①

（一九二三年六月二十二日刊载）

黎元洪之被逼辞职，乃意计中事，此正可见北京政府之懦弱与军阀之跋扈耳。故欲中国和平统一，非先推倒军阀不可。

临城案发生，外人甚不满北京政府之措置，竟有国际共管之说。然外人既承认军阀及北京政府，则得此结果亦固其所。今中国国民及外交团如乘时拥余，余自有相当之计划。至在广州设总统府，尚待研究，但亦视时机如何耳。

据《各地要电》，载一九二三年六月二十二日天津《大公报》第一张第二页

否认与陈炯明和解的谈话

（一九二三年六月二十五日刊载）

外传余与陈炯明调和，余未之知。广东非去陈不得安，日内将赴东江督师，务于一月内肃清敌踪。

据《快信摘要：孙中山语人》，载一九二三年六月二十五日长沙《大公报》第二版

---

① 六月中旬北京政局发生剧变，直系军阀首领曹锟为谋取总统职位，胁迫黎元洪下野离京，张绍曾内阁亦不得不辞职。该记者就此访问孙文，请其发表看法。

在大元帅府与记者谈话[①]

（一九二三年六月二十六日刊载）

记者问对付北方政策，孙氏曾言："彼此次意先弄好广东，然后再图对外。现广东弄到如此田地，当无暇对北云。"

据《中山回省时之三江战况》，载一九二三年
六月二十六日长沙《大公报》第二版

与广东各界代表谈话

（一九二三年六月下旬）[②]

民意既如此，则予或当二三日中去粤，但予虽去，予之部下，不平之余恐将以炸弹与手枪与仇敌相见。

据《孙中山尚未离粤》，载一九二二年
七月四日长沙《大公报》第二版

---

① 报载此谈话时编辑按："孙氏此行回省，有说因北京政局陡变，张阁总辞职，黎元洪出走，北方已陷于无政府时代，故胡汉民、汪精卫、叶夏声诸政客以为孙氏接任总统之时机已到，特请孙回省讨论方略。"此系孙文回到广州后，记者往访时发表的谈话。

② 底本未说明日期。此据长沙《大公报》载东方社广东电日期而定。

必须建立一支自己的革命力量

与陈独秀蔡和森谈话①

（俄译中）

（一九二三年六月下旬）②

孙首先说：我③不会同曹锟联合，另一方面我不会参加那个高级专员委员会，即那个由不在北京的部分国会议员倡议成立的委员制。这种组合没有意思，所以我不参加④。此处，我也不想按照各方面的建议把国会召至广州。

孙又说：必须建立一支自己的革命力量。虽然我不反对党员以个人身份支持商人的行动，可是我不能支持商人的行动。不会有什么结果，所以党不应该插手。如果商人们的计划成功，他们就会到我那里去。在抵制的问题上，党也不能表态，因为不久我们可能必须与日本合作。党员个人，就像支持国民会议运动那样，也可以支持抵制运动。

陈独秀问：建立一支自己革命力量时有何想法？

孙答：党只有在危急关头才应该出面。必须以广东省为基地，在西南地区建立起一支革命的军事力量，在西北或东北也必须这样做。这样就可以为胜利做好准备。

据一九二三年七月十三日马林致达夫谦、越飞函，载中国社会科学院马列所、近代史研究所：《马林与第一次国共合作》，北京，光明日报出版社一九八九年九月出版

---

① 一九二三年六月中国北方发生政治危机，总统黎元洪于是月十三日在直系军阀首领曹锟胁迫下下野。而在六月十二日至二十日举行的中共第三次全国代表大会上，陈独秀、蔡和森二人以最高票数被选进中共领导机构。二十五日，陈、蔡等曾就北方危机问题致函孙文，探询他的看法。又经马林建议，陈、蔡直接前往大元帅府与孙文晤谈。

② 底本未说明日期。据上注所言，酌定晤谈时间在六月下旬。

③ 原文为"他"，改"我"，下同。

④ 部分国民党人士如徐谦等所提议建立的"委员制"，旨在联合各派系以打倒军阀曹锟，主张由国会产生政府，实行委员制。但一九二三年七月四日孙文复徐谦函称："我对于委员制绝对反对，因曾饱尝七总裁之滋味，以后再不敢领教也。"

答某外国记者问

（一九二三年七月一日）

问：先生昨日发表之对外宣言，请列邦撤消北京政府之承认，预料果能发生若何之效力乎？

孙答：目下北京已陷于无政府地位，完全丧失其统治能力。以公理论，列邦当然要撤消其承认。

问：列邦与北京政府缔有种种条约，若撤消其承认，是不啻自行消灭种种条约之效力，是故撤消一层，事实上恐未易办到。想所发之宣言，亦仅为形式上之一种具文耳。

问：列邦与北京政府缔有种种条约，若撤消其承认，是不啻自行消灭种种条约之效力，是故撤消一层，事实上恐未易办到。想所发之宣言，亦仅为形式上之一种具文耳。

孙答：列邦之不肯撤消其承认，仍系为武力观念所束缚，然无论如何，余尽可达到同一之目的。

问：究竟多少时日乎？

孙答：若列邦撤消其承认，则北京政府无关余及外资之接济，行见三个月之内，彼辈将不攻自倒，而完成统一之事业。否则，非期以三年之光阴不可。

问：进行统一之办法如何？

孙答：斯时未能宣布。

问：先生既有三个月及三年之期间，可知成算在胸，具有把握，则办法不妨概括发表，亦足为对外宣言之一助也。

孙答：请举例以明之，满清奄有二十二省之土地，拥有百数十万之雄兵，我辈仅饷以炸弹数枚，驳壳数杆，清社遂屋（？）。征诸已往，即可推知将来，办法无俟明言也。

问：远者且勿论，就以广东而言，北江未平，东江又起；东江方剧战，西江又兴戎。循环攻击，迄今未能收拾，一省尚如何，况全国乎？

孙答：此层更不成问题。此等现象，仍系列邦不撤消北京政府承认所构成之结果。须知今次东、西、北三面战事，均系受北廷接济。若北京失却关余及外资之资助，则沈鸿英、陈炯明安能打仗乎？

问：南方有迎黎之消息，究竟先生有何意见？

孙答：余现在尚未暇研究及此种问题。

据《孙中山与某外国记者之谈话》，载一九二三年七月四日《香港华字日报》第三版

对曹锟谋选总统之态度

与某君谈话①

（一九二三年七月六日刊载）

昔日之护法同志如某议长②及某某，今皆为曹锟谋选总统，吾尚有何法可护？不是护法，乃是护曹锟。今简单言之，凡今日离京不举曹锟为总统者，便是护法议员，皆余之同志也。

据《黎邸之宴会》，载一九二三年七月六日天津《大公报》第一张第二页

赴韶关视察谈话③

（一九二三年七月六日）

自英德以上，山形地势仿佛桂林，石英、煤矿所在皆是。

据《蒋介石年谱初稿》，北京，档案出版社一九九二年十二月出版

---

① 黎元洪退总统职后，在天津私邸宴请离京议员，自粤来津之国民党议员刘成禺在宴席上转述孙文对某君的谈话，即本文所记。

② 某议长：指众议院议长吴景濂。

③ 是日上午九时五十分，孙文由蒋介石等陪同，自广州大本营北上，下午六时四十分抵韶关。这是孙文赴韶关途中与随从的谈话。

与曲江县各社团代表谈话 ①

（一九二三年七月七日）

须本日回省②，现实无暇，因此辞不赴会，并向代表道达一切。

据《孙总统出巡韶关详情》，载一九二三年
七月十八日上海《民国日报》第三版

北方计划与《向导》周报

在广州与马林谈话

（一九二三年七月十八日）

马林问：你③这样做有何意图？④ 你本人是否认识这些人，因为廖仲恺告诉我，你对这些人没有把握。

孙答：这已经是在为我⑤的北方计划做一种准备了。我对这五个国民党员的召集人说，不许向张作霖透露关于这个计划的任何情况。

马林：你可以做得更好些，第一，不要派这么多人；第二，只让有名的领导人去同赤塔当局的官员会谈。

孙用汉语与廖仲恺谈论一份关于钱的电报，他突然用英语激动地说：像陈独

---

① 是日孙文出巡北江时抵韶关，曲江县商会等团体拟于是日午刻开欢迎大会，派代表前往恭请孙赴会。

② 指广东省城广州市。

③ 原文为"他"，今改"你"，下同。

④ 七月十七日孙文委托廖仲恺向马林"询问能否专门成立一个由五名中国人组成的小组，对西伯利亚华裔乡镇的人员结构进行调查，以便判断由这些人组建军事组织的可能性问题。五个中国人当中有四个国民党党员，但是没有一个是有名的。"次日，马林即诘问孙"这样做有何意图？"

⑤ 原文为"他"，今改"我"，下同。

秀那样在他的周报①上批评国民党的事再也不许发生。如果他的批评里有支持一个比国民党更好的第三党的语气，我一定开除他。如果我能自由地把共产党人开除出国民党，我就可以不接受财政援助。

马林为陈独秀辩护说：有几篇批评国民党消极被动的文章出自我的手笔。但援助问题与共产党人能否留在国民党内毫无关系。

> 据一九二三年七月十八日马林致越飞、达夫谦函，载中国社会科学院马列所、近代史研究所：《马林与第一次国共合作》，北京，光明日报出版社一九八九年九月出版

赞成学生从澄清政治做去

在广州与杨文焄谈话②

（一九二三年七月二十日）

杨代表：今日代表全国学生总会来见先生，祝先生幸福无量，中国前途无量。现在全国青年预备加入战线，希望先生领带我们一齐向光明的革命路去走。学生们现在要和〈被〉压迫的一切民众，共做澄清政治的运动，希望先生能实力援助。现在社会上受了腐〔性〕化太深，看见学生的举动都大惊小怪起来，以致生出许多误会，希望先生嘱党人于民众运动多用几分力量。

孙问：现在全国学生与总会一致同情实力做事的究有多少人数？

杨代表答：敝会系由各省学生联合会所组织，照章则全国学生皆为敝会之分子，而现在照总会的主张进行的。自北京以至汉口、长沙，西至四川，南从上海至福建，都已一致。现在北京学生会因请求使团撤销〈对〉北政府之承认，刻已被迫迁至上海了。

孙谓：中国十余年丧乱，都由革命未能做到彻底一层工夫。学生们从前枝枝

---

① 指《向导》周报，这个时期发表的这类文章有春木（张太雷）的《羞见国民的中国国民党》（第二十九期）、和森的《北京政变与各派系》（第三十一、三十二期）等。

② 是日上午十时全国学生总会代表杨文焄晋谒孙文，面陈赴粤宗旨。

节节的去闹外交，在我已早知其无谓，不过社会活动始有进化，我亦非常赞成。现在你们要从澄清政治做去，我是十二分赞成的。我做数十年的革命，未达所愿。今日同志多已丧亡，我觉得非常冷寂，你们是社会的中坚。

据《大元帅与全国学生代表谈话》，载一九二三年
八月二日上海《民国日报》第三版

关于中国时局问题

与布罗克曼谈话①

（英 译 中）

（一九二三年七月二十二日刊载）

"如果没有外国列强干预，六个月内中国就可以实现统一了，军阀政府被推翻，宪制国家已经成立了。"南方中华民国总统孙逸仙说。

"如果外国执意坚持他们的看法，"他补充道，"一年内中国就会爆发一场更大规模的战争——一场会卷入世界更多国家的战争。"

……

总统着装很随意，进入接待大厅，步履轻盈，一如美国商业人士。他坐下，正对着长桌，请我坐在他的一侧，静候采访开始。没有任何繁复的中国式官场寒暄，没有任何在中国常见的嘘寒问暖的家庭问候。他的态度就是，"今天我能帮到你什么？"

孙博士狂风暴雨式的一生

"孙博士，中国现在时局如何？"我问道。"美国人只知道您，不知道其他中国人。您对这个问题的回答对他们很重要。"

"时局十分复杂，"他答道，"真正的问题在于中国不是一个独立国家，她是外国的牺牲品。她正处于比朝鲜和台湾（Formosa）更加恶劣的情形。他们有一个

---

① 布罗克曼（Fletcher S. Brockman）是《纽约时报》记者。

主人；我们却有很多个。他们的主人统治着他们，但对管辖的人民负有重大责任。中国同样遭受外部统治，但她的主人们不负任何责任。"

"如果外国让我们独立，中国在六个月内就可以初步解决好内部问题。外国列强采纳了一个灾难性的政策，纵容一个腐败无能的派系在北京结党，并称之为职能政府。特别是美国必须对我们现在的灾难负有责任。"

"是美国将我们引向欧洲战争。在这之前我们拥有一个负责任的政府。是段祺瑞政府将我们带入战争，造成首次南北分裂。"

"但华盛顿会议没有改善中国的外交关系并阻止列强对中国主权的攻击吗？"我问道。

独裁与民主

"我们仍未从华盛顿会议收获任何益处。会议之后外国也并未停止对我国内部问题的干涉。他们纵容北京政府；北京政府没有外国政府的支持挺不过二十四小时。北京无法控制其人民，其惟一收入来自海上贸易的关税与盐税。"

"军阀督军们将军事统治强压到中国人民头上，他们是公认的国家的诅咒。但如果没有北京支持，他们很快会被推翻。如果他们没有外国在背后的支持人民可以轻易推翻整个军阀体系。北京政府将会即刻饿死。北京政府无法从各省征收国税；政府所有的收入完全来自外国。

外国盲目地坚持拒绝南方政府，尽管北京是实际上的政府，但南方政府才是真正法律上认可的政府。已经有六个省对南方政府表示了忠诚。海上贸易关税与部分盐税，皆由外国列强征收，但未见他们为纳税的中国人民谋利。以上税收送到北京，部分收入用于与我们开战。外国列强从南方收取这些税金交给北京，其实是在帮助独裁与官僚化的北京政府来打垮民主的南方政府。

南方一直争取外国承认，但如今已不抱希望。我们不是在乞求承认。我们所要求的是列强至少撤回对北京政府的支持。我们没有要求列强从南方征收税金，然后送回南方。我们要求的是列强从北方和南方收取税金，可以扣住税金，等到中国人解决了内部问题，建立一个真正代表中国人民的政府。中国人没有被分裂；彼此分裂的是一些军阀。

中国人民要怎样做？我们无法反对主要列强的统一政策。如果甚至像美国这样的民主国家都拒绝站在中国民主一边施加影响，至少应该抽出手来，不参与中国人自己的问题。"

"您说您的政府为民主政府，"我问道，"但你的军队与张作霖（Chang Tso-Lin）在满洲的军队合并，这令您的朋友很困惑，因为您加入了一支出名的独裁队伍。您不反对相反的立场吗？"

会接受苏维埃的援助

"我与张作霖的联手与美日联合反德同理。美国是民主国家；日本是独裁国家。联合的目的是为了推翻共同敌人，张作霖将军与我有着共同的敌人，我会与他联合，或者和任何能够帮助我的人，联手推翻北京政权。

我们已经失去希望能从美国、英国、法国，或其他列强处获得帮助。只有一个国家表示愿意帮助南方，那就是苏俄政府。"

"您认为苏维埃是民主国家吗？"我问。

"我不介意他们是什么，"他回答道，没有丝毫迟疑。"如果他们愿意支持我反对北京的话。"

"如果没有希望令外国改变他们对中国的政策，您会怎样做？"

"假如外国列强改变政策，"孙博士答道，"我们将不用开战就可以实现中国统一。如果他们坚持己见，中国一年内将爆发一场大规模战争，一场会卷入许多国家的战争。人民知道他们要什么，他们迟早会得到。中国人不是好战的民族。我们希望能够和平解决困难。外国列强的干预逼着我们诉诸武力。请记住，中国人本身是团结统一的，只是一个外国人养活的政府在制造分裂。"

我试图请孙博士回到一些细节，如何推翻军阀问题，统一做起来分多少步骤，外国政策是否会改变等。但他躲过了所有问题。他很客气、肯定地表示了自己的态度："这是我们自己的事务，我们以我们自己的方式解决。我想跟你谈的是外国人能做出什么补救措施，亦即，他们对我们内政的干预。"

据 Foreign Control at Peking Means War, Says Sun Yat-sen. *The New York Times*, July 22, 1923, Page 5.（《孙逸仙称外国控制北京意味着战争》，载一九二三年七月二十二日《纽约时报》第五页）（高文平译，许瑾瑜校）

英文原文见本册第576—581页

与桂军将领代表谈话

（一九二三年七月二十五日）

　　粤省报载：二十五日，〈广〉西将领合派代表见孙中山。孙谓：如陆荣廷、林俊廷等能悔祸来归，吾当引为同志，前事不究。

据《快信摘要》，载一九二三年
八月一日长沙《大公报》第二张

俟各江军事结束众意佥同当贯彻对外宣言之主张

与叶恭绰程潜谈话①

（一九二三年七月二十八日）

　　曹、吴始终不觉悟，迷信武力，两次祸粤，致我粤生民涂炭，罹于兵燹，自应大张挞伐，以儆刁奸。惟鄙意拟俟各江军事结束后，再召集各界人士暨各职员会议，如果众意确已佥同，余即为民国尽力，亲出扫此群丑，而贯彻前者对外宣言之主张。但此时尚有数项最要问题，乃须慎密考虑，再行对外。

据《大元帅讨伐曹吴表示》，载一九二三年
七月三十日上海《民国日报》第三版

---

　　①　是日财政部长叶恭绰、军政部长程潜等谒孙文，请下令讨伐曹、吴，并先就大总统职，以正名位。孙就此与叶、程等谈话。

与桂军代表冯君谈话

（一九二三年七月三十日刊载）

梧州桂军将领派代表冯君谒孙，孙言："梧州治安仍交桂人自治，粤人决不干预。"

据《孙陈相持中之粤局》，载一九二三年
七月三十日北京《晨报》第二版

不容鼠辈窃据桂省

与旅粤桂省人士谈话①

（一九二三年七月三十日）

为两粤安全计，为西南大局计，均不容鼠辈窃据桂省，屠〔荼〕毒桂人，但桂事目前宜征刘显臣〔丞〕总司令解决意见，予必极力援助。

据《大元帅解决桂局意见》，载一九二三年
七月三十一日上海《民国日报》第六版

国民党偏重军事之原因

与王永基等谈话②

（一九二三年八月十三日）

王等请孙不可专注军事革命，宜注重群众革命。

---

① 是时沈鸿英叛军已遭到挫败，梧州已被滇、桂联军收复，旅粤桂省人士亟图解决广西问题，向孙文请示。
② 是日孙文接见全国学生联合会代表王永基等，解释国民党偏重军事的原因，并勉以共图国事。

孙云：在此战期，不得不偏重军事。民党现人才少，有才者多死或分裂，望诸位共图国事。

据《国内专电》，载一九二三年
八月十五日上海《申报》第六版

必以戡乱除暴为前提然后收制宪定国之效果

与广东籍某议员谈话①

（一九二三年八月十四日）

诸君欲藉区区空泛之省宪及宪法，遂足以束缚武人不法之行为乎？不知曹、吴辈特利用国会制宪，以达其选举总统之目的。及目的既达，日后宪法自宪法，暴力自暴力，实际上毫无所补。居今日欲解决时局，除非扫除军阀，方为根本解决。必以戡乱除暴为前题〔提〕，然后收制宪定国之效果。

据《大元帅对联治之批评》，载一九二三年
八月十五日《广州民国日报》第三版

东江战事将告结束筹费犒军

在大元帅府谈话②

（一九二三年九月十四日）

东江战事极容易可结束，敌人已心惊胆破。一、炮手之得力。惠州城外附近有一高山，我军运到十五生的大炮一尊，架于山上，昨十二日连发四响均命中，将以特别重赏该炮手。二、战事之得手。平山、博罗、白芒花、三多祝、柏塘、

---

① 是日粤籍某议员谒孙文，面述以现在时局，非筹办联省自治及建设联省政府不足以救亡图存，请他俯顺民意，出而主持国是。孙对联省自治主张提出批评。

② 是日孙文从博罗返广州，在大元帅府对部属发表谈话。

泰尾等，我军均得手，逆军困守孤城，我下总攻击令，约于一星期内，必能攻克惠州城。三、犒军之筹费。此次东江战事，将告结束，犒军需费，面嘱会计司长王棠，着力筹集巨款，以为犒军及结束军事之用。

据《大元帅返府之战事谈》，载一九二三年
九月十七日《广州民国日报》第三版

与天羽英二谈话①

（一九二三年九月十六日）

关羽英二在一九三五年回忆说：孙先生常对我主张大亚细亚主义，说作为亚洲国家的日本，仿效欧美推行帝国主义政策是不应该的。日本应主动废除不平等条约，实现真正的富有成效的日中提携。

据《天羽英二日记·资料集》第一卷，
载俞辛焞：《孙中山与日本关系研究》，
北京，人民出版社一九九六年八月出版

与鲍罗庭谈话

（英译中）②

（一九二三年十月九日）

鲍罗庭转达了莫斯科以及政治代表加拉罕同志对于他③的问候和祝愿。还补充说，加拉罕期待着在最近的、适当有利的时机和他会晤。然后简要地向他说明了我来广州的任务，并向他询问了许多关于全国、特别是关于广东形势的问题。

───────

① 天羽英二时任日本驻广州总领事。
② 是日孙文设宴招待鲍罗庭，并同他谈话。此件是鲍罗庭向他的上司所作关于这次谈话的报告。鲍罗庭（Михаил Маркович Вородин，亦译鲍罗廷）受苏联政府派遣来华，一九二三年十月被孙文聘为顾问（任"国民党组织训练员"）。
③ 指孙文。

孙中山表示了这样的意见：如果我①能在中国中部和内蒙古驻足，我就可以十分自由地和帝国主义打交道。至于中国中部的局势，一切问题都取决于我的军队北伐运动的成功。我还等待着我派赴莫斯科的代表所进行的谈判的结果。很明显，我期待着在莫斯科的这些谈判能够取得丰硕成果。

对于孙中山来说，蒙古这块地盘是很有吸引力的。

孙说：蒙古提供了巨大的可能性，首先是因为，在北方，有着比在南方更多的追随者。在蒙古，有着友好的俄国在其背后作为后盾，我有可能执行一种更加公开和更具实效的政策。目前，我发现，控制广东是必要的，因此，我的军队必须扩编和加强。要做到这一点，我需要援助。这种援助可以通过符拉迪沃斯托克提供给我。不必在香港靠岸，从符拉迪沃斯托克至广州的直达轮船航线，可以用来为此事服务。但是，打开符拉迪沃斯托克至广州之间这样一条直接航线，必须用某种方法加以解释，事情才容易办好。因为，广州需要木材、水产、大豆，等等，这些东西可以用地方产品进行交换而获得进口。

这就是孙中山最迫切需要立刻开辟的线路，换言之，就是与俄国（苏维埃社会主义共和国联盟）的直接联系。不可缺少的军事补给由于梗阻而不能收到，这也可以从符拉迪沃斯托克运入。

据韦慕廷著，杨慎之译：《孙中山——壮志未酬的爱国者》，广州，中山大学出版社一九八六年十月出版

附：另一译文

鲍罗庭和孙中山坦率彻底地商谈了未来的工作和他们各自的任务。孙中山强调了他长期希望进行的北伐的重要性。他承认当前需要加强对广州的控制，并在广州建立自己的军队。为此，他需要军需供应，并告诉鲍罗庭，他对当时蒋介石在莫斯科进行的谈判寄予很大的希望。但他又强调，他的最终的高于一切的目的，

---

① 原文为"他"，今改为"我"，下同。

是举行北伐，统一全中国。

据雅各布斯著，林海译：《鲍罗庭来到广州》，载
《国外中国近代史研究》第五辑，北京，中国社
会科学出版社一九八三年八月出版

曹锟贿选已成只有兴师北伐

与某记者谈话

（一九二三年十月初）①

问：曹锟伪选已成，大元帅持如何态度？

答：曹锟串同无耻议员，谋之已久，今日之事，早在人人意料中。日前我曾通电宣言警告曹氏，冀其觉悟，今竟冥顽不灵，甘冒不韪，只有重行兴师北伐之一法。

问：北伐是否单独广东进行？

答：广东为护法之区，自应提挈，至关东、浙江、湖南等省，事前有反对曹氏之电文，最近有向余请问办法之表示，若广东出师，以上各省，当可沿途响应。

问：北伐军如何组织及何时可以出发？

答：现拟挑选各军之劲旅组织之。至于出师期，固愈速愈妙，不过因财政问题，稍有商量耳。余最近设一筹饷局，专向省外各县设法征收，总有一好结果。预料出师之期，总在数星期之间。

问：东江未平，与北伐有无影响？

答：广东现在兵力甚雄，东江不过有一部分，此外当可抽调军队，况料惠州数日可下，实不发生碍窒。

问：曹氏此次有无外力援助？

答：曹氏除金钱之外，其次当然借重外力，其助曹之某国人，殊属出余意表。

问：预料北庭将如何结果？

答：曹氏之于民意，久已丧失无余，爝火之光，终不能久。国人能助余为国

---

①　底本未说明日期。据谈话内容，谈话时间应是十月八日孙文下令讨伐曹锟之前。

效力，则去曹氏甚易耳，但余甚希望广东北伐，学生界出而尽力，以为后盾。

据《大元帅对贿选之表示》，载一九二三年
十月十八日上海《民国日报》第三版

与日本东方通讯社记者谈话

（一九二三年十月十二日）①

余曩曾发通电警告曹锟，曹氏不听，竟敢实行贿选。余将责其违法，一面从速组织北伐军从事讨曹。现东江方面河源、平山、龙门等已落我手，惠州不日可下，故由各军选拔精锐从事北伐亦属易举。又东三省及湘、浙诸省对于余之北伐亦将响应而起。惟关于曹之当选，闻某国人实予以援助，洵出意外。

据《大元帅将讨伐曹锟》，载一九二三年
十月十三日上海《民国日报》第二版

在广州与鲍罗庭谈话②

（一九二三年十月十六日）

孙中山亲切会见了鲍罗庭，向他详细打听了苏俄的情况。孙中山最关心军事和工业。

鲍罗庭详细叙述了一切，从而为进一步的紧密合作打下了基础。鲍罗庭在向孙中山讲述红军的情况时，使他注意到军队中政治工作的重要意义。

在鲍罗庭详细告诉苏联军队的组织和战斗生活之后，孙中山表示："我们的军队中缺少这个，我们必须把所有这一切建立起来。"

据切列潘诺夫（Александр Иванович Черепанов）著，中国社会科学院近代史研究所翻译室译：《中国国民革命军的北伐——一个驻华军事顾问的札记》（*Записки военного советника в Китае*），北京，中国社会科学出版社一九八一年五月出版

---

① 底本未说明日期。所标日期系记者发电讯日期。
② 是日鲍罗庭抵达广州，受到孙文的热烈欢迎。

关于桂局

与某记者谈话

（一九二三年十月二十二日刊载）

问：外间传桂系将领私迎陆荣廷出台，将有举动，以冀摇撼桂局，是否？

答：北方无时不思挑拨南方，故此令陆氏再图捣乱，但陆信用久已坠地，试问其有何号召能力？而且陆年老昏愦，有何作为。此不过一种虚声，断无实力，彼自保首领且不暇也。

问：外间又传唐继尧遣滇军入柳，意欲窃桂，是否？

答：梧总〔州〕现驻重兵，布防严密，滇军未必有此举。即来亦不能越雷池一步，于桂局断不发生影响。

问：报载刘震寰拟回桂维持，其行止究如何？

答：东江平定后，本欲助刘司令回桂收拾全局，但现时势变易，北伐军急须组织，大抵刘部必须助现政府发展，或未能全部回桂。

据《大元帅对桂局之谈话》，载一九二三年
十月二十二日上海《民国日报》第三版

在广州与马伯援谈话①

（一九二三年十月二十五日）

孙曰：冯焕章若真革命，必须加入国民党。

马曰：入党固可表明其决心，但因入党一个问题，而妨害其革命进行，亦可不必。且我并非加入国民党，而先生早晚待我，无异党员，这不是一个好例吗！

孙曰：你是同盟会会员，有历史的。

---

① 是日下午二时马伯援赴大元帅府谒孙文，汇报访问冯玉祥事。

马曰：冯玉祥等在滦州举过义旗，廊坊打过张勋，武穴打过通电，是有工作的。请先生勿固执入党之说，而阻天下归心。

孙又曰：段祺瑞亲口对吾人说过，冯玉祥为人过假，极靠不住，故吾同志中，均怕与彼往来。

马曰：一般人对于冯的观察如此，不仅段祺瑞一人说他不可靠，就是张溥泉等也极疑惑他。但我的意见，觉得中国革命，尤其是北方革命，非他不可。且他的行为与热心，已感动了陕军胡景翼，冯、胡必合作革命，请先生北上。

中山于此则问曰：你知道蒙古情形，及山东军队所在吗？

马答曰：然前由日本东京前赴内蒙古海拉尔一带游历，住过帐幕十数日。与青年郭道甫周旋月余，常常谈到革命计划，及国民党主张。倘先生到满洲里附近起兵，将革命旗子竖起，我去说冯玉祥、胡景翼响应，成功则堂堂正正的干一场。否则求个速死，免得在广东天天受罪。

中山听了郑重表示曰，这是一件大事，出诸你口，入于我耳。你须去问问冯焕章的意思，他有这种计划与决心否？若有，我必舍却广东，到北方去。

此间军队若不改良，无论如何不能革命，更谈不上北伐。你的话有许多是对的，你的计划有许多可行的。但革命是要一致贯彻，不可中断的。倘冯、胡等决心，我无别的方案时，也只得尽我的力量去干，我实在希望你的计划实现。

借力于俄国、蒙古，这是我最近的出路。因为现在俄国人看见我的苦斗，已表示许多的意思，不像日本的小气，只是口惠而实不至。反正我们革命党，于现今世界，要求一条出路，非要国际间的援助不可。

你的计划虽是不错，最怕的是张作霖作梗，因为张作霖背后有日本。日本最注意的是满蒙问题，并反对我等亲俄政策。你去运动时，当注意及之。虽然"有志竟成"乃我一生革命的信条，你既到北方去，须往说之。总合结果，秘密告我。

据马伯援：《我所知道的国民军与国民党合作史》，
上海，上海商业公司一九三二年出版

作战将士首以勇敢沉毅为主

在广州与梁士锋何振谈话①

（一九二三年十月二十七日）

革命军人讨贼救国，职责重大。作战将士首以勇敢沉毅为主。

对于我之一方，或少有挫折，自当更振奋维持，前仆后继，万不能藉辞牵动，遂亦随而退却。古所谓"泰山崩于前而色不变"者，此军人之勇也。

士兵放抢〔枪〕，须教其〈瞄〉准，不可徒肆浪费弹药，无的放矢，于事无济。假如每兵日发十弹，而必令其一弹命中，则二千人每日不过发弹二万，而毙敌可二千。以其数考之，其胜利为何如？

至于对敌之冲锋，更须镇静。盖敌之冲来，不过一鼓之气，其心意中对我必曰："我冲到矣，尔盍速退乎？尔果不退者，则我退矣。"故倘我当时忍耐片刻，镇静不惊，示以死守不退，则冲来之敌必反自退矣。

据《大元帅之新战术谈》，载一九二三年
十月三十日《广州民国日报》第三版

关于与陈炯明和解前提的谈话②

（一九二三年十月二十八日刊载）

如竞存能反而讨□〈曹〉，则前嫌可立释，而仍与合作。

据《汪精卫最近之乐观语》，载一九二三年十月
二十八日天津《大公报》第一张第二页

---

① 一九二三年夏，东江陈炯明叛军趁军政府忙于应付沈鸿英作乱之际再度举兵，朝广州方向进犯，至十月中下旬连陷河源、茶山（今东莞市茶山镇）等处。是时，东路讨贼军第四军旅长梁士锋奉令率部赴前线增援，行前偕参谋长何振往谒孙文，请示作战方略。孙文除面授攻防机宜外，还谈及具体战术运用问题。本谈话录系报馆记者据何振转述而写成。

② 系报载汪精卫谈话中提及孙文的讲话。

对海军问题的谈话

（一九二三年十月三十一日）

孙中山对永翔、楚豫、同安、豫章四舰投北不甚重视，谓："该四舰南来之成绩，已予人以共见，得之无益，失之亦无伤。"

未投北海军官兵推孙祥夫为代表，将情形报告孙中山。孙表示："海军果为国家前途计，则可留此，助成革命全功；若不欲革命，则去之无拘。然为海军名誉计，固当竟护法之功也。对留粤海军官兵深为称许。"

据《大元帅亲赴前线督战》，载一九二三年十一月八日上海《民国日报》第二版；《粤局转危为安》，载一九二三年十一月九日上海《申报》第十版

附：另一记录之一

自"永翔"、"楚同"①、"楚豫"、"同安"叛孙后，某军官叩孙意见。

孙说："此种无用废物，去之何伤？"

据《广州危急》，载一九二三年十一月四日北京《晨报》第三版

附：另一记录之二

此种无用废物，去之何伤？倒减轻粤库每月十数万之负担。

据《粤局忽又紧张》，载一九二三年十一月七日上海《申报》第七版

---

① 护法舰队无此军舰，或为"豫章"舰。

与胡思舜等人谈话

（一九二三年十一月三日）

孙实系江（三日）午由省乘大南洋电船赴石龙，即在电船驻节。胡思舜、蒋光亮、卢师谛等均往谒。胡、蒋报告退出平山情形。孙云：博罗、河源方面，汝不必顾虑，汝但担任右翼攻平山便可。敌最凶为林虎，林计划由河源出增城，二十日要到广州，现林部三王已被我打花了，请你们明日快由樟木头沿马路打惠阳。

据《快信摘要》，载一九二三年十一月
十二日长沙《大公报》第二版

与华北《英文日报》主笔谈话

（一九二三年十一月五日）①

上海五日电：华北《英文日报》主笔至广州谒孙文，询问阁下未通知广州领事之自扣留关余，其中理由愿闻其详。孙文宣布：北京政府用广东关余军费攻击广东，是何理由？各国可能担负北京政府不用关余为军费否？

据《快信摘要》，载一九二三年
十二月十日长沙《大公报》第二版

关于讨曹计划

在广州与冯自由谈话②

（一九二三年十一月七日）

讨曹计划，此间早已议定，现在筹备进行中，一俟就绪，便即通知全国出师，

---

① 底本未说明日期。此据上海电日期而定。
② 是日孙文接见留沪参众两院议员代表冯自由，听取有关各方讨曹及北方议员活动报告。

请将此意转达国会同人。

据《冯代表谒见大元帅之陈述》，载一九二三年
十一月九日《广州民国日报》第三版

在广州与鲍罗庭谈话

（一九二三年十一月十二日）

鲍罗庭和孙中山进行了会晤。鲍罗庭向孙中山介绍了他的军事行动计划。孙中山表示完全赞同并答应给予各种支持。

鲍罗庭表明了一点看法：前线失败的主要原因是国民党在农民中间工作薄弱，因而农民们对于事件的态度是消极的，有时甚至帮助敌人。孙中山同意这一点，并指出，他在亲临前线视察时确信对事态的这种估计是正确的。孙中山表示希望，如果能够坚持六个月，那么凭着现在着手改组国民党的这种劲头，就能巩固政府的地位并把广东省变成国民革命运动的战略基地。

据切列潘诺夫（Александр Иеаноеич Черепаное）著，中国社会科学院近代史研究所翻译室译：《中国国民革命军的北伐——一个驻华军事顾问的札记》（Записки военного советника в Китае），北京，中国社会科学出版社一九八一年五月出版

关于国会问题

在广州与刘云昭等谈话

（一九二三年十一月十二日或十三日）①

一、集会问题：八年国会自为真正法统之所在，今日自仍重视此观念。惟粤

---

① 底本未说明日期。护法议员推代表刘云昭、孔绍尧、凌钺等赴广州谒孙文。文中有孙谈及"战事状况，彼等十三离粤"，十二日孙由石滩返广州。谈话时间据此酌定。

省现军事期内，事实上尚有困难之处。

二、经费问题：一俟战事小有结束，即拟筹集一笔款项，汇沪接济。

据《护法议员粤代表返沪》，载一九二三年
十一月二十一日上海《民国日报》第十版

给谭延闿的命令

（一九二三年十一月十四日）

湘军转战太苦，着调至广东，暂行休养，藉资补充，准备反攻。鲁涤平、黄辉祖、朱耀华、方鼎英、汪磊调至乐昌，谢国光调仁化，吴剑学调九峰，陈嘉佑及方之一部调星子。

据《谭延闿传孙中山令》，载一九二三年
十一月十六日上海《申报》第四版

与冯自由谈话

（一九二三年十一月十六日刊载）

孙对于议员之不为利动甚为嘉许，但以国会招牌已成废物，不足起国人之信仰，故国会之纯洁分子如能同来革命，则无不表示欢迎。若要集会，则广东尚在军事时期，姑未遑暇，即粤局大定，尚当加以考虑。

据《粤局紧急中之各消息》，载一九二三年
十一月十六日上海《申报》第十版

在广州与鲍罗庭谈话

（一九二三年十一月十六日）

我正给日本内阁中我的朋友们①写信。

我写的是，他们在俄国问题上干了许多蠢事。我向他们指出，那种政策对于他们是极为不利的，他们不应当仿效英国、美国和其他国家。日本在俄国问题上应当实行完全独立的政策，必须承认苏俄。

我依然同意实行劳工法和关于改善小资产阶级状况的社会法令。至于土地法，我建议先与农民进行联系，弄清他们的需要，主要是成立一个宣讲团向农民解释该法令……②

据切列潘诺夫（Александр Иванович Черепанов）著，中国社会科学院近代史研究所翻译室译：《中国国民革命军的北伐——一个驻华军事顾问的札记》（*Записки военного советника в Китае*），北京，中国社会科学出版社一九八一年五月出版

与许崇智谈话

（一九二三年十一月十六日）

许崇智因滇军缴去军械不交还，又因孙文委杨希闵为联军总指挥，甚不平，于十六日谒孙文，孙谓：汝等屡败，何可说？

据《快信摘要》，载一九二三年十二月三日长沙《大公报》第二版

---

① 指犬养毅，当时是山本权兵卫内阁邮电大臣兼文部大臣。
② 原文如此。

在广州与鲍罗庭谈话

（一九二三年十一月十九日）

孙中山召请鲍罗庭到他的大本营。他要求在党纲草案的理论部分指出一个事实，即国民党的主义是他早就拟定了的。孙中山对鲍罗庭详细叙述了他如何研究自己的理论，并如何始终不渝地为之进行斗争。

> 据切列潘诺夫（Александр Иванович Черепанов）著，中国社会科学院近代史研究所翻译室译：《中国国民革命军的北伐——一个驻华军事顾问的札记》（*Записки военного советника в Китае*），北京，中国社会科学出版社一九八一年五月出版

英国现行的对华政策

在广州与安德森女士谈话①

（英 译 中）

（一九二三年十一月二十五日）

孙中山批评英国宁愿支持中国的保守顽固派而不支持他。孙申明："我站在进步的、优良的政府立场，在任何意义上，我既不是布尔什维克，也不是过激派。"

孙替自己要求提取关余的做法进行辩护，认为英国现行的政策并不反映英国人民的情感和意向。孙说："中国人和英国人是一样的，热爱和平，高贵自尊，文明优雅。"

> 据韦慕廷著，杨慎之译：《孙中山——壮志未酬的爱国者》，广州，中山大学出版社一九八六年十月版

---

① 是日孙文和宋庆龄在广州寓所会见英国人道主义者和研究工厂劳动条件的专家戴姆·阿德雷德·M·安德森夫人，批评英国政府反对中国革命的政策。

在广州与邓泽如等谈话[①]

（一九二三年十一月）

你们不赞成改组，可以退出国民党呀！

你们若不赞成，我将来可以解散国民党，我自己一个人去加入共产党。

据何香凝：《对中山先生的片段回忆》，载
一九五六年十一月二十九日北京《人民日报》

在广州与黄季陆谈话

（一九二三年冬）

孙说：你方从外国回来，最近外国有什么新书出版？

黄马上便把《战后欧洲新宪法》、《近代政治问题》两本新书的名称告诉他。

孙问：书中的内容如何？

黄滔滔不绝地说了大约有半个钟头，孙一声不响地听着他说，一直到了他把话说完之后，从书橱取出一本红封面的书，说道：你所说《近代政治问题》一书，是不是就是这一本？

黄接过来一看，正是自己所说的那本书，心里渐渐浮起一种不安和惊奇的感觉。

孙说：读书要多读新出版的名著，这样才能渊博，才能吸收新知。阅读专著也很要紧，这样学问才有系统。你现在已经在做事了，做事时更要抽出时间来读书，不然便追不上时代，一个人追不上时代便会变做一个落伍者。你还年轻，你好好用功。

据黄季陆：《国父的读书生活》，载王云五
等著：《我怎样认识国父孙先生》，台北，
传记文学出版社一九六七年出版

---

① 邓泽如、冯自由、刘成禺、胡毅生等人为反对改组国民党，一九二三年十一月联袂往谒孙文，要求取消改组提议，遭到孙指责。

训斥滇桂军将领糟蹋广东百姓

在广州军事会议上谈话①

（一九二三年冬）

　　孙先生自十二年春间返粤，到是年冬间曾召集各将领开过一次军事会议，那时杨希闵、刘震寰都有份列席的。孙先生出席后，足足有十分钟之久默坐不出声……卒于起立发言了。他说："滇、桂军各位军官，你们为我赶走了陈炯明，是我所很感激的。我当时因为在广东没有一些权力，原不想回广东的，我只想在上海著书，把我的政见向广东父老兄弟宣传就是了。但是各位都派代表到上海来见我，要求我回到广东，并声言要服从我的命令，实行我的主义，这是我更加感激你们的。这里知道我们到广东，这一来，各人都是戴〔打〕着我的幌子来蹧躂〔糟蹋〕我的家乡。"

　　……后来孙先生更继续着说："这还不打紧，我是一个革命党人，是愿意牺牲的。如果把广东蹧躂〔糟蹋〕而于中国有益了，我便约同家乡的父老子弟一齐牺牲，也在所不惜。但是我的家乡这样的蹧躂〔糟蹋〕，而于国家还是毫无裨益的，那我就不能再和各位同在一块办事。"

　　当时杨希闵等听了这般话，脸上于是有些变色了，他们回答的话是："大元帅今天何必这样生气呢？我们都是服从大元帅的，生杀都惟大元帅所命，要我们怎么样，我们服从就是了。"随后孙先生就提出军权统一、财政统一的办法，他们是立下都一律赞成通过了。可是会议一散之后，他们只是说两句"老头子又发脾气"就算了。从此以后，他们连军事会议也不肯出席；民国十二年以来广东人民的痛苦，卒于无法挽救。

据汪精卫：《欢迎港侨之演说词》，载《汪精卫先生演讲集》，上海，光明书局一九二六年出版

---

　　①　孙文虽于一九二三年二月在滇、桂军支持下返粤重建大元帅府，但此后骄兵悍将，恣肆跋扈，举凡包庇烟赌、征收杂捐、勒索商民、强拉民夫等无所不为，孙文终于忍无可忍，乃有此番训斥。

附：另一记录

记得一天，总理在军事会议席上有过十分沉痛的话。他说："滇、桂军各军官，你们赶走了陈炯明，我是很感激你们的。当时我在上海，没有一点实力，原本不想回到广州，只是想用心著书，把我的政见向广东父老兄弟宣传。后来你们都派人来到上海，要求我即时回到广东，自誓要实心拥护我，服从我的命令，实行我的主义，我更是感激你们。因此我才决意回来，谁知你们都是戴着我的帽子，来蹂躏我的家乡。我是革命党人，牺牲是不惜的。如果于国家有益，我就约同广东的父老兄弟一齐牺牲，也都是愿意的。可是你们把我的家乡这样蹂躏，而于国事是毫无益处的，那我就不能再和各位一块办事，我不得不和你们离开，我要回香山去了。"

当时杨、刘诸人听见了这话，都说："大元帅今天何必生气，你要我们怎样，我们都服从你就是了。"总理因此才提出财政统一的办法，这个议案当场一致通过了。但后来一点没有实行，各军依然是就自己势力所能及的就随意抢收分割了去，到底是毫无办法。

据汪精卫：《中国国民党第二次全国代表大会政治报告》，载《中国国民党第二次全国代表大会日刊》第十二号，广州，中国国民党第二次全国代表大会秘书处一九二六年一月油印原件

关于提取关余

在广州与外交团代表谈话[1]

（一九二三年十二月四日）

如君等有能力禁予不提取，予即不提取。

据《粤当局收回关税之大交涉》，载一九二三年十二月十六日上海《申报》第七版

---

[1]　北京公使团对孙文提取关余，"万难承认"。于是派英国海军官尼威逊氏、法国海军官符乐作氏二人于是日到广州谒孙，"劝孙打消提取关税之意"，孙坚持原议，他们不得要领而去。

在广州与伍君谈话①

（一九二三年十二月五日）

伍曰：近日政府做事太强硬，将民业变官产，即此一层，人心尽去，稍富者皆远避海外，不是自杀吗？请大元帅顾念桑梓，徐谋发展，转道妥当。

孙厉色曰：我至怕无兵，有兵何愁无地盘，有地盘何愁无钱，人心与不人心，不成问题。各地报纸骂我倒行逆施，乃为真正革命事业，俄国劳农政府政策，就是革命政策。你说富人尽从海外跑去，此又深合鄙意；所谓富人，你以其钱多耳，若共产政府成立，废止金钱，富人也不成富人，土地尽归国有，不信富人带着土地以跑。我现在种种征收，一方面为着军饷，一方面为着革命政策，如果帝国主义消灭，北洋军阀何愁不倒。现在总要大家帮忙，有钱出钱，有力出力，渡过难关。否则，我手段愈辣，你们更多议论，然总非我所畏也。

据一九二三年十二月六日《香港华字日报》

截留广州关税之决心

在广州与上海《字林西报》记者格林谈话

（一九二三年十二月七日）

中山先生宣布其截留广州关税之决心，谓广州担负护法战争之军费，历时已久，北京则用在粤所收之税以攻粤省，外交团知而不问。查两广关税，岁以千万元计，此原为粤人之款，故彼拟截留之。彼将令税务司缴出粤省关税之全数；如不从命，则将另易总税司；如北京乏款付到期之外债，彼愿酌量拨出一部分，以供此用。

---

① 伍某是广东台山人，美洲华侨。因亲属杨某有屋在广州河南被官产处缴价征用，求伍某转圜说情。伍某乃于五日赴大元帅府拜谒孙文。

记者询以何时实行其志愿？

先生答称：殆在后此数日内，且不欲预先照会外国领事，因款属粤省，与彼等无干也。

记者复问曰：外交团如照一九一九至二〇年办法，以关税付清外债利息后，若有盈余，则将粤省之部分拨出付之，则先生可免施截留之举否？

答曰：如将前因美政府反对停止缴付之欠款付清，余亦可作罢。惟恐外交团不能照行耳。

记者又述及以关余为抵之内债，因粤欲截留关税，价已大落，牵动市面。

答谓：此项内债，且以盐税及交通部入项为抵押品，此二款尽可弥补关税之不足。

记者询以各国如从事阻止截留，是否将与各国抗？（按目下广州港内泊有英炮船四，日炮船一，美、法各二。）

先生答称：彼力不足与抗，然为四大强国压倒，虽败亦荣；果尔，将另有办法。

记者再三请其明示办法。

先生只隐示拟与苏俄联盟，盖苏俄代表波罗定①氏刻方羁旅于广州也。且谓切愿与列强维持友交，对英尤甚。惟谓列强若长此以精神上及财政上之助力予北京政府，则护法战争无日终止。北京政府藉海关之机关，列强之保护，而得向一省取款，即用以与该省作战，不公孰甚，此实万不能忍者。

记者语以若粤省截留如愿，他省必即步其后尘，则海关制之全部将因粤省此举而破坏矣！

答曰：列强若撤销所予北京政府之助力，自不难挽回此举也。

据《截留关税之决心》，载胡汉民编：《总理全集》
第二集，上海，民智书局一九三〇年二月出版

---

① 波罗定：即鲍罗庭。

努力发展海外党务襄助革命事业

与余伯良谈话①

（一九二三年十二月八日）

东江前敌联军兵力雄厚，足以戡定粤难。海外党务，责任綦重。效力内地疆场，不如效力海外党务，其功尤大。请努力奋斗，返埠发展党务，襄助革命事业，收永久之效。

据《大元帅注重海外党务》，载一九二三年
十二月十二日《广州民国日报》第三版

决以武力对抗列强干预广东关余

在广州与日本东方通讯社记者谈话

（一九二三年十二月十二日）

由广东政府要求广东收入之关余，固当然之事也，乃以之交付北京政府，而以供压迫南方之资，是明明为干涉内政。要知广东政府欲使用之于教育行政之费，决不用于军费。若列强拒绝此正当要求，则余惟免税务司职，将关税扣留之；设并此法亦不行，则惟有以广东为自由港，俾南北俱不得收入之。使列强以武力反对此要求，余亦惟有以武力对抗之。盖为曹、吴辈所破，为余之耻辱；若依正当之理由，以列强为对手而为其所破，余意决不为耻。余故始终实行之，以期贯彻目的而后已。

据《大元帅对关税问题之决心》，载一九二三年
十二月十四日上海《民国日报》第三版

---

① 法属大溪地华侨国民党分部筹捐军饷万数千元，委派代表余伯良携归。是日谒孙文报告该处党务并请缨讨贼。

关于广东省应均沾关余税款的谈话

（一九二三年十二月十九日）①

各国在广东举办事业或在广东发生〈困〉难问题时，必对于北京政府交涉，且必对于广东政府亦提出交涉，而我广东政府对此特置交涉使。然北京政府对于此等事毫未支付薪俸，而在广东所收之海关税金全部归北京政府之收入，如此之不公平，乃各国承认与不承认问题以外之不公平也。余对于此不公平屡抗议于外交团，而外交团并不容认，故余正当实行受入此项入款矣。现广东政府事实上在今日已独立，各国亦对于在广东所起〔遇〕之困难问题与广东政府交涉，故与各国有关系之税金一部当然应交与广东政府，即使离开承认广东政府问题，亦宁非当然之事乎！

据《孙中山将宣布广东为自由港》，载一九二三年
十二月二十五日长沙《大公报》第三版

英国政府一贯地对中国怀有敌意

在岭南大学外籍教授和学生代表座谈会上的谈话②

（一九二三年十二月二十一日）

英国一贯地对中国怀有敌意。香港政府若要对中国采取某些友善措施，唐宁街③就要起而反对。

在十年内将要爆发的世界大战之中，印度将和中国、俄国、德国、阿富汗、波斯、美洲和非洲的黑人联合起来，为自由独立而进行伟大的斗争。现在，中国人和

---

① 底本未说明日期。此所标系新闻的发电时间。

② 是日孙文在对岭南大学学生发表演说后，即在有外籍教授和学生代表参加的小型座谈会上与一位英国教员谈话。

③ 唐宁街：英国首相官邸在伦敦唐宁街十号，故通常以唐宁街为英国政府代称。

俄国人是十分亲密的，俄国拥有在世界上最强大的军队。中国将从德国取得她所需要的技术上的援助，然后转过手来再帮助印度。在这次战争中，受迫害者和迫害虐待者（即，英国及其自治领地和"经常屈从于英国外交政策"的美国）之间，在数量上将会是悬殊的。至于日本将会参加哪一方面，（孙中山并未明确指出）。

孙向周围的美国人提问：如果十六或十八艘外国兵舰驶入纽约港口，恫吓镇慑这座城市，并且干涉她的内政，你们又将作何感想？

孙警告说：中国人民有着深沉绵长的记忆，你们不可能一下洗刷自己的恶言秽行！

有人问：外国政府如何了解中国的真正需要？

孙回答说：可以问我！我想中国之所想！看一看人民群众对我的欢迎吧！他们明白，我是他们的真正的领袖。这就是英国政府下了如此大的决心来压服我的原因所在。

据韦慕廷著，杨慎之译：《孙中山——壮志未酬的爱国者》，广州，中山大学出版社一九八六年十月出版

附载：在广州基督教学院的言谈概略①

（英 译 中）

（一九二三年十二月二十二日）②

广州基督教学院学生会，事先没有与学院主管人员商讨，就邀请孙博士前来学院讲话。那时能做的就是接待他，尽量不使他因这样的局面而感到尴尬。孙中山先生于十二月二十二日星期五约下午一点到达。然后随当时任主管的英国人巴克斯特博士赴午宴，亨利先生不在。据我所知，席间的谈话没有涉及政治。

午餐后，在全院和附属中学群众大会上，孙逸仙讲了近两个小时，但完全没有谈及政治话题。他的主题是中国学生如何报效国家，关于美国，他只说了只言

---

① 此篇与前篇应为同一内容的不同记录，二者日期及内容文字互有异同，今附录并存。英文原标题为"Resume of Dr. Sun's Remarks at Canton Christian College"（《孙中山先生在广州基督教学院的言论概略》），为避免上下文脱节等情况，本篇保留了译文的整体内容。

② 底本未说明日期。此据文中表述时间而定。

片语，他认为学生如果在中国不能如己所愿受到教育，那前往美国就无可厚非。他强烈反对那些虽然在美国读书，不时往返美国与中国之间，没有安下心来在中国做些建设性工作的人。他言之有理。

大会后，有几个外国人和中国人应邀在中国副院长张温广①先生家喝茶。我没有出席，但我尽可能多地向聆听孙先生谈话的人打听他说了些什么。所记可能不是全部，但内容准确。

孙先生说，十年后，将出现世界大战，受世界帝国主义和军国主义（后来这些话表明他是指英国、美国、法国和或意大利）压迫的国家将统一力量，挺身而起，从地球上铲除压迫者。他说，"从现在起过上十年，你们将体会到中国舰队出现在旧金山湾的滋味"。他说，中国正在与俄罗斯联合，日后还会和德国、印度、日本联合起来，与今天压在"头顶上"的国家做最后的斗争。

他在这次茶会上还是另一次在校园里，谈到了英国怎么看待中国的崛起。他说，英国害怕中国在商业、财富、教育、文明上的进步，以及中国整体发展和前进的运动等，这一切融合起来并拟人化地体现在他身上，因而英国从一开始就挤压孙逸仙。他的谈吐似乎把他愤愤不平的心态表露到极致，这正如许多外国人当时感受到的；他至少处于极端危险、神经质的状态。

他对一个中国人说："遗憾的是这所学院不完全是中国人办的。"

孙逸仙离开时，对巴克斯特博士和陪同他的外国人说："好吧，再见，有一天我们可能变成冤家对头。"

人们可能从他的话得出这样的结论：他目前的计划是对外国人十分敌意的那一种，中国应采取军事行动铲除外国至上的所有痕迹。

难以说明学生的心态，给人的感觉是学生们从心里同意孙中山，不管他关于中国反对外国人的话是对还是错。不过与我们交往中，外国人依然和蔼可亲，愿意客观地谈论一些事情。

据（英国）外交档案一九二四年，No. 12652（密件），罗·麻克类爵士致寇松侯爵，克德斯顿（二月二十六日收到）第二十二号密件 F586 \ 586 \ 10复印件译（张卫族译，李玉贞校）

---

① 音译，英文原文为"Chang Wing Kwang"。

与日本驻广州领事谈话^①

（一九二三年十二月二十七日刊载）

吾此次与外人争而不胜，当以实力对待之，届时望君^②避去为佳。

据《争持中之粤关税问题》，载一九二三年
十二月二十七日上海《申报》第七版

陈炯明如果有悔过之诚应即来省请罪

与李福林谈话^③

（一九二三年十二月二十七日）

孙曰：陈炯明如果有悔过之诚，应即来省见我请罪。

李曰：帅座宽容大度，中外共仰，但竞存未必有此胆量来省耳。

孙曰：陈炯明之错过非止一次矣，我亦为之惜。然陈若今日有悔悟，立即今日通电，表明其悔过之诚意，斯犹有商量之余地。若徒以他人展转传述，为口头之求和，则余不能停兵以待也。

据《陈炯明果有悔悟否》，载一九二三年
十二月二十八日《广州民国日报》第三版

---

①　在截留广东海关余税中，大元帅府外交、财政两部曾致函北京外国总税务司，指出："查本政府所辖地域内，凡各财政机关之收入一应归我政府处理，海关税收当然亦在其列"，但粤海关拒不执行，美、英、日、法、葡等国军舰竟驶入广州市省河白鹅潭进行武力威胁。

②　指日领事。

③　东路讨贼军第三军军长李福林在香港遇见陈炯明策士金章、陈觉民，他们谈陈炯明有求和之表示。是日上午李赴大本营谒见孙文，报告金、陈所谈之事。

俄国和中国是天然的同盟者

与克拉克谈话

（一九二三年十二月）

　　孙中山详细地说明了他的关于即将来临的全世界被压迫人民反对压迫者的战争的理论，中国在这次战争中取得胜利以后，她将获得自由独立，并在世界文明之林中居于领先地位。避免这样一次战争的毁灭性灾难的一条途径，将是占有优先地位的列强改变其对于中国的态度，并在各个方面公正地对待中国。

　　孙中山详细地谈到了现时的俄国政府，并且强调指出；俄国和中国是天然的同盟者，这两个国家站在一起，将成为一个特别的、不可战胜的联合体。

据韦慕廷著，杨慎之译：《孙中山——
壮志未酬的爱国者》，广州，中山大学
出版社一九八六年十月出版

与某记者谈话

（一九二三年）

　　中华民国就像是我的孩子，他现在有淹死的危险。我要设法使他不沉下去，而我们在河中被急流冲走。我向英国和美国求救，他们站在河岸上嘲笑我。这时候漂来苏俄这根稻草。因为要淹死了，我只好抓住它。英国和美国在岸上向我大喊，千万不要抓那根稻草，但是他们不帮助我。他们自己只顾着嘲笑，却又叫我不要抓苏俄这根稻草。我知道那是一根稻草，但是总比什么都没有好。

据金德曼：《在中国历史经验照耀之下，孙逸仙
的意识形态和其非凡的领导力》，载《中华民国
建国史讨论集》第一册，台北，"中华民国建国
史"讨论集编辑委员会一九八一年十月出版

解决关余和中国时局的方法

在广州与舒尔曼谈话①

（一九二四年一月五日）②

中山曰：中国有种种问题，扰乱其国家治安，破坏其生活力，危害其人民之生命财产，酿成对外侨及外国政府之不断的冲突，削弱其在国际间之威望。今之粤关余争端不过此许多问题中之一端耳。欲消除此许多问题，必须移去中国现状之根本原因。中国人民对于此项现状之妨碍外人，固引为遗憾，但中国人民自己受害最甚，岂不愿改良之乎！欲改良此恶现状，而不注意于一根本原因。中国必须和平，必须遣散各省军队，使彼等释甲回里从事生产工作，全国乃可统一，而〈拥〉戴一对各地方各政治团体，或各公民个人负责之单独政府。中国并不与任何国作战，其所需要之武装队，只须警察或国民兵足以维持国内秩序、保护生命财产而已。目下各省为势所迫，不能不保有身〔军〕队，互相敌〔抵〕抗。即如南方因遭北京侵略，不得不奋斗以谋自存耳。

中国人民及多数领袖对于何东③之和平会议计划热心响应，足证彼等极望此举之成功。但现已陷于停顿状态，则因有循私自利者，不愿加入以谋国家幸福故耳。时势至此，列强当用其势力。列强果真心为中国谋幸福者，果注意保护其公民在华利益者，皆应亟起相助。中国现状愈趋越恶，若不迅谋救济，明春将见全

---

① 一九二四年一月八日美国驻华公使舒尔曼自北京向柯立芝总统报告说，"持续了两个钟头会谈的最初一刻钟"，孙文"就像一个真正疯了的人一样向我谈到世界范围内的……"舒尔曼还报告，在谈到这个题目的时候，"他的言论和姿态是如此前后矛盾和兴奋激动，竟然使得当地的新闻报道大加渲染，说他动了感情"。

② 舒尔曼于是年一月二日抵达广州后，先与领事团美国领事詹金斯、美国领事哈密脱等商议办法，同意令总税务司拨付关余税款之一部分交广东革命政府作治河之用。五日，舒尔曼访问广州大本营外交部长伍朝枢，获得谅解，当日舒尔曼由伍朝枢、詹金斯及大本营美籍顾问那文陪同，赴大本营谒见孙文。

③ 何东是香港洋商买办，曾提倡军、政、商各界首领联合发起和平会议，以解决中国内乱问题。

国陷于战火之中。历年进步成绩或致荡灭，外人权利将遭毁损。彼时情形，以目下之关余案相比，不过一小问题耳。美国于此应为领袖，美之地位足以左右他国，又得中国人民信任。吾意美宜提议在上海或其他中立地点，召集一华人为主而列强代表得参预之会议，吾对此会议必躬亲列席。他人苟以国福为先者，亦必与吾同。此种会议之建议而出诸美国，列强及中国人民必皆重视之。

舒尔曼谓：美国向来对中国及他国内政取不干涉政策，恐美人舆论不赞成政府发起此种对华自大的举动。

中山答曰：不干涉中国内政，为在华会列强所一致赞同。但此不过一种空谈。试观今日有六国之战舰泊于广州港内，阻吾人利用应得之关余，而将此关余付诸北京，乃犹云不干涉内政。实则不干涉内政其名，外交团控制中国如一殖民地则事实也。盖各国人民皆愿和平，政府虽不愿，不能违民意。今召集中国会议同以和平及裁兵为目的，则华会正一好先例也。惟召集此项会议，亦可由中国人民声请，如是更无美国或他国干涉中国内政之嫌。中国人民既知此项会议有召集之可能，则请求之声必遍于国中也。

舒尔曼谓：恐人民团体在武力环境之中未必敢运动裁兵，以干军队之怒。

中山答曰：彼等苟知其呼吁将得响应，则必有作此请求之勇气，且此项和平会议既为中国幸福而设，其成功可有把握。中国舆论具有不可抗之强力，其权威过于执政者及军队，其重力能使人立即感之，故任何领袖不肯参加此会议者，将被认为国家公敌，而会议中之决断或协定，苟得人民之赞同者，亦必被尊重而实行。

据《大元帅对美使解决时局谈》，载一九二四年
一月十三日上海《民国日报》第三版

附：另一记录

（英 译 中）

会谈的最初，孙中山"谈到世界范围内的压迫者和被压迫者之间迫临的矛盾。中国、俄国、德国、印度等一群国家属于后者，资本主义国家，包括美国在内，属于前者。"

谈及关余问题，孙中山向舒尔曼表示，即便他不得不同列强各国作战，他也

将用武力取得关税。

舒尔曼答应对于友好地解决向广州政府转交关余的问题提供帮助，只要将关余用于改善内河航行和改善航道，而不是用于军事需要。

孙中山表示赞同，但他责备了舒尔曼乃至列强对待中国的不公正态度。孙中山说：“列强拒绝承认按权力属于我们的东西，同我及我的政府进行斗争。同时，他们不是按照华盛顿会议的决议以自己的干涉裁减督军的军队，反而支持督军。”

孙中山对舒尔曼说：“美国是否诚意愿为中国之至友？”“如果美国欲对中国表示真正之友谊，应先归还上海的美租界，以为诚意之保证。”“美国以所窃之物让诸他贼，以避诟责，实所不解。要知窃盗者以所窃物置诸他盗之手，在法律与公道上绝不减少其窃盗之嫌！”

据韦慕廷著，杨慎之译：《孙中山——壮志未酬的爱国者》，广州，中山大学出版社一九八六年十月出版；切列潘诺夫（Александр Иванович Черепанов）著，中国社会科学院近代史研究所翻译室译：《中国国民革命军的北伐——一个驻华军事顾问的札记》（*Записки военного советника в Китае*），北京，中国社会科学出版社，一九八一年五月出版；林百克著，徐植仁译：《孙逸仙传记》，上海，三民公司一九二六年二月出版

就时局问题发表谈话

（一九二四年一月七日）

建国政府业经决定树立，目下正在准备中。叶恭绰赴奉赴浙之结果，三角同盟大为进步；现已决定北伐，拟先向江西进兵，湖南、河南、安徽、山西各省亦当共举讨伐吴佩孚旗帜。开〔关〕税问题，昨日与美公使会见之际，该公使言明南方之要求殊属正当，本公使深为谅解，拟居中调停等语，本问题深信日内可圆满解决。

据《孙中山之时事谈话》，载一九二四年一月十四日北京《顺天时报》

北伐战争与三角联盟

与日本东方新闻社记者谈话

（英 译 中）

（一九二四年一月九日刊载）

"我决定建立国民政府，并正在积极筹备中。"在东方新闻社记者的访谈中，孙逸仙博士表示。

"——由于叶恭绰（Yeh Rung-cho）先生在访问浙江省及辽宁省期间取得了丰硕的成果，中华大地势必将诞生一个三角联盟，"孙博士说道，"北伐战争势在必行，很快南方军队将北上讨伐江西。"

孙博士补充道，"我们希望湖南、河南、安徽及山西等地的官兵也会在同一时间反叛吴佩孚将军。"

此外，孙博士表示他已于昨日就广州海关问题与美国驻北京大使进行了会谈。借此机会，孙博士希望这位大使能认识到南方政府所提要求的正当性并从中斡旋。若真能得偿所愿，孙博士相信不久之后南北问题即可得到妥善解决。

据 Active War On North Planned By Sun Yat-sen. *The China Press*（Shanghai）, January 9, 1924, Page 2.（《孙逸仙积极谋划北伐战争》，载一九二四年一月九日上海《大陆报》第二页）（方露译，邹尚恒校）

英文原文见本册第 581 页

共产党人是救活国民党的新血液

与宋庆龄谈话

（一九二四年一月上旬）①

宋问：为什么需要共产党加入国民党？

孙答：国民党正在堕落中死亡，因此要救活它就需要新血液。

孙不止一次向宋说：国民党里有中国最优秀的人，也有最卑鄙的人。最优秀的人为了党的理想与目的而参加党，最卑鄙的人为了党是升官的踏脚石而加入我们这一边。假如我们不能清除这些寄生虫，国民党又有什么用处呢？

据宋庆龄：《为新中国奋斗》，北京，
人民出版社一九五二年十月出版

准湖南省推选代表列席中国国民党
第一次全国代表大会②

（一九二四年一月十四日）

湖南所选出之毛泽东等三人，照海外分部办理，准其列席，但有发言权，而无表决权。

据一九二四年一月十四日中国国民党临时
中央执行委员会第二十六次会议记录

---

① 底本未说明日期。宋庆龄说谈话时间"在一九二四年，当国共合作问题正进行讨论时"。宋于一九二四年一月九日下午离粤赴沪，四月十一日上午返抵广州。谈话时间据此酌定。

② 毛泽东、夏曦、袁达时三人被推选为湖南省出席中国国民党第一次全国代表大会代表。一九二四年一月七日，国民党临时中央执行委员会讨论各省代表人选时，有人竟说"共产分子毛泽东三人冒称由湖南推选为出席国民党第一次代表大会代表"，并发表"启事"，告"旅粤湖南党员"，"定于一月十二日在东堤惠州会馆开票"。国民党临时中央执行委员会秘书谭平山和林伯渠据理反驳，最后将此事向孙文汇报。是日孙决定湖南所选出的代表，"准其列席"。

被压迫国家民族革命运动结成统一战线

与鲍罗庭谈话①

（一九二四年一月十五日）

鲍罗庭问："你们打算和哪些民族共同行动？你们说，具有敌对情绪的帝国主义列强的包围妨碍你们发表同革命的俄国结成统一战线的声明，而你们却又想用极端含糊不清的'国家和民族'这些提法来掩盖自己的想法。但是只要看一遍国民党的宣言就足以明了，你们是准备反对帝国主义的。民族和国家划分为被压迫的和压迫人的。你们打算同其中的哪些国家和民族携手前进呢？"

孙中山认为这种提法②在策略上是不合时宜的。英国对国民党行动纲领中直接打击它在印度的利益这一条是决不会容忍的，而法国"及其一切政治上的激进分子"都会由于这一条抨击国民党，因为这一条反对法国在安南的统治。国民党应当帮助朝鲜、印度、安南等国人民。但须知它们的状况远较我们轻松：朝鲜人、印度人和安南人只有一个主子，这毕竟比我们有许多主子分割要好得多。既然尚未取得中国的全国统一，尚未聚集力量回击在华的帝国主义者，就不能发表只指望得到英国工人运动或法国社会主义者和激进分子的不可靠的支持的声明。如果说在关税冲突时，香港总督得以阻止了英国外交部采取断然措施，并从广州召回英国领事，那么国民党要是发表这份声明就会把一切事情都弄糟。

孙中山还说："当然，港英总督采取这种方式，只是因为我用号召香港举行新罢工相威胁的缘故。因为罢工一度曾使香港完全陷于瘫痪。应当对你们说，我的上述威胁并不是基于这样一种信心，即真有可能在香港工人中间又号召起一次运动。同时我个人完全同意一切被压迫国家民族革命运动结成统一战线的观点，关于这一

---

① 此件系孙文与鲍罗庭在国民党临时中央执行委员会上商讨被压迫国家民族革命运动结成统一战线问题的谈话。

② 委员会采纳的说法："国民党将民族革命运动置于本国广大人民群众的支持的基础之上，并同时认为，同其他被压迫国家的民族革命运动，以及与我党有着共同目的——为争取殖民地、半殖民地国家的解放而斗争的世界革命运动建立反对帝国主义及其在华势力的统一战线是必不可少的。"

点我已说过不止一次。不妨插一句，本着这种精神我曾往日本写了一封信①……"

最后，孙中山这样表述他的立场："我完全赞同被压迫国家民族革命运动结成统一战线，但我认为现在把这一声明列入国民党新的行动纲领是不合时宜的。但等发表这种声明的时机一到，我无疑将赞成这个声明。"

据切列潘诺夫（Александр Иванович Черепанов）著，中国社会科学院近代史研究所翻译室译：《中国国民革命军的北伐——一个驻华军事顾问的札记》（Записки военного советника в Китае），北京，中国社会科学出版社一九八一年五月出版

在指定国民党代表大会主席团
五名成员会议上的发言

（一九二四年一月二十日）

孙中山主持中国国民党第一次全国代表大会致开幕词毕，宣告按照本日议事日程，开议第三案"组织主席团"。

廖仲恺：提议主席团人数定为五人，由总理指派。（附议者在二十人以上）

孙中山：廖君仲恺主张主席团人数五人，由本席指派，附议者已在二十人以上。现在表决，赞成廖君仲恺主张者，请举手。（大多数）可决。

孙中山：现由本席指定胡君汉民、汪君精卫、林君森、谢君持、李君守常为主席团主席。赞成者，请举手。（大多数）可决。

廖仲恺：本席现有临时动议，请将本会会议规则及秘书处组织规则，先为议决通过，以便议事及秘书办事有所依据而利进行。

孙中山：现在廖君仲恺提起临时动议，主张将本会会议规则及秘书处组织规则提前议决通过，咨询有无附议。（附议者二十人以上）

丁超五：请秘书长将秘书处组织规则及会议规则朗读一遍。（秘书长朗读秘书处组织规则毕）

孙中山：秘书长已将秘书处组织规则朗读完毕，有无讨论？（众谓无讨论）

---

① 指一九二三年十一月十六日孙文致犬养毅书。

无讨论，现付表决。赞成秘书处组织规则全部通过者，请举手。（大多数）可决。现请讨论本会会议规则。（秘书长朗读会议规则毕）

沈定一：请将第一章第一条内"指定数人"句，"数"字改为"五"字，以符顷间之表决案。

孙中山：以沈君提议咨询众意。（众无异议）

孙中山：会议规则已朗读完毕，大家有无讨论？（众谓无讨论）无讨论即付表决，赞成会议规则全部通过者，请举手。（大多数）可决。

孙中山：现在休息时间已届，大家如无何种提议，即宣告休息。

据《中国国民党第一次全国代表大会
会议录》第一号，广州，一九二四年印本

在组织国民党宣言审查委员案时的发言

（一九二四年一月二十日）

孙中山：今提出《中国国民党宣言案》，请秘书长将原文朗读一遍。此宣言案，系本总理所提出者。

秘书长：朗读宣言全文毕。

孙中山：这个宣言，系此次大会之精神生命。此宣言发表后，应大家同负责任。诸君系本党各省代表，宣言通过后，须要负责回各省报告、宣传此宣言，将国民党之精神、主义、政纲完全发表，并应使之实现。此宣言，今后即可管束吾人之一切举动，故须详细审慎研究。大家通过后，不能随意改变，都应遵守，完全达到目的，才算大功告成。此宣言，尚须付审查，审查完毕后，再付大会表决。现在按照本日议事日程，讨论第六案"组织宣言审查委员案"。

廖仲恺：本席提议审查委员请总理指定九人。（附议者在十人以上）

王秉谦：主张审查委员人数应按照各省区分派，以便采集全部分人意见。（附议者在十人以上）

韩麟符：赞成第一办法廖君之提议，其理由即对于第二办法王代表主张之精神也可调和在内，请总理指派时注意区域的分配可也。

孙中山：现在分别付表决，赞成提议宣言审查委员人数按照省区分派者，请举手。（举手者二十八人，少数）否决。

孙中山：赞成廖君仲恺提议审查委员会九人，由本席指派者，请举手。（大多数）可决。

孙中山：宣言审查委员九人，须本总理详细考虑后，方能定夺，现在不能报告。

胡汉民：宣言审查委员最好现在即指定，因已定今晚即开审查会之故。

孙中山：现因要仔细考虑指定宣言审查委员，应暂退席，请主席团胡君汉民代理主席。

孙中山退席。胡汉民代理主席。

胡汉民：现在宣言审查委员九人，已由总理指定：胡汉民、戴季陶、茅祖权、李守常、恩克巴图、叶楚伧、王恒、黄季陆、于树德九位。（众无异议）

据《中国国民党第一次全国代表大会
会议录》第二号，广州，一九二四年印本

在广州与张国焘谈话

（一九二四年一月二十日）①

张国焘向孙中山报告：我们已决定在"二七"一周年纪念日，在北京秘密举行全国铁路工人代表大会。现在距会期不远，我是主要负责人，是非赶回去参加不可的。

孙中山不问张国焘对国民党大会有何意见，便欣然表示赞成，并说：你去主持铁路工人代表大会，比出席这次大会还更重要而迫切，应当从速赶往。至于彼此见面交换意见，此后还有很多机会。

据张国焘：《我的回忆》第一册，
香港《明报月刊》，一九七一年出版

---

① 底本未说明日期。据张国焘记述，孙文知道他提早离开广州北返，特约他晤谈。"二十二日晚上十一时，在西濠酒店夜宴后，晤谈即在大厅中举行"。上海《民国日报》一九二四年一月二十八日载《孙总理欢宴各代表》，报道"二十日下午七时，中国国民党总理孙中山先生假座西濠酒店餐楼，欢宴该党全体代表……直至十一时许"。晤谈时间据此确定。

在主持国民党宣言审查报告时的发言

（一九二四年一月二十一日）

孙中山：现在宣言审查报告书已印刷分配，即请宣言审查委员会报告。

审查委员戴传贤、胡汉民先后登坛报告审查结果，并解释修正暨增加各要点。

詹大悲：宣言原文暨审查均已印刷分配，吾人对照参看即知，似可不必再读全文，惟将第三"国民党之政纲"内有重大之增改者，提出附议可也。

孙中山：宣言关系重大，不能稍涉草率，讨论说明不厌求详，应继续报告下去。

谭熙鸿：现在时间已到，请主席延长会议时间。

孙中山：有人提议延长会议时间，现在宣告延长一点钟。赞成者请举手。（大多数）

审查委员戴传贤、胡汉民继续报告毕。

孙中山：现在宣言审查结果，已报告完了。惟尚有关系本党的根本问题要加以说明，请大家对于审查报告暂缓讨论。①

孙中山：民生主义尚须慎重审查，现指派宣言审查委员会委员、临时中央执行委员会委员及原起草员共同再行审查，俟详细审查之后，明日再付议表决。此刻时间已晚，宣告散会。

据《中国国民党第一次全国代表大会
会议录》第四号，广州，一九二四年印本

建国宣言不日发表关余必须收回

在广州与北京《东方时报》记者谈话

（一九二四年一月二十三日）

记者问：建国政策如何？

---

① 孙文发言后作《关于民生主义之演说》。

孙答：建国宣言不日即当正式发表，条目悉载大纲中，阅者当知其详。

记者问：关余问题近日如何主张？

孙答：此事纯为中国内政，外人无干涉余地。如外交团抗不交付，复以兵力威胁，不独为吾国民之辱，亦所谓自号文明国者可耻之事。此事良由总税务司安格联脑筋中深印帝国主义，欲图援助北方军阀，使中国内乱无已，抗不交与，极不合理，西南政府自当坚持到底，非达到收回关余目的不止。即以海关言，乃中国之海关，不过用客卿办理耳，仍为中国之官吏，受政府之指挥管辖。中国欲促进工商事业之发展，非进而收回海关不可。希望全国一致力争，以为政府外交之后盾，并望报界力任故〔鼓〕吹，务赏〔贯〕彻主张。至世界大势，则欧战而后，公理战胜。各国人民亦大有觉悟，大势亦因有变迁。现在英、美、义〔意〕、法等国已将争先承认苏联，可知帝国主义压迫弱小，万难适存，军阀专横，又可能久恃耶？

据《东方时报记者之“粤游纪实”》，载一九二四年
二月九日上海《民国日报》第三版

在指定宣传问题审查委员时的发言

（一九二四年一月二十三日）

孙中山：现在按议事日程第二案“组织宣传问题审查委员会”案，有无讨论？（众谓无讨论）

孙中山：此项审查委员如何产生？由大众公推？抑援照前例，由本总理指定？（众请由总理指定）

孙中山：委员人数多少？

冯自由：本席主张定为九人。

孙中山：冯代表主张定为九人，大众有无异议？（众谓无异议）

孙中山：宣传问题审查委员，本总理指定戴季陶、胡汉民、叶楚伧、李守常、冯自由、黄咏台、黄右公、刘成禺、白云梯九位。有无异议？（众谓无异议）

据《中国国民党第一次全国代表大会
会议录》第七号，广州，一九二四年印本

对《中国国民党第一次全国代表大会宣言》中"收回租界"等纲领性语言被删的愤言①

（一九二四年一月二十四日）

　　本党此次改组，如果我们还不能把反帝国主义的纲领提出来，中国革命至少还要迟二十年才能成功。可叹！

据中华文化复兴运动推行委员会编：《中国近代现代史论集》，台北，商务印书馆一九八五年十月出版

中国人民具有民主观念并易于接受共和政体

在广州与柯乐文谈话②

（英 译 中）

（一九二四年一月二十七日刊载）

　　我们所讨论的虽然广漠无涯，民主政府在中国有何关系、与世界有何关系各种问题，归结起来只有两个要点：第一点是，何以中国民主国未能成功？第二点是，什么是将来成就民主国的机会？以及如何的状况方是成就民主国的要需品？

---

　　①　《中国国民党第一次全国代表大会宣言》通过以后，孙文发现收回租界等纲领性语言被删除之后，很是愤慨，说了这段话。

　　②　柯乐文（Grover Clark），美国人，北京大学英文教授，并任英文刊物《北京导报》（*The Peking Leader*）社长兼总主笔。据柯乐文说，这篇访谈录为事后所写，发表前未经孙文过目，故对其所谈内容不加引号。他又认为，孙文并非以政府领袖的身份进行这次谈话，又不同于官方文告，而是侧重于某些观察点及其思维方法，故属"非正式的谈话"。访谈录对孙文使用第三人称，文内小标题为柯乐文所加。

中国农民的文化

　　孙博士深感这样有效力、有功能的民主国的失败，不由于中国人民缺乏才能或教育。他承认中国的鄙夫占全国人数百分之几，但是他说中国农民虽然没有知识，究竟与那些没有受过教化的人不同。换言之，就是与未受教育者不同。中国普通的农民不能与澳洲①丛林中的土人、印度的山人或非列宾②人一例看待——中国人绝不像这些人们一般，文化已比他们高几百年。其实，中国文化不以近代文化发达的情形比，却较西方各国的文化高得多。中国谦逊的农民却有一种成熟的智慧（ripe intellect）——系博士所讲的成语。……

中国人亲悉民主国

　　孙博士又说，中国人民亲悉一种民主概念已经四千余年，从彼时起，实际上已经建设了这样的民主政府。中国古时民主国被人推翻，如罗马共和国被凯撒（Caesar）推翻了一般③。后来中国人看着民主政府如乌托〈邦〉（Utopia）④似的，但是他们得着一种机会，看见美国、法国的民主国都成立了，他们对于乌托邦的意义也就了解了。

　　因为这种观念刚刚抚养，从专制政体改到共和政体的问题简单极了——依孙博士的意见，这种概念在中国人看来非常简单，比别国未把乌托邦当作共和国的理想的简单得多。

　　虽然共和国的概念，由学者灌输的普通人民有点游移惶惚，但是这种概念是中国大部分人民的基本文化，普遍于各方。孙博士以为，不顾人民之智愚贤不肖，

　　① 澳洲（Australia），澳大利亚别一译称，时为英国自治领"澳大利亚联邦"。澳洲另指澳大利亚大陆；又曾是大洋洲（Oceania）的别称，因以澳大利亚大陆为其主体而得名。

　　② 非列宾（Philippine），今译菲律宾，一八九八年沦为美国殖民地。

　　③ 罗马共和国兴起于公元前六世纪，至前一世纪中叶该国执政官凯撒（Gaius Julius Caesar）施行军事独裁统治，受领"终身独裁者"，他死后不久即由其继任者建立罗马帝国。

　　④ 乌托邦指存在于理想之中的国家、地方或社会制度，因十六世纪初英国人莫尔（Thomas More）所著《乌托邦》（Utopia）一书而得名。"乌托邦"一词原由希腊文 oú（否）与 ό πо ζ（地方）拼成，意为"乌有之乡"，莫尔以虚构的故事体裁描述了该邦"最完美的国家制度"。

只要把政府置于普通人民之志愿上，不会不成功的。

人民可听人言

他不以为人民缺乏政治的兴趣是件很困难的事体——就是他疑惑人民缺乏政治知识是很普通的。他以为他们虽不能写读，无论怎样都容易说给他们〈听〉罢。他们很有了解政治的能力，经一度之说明，他们便恍然大悟。

在帝国管辖之下，人民未尝表示一种政治的兴趣，以及各种事体进行的流利①。但是到了政府征税太苛，他们对于政治才表示一种厚浓〔浓厚〕的兴趣——强迫管理者允许他们的要求。

在帝国管辖之下，这些人民也管理他们本地的事，一如他们管理家庭、协会和村庄的事。在这点看来，这种制度是极端的共和，他方面国家政府是绝对的专制。因此中国人民一部分使用共和，一部分受制于专制。

停滞的原因

孙博士说，这样参差的政治情况不但得一种纷扰的结局，并且阻碍进步。他论及几世纪以前中国为现代世界上各文明国之冠，到了现在中国文化停滞，西方各国驾乎我上，我反瞠乎其后。这全由于中国政治背道而驰。列强都在中国竞争，欲得一点主权而后甘心，所以把我们人民的统辖权占了去了。

他说他过去的事业是建设中华民国，把管辖权交给人民。他宣言他推翻满清不是为他自己的权利，并且可以表明，一个民主国当属于人民全体。因此之故，一旦民国告成他就下野②，人民得有自由另选贤能做民国的大总统。

中国不能独立

他说，倘使中国人民能够独立，民主国可以成功。可是他们未能独立，北京政府完全寄生于外人管辖之下，破坏共和。因此他奋斗的精神不辍，接续他的事

---

① 原文如此，"流利"似为"要求"之误。
② 此指一九一二年初在南京建立中华民国后三个月，孙文即辞去临时大总统职务。

业，从不平和压迫里寻出自由来，造成一个真正的民主国。

据宋我真：《北大教授 Clark 和孙中山先生非正式的谈话》（译自《北京导报》Clark 原著），载上海《政治评论》第五号，一九二四年一月二十七日出版①

候补中央监察委员的提名

（一九二四年一月三十日）

当孙中山在大会念出蔡元培为候补中央监察委员时，会场中立时有两种不同的议论②。安徽代表张秋白当场提出询问。

中山先生微笑着说："你对蔡孑民同志有误会，此事非片言所能尽，我知道他最清楚，故我有此处置。"

据黄季陆：《蔡元培先生与国父的关系》，载台北《传记文学》第五卷第三期

---

① 《政治评论》由北京大学政治研究会编辑，上海民国日报馆发行。英文《北京导报》所载原文迄今未见。

② 一是说蔡元培是在北京政府势力下任北京大学的校长，他有依附军阀的嫌疑；一是批评蔡元培放纵青年学生思想"左倾"，仇孝非孔。

要把帝国主义赶出中国并效法苏联组织革命军队

与鲍罗庭等谈话①

（俄 译 中）

（一九二四年一月三十一日）②

中国人民最强大、最恶毒的敌人是帝国主义。帝国主义者本着"分而治之"的原则，豢养中国军阀，嗾使他们互相混战；各系军阀也只有依靠帝国主义才能存在。如果我们把帝国主义者赶出中国，那么，不必费多大力气，就可以肃清国内的敌人。我们应该重整自己的国家，把帝国主义者连同他们的帮凶——军阀一起驱逐出中国。

我们要按照苏维埃的军事制度来组织革命军队，要在南方建立北伐战略基地。你们在从国内驱逐帝国主义及其走狗的斗争中得到了丰富的经验，我们希望你们能够把这些经验传授给我们的学员③——革命军队未来的军官们。

据契列帕诺夫：《忆孙中山》（Великий зачинатель китайской революции Сун Ят-сен），载莫斯科《苏中友好》（советско-кит аиская дружа）中文版第三十八期，一九五八年九月出版④

----

① 一九二四年一月下旬，苏联军官切列帕诺夫（Александр Иванович Черепанов，亦译契列潘诺夫、切列潘诺夫）等数人应聘来广州担任军事顾问。是日，鲍罗庭偕同切列帕诺夫、捷列沙托夫、格尔曼、波里亚克等及俄语翻译瞿秋白（加入国民党的中共党员）前往大元帅府，与孙文晤谈。

② 底本说明会晤时间在一九二四年一月末，切列帕诺夫另一著作《中国国民革命军的北伐——一个驻华军事顾问的札记》并称其时正值中国国民党第一次全国代表大会刚闭幕。按该代表大会于一月三十日下午在珠江之北的广东高等师范学校礼堂闭幕，而大元帅府则在珠江之南，最可能的是在三十一日晤面，故酌定为是日。

③ 当时孙文正着手筹建黄埔陆军军官学校，"我们的学员"指该校未来学生。切列帕诺夫等任该校顾问并参加建校和教学工作。

④ 该杂志由苏联苏中友好协会主办。另见切列帕诺夫所撰俄文著作 Александр Иванович Черепанов Записки военноъо совемника в Кимае（中文本《中国国民革命军的北伐——一个驻华军事顾问的札记》据莫斯科、苏联科学出版社一九七六年第二版译出，北京，中国社会科学出版社一九八一年出版），亦叙及此次会晤，但孙文的谈话内容较底本简略。

附：另一版本

孙中山强调指出，中国独立的主要敌人是帝国主义。军阀等国内敌人全靠帝国主义的支持。

孙中山说：我们的首要任务是按照苏联式样建立一支军队，准备好北伐的根据地。

我们希望你们把在反对帝国主义者武装干涉、并把他们赶出本国的斗争中积累的丰富经验传授给我们的学生——革命军队的未来军官。

据切列潘诺夫（Александр Иванович Черепанов）著，中国社会科学院近代史研究所翻译室译：《中国国民革命军的北伐——一个驻华军事顾问的札记》（Записки военного советника в Китае），北京，中国社会科学出版社一九八一年五月出版

谈《建国大纲》

与孔祥熙谈话

（一九二四年一月）①

（总理将亲笔写的《建国大纲》给孔祥熙看了以后。）

总理：你看怎样？

孔祥熙：很好！

总理：恐怕还有些人不大赞成。

孔祥熙：我看来是很好的一个治国救国的方法。你把这手卷给我吧？

总理：好的，你拿去仔细看看。

---

① 底本未说明日期。孙文于一九二四年一月在广州制订《国民政府建国大纲》，据载冯玉祥也在同月得到该件，谈话时间据此酌定。

孙夫人①对总理说：这手卷本是已经送给我的了。

（孔表示想拿去北方送给冯玉祥，以增进他的奋斗精神。）

总理：好的，好的，你就送给他吧！我可以再另给孙夫人写一份。

据《中央党史会第一次委员会议记录》（一九三六年二月
五日）原件，台北、中国国民党文化传播委员会党史馆藏

关于取消总理制成立委员制的说明

（一九二四年一月）

如果仍然沿用总理制，则万一将来我不死于床笫，而死于枪林弹雨之中，你们怎么办？所以我建议以后取消总理制，成立一个中央委员会，选出一批中央委员，大家共同负责比较好。

据何香凝：《对中山先生的片段回忆》，载
一九五六年十一月二十九日北京《人民日报》

在广州与某君谈话

（一九二四年一月）②

有人向孙中山进言：中共党员张国焘反对国共合作，不应列名中央委员，此次大会③中途退席，足见他仍有不满的意见。

孙中山坚决否定这种说法，指出：张国焘既来出席大会，足证其并无根本反对意见。至于因重要工作提早北返④，我是知道的。即使张国焘曾批评过国民党，

---

① 孙夫人，指宋庆龄。

② 底本未说明日期。一九二四年一月三十日国民党"一大"选举中央执行委员、候补中央执行委员及中央监察委员、候补中央监察委员。其名单由出席代表多数选举，再由孙文提出经多数通过。谈话日期据此酌定。

③ 大会：即中国国民党第一次全国代表大会。

④ 张国焘提前离粤北返，为召开全国铁路工人代表大会做准备工作。

现在不加计较。

据张国焘：《我的回忆》第一册，香港《明报月刊》，一九七一年出版

在广州与林伯岐等谈话[①]

（一九二四年一月）

孙中山紧紧握住林伯岐的手说道：你是我的一个忠实同志。多年以来，我时时想见你，今天机会真好，真的见到你了。

孙问萧佛成：林伯岐是不是来出席全国代表大会？

萧答：林是一个工人，又是一个文盲，没有资格当代表。

孙质问：工人何以不能当代表。

据陈从之：《追忆孙中山先生掌故两侧》，载一九五六年十一月十二日重庆《重庆日报》

与黄昌谷谈话[②]

（一九二四年一月）

我要把三民主义宣传到全国国民，但是没有时间写出来，想用讲演式说出，你可不可以替我笔记？

据张益弘：《三民主义之考证与补遗》，台北，怡然书舍一九八四年出版

---

① 林伯岐是广东澄海人，暹罗华侨。一九二四年国民党改组，暹罗国民党负责人萧佛成要参加大会，林请其带他回国，介绍谒见孙文。

② 孙文"三民主义"的演讲由黄昌谷笔记，经邹鲁读校后再呈孙文修正审定。

要取法俄国注重党的纪律

在广州与施滉等谈话①

（一九二四年二月九日）

他先问一问我们在清华几年，然后问我们各人学些什么东西。如是，他便问我们有什么话要问他。施君便说："我们暑假后便要到美国升学。请大元帅指教，我们将来如何做事，以为求学的方针。"孙先生说："那要看你的学问造就如何。"

施君……又问："我们觉得大元帅的人格的精神高尚，坚忍不拔，革命的事业有孙先生在，是不会停止进行的。但是上寿不过百年，孙先生百年之后，谁能继续这种奋斗，我们觉得这是很可虑的。不知孙先生的意见怎样？"

对于这个问题的回答是："国民党以前是靠一个人支持，现在改组之后是要拿党来活动。党所以能活动，是因为有纪律来维持。以前的革命党，分子大半是学生，因为学生的思想新，能了解革命意义，容易集合，殊不知病就在这个地方。他们以为革命的目的既是求平等自由，他们自己便要自由，不听党的号令，不受党的约束，因为他们以为号令、约束是摧残他们的自由的。因此，革命党虽然是在一党，都是人自为战，并没有党的行动，所以不能不靠我一个人来支持。他们不知道，革命党所要求的是人民的自由、人民的平等，不是个人的自由平等。要替人民要求自由平等，便要牺牲自己的自由平等，服从党的命令，遵守党的约束，才可以群策群力，一致的与外敌奋斗。假使能办到这一层，党便有力量，便用不着一两个人来干独木支大厦的勾当。如是，则一两个人的存亡，与大体上毫无关系。如同俄国，自从列宁死后，劳动政府仍然屹立不动。这是因为他的党员能牺牲个人的自由、个人的意志，以成全党的自由、党的意志，所以党的力量异常之大，党的基础异常之固，一个领袖死了，丝毫不发生什么影响。"

孙先生这番说话，论到俄国的地方很多，结果弄得施君发出当然的问题，说：

---

① 是日下午，孙文应寒假自北京来粤的清华大学学生施滉、徐永煐、何永吉三人的请求，在大元帅府会见他们。访谈录对孙文使用第三人称，文中称"我"者则为笔记者徐永煐。

"国民党实行的是否俄国的主义？"

孙先生说："否！俄国是俄国，中国是中国。俄国有俄国的主义，中国有中国的主义。我方才一篇话，处处论到俄国，是说他革命党的组织，不是说他的革命的主义。俄国的革命所以成功，因为他的党有党的意志，党员都牺牲自己的自由来承受党的纪律。中国革命之所以失败，就是缺乏这一层。这是国民党现在所觉悟到而开始来取法的，也就是我十几年来所奋斗以求之的。"

孙先生说到这里，忽发出一个问题来考我们，他说："西洋人为何争自由，中国人为何不争自由？中国人不但不争什么自由，并且连这个名词得到现代的意义，还是最近一二十年的事，这是何故？"……他便说："这是因为中国人自由太多了，所以不知道有自由。我们想想，我们生活上头一件最重要的东西是什么呢？是吃饭么？不是，乃是呼吸空气。吃饭，我们一天不过两顿、三顿，最多四顿、五顿，要吃到十顿、八顿我们便干不了了。然而我们呼吸空气，一分钟要吃三十次。我们吃饭要停止一天、两天、三天，都不至危及生命，我们试把呼吸停止一分钟、两分钟、三分钟，恐怕就要支持不了。这不是空气比饭重要么？然而我们普通想到生活要件的时候，只知道有饭，而不知道有空气。其故就是因为空气很多，我们可以随便取用，故不但不知他的重要，并且不理会果然有无这么一件东西。"……① "人在空气里不知道有空气，犹之乎鱼在水里不知道有水。你要是把一条鱼从水里取出来放在陆地上，过一半分钟，那鱼便知道有水了。你要把一个人关在一间屋里，把那间屋子里的空气用抽气机抽去，那个人便知道有空气这件东西了。中国不知道要求自由，如同平常人不要求空气一样。西洋人知道自由的重要而争自由，是因为自中世纪以来，人民的自由受剥夺得太甚了，如同抽气机里面的人、陆地上的鱼一样。中国人的自由实在过多了。中国人现在所要的是纪律，不是自由。国民党的失败，也就是各人自由太甚所致。所以说，我们现在要取法俄国革命党的组织，要注重纪律，要党员牺牲各个人的自由。"

……孙先生说完这段，把眼闭了一闭，等我们再发问。但见我们一时来不及，他便继续说："对于方才你们所问回国做事的问题，我想可以回答你说，请入国

---

① 此刻孙文离开房间处理公务，谈话暂时中断。以下接谈刚才的话题。

民党。因为国民党现在已经改组。国民党不是一个人支持的了，是要大家合作的。我们将来作事，一个人赤手空拳，不论有多大本事，总是很难，总要凭藉已成的势力。国民党不问他以前如何不完善，但总有他几十年的历史，总有他的基础。现在真正为民治而奋斗的，也只有这一个组织。所以我劝你们还是入国民党。现在还有什么要问的么？"

施君趁这个机会便又问道："照历史看来，统一中国，大半是从北而南，绝少从南而北的。这是不是不可逃的定理？假如是的，孙先生对于这层有什么计算？"

他回答说："统一中国，不要〈说〉从北而南比从南而北容易，在学理上也有几分是真的。这大半由于北方生活比南方困难，北人到了南方，便留恋着不愿走，北人也就愿意向南方进行。南人则适得其反，到了北方，感着生活的不安，尤其是不能耐冬天的冷，所以不能在北方久住。不过北方统一南方容易，物质上的原因还不及心理上的原因的成分多。因为有这点物质上的原因，南人便很少敢向北方去，去的越少，越觉得南人打不到北方。其实就最近洪杨①时代，他们的兵也曾到过天津。那时因为只有五六千人，僧格林沁用几万马队来围困他，所以不敌。假使有几万人，怕北京不会攻下？况且就这五六千人还在天津过了一个冬，然后整队退归，僧格林沁十几万马队也奈何不得。谁说南人绝对到不了北方呢？这无非是心理作用罢了！"

如是，何永吉便问他道："孙先生计划统一什么时候可以成功呢？"

他说："这是很容易的事。现在所愁的不是统一，是统一后的办法。有了办法，统一是不成问题。像曹锟、吴佩孚这种人，随时可以叫他们倒的。"

何又问他："进行的方法如何呢？"

他说："总要随机应变了，没有一定的方法的。譬如现在的科学都是近几十年、几百年才有的，然而社会的存在，并不是社会学成立了以后才有。一切应用物理学的机械，如帆船、如车，也不是物理学成立之后才有的。我们认定一个目的往前做去，自然会有方法，这并没有一定的公式可以遵循。我做的一本书叫做《孙文学说》，你们看看，就可以明白这个意思了。"他又说："世事变化不定，中

---

① 洪杨：指洪秀全、杨秀清，太平天国领导人。

国也许一两年内可以统一，也许一两日内可以统一，谁能知道？当初的革命党，谁能想到他们竟轻轻易易的把一个清室推翻了？我们只要认定目的，望前干去。"

何到这时，忽发出一个哲学的问题说："我们现在很感着没有一个完满的人生观，生活因而不得安定。孙先生做事几十年，一定很有经验，对于这层可以给我们一个指示。所谓人生观，即是 philosophyg〔philosophy〕of life 或 view of life。"

孙先生听了，把眼闭一闭说："view of life，view 太多了，要看你从哪一个 view①。就政治上说，我们应当为多数谋幸福，为真正没有幸福的人谋幸福，简单说来，就是替最下级的人民谋幸福。这层只有现在的俄国在做，我们所最应当取法的。"说到此地，孙先生便连带地批评美国，他说："以前求学，美国最好，因为美国比较的谋的是多数人的幸福。现在则不然，比较上谋多数的幸福的乃是俄国。美国不但不这么样干，反而不赞成俄国的举动，所以英国都承认了苏维埃政府，美国独仍表示反对。美国怕俄国这种办法一来就要 upset② 他现在的 institutions③，所以要极力的反对。因此，美国以前是极进步的国家，现在反变了极退化的了。诸君要到美国念书，极要留意，稍一不慎就要被他们带坏。像现在的王正廷、顾维钧，这都是美国留学生，切不可学他们的样。还有中国最初送出美的学生，大半都变成美国人，回到国来看见种种腐败的情形，不想法子改良，反开口闭口的 You Chinese④ 没有希望了，We Americans⑤ 怎样怎样。像这种亡国奴要他们何用？你们切要小心。"

……我不甘再寂寞了，因问道："现在所用的军队，外间很不赞成，说他们纪律不好。究竟军队的骚扰，是用着兵的时候便一定不可免，还是我们可以得着较好的军队呢？"

他说："这倒不一定必不可免的。现在所用的云南军虽然于革命上也有些渊源，从前有个杨什么的⑥运动过的，在云南也打过很多革命的战〔仗〕，不过现在

① 英文 view，此处可译为"视角"或"见解"。

② 英文 upset，意为"颠覆"、"推翻"。

③ 英文 institutions，意为"制度"。

④ 英文 You Chinese，意为"你们中国人"。

⑤ 英文 We Americans，意为"我们美国人"。

⑥ 似指杨希闵，笔记者可能未录下其名，而称为"杨什么的"。

分子改变了许多，然而他们不十分了解革命意义，也是无可讳言。我们现在正着手编练革命军呢。”

何又问道：“广州的治安何时可以恢复？”

他说：“军事时代谈不到这个问题。陈炯明打平了，治安马上可以恢复的。现在的军队，你约束过严，他便跑到敌人那方面去了。”

何说：“那么，陈炯明何时可以打下呢？”

这个问题实在是难回答。孙先生只好敷衍着说：“两三个月罢。”

最后一个问题又轮则〔到〕我了，我说：“据先生起初所说，国民党现在不注重一个人，注重组织和纪律。这个话也很对。不过……分子问题就是人的问题，仍是很重要的，不知道国民党这次改组，顾虑到这层没有。假如不曾，恐怕差之毫厘，谬以千里，所谓纪律、所谓组织仍旧是一纸具文罢了。”

孙先生说：“分子问题，国民党当然注重的。再过五六个月，你们便可看我们的成绩。”

……①他说：“我很欢喜你们来谈。你们还有什么问的，或有什么意见，以后可以写信给我。”

据徐永煐：《见孙中山先生记》，载北京《清华周刊》第三○八期，一九二四年四月四日出版

关于组织政府问题

与王恒等谈话②

（一九二四年二月十日）

关于组织政府问题，中山先生仍旧主张以不参预贿选之议员为人民代表作组织政府之运动，此事与外间所宣传之国民党赤化之说，完全立于反对之地位。盖

---

① 此时因有人入见孙文，施滉等便向他告辞。

② 王恒、王用宾、张善与、徐清和及刘云昭等谒见孙文并谈组织政府问题及解释国民党赤化之误会。

先生之意，似仍欲将党的代表与人民的代表明白区为二项。申言之，即党的代表是私的，人民的代表是公的；私的为宣传主义之用，公的乃为建设国家之用也。

据《王恒谈国民党改组后倾向》，载一九二四年
二月十一日上海《民国日报》第三版

在广州与黄季陆谈话

（一九二四年二月初）

黄向中山先生提出关于蔡元培出任候补中央监察委员的意见。

中山先生很委婉地说道：蔡孑民先生在北方的任务很重大，北方的政治环境与南方大不相同，他对革命的贡献是一般人不易了解的。本党此次改组，不提他参加中央亦不好，使他在中央的地位太显著，对于他的工作反为不便，他不会计较这些的。我希望他由欧洲回国后，仍能到北京去工作。

据黄季陆：《蔡元培先生与国父的关系》，
载台北《传记文学》第五卷第三期

对冯自由的声言[①]

（一九二四年二月十六日）

反对中国共产党即是反对共产主义，反对共产主义即是反对本党之民生主义，便即是破坏纪律，照党章应当革除党籍及枪毙。

据《冯自由致孙中山先生函稿》，载上海
《档案与历史》一九八六年第一期

---

①　中国国民党第一次全国代表大会前后，国民党员冯自由等违反党纪，进行破坏国共合作的活动，被孙文训斥。

谈时局等问题

在广州与国闻通讯社记者谈话①

（一九二四年二月十八日）②

记者问：先生目下最用力者为何事？

孙中山答：现正以全力肃清东江战事。大致十天八天内即可开始。

问：次于此者为何事？

答：次于此者为财政统一。然亦非东江事毕后，不易实行统一财政及民政也。

问：东江成功，军事上作何进行？

答：当视福建情形如何。吾于闽南甚注意也。

问：有意出兵江西否？

答：果其能之，亦所愿也。

先生旋谈及中国全局问题：盖非有一坚实之政党，国事终不可为。我现在竭力造党，使民众得训练。然后，吾人可以有组织的民众为后援。盖群众非受训练将不知所辨别，而易为政客所颠倒。吾甚望各方面能助吾进行此事。

次又谈到国民政府事。先生自谓：确有是意，但须在造党有成，各省人均有觉悟之后，非目前即要实行也。

次谈及英俄政治问题。先生谓：英国现在工党要人多，已不大相识。盖已十多年不到英国，以前相识之工党人物，大抵死去也。至俄国列宁虽死，可信于大局无大关系。盖彼党组织极为坚实，有民众为后盾，决不虞失败也。

据《大本营访问记》，载一九二四年二月二十五日上海《民国日报》第三版

---

① 谈话地点在广州大元帅府。

② 底本未说明日期。此谈话时间据二月二十五日上海《民国日报》云"二月十八日下午，记者特邀廖仲恺君偕往访，谒中山先生"酌定。

拟派员访欧

与某外国人谈话①

（一九二四年二月十九日刊载）

鄙人现已与伍朝枢②商定，拟派干员数人分赴各国，要请正式承认南方政府，俾免将来遇有重大交涉时解决困难。

据《孙文派员赴欧》，载一九二四年二月
十九日天津《大公报》第一张第二页

谈肃清东江北伐等问题

与上海《民国日报》记者谈话

（一九二四年二月二十六日）③

财政问题，现在将各财政机关逐渐收回。各军长官皆随我有年，无不深明大义，大约至四月间必能完全统一。

军饷问题，随财政统一而解决。因吾粤出产丰富，人民富饶，华侨方面且皆愿毁家纾难，希望革命成功。故虽一时困难尚有办法，以后筹饷局禁烟局两处月可得饷百万有奇，其他一切正税及盐税等，月可得约二百万。如能顺利进行，军饷问题不难解决。

陈军④盘据东江经年未能肃清，深为北伐后患。我故调湘军全部加入作战，进攻计划已商议妥帖，惟事关军事秘密暂难宣布，逆料三月份必能完全肃清。

---

①　此系孙文在广州与某外国人的谈话。该人将其电告北京驻华使馆，谈话内容由此传出。

②　伍朝枢为大本营外交部长。

③　底本未说明日期。三月三日上海《民国日报》云：该报记者"特于二十六日至大本营，谒大元帅于办公室"。谈话时间据此酌定。

④　陈军：即陈炯明部队。

北伐问题，势在必行。现在皖奉两方亦已商量妥当。只要东江肃清，决不停留，即行北伐。

省长问题，杨沧白不日接任，毫无问题。

苏维埃政府已为英、意所承认，列强皆有继起承认之趋势，则吾国亦何独不可？且本党民生主义中之"平均地权"意思已十分明了，实无再怀疑必要。吾党同志，无论新旧，无不精神一致，分裂云云，皆反对党捏造之词。

凡我国有志之士，皆已认苏俄为同志。正不须欢迎曹家①之承认。

孙述至此，欣然曰：我们谈谈报罢。上海报纸现在对此间之批评如何？

记者答：大都表示敬意。虽有一二家日报、十八世纪式之报纸不十分赞颂，然亦不敢公然诋毁。

孙问：《民国日报》如何？

记者答：凡国人抱有爱国思想而脑筋清敏者皆爱读此报，将来惟视同人〔仁〕之努力如何。

孙曰：那很好。君以后如要探听重要而确实的消息，尽可来问我，我必定使你尽职满意。

据《谒见大元帅时的谈话》，载一九二四年
三月三日上海《民国日报》第三版

民生主义与共产主义有区别
本党与苏联精神合一处

与上海《民国日报》记者谈话

（一九二四年二月二十七日）②

本党此次改组，宣言、党纲均极明了。民生主义与共产主义之区别，我又在

---

① 曹家：即曹锟控制下的北京政府。

② 底本未说明日期。二月二十九日上海《民国日报》云："二十七日广州电，大元帅对记者言。"谈话时间据此酌定。

大会讲演时详细说明。本党与苏俄精神合一处，乃在同为压迫民族奋斗，至主义并无变更，且苏俄现时亦非纯粹共产主义。本党同志无不服从党纲，敌党谣言不可信。

肃清东江计画已定期一月竣事，春末必能移师北伐。

据《大元帅与本报记者重要谈话》，载一九二四年
二月二十九日上海《民国日报》第二版

纵谈与苏联中共关系及评论时局人物

在广州与松岛宗卫谈话①

（一九二四年二月）②

（一）俄之赤化运动决不深入中日

问：闻阁下近顷接近俄国，欲藉其援助，以起统一运动。窃以为俄国之赤化运动如波及中国国内，岂非危险之甚乎？

答：俄国与中国今为对等之国家，彼对于不平等条约有共同之目的，诚为中国之友邦，其援助中国也，乃当然之事。中国之与俄提携也，亦不能不谓为当然。

俄国以赤化英国为目的，其计划在先对于印度及其殖民地为赤化运动。其援助广东也，在强行赤化运动于广东之敌之香港，然后再赤化印度及缅甸方面也。以广东为根据之俄国赤化运动，非以中国国内〈为〉目的，系以香港及印度为目标。我辈之不阻止俄国之赤化运动者，在已知此种实情故也。

若夫中国国民之赤化，未必足为可恐之事。何则？盖中国国民三千年来有再三再四之赤化经验，业已带有消毒性之共产思想之社会的赤化。一时纵见中国国

---

①　孙文在大元帅府接受某日人的采访，底本未说明其姓名，此人即为《东京日日新闻》驻京特派员松岛宗卫。本文系访谈录，由松岛提问，孙文回答。文内小标题为访问者或底本编者所加。

②　底本未说明日期。仅谓访谈于一九二四年二月某日上午。

民之雷同，然终难求续，不难察知也。

若夫香港及印度之赤化，纵英国官宪死力抵御，亦渐次得向其目的进行也，可谓无疑。夫俄国之赤化印度，与其由陆上方面侵入，不如由海面侵入为得策。故俄国拟以广东为根据，由香港侵入安南、新嘉坡及南洋各地，更由缅甸方面向印度本部为赤化的潜入。至于中国国内之赤化，一面必受中国国内之资本家、智识阶级及军人社会之反对，他面必为日本所嫌厌，故俄国当不至深入也。俄国之大目的在印度，对于中国及日本既欲维持友邦之关系，当不至继续赤化运动也，固不俟论。

（二）三民主义非仿制他人之糟粕

问：阁下所主倡之三民主义，闻有人评之为再制列宁及其他近世社会主义者之糟粕。阁下十年前未尝提倡三民、五权主义，得乎诚踏袭列宁等之所说乎？

答：决非如此。我辈之提倡民族、民权、民生三大主义，业已三十年于兹矣！不过其说明系归纳的，未尝判然明言三民主义为何物也。

我辈之三民主义首渊源于孟子，更基于程伊川①之所说。孟子实为我等民主主义之鼻祖。社会改造派本导之程伊川，乃民生主义之先觉。其说民主、尊民生之议论，见之于二程②语录。仅民族主义，我辈于孟子得一暗示，复鉴于近世之世界情势而提倡之也。要之，三民主义非列宁等人之糟粕，不过演绎中华三千年来汉民族所保有之治国平天下之理想而成之者也。文虽不肖，岂至尝列宁等人之糟粕？况如共产主义，不过中国古代所遗留之小理想者哉！

（三）属望全国统一故与北段提携

问：上海、香港之中国实业家等呼阁下为"空大炮"，谓徒大言壮语，于实际无裨，嘲笑阁下之统一中国为不过空言，而三民主义亦不过为书生之论。未审阁下究能统一中国乎？

答：有笑我者，任之可耳！我辈事实上已放三十年空炮，然此空炮确能促内

---

① 程伊川：即程颐，宋朝人。
② 宋代理学家程颢、程颐兄弟两人，以"二程"并称。

外人之觉醒，今日已为不能不放实弹之际。对于友方而放空炮也，实属当然。友方既然觉醒，则向敌方放实弹也，亦属自然。

我辈热衷于统一中国，业与北方之段祺瑞等相提携。民国之幸福以统一为主，今不幸而陷于四分五裂之混乱状态。我辈敬服汉高祖，推重明太祖，因彼等能统一国内，增进国民之幸福故也。我辈打倒腐朽之清朝，然破坏之后以建设为必要，此古今历史之明示也。

欲统一中国之现状，势不能不藉武力，武力统一乃我辈所热心者也。藉言论或妥协之统一，恰如沙上楼阁行即崩溃，复陷于四分五裂之状也，明甚。夫中国之历史，固明示吾人除武力外别无统一之法。既有武力统一之必要，自不能不使南北武力提携之成立，此吾辈所以与北方段祺瑞等握手也。段祺瑞在中国现在之人物中为最可信赖之人物，远胜于曹锟及黎元洪等也。

（四）现代人物之月旦评

问：关于吴佩孚、张作霖、冯玉祥、唐继尧、阎锡山等诸人物，阁下之月旦评如何？

答：张作霖之有今日，不妨谓全由于日本之援助。彼本为一小武官，然彼能迎合日本在东三省之发展，发挥其才能，遂跻于今日之地位。段祺瑞与吴佩孚终难两立，故张作霖或继段祺瑞之后，左右北京之政权亦未可知。

河南之吴佩孚诚可谓卓越之军人，然非支配大局之政治家，一旦战败，即陷于不可恢复之地步。至若我辈，则屡败屡增加势力，此为军人与政治家不同之处。要之，吴实一卓越之军人也。

云南之唐继尧系过于计算利害之人，虽可支配云南一省，然决非维持大局、支配中原之大人物也。

冯玉祥之利害打算亦不弱于唐氏，或以安福派①为友，或加入直隶派②，又或出于中立态度，不断的由自己心中之利害关系而行动，故不易信赖。

---

①　通称安福系，原为北京的安福俱乐部，依附于皖系军阀的政治派别。

②　通称直系。

若夫阎锡山因守山西，故其位置安全。虽然，彼非支配一省以上之大人物。若以山西保境安民为主，则目前彼之位置当不至发生问题；苟出山西以外，加入大波澜之中，则彼之位置即不能保，必亡命海外也。

国民现在正欢迎新人物之活动，老辈已为过去之人物。段祺瑞虽为可尊敬之人物，然已入老境；徐世昌虽为恂恂儒者，然已无在政界活动之勇气；唐绍仪虽野心勃勃，然利欲之念、好色之情甚盛，不足以集众望。由此观之，中国之人物均属过去之人，前途有为之士不能不求之于新进政治家及壮年军人也。

（五）蒋介石为英杰故使练兵北伐

问：阁下之武力统一，当先起北伐军进出长江，然已有北伐之准备否？

答：广东之形势，前年以来极为动摇，然渐已归平稳状态。滇军之横暴，实为吾等所最苦者。然以去岁底黄埔军官学校养成之学生军之夺斗，已将云南客军讨灭，广东局面遂全然一新。惠州陈炯明之兵力已不振，行将见其归伏于我辈之脚下矣。其他如林虎、如李福林，均深知大势之所趋，已归附吾辈。如斯广东之局面既归于平稳，则目前最应努力者，在新军之训练，在劲旅之编制。

黄埔军官学校刻由蒋介石主持，有为之士官辈出。当攻击滇军时，蒋介石所指挥之学生军，即军官学校学生军，精锐无比，业已发挥其战斗力矣。我辈知蒋介石为英杰，数年前曾与之谈养成新军之事，今蒋介石已成新军之中心人物，正着手编制民国第一之劲旅。彼为浙江出身之武官，十年前曾留学于日本士官学校，受新式军事之教育，且人物雄略沉毅，将蔚为军官中之大器。

我辈以财政委之于廖仲凯〔恺〕，民政责之于胡汉民，外交则由伍朝枢总揽，党务则由汪精卫任责，教育则归邹鲁担任，军事则命蒋介石掌握，以期完成北伐之目的。惟最困心衡虑者，财政一事也。然广东之财政，苟不藉借债即无法救济。我辈日前曾致书于日本某氏，述吾辈拟向日本资本家借三千万元之希望，恳其居间斡旋，当可成功也。

（六）将长江占领后即出持久态度

问：尝考中国二十四史，凡中国之统一，概属北方南征之结果，其南方之北伐殆未有能征服长江以北者。史册所载，往事历然。今阁下企画之北伐军，果能进至长江以北否耶？

答：中国史册所载诚如尊论，亦有北守南征之史实。秦自西北强行统一中国，遂至平定六国①。汉又乘秦之失民心，由东方统一天下。晋自北方征服三国，统一天下。隋虽平定南北〈朝〉五胡②之乱，惟因其统治背民心，致唐之李渊又将天下夺去。唐末五代③之乱，被宋之赵氏④平定，其后宋又为由北而来之金、元所迫，致中国南部遂灭亡。若夫至于元之没落，虽由起于中部之朱元璋之武力，然明朝之统一天下乃因以北京为根据故也。明为起于北方满洲之清朝所征服，而清朝又为起于南方之我党所推翻，此乃最近之事实也。试观中国历史，除清朝外，殆皆示北方南征统一天下之事相〔实〕。

然我辈北伐军既讨伐清朝，更欲一扫其残党。清朝已推翻矣，而其残党犹割据长江沿岸及长江以北。我辈之北伐乃继续第一革命，故非将专制政府之残党肃清，不能谓完全讨灭清朝。即我辈之北伐乃顺应大势，故其成功也必矣。北守南征不过过去之史实，今迎合新局面，不得不确信南守北征之当然。

北伐军已准备就绪，其方略拟先自梅岭侵入湖南，再征服湖北，以掌握长江之枢纽；两湖既入我党之手，则分军为二，一军入赣，一军入豫，然后再将长江下游收于支配之下。惟所谓问题者，即占领南京、汉口后究侵入长江以北耶？抑占领长江一带而采持久策耶？又或一气呵成以北京为目的而北进耶？此实我党之大问题。何则？盖北伐军悬军长驱，减少兵力，更兼军械子弹缺乏，军费不足，殊不易侵入长江以北。然我军已有成竹在胸，一旦将长江占领后即暂出持久态度，谋与北方同志之段祺瑞一派提携，徐徐再打开统一的局面，召开南北统一国民大会，议定约法、其他国宪，裁减各省军队，施行内外新政，俾实现我辈之三民主义。

―――――――――

① 先后被秦所灭六国为韩、赵、魏、楚、燕、齐。
② 古代称北方少数民族为"胡"，"五胡"指匈奴、羯、鲜卑、氐、羌五族，于东晋时分据中原，先后建立十六国。
③ 五代指梁、唐、晋、汉、周，即当时在中原地区相继建立的短暂政权。
④ 赵匡胤，庙号宋太祖。

（七）共党如扰民党断然绝其提携

问：国民党与共产派现虽提携，未审将来亦有提携之望否？被视为共产派之人物中，其卓越者闻除徐谦、谭平山外尚有其〈他〉人士，且此等人士似已脱国民党。若然，国民党之前途不至分裂乎？

答：国民党系我所创立之民国惟一之大政党，而共产派则为赞成俄国列宁等主义之学者有志等一派。国民党员固有加入该派者，然国民党始终为国民党。共产派则为共产派，而为其独特之活动而已，不能必言其互相提携也。

我党员之先辈有力家冯自由、张继等反对与共产派相接近，冯自由且目共产派为破坏民国之毒瓦斯弹。彼母亲系日本人，彼系热诚勇敢之人物也，在国民党之先辈中次于张继之德望家，亦一器局雄伟之政治家也。

徐谦、谭平山两人多年为国民党尽力，辅助我活动之功劳者也，最近任共产派之领袖。彼等之所以为共产派，并非俄国之走狗，欲打破民国之现状，断行第二〈次〉之大改造者也；并非脱退国民党，不过为国民党之急先锋，而促国民之自觉，否认妥协政治。

因此，国民党内分急进派与稳健派亦不得已之举。张继、冯自由、谢英伯为稳健派，徐谦、谭平山等为急进派，而我及汪精卫、胡汉民等可称为综合派。是皆为国民党而努力，时虽有意见之冲突、反目抗争之状态，而各人胸中毫无私见，依然奉大国民党主义。国民党之现在虽止包容民国三分之一，最近将来定可支配大局无疑矣。

此际因共产派而致国民〈党〉于分裂，可断言其必无。若共产派而有纷乱我党之阴谋，则只有断然绝其提携，而一扫之于民国以外而已。

（八）目前中国情况在在均有进步

问：我辈日人对于中国之前途几难揣拟，未审阁下作何观察？

答：此问题颇大，对于漠然之质问，只得答之以漠然而已。

我辈对于中国前途并无悲观，然亦未敢作乐观，惟实无悲观之必要耳。三千年来之国民性不易变更，虽经二十四朝之变迁尚未亡国，政体虽经数次之变更，然邦土依然存在，四亿民众依然活跃。例如大海之波澜，有时滔天，然亦有时归于波平浪静。中国之混乱，其不久必即归于平靖也，可断言矣。

自前清倒溃以来，中国社会的进步颇为显著。其表面之波涛虽猛，然内面之状态肃然有进步之观，实为不可掩之事实。国民教育日益普及。观产业之发达及海外贸易之年年增进，从可窥知生活之改良、交通之发展。最近尤惹吾人之注意，劳动社会业有所觉，今后若农民亦能自觉，则中国之社会状态必能一新面目。现在之中国，其最腐败者为官吏社会，次则为军人社会。若夫政治界官吏与军人对峙，故非至腐败不止。虽然，较之旧朝之政界，则觉别有天地。我辈认目前之中国为进步中之邦家，随而其前途一旦统一，必能渐次放大光明。如印度等亡国事变断不至发生，可谓明甚。或有谓中国统一之不易而悲观其前途者，是盖以短日月律邦家故也。

中国之寿命既已保有三千年以上，其前途之寿命亦有数千年，固不俟论。再经十年或五十年，当成浑然统一之状态。如斯天下统一之中国，随社会的进步，政治、产业、军事、教育及其他方面亦当渐次进步发展，当能成一大文明国，与日本并驾齐驱。若以我辈之观察为空想，则我辈惟以微笑答之耳。

据《孙中山先生之谈话——生前与某日人之问答》，连载台北《台湾民报》（周刊）第一八三至一八八期，一九二七年十一月二十日至十二月二十五日出版，自北京《顺天时报》择要转载①

在广州与刘成禺等谈话

（一九二四年三月二日）②

宁愿天下人负我，不愿我负天下人。天下人可以欺伪成功，我宁愿以不欺伪

---

① 原载《顺天时报》的时间不详。本访谈录系日后追记，而将别次访谈内容误置于此，如文中谈及建立黄埔军校、组织学生军、讨伐滇军等均是后来发生之事。当时蒋中正任黄埔军校筹备委员会委员长，该校于一九二四年五月开学。

② 底本未说明日期。刘成禺谓孙文在广州讲演三民主义，"一日讲修身、治国、平天下"，归来后与刘成禺、但焘谈及演说内容。孙听了他们的意见后说了这段话。三月二日孙演讲民族主义第六讲，内容有"正心""诚意""修身""治国""平天下"。谈话时间据此酌定。

失败。予读中外史册，凡圣贤英雄，皆以诚率成功，及身有不成功者，而成功必在身后，吾人有千秋之业，不在一时获得之功名荣辱也。传曰：修辞立其诚。古人言语文字，尚以诚意为要，况事业乎？耶稣曰：诚实者无后患。孔子曰：正心诚意，不诚未有能动者也。华盛顿昭大信于美洲，唐虞格有苗于干羽，诸葛亮七擒孟获而不诛，贞观放囚徒归而皆返，虽汉高祖之谩骂，朱元璋自述父行乞，而己为僧，亦不失真率之道。此予读中外史，知其所以成功，而底于灭亡者，诚则有物，不诚无物而已。历代以欺世伪术而得大业看，灭亡不及其身，及其子孙，此篡弑攘夺残民以逞者，可不惧哉！予之律己，对人无虚言，驭人无权术，一本诚率，人皆谅我，予一人已成功矣。

据刘成禺：《先总理旧德录》，载南京《国史馆馆刊》创刊号，一九四七年十二月出版

与洪兆麟代表谈话[①]

（一九二四年三月九日刊载）

湘臣果有诚意来归，应先脱离陈炯明，调离东江。

据《洪兆麟也求降》，载一九二四年三月十一日《广州民国日报》

---

① 洪兆麟（字湘臣）派代表谒见孙文，表示悔过，其输诚条件为："（一）请予以某君总司令名义；（二）未北伐前，许以潮梅为防地"。孙文以此答复。

关于中苏关系答问

在广州与日本东方通讯社记者谈话

（俄 译 中）

（一九二四年三月十三日）①

问：现在北京政府正采取一些步骤就承认苏俄问题同加拉罕先生谈判。因为这个问题有国际意义，所以各界人士都乐于知道您本人对这个问题的看法。如果北京政府真的承认苏俄，南方政府将持什么态度？

答：北京政府是否承认苏俄，于我的政府毫无关系。这只是苏俄同北京政府间的外交关系问题，我不能发表任何个人的意见。加拉罕到北京之前，苏联政府就已经表明了它对我的政府的态度，它与苏联对北京的态度是完全不同的。至于说我的政府对苏俄的态度，那么至今在这方面并没有任何变化，也没有任何理由会引起现状的改变。

问：这就是说，南方政府既然不依赖于北京政府，所以它将要单独承认苏俄。

答：此举毫无必要。苏俄与我的政府间的关系十分友好，就像两兄弟间的关系。这种关系不需要诸如承认之类的形式。一个单身汉想娶妻，必定要费一番功夫选择新娘，并要同意某些条件，尔后才能成婚。兄弟之间不需要任何形式，我同苏俄之间正是这样的关系。

问：您是否想以此说明，贵政府的政策原则和方针与苏俄完全相同？

答：当然，俄国政府两年前实行的政策，其原则与方针与我政府是完全不同的。但是俄国政府的现行政策——新经济政策，其主要点与应在中国实行的我的《建国方略》却是如出一辙。因此，我们自然是在两个政府间建立兄弟般的关系。这个政策在两国的实施情况迥异，但是它们的政策基本上是相同的。

---

① 底本未说明日期。三月十五日《顺天时报》云："广东十三日东方电，本日孙文氏语往访之'东方通讯'记者"。谈话时间据此酌定。

问：好的。不过从国际政治关系的观点上看，政府间务必互相承认，方能进行彼此间的外交往来。您是否认为这是必不可少的？

答：实际上我的政府一直与苏俄维持友好关系。这种关系从未中断，所以也不会出现用专门正式承认的办法恢复关系的问题，因为我的政府事实上已毫无条件地承认俄国了。

问：北京政府承认俄国，也就意味着对俄国持同样友好的态度。您是否欢迎它这样承认俄国？

答：我当然欢迎。但是北京政府在真正承认俄国前安排了一些预备性谈判，承认之后，还要签署一系列条约和议定书。这种承认不仅仅是基于沟通两个民族的崇高理想。南方政府必将欢迎这样的做法。

据莫斯科《亚非人民》（*Народов Азии и Африки*）
一九六六年第二期（李玉贞译）①

附：另一记录

北京政府承认劳农俄国，与英、义②等国之承认无异，非吾人所得而干预。但与吾等主义政策合一，其亲密关系一如兄弟之劳农俄国，其承认范围日见扩大，吾人殊表欢迎。又俄国政府与吾等既有兄弟之关系，似无再求互为形式的承认之必要。

记者问：波耳比引等俄人在广东之活动，有无抵触北京政府提出之中止赤化宣传条项？

俄国政府派加拉罕驻北京，派波耳比引驻广东为正式代表，固认北京政府与广东政府为对立者也。中止赤化宣传，仅限于北京政府势力范围内，在广东自无抵触之可言。

据《劳农与中国如兄弟》，载一九二四年
三月十五日北京《顺天时报》第三版

---

① 该访谈录原件现藏俄罗斯国家社会政治历史档案馆（莫斯科），当年苏联学者卡尔图诺娃（А. И. Картунова）曾在本刊著文摘要介绍。

② “义”为义大利（Italy）简称；今译意大利，简称“意”。

诸同志应各负责共图大业

与邓演达等谈话①

（一九二四年三月二十二日）

当此时局，最好同志尚且不谅其苦，同志不同负责而归责任于首领，不以困难自任而以困难责人，诸兄如此，则国事、党事尚复何望？

据《廖仲恺致蒋介石一组函电》，载
南京《民国档案》一九八七年第一期

附：另一记录

允解散财团，刷新党政。此后共图大业，诸同志应各负责。

据毛思诚编：《民国十五年以前之蒋
介石先生》，一九三七年三月出版

国民党共产赤化皆逆党造谣

与杨大实谈话②

（一九二四年三月二十五日）

国民党共产、赤化，皆逆党造谣。请电雨亭③，弗可信。

据《电讯》，载一九二四年三月二十八日上海《民国日报》

---

① 一九二四年一月二十四日，孙文派蒋介石为陆军军官学校筹备委员会委员长。二月二十一日，蒋辞职离粤。二十五日，孙派邓演达赴浙江奉化挽蒋回粤。三月二十二日，孙听取邓汇报关于赴奉化挽蒋回粤情形后，与邓谈话。

② 奉天国会议员杨大实奉张作霖命来粤谒孙文，告以外间传闻粤中实行共产、赤化及对奉方与反直各政策略有变更，前来调查，并磋商反直计划。

③ 雨亭：即张作霖。

附：另一记录

粤中实未施行共产，对奉对直政策亦未变更。

据《奉张代表杨大实抵粤》，载一九二四年
三月二十六日《广州民国日报》第三版

共产政府为工人设想但未敢采用

在广州与香港某通讯社记者谈话①

（英 译 中）

（一九二四年三月三十一日刊载）

孙称彼数年来，直接或间接颇有与莫斯科政府来往，盖就历史及感情言之，俱有来往之价值。苏维埃所派驻粤之代表，实与其派驻伦敦之商务代表无异。但外间所传孙有暗受莫斯科政府之助款，孙则极力否认之。

该访员问孙，果有试行共产政府之意否？

孙答云：共产政府以工人就社会问题设想，可以平均贫富，减除犯罪，使生命较近于人类，诚有试行之必要。但以彼为政府领袖，则此项主张不论在粤或在他部，一时尚不敢采择。

据《粤孙否认共产政府之谈话》，载一九二四年三月三十
一日北京《顺天时报》第二版，译自《京津泰晤士报》②

---

① 本篇原为英国人在天津所办英文报纸《京津泰晤士报》（*The Peking and Tientsin Times*）的报道，该报道对此次访谈作如下说明："孙逸仙素有倾向共产政府之态度，故苏维埃政府前日于派加拉罕为驻京全权代表外，特派某氏为驻粤全权代表。昨有香港某电报通社访员，关于此事特托孙秘书陈友仁介绍见孙，叩以此事之真相。"按：加拉罕（Лев Михайлович Карахан），一九二三年九月抵北京任苏联驻华特命全权代表；某氏指鲍罗庭。文中所言"共产政府"，当指类似于当时苏联建立的苏维埃政权。本篇对孙文使用第三人称，"孙"即指孙文。

② 《顺天时报》为日本人所办中文报纸，译自何日未详。

在广州与黄季陆谈话

（一九二四年三月）

黄请示总理：我是否可以利用此一时间，请教几个疑难的问题。

孙说：今天早上正好没有别的事情，你就坐下来讲吧！

黄问：在第一次代表大会中，先生曾说关于收回租界的主张，民元在上海法租界尚贤堂上海外国人士的欢迎会上曾经讲过，并且曾引起外国报纸的严厉批评，不知先生的讲词原文是否有存稿或其他的记载？先生又说曾经发表过文章，不知这一文章现在尚能寻得出否？

孙答，这些材料手边现在都没有，大约在当时旧报中可以寻得出。我对于此项主张不只发表过一次，当时外国人固然觉得不安，就是我们的同志也颇以我的言论易引起外人的反感为虑。

黄说：先生当日所持收回租界的理由和内容能不能告诉我一点？

孙微笑着说：说起来很可笑，当日我曾经把日本、暹罗的前例告诉国内的人士，说明这在一个独立的国家是很平常的事，因为日本在明治维新以前就曾有过外国的租界，由于政治的进步，后来租界亦由和平的交涉而取消了。可能是因为中国在庚子年八国联军之役受创过深，中国人对于外人的恐惧也特别利害。民国元年距庚子义和团事变为时仅仅十一年，一提到易引起外国人误会的事便谈虎色变，这亦是无足为怪的事。辛亥以前一般从事革命的同志，虽然热诚勇敢，不惜生命的牺牲，但是最忌讳的事，便是怕被人把我们的革命误会为排外的义和团，引起国内同胞的恐惧和外人的干涉。当日康有为、梁启超那班君宪派，所持的反对革命的理由，更是认"革命要召致瓜分"，我们驳斥他们的言论，亦只能从善意方面分析帝国主义的情势说明革命是绝不会召瓜分的。其实在我内心的筹画，列强终将不会轻易听任我们革命的成功，甚至要予中国革命以阻挠与干涉，亦是我意料中的事。外交关系我们的成败很大，要免于这些困难，势不得不因应他们，不能不在他们之间利用其矛盾以求得友军，更不能不把革命被人误会为盲目排外的义和团那种观念洗刷干净。但是现在的情势与以前已经大不相同了，所以我们要谋国家的自由独立，便不得不把真正妨碍中国自由独立的帝国主义作为我们今后奋斗的目标。

黄听中山先生说到这里，就迫不及待地问道：照先生的说法，当年在尚贤堂，听你讲演的那些外国人岂能甘休？这岂不是与虎谋皮，自讨麻烦吗？

中山先生笑了笑然后说：我当然在和他们讲话的时候，亦注意到这一点。我是和他们讲大道理：第一，告诉他们只有中国革命成功，他们的利益才得有保障。从前满清的排外是由于政治腐败，我们的目的是改革政治建立文明的政府。如果满清的腐败政府继续存在，野蛮的、排外的、义和团事变一类的事，是不会终止的。第二，是因为鸦片战争以前满清采取闭关政策，不与外国通商交往，你们外国要到中国来做生意，便不得不用武力来打破中国关闭的门户，满清政府在一八四〇年鸦片战争战败之后，才被迫开放广州、厦门、福州、宁波、上海五个口岸准许你们做生意，才划定地方给你们居住，这是租界的起源。当时的意思是：你们做生意只能限定在这租界以内的地方。现在中国革命已经成功，中国已成为世界文明国家之一，你们放弃了租界，全中国各地都可以给你们通商贸易，这不是你们的损失，相反的是你们外国在中国贸易范围的扩大。你们只要遵守中国的法律，全中国各地和各地的人民都会欢迎你们的。如此你们所失者小，而所得的却更大。第三，租界的存在，好似国中有国，侵害了中国的主权，你们在租界享受的种种特权，对中国是一种不平等，是中国的奇耻大辱，中国人民对你们不会有好感的。你们不能得中国人民的好感，你们在中国的贸易是不会受到中国人民的欢迎的。

黄问：先生的话在场的外国人听后作何感想？他们有无反应？

孙继续说：明理的外国人是赞同的，多数的人当然感到不快，其后外国人在上海等地所办的报纸，对此都加以攻击，党内外的人士听到外国人都反对这一主张，于是更瞻前顾后不敢有所作为了。不然的话，废除不平等条约和收回租界等等国民革命的中心问题，至少早在十几年以前便应大声疾呼地提出来了，何至迟延到今天才明白标举出来作为宣言及政纲。这一不幸的延宕是十分可惜的事。当然，从此下定决心，勇敢地向这一方向走还不为迟。今日国民的知识，和国际的情形已比辛亥年时大大不同，进步得多了，做起来虽不无困难，但比以前不知容易了多少。十几年前之所以没有把反帝国主义的主张高喊出来，就是因为辛亥革命后同志们的心已经涣散，信仰也已动摇。现在本党改组，我们强化组织、坚定信仰，所以今后行之必易。

据《黄季陆先生怀往文集》，台北，
传记文学出版社一九八六年出版

与宋君谈话①

（一九二四年四月四日）②

宋往大本营见孙文，请其主持一切。

孙谓："我现亦无法可设，尔辈想要我怎办？"

宋谓："刻下残部尚无所归，请下令制止黄、李、郑③勿再追击，并指定地点收容。"

孙谓："去电已两日。至请指定地点收容一层，可速缮正式呈文来，方有话说。"

据《陈部在都城解散以后》，载一九二四年
四月十六日长沙《大公报》第二版

在广州与谭延闿等谈话④

（一九二四年四月上旬）

据我看，这消息也未必便靠得住。如果沈鸿英真个再叛，那么沈实在不是个

---

①　第七军军长刘玉山所部陈天太率队往梧州，行抵都城被黄绍竑、李济深、郑润琦等部阻击。陈部秘书宋君逃回广州向刘玉山诉说遇阻情形。刘着宋某向孙文报告此情，此系孙的答话。

②　底本未说明日期。据孙文谓去电已两日，即"制止联军内讧致李济深等电"（四月二日）后两日作此谈话。谈话时间据此酌定。

③　黄、李、郑，即黄绍竑、李济深、郑润琦。

④　一九二四年二月沈鸿英向孙文输诚后广州谣言沈暗中仍与陆荣廷、陈炯明密谋攻粤。谭延闿闻讯报告孙。适沈驻粤代表邓士瞻来报沈有电表示真诚态度，要求辟谣。

人。但他果然和陆荣廷联络，我惟有一打而已。我们再调查调查，或由君打个电报探探口气。

冠南①要辟谣，这消急刻回桂和陆荣廷打几仗，谣言不辟自息，态度不表而自明。如其不是这样实行去做，态度既不明了，瑶言又何能止戢。

据《沈鸿英回桂逐陆报捷电》，载一九二四年
四月二十二日上海《民国日报》第二版

组织大本营法制委员会的目的

与大本营法制委员谈话②

（一九二四年四月十八日）

现在我要诸君组织法制委员会的目的，是要上紧做三件事：

第一，要把现在广东各机关的组织条例，全部拿来审查。整理行政的系统，改善行政的组织。将来诸君关于审查这种案件的时候，应该要求各该机关的人列席，求事实的明了和理论的贯彻。

第二，要把一切现行的法律，全部拿来审订。和民国建国精神相违背的地方，通要改过，并且一方要求适合于革命时期中的行使，一方面要求适合于国家和人民的需要。

第三，要审定法院编制和司法行政的组织。我们一个着眼在除弊，一个着眼在便民。能除弊方能确立司法的尊严，能便民方能完成司法效用。至于法官和律师的考试，也是一件要紧的事情。委员会要制定考试的通则和法官律师考试的专则。

据《法制改革之帅座政见》，载一九二四年
四月十九日《广州民国日报》第三版

---

① 沈鸿英字冠南。
② 谈话对象有廖仲恺、戴季陶、林云陔、吕志伊等。

关于台山县自治办法的谈话

（一九二四年四月二十七日）①

该县②自治，只能经理地方财政。凡属国库、省库之征收机关，不得妄引条例，致碍统一。

据《关于台山自治之帅示》，载一九二四年
四月二十八日《广州民国日报》第十版

不主张联省自治

与柏文蔚谈话③

（一九二四年四月二十八日）

孙：往事都可不问，今日只要文蔚答复对于联省自治主张如何？

柏：文蔚是军人，对于政治无多研究。以前在上海，因徐季龙主张委员制，蔚曾与闻。至于联省自治，向未主张。

孙：究竟以后对于联省自治是否主张？

柏：以前既未主张，以后当然不主张。

孙：此答辩可满意。以前错误的人很多，不是一人的错误，乃是一般的错误。这回改组，就是划除以前的错误。此改组以前的事，可以不问。只要以后服从本党的主张，柏案就算了结。

据一九二四年四月二十八日国民党中央执行委员会第二十五
次会议记录，台北、中国国民党文化传播委员会党史馆藏

———————————

① 底本未说明日期。四月二十八日《广州民国日报》载："省长公署……昨特指令财政厅云……此事现已面请帅示"。谈话时间据此酌定。

② 该县：指广东省台山县。

③ 这是孙文在中国国民党中央执行委员会第二十五次会议审查柏文蔚被控案时与柏的谈话。

日本应努力于亚细亚民族之团结

在广州与日本广东通讯社记者谈话①

（一九二四年四月三十日刊载）

余于此问题，初无特殊之感想。此在日本毋宁视为最良之教训，须为黄种色人而觉醒之绝好机会。此外，余殊无所感也。

日本以前过于倾倒白人种之势，对于白色民族少所顾虑。余企图亚细亚民族之大同、团结已三十年，因日人淡漠置之，遂未具体实现以至今日。使当时日本表示赞同，想不至如今次受美国极端的屈辱。日本对于美国态度之愤慨，固属当然，然日本将以何种手段对抗之耶？今日之日本，恐非可威吓美国者。虽已对美举行示威运动，然以前此震灾，国力受莫大之损失，战争必不可能。然舍此欲使美国被动的变更其态度，实无一物，其事甚明。故余此际所望于日本者，忍受此辱，退而静谋亚细亚民族之大结合。俟黄色人种之团结完成，然后讲求对于此次屈辱之方策，斯日本民族之愤激庶不徒劳，而有圆满结果之一日。

美国此种态度正当与否，余不愿明答。何则？盖恐引起日本并吞高丽是否正当之反问也。为日本计，此际无论如何，惟有隐忍以图国力之充实，并努力亚细亚民族之团结。至于此问题将来之进展如何，全属未知之数。南方政府未尝就此考虑何等之对策，局面之变化，殊非吾人所能预测。余关于中国移民排斥问题，亦无何等感想。中国今日毫无向外发展之余力，非先专意以促内部之统一不可。（下略）

据《帅座对美排日案谈话》，载一九二四年
四月三十日《广州民国日报》第三版

---

① 美国参议院通过排日移民法案后，日本舆论界一致主张强硬对付。日本广东通讯社记者走访孙文，询其对比意见。

对邹鲁的面谕①

（一九二四年四月下旬）②

民族、民权两主义已经演讲完毕，今后所讲的系民生主义。但是民生主义的理论，比民族、民权都要深奥。我对于民族、民权两主义可以随便演讲，而对于民生主义，却不能不准备一下。所以我想停讲若干日，把民生主义的大纲拟好后，再继续演讲。同时，你们对于有关这个主义的书籍，也研究一下，读校时可便利些。

据邹鲁：《总理演讲三民主义》，载王云五等著：《我怎样认识国父孙先生》，台北，传记文学出版社一九六七年出版

申斥西江联军代表冯某抗命③

（一九二四年五月三日刊载）

江门各军既不愿出兵向两阳，政府调他军前往，若辈又行阻止，究竟是何用意？

据《西江联军拒绝豫军之原因》，载一九二四年五月三日天津《大公报》第一张第三页

---

① 这是孙文讲完民权主义后对邹鲁的面谕。

② 底本未说明日期。民权主义第六讲的演讲时间是四月二十八日。面谕的时间据此酌定。

③ 四月中旬，孙文令调驻北江的豫军开赴江门，以期收复两阳。此令下后，已大部开往西江的粤军竟欲抗拒，派代表冯某至广州请孙文收回成命，即遭到孙当面申斥。

对冯启民的面谕

（一九二四年五月上旬）①

护路司令专司保护往来车辆。车站以外沿路附近地方防务，仍由各该驻防军队照常负责维持，是护路警备，各有专司。

据《冯启民任广九路警备》，载一九二四年五月十二日《广州民国日报》第六版

与邵元冲等谈话②

（一九二四年五月十七日）

孙先生告众人以试验水性之术，谓：掬水一盂，以手盥濯胰子，洗濯少顷，若有泡沫纷起者为软水（活水），宜于饮用，反是则为硬水，于饮用不宜。

据《邵元冲日记》，上海，上海人民出版社一九九○年十月出版

对北京政府及列强之态度绝未稍形软化

在广州与诺尔氏谈话③

（一九二四年五月二十日）

孙中山接见诺尔氏，对于讹传其死，亦颇愤愤。彼对北京政府之态度，绝未

---

① 底本未说明日期。五月九日，西路讨贼军第三师第六旅旅长冯启民致电孙文，报告是日在深圳就任广九铁路警备司令官，并谓日前曾奉其面谕。面谕时间据此酌定。

② 是日上午孙文在宋庆龄、许崇智、古应芬、邵元冲等人陪同下，登白云山，在一山凹中，三面环山，前临深谷，兼有清泉之胜，故有此谈话。

③ 是日，《费城公录报》《纽约晚邮报》驻远东通讯员诺尔氏在广州访问孙文。诺尔氏于电讯中称："彼（孙中山）之答语明彻而机警，彼表示不少之精神与目的，可知彼决非一失望的领袖。"

稍形软化，即对列强亦然，盖彼称北京政府之存在，完全为列强承认之结果。

据《西报纪孙先生谈片》，载一九二四年
六月一日上海《民国日报》

为省长问题的谈话

（一九二四年五月二十二日刊载）

孙中山对省长人选态度是"以贤能与否为进退，不以省界范围为束缚"。说"杨庶堪长粤数月，成绩如何？久为社会人士所洞知，固无待言。"

孙中山对杨省长启程赴沪前表示辞意甚为不解，认为当此粤局尚未统一之际，内部不宜多事更张，故对杨极意挽留。并对人言："沧白①做得好好的，何故态度又变消极？致省长又生问题，殊非目前所宜。"

据《省长问题之各方态度》，载一九二四年
六月三日《广州民国日报》第三版

考试制度问题

与邵元冲谈话②

（一九二四年五月二十四日）

邵询以考试中各问题。

孙谓：组织可采用院长制，并设副院长一，以为之佐，另设一参议机关，以计划考试事务及选任考官事。至考试条理〔例〕实行后，甄别现任官吏办法，宜先后〔从〕简任以下办起，首试以三民主义，继乃试以专门学术。

据《邵元冲日记》，上海，上海人
民出版社一九九〇年十月出版

---

① 杨庶堪字沧白。

② 五月二十三日下午大本营法制委员会讨论考试制度问题，对院长制及委员制，考试条例实行后甄别现代官吏办法，都难作出决定，于是推邵元冲询问孙文意旨，以为标准。

各军造枪需暂时停止

谕示胡汉民①

（一九二四年五月三十日）

从前各军纷请造枪，供不应求，又有军官学校等需用攻北，赶行配置新机，而且定有新计划不可。此种计划未定之前，各军造枪均需暂时停止。其小批已交额定造者，造毕即停。第二军闻已造好二千余枝，以各军比较，鲜有及第二军之半额者，故不便更发新令。以为独停第二军，实是误解。

据李殿元：《对胡汉民两组信函的研究》，载成都《四川文物》一九九三年第二期，同年四月出版

谈美国排日案

与某访员谈话②

（一九二四年六月八日）

美国大统领顾理治署名加州排日案，就表面观之，则日本似抱悲观，其实乃予亚细亚民族以大同团结之良好机会。日本此时宜退而自省，与我中华民国携手，而努力于亚细亚之复兴也。

据《中山病后之新猷》，载一九二四年六月十一日天津《大公报》第一张第三页

---

① 此谕示引自一九二四年五月三十一日胡汉民致范石生函。当时孙文因病由胡汉民代理大本营事务，中央直辖滇军第二军军长范石生要求批准该军独自生产枪械，胡以事关重大乃请示于孙文，"两次陈请，奉谕……等因，昨已详告光培兄（按指广东造币厂监督梅光培）"。"昨"即三十日，时孙已病愈而对胡作此谕示。胡于三十一日函告范。

② 六月八日，孙文在广州接见某访员的谈话。

在广州与魏金斯基等谈话[①]

（俄译中）

（一九二四年六月中旬）[②]

这次孙中山向我提出了关于俄国的许多问题。孙中山好像从遥远的但又与中国很"亲近"的国家找来了我这样一个使者，孙不仅想听到对他的问题的回答，而且还想把这个来自苏联的人的声音、服装和风度做一番研究。

令他感兴趣的主要是我们的经济如何得到恢复和我国的农民怎样生活。听说我们在工业领域没有达到战前产量，他不太愉快，感到吃惊。但当我们谈到国民教育情况和正在成长中的世界上最自由的我国青少年一代时，他又喜形于色了。

我拜会孙中山之前的几天，我国和中国北京政府在北京缔结了条约。南方政府里甚至有些国民党员对此都不满意。……当时他们不明白，我们对全中国都持友好态度。与北京政府缔约，正是为了以此来减少对南方政府的威胁。现在全中国的人都明白这一点了，但当时倒是要担心许多人会不理解这一点的。

我谨慎地探问了孙中山对这个问题的看法。他开诚布公地阐明了自己的观点，指出他深刻理解苏联和中国政府缔约的目的，以及该条约对于中国人民的利益所具有的意义。

孙中山接着又详细询问了列宁逝世后苏联的国内状况。他对于资本主义国家承认我国这一问题特别感兴趣。孙中山对中国解放运动发展的看法是乐观的。他相信，帝国主义之间在太平洋地区的矛盾，使中国人民有可能在不远的将来开展

---

①　在广东省长廖仲恺陪同下，魏金斯基及其随员到珠江南岸大元帅大本营拜访孙文。魏金斯基在文中自用第一人称，对孙文用第三人称。

②　底本称访孙在一九二四年夏天，但又说他访孙前数日苏联与北京政府缔结了条约。按缔约之事，乃指五月三十一日苏联全权代表加拉罕与北京政府外交总长顾维钧正式签订《中俄解决悬案大纲》及《暂行管理中东铁路协定》，由此表明这次访问不会离六月初太远。再者，廖仲恺系于六月中旬复任广东省长（十二日任命、十八日就职），他以该身份出现，则又表明这次访问当在是月中旬或其以后。据此，酌定为六月中旬。

一场反对世界帝国主义的伟大斗争。

据魏金斯基：《我与孙中山的两次会见》，载一九二五年三月十五日莫斯科《真理报》（*Правда*）；译文见《国外中国近代史研究》第一辑，北京，中国社会科学出版社一九八〇年十二月出版（江海译、李玉贞校）

只有组织和武装农民才能解决土地问题

在广州与苏联顾问的谈话①

（俄 译 中）

（一九二四年六月中下旬）②

孙逸仙博士与Φ同志谈及农民问题时说："对于中国革命，我向来认为，中国强大的民族革命运动和摆脱外国帝国主义压迫的斗争，应当靠广大的人民群众去进行，首先是依靠农民。迄今我和国民党都还没有能够同农民建立联系，这是国民运动中的一大疏忽，主要原因在于本党党员的成分。"他微笑着说，"我本人是资产阶级出身，我的追随者多数是学生、城市知识分子以及属于一定程度的商人阶层。所以我们没有合适的人去深入农村并在那里扎根。在农民讲习所第一届结业前，我很想去给学员们讲几次课。通过这些毕业的学员和今后办的其他一些学校，我们就能够把中国农民组织起来，成立劳动农民协会。届时国民党在广东就会有三百个受过农村鼓动工作培训的干部。

---

①　参加谈话者还有廖仲恺。据底本原注，此谈话记录载于一九二四年八月十日出版的《简报》第一六一号。谈话对象"Φ同志"似指国民党中央执行委员会农民部的苏联顾问。谈话录对孙文使用第三人称。

②　底本未说明日期。孙文在谈话中说"迄今我和国民党都还没有能够同农民建立联系"，又说"你们拟定了一个组织广东农民协会的计划和章程"，根据他已于六月二十四日批准农民部所拟《农民协会章程》等情况，此次晤谈当不迟于六月底；又谈话录述及发表意见的"省长廖仲恺"，按廖系于六月中旬复任广东省长（十二日任命、十八日就职），则晤谈应在此之后。所标时间即据此酌定。

"我对农民问题的政治路线是：我决定将迄今为止地主（出租土地者）占有的土地交给农民，为农民所有。但是由于地主在一些地方政治上和经济上的势力很大，影响也大，所以我认为下面的方法是惟一可行的。你们①拟定了一个组织广东农民协会的计划和章程，据我所知，在一些地方已经开始实际建立农会了。我们应该在广东全省建立这样的农会，以便就此铸造一个反对地主的强大武器。只有当我们建立起这些农会，待到农民武装起来的时候，才能实行解决土地问题的激进措施。至于说达到什么目标，那我与你们的意见一致。不过我认为，在目前农会的组织状况下，进行任何反对地主的鼓动都是策略上的错误，这会使地主先于农民组织起来。"

尽管Φ同志激烈反对这种策略，孙逸仙博士还是坚持己见，并且得到省长廖仲恺的有力支持。廖仲恺举出一个例子，说在广宁地区，我们组织的一些农会几乎行将就绪了，可是，发生了几次军事冲突，豪绅们把一部分农民争取过去，这个区的区长（顺便说一句，他还是国民党员）就站在地主和豪绅们一边，政府被迫派出一个师还多的兵力前往镇压地主的动乱，这才把形势缓和下来。至今政府再也没有能力往广宁派出军队了。如果其他地区再出现这样的骚乱，政府的存在就将受到威胁。廖仲恺用这个例子作为有力的论据，来说明他何以反对宣布在农村进行阶级斗争。

廖仲恺对Φ同志反唇相讥并且得到孙博士的支持，但孙对此事说话不多。廖仲恺解释说，中国农村情况非常特殊，宗法关系还没有打破，地主豪绅和农民都沾亲带故，同属一个姓。由于农村结构的宗法性质远强于封建性，所以阶级矛盾相当和缓，地主与农民的矛盾更像是叔侄间的矛盾，而不像敌我之间那样不共戴天。

尽管Φ同志一再反驳，孙逸仙和廖仲恺还是坚持自己的看法：在农会处于刚刚组织的时期，不应该进行任何公开反对地主的宣传鼓动。

孙逸仙当时说明，他的故乡就是一个最为富有的地区，那里适合于创建农会。因为它是中国少有的地区，那里有大地主，也就是说，土地集中在为数不多但非常富有的地主手里。大地主掌握着七分之六的土地，而四十万农民之中两万人有

---

① "你们"指农民部。

枪。Ф同志问孙逸仙，按照他的看法，何时能在香山县实行没收大地主土地的政策。孙逸仙说，如有组织上的充分准备工作，那么有半年的时间就可以着手土地改革了。

据 *ВКП*（6），*Коминтерн и национально-революционное движение в Китае*（документы），т. I，1920 – 1925（Москва，1994），No. 123 "*Беседа с Сунъ Ятсеном и Ляо Чжункаем о крестьянском вопросе в Китае*"［《联共（布）、共产国际与中国国民革命运动》第一卷（一九二〇至一九二五），第一二三号文件"就中国农民问题同孙逸仙和廖仲恺的谈话"，莫斯科，一九九四年俄文版］（李玉贞译）

国家独立必须经过自身实力奋斗

在广州与菲律宾劳动界代表谈话①

（一九二四年六月二十三日）

菲代表：斐列滨人民目前受治于斐列滨总督、斐岛②审计官及高等法庭法官之下，难望进步。盖此等握权者非由斐人公举，乃美国总统所委任，凡斐议会所立之法，彼等皆得否拒之也。

中山：此乃一国被别一国管理之结果，无论斐岛受治于美，抑受治于日本，其结果皆如是耳！

菲代表：阁下对于斐人之自治能力意见如何？假使准斐岛独立之权握于阁下之手者，阁下今日即许吾人独立否？

中山：余于斐岛情形不甚明了，但吾意独立必须赖陆海军之实力。斐岛之军队实力若何欤？若徒有自治之智慧，恐不足以救一国家。

菲代表：斐岛并无陆海军，仅有警察队六千人。今之斐岛陆军乃美兵及斐人侦察队所构成，直接归美政府管辖者。阁下之意是否谓：斐人若不能自设陆军或

---

① 是日下午菲律宾劳动界参加广州国际劳动会议代表五人，在廖仲恺陪同下至大本营谒见孙文。

② 斐列滨、斐岛：今译菲律宾。

海军足以抵御别一国之攻击者，则决不能得独立之给予。换言之，因美国尚怀疑于许斐岛以独立，故斐岛遂不能得独立欤？

中山：中国现象君等宁不见之，弱国未有不遭强国侵陵之险者。苟无一强国拥卫君等，则君等必恒在他强国之侵略中。中国将来能否达到充分强大地位，足以保护东方诸弱小国，乃一疑问。二千年前，中国甚强，不独雄踞东方，且威震欧洲。然中国既强，即以和平主义教训世界，彼教各国弭战，营和平生活，但当中国宣传此种教训，他国正在准备巨大陆军海军，遂成今日之结果。彼等见中国地大物博，为商业上之大好市场，而武备缺乏、文弱不振，遂划分其土地，各占一势力范围。时势至此，东方各民族非结一坚固同盟不可。最近之欧战当在君等记忆中，然此并非世界最大及最后之战。东方人民多于欧洲，倘吾人能团结一致，则力量亦必更强。中国有不少敌人，今国内不统一，对外对内均无实力。若不能得一相当适合之政府，将不能为谋国家任何幸福，而设立政府必自有实力始。

菲代表：管理贵国之权力本握于阁下之手，但阁下将此权力让诸别一人。吾人以为让此权力之责任应由阁下负之。

中山：诚然。但余让权之理由有历史证明之。吾为此举或系失策，但予信，无论何时吾人愿将恶劣政府推翻，苟其愿力充分强固，则必能达到目的。今之北京政府，与吾人从前经三十年之奋斗而推倒者正复相同。其犹能保其地位者，纯因他国为其后援，给与金钱、军器之故。君等斐岛人民只有美国一个主人，美人且优待君等，而我中国人有十八个主人，其地位之困难实远过于斐列滨。吾人如欲脱离一切羁绊，必须经过许多实力之奋斗，并须同时对付每一国家也。

菲代表：阁下以为日本对于斐岛有无图谋，倘美国许斐岛独立后，日本将起而占据之乎？

中山：日本之欲占斐岛以及爪哇、婆罗洲、澳洲及中国，固无疑义，但彼此时有许多困难阻其进行。若美国目下许斐岛独立，日本或未必占领该岛；但若斐岛未得独立之前，日美两国间发生战争，则我敢断言日本必攻击该岛。彼拥有强大海军，大与斐岛接近，尽能惟意所欲，而使君等为最初牺牲者。

菲代表：阁下知否斐岛及美国之政情，阁下信吾人能从美政府取得独立乎？

中山：予料美国对于斐岛之目的，与英人对印度、日人对高丽、荷人对爪哇之欲久占不去者相同。总之，能一日保留其殖民地，则将一日不许其独立。君等斐人，尤其劳动阶级，必须努力工作，以图进步。目下美国武力强盛，斐人不能以力敌，只得以和平方法要求独立耳。

菲代表：愿闻阁下对斐列滨人之赠言。

中山：吾顷已言之，君等必须努力研究，增进学问，使国民地位益加进步。全国同心协力，随时准备，一致对外，此吾所望于斐岛人民者也。

> 据《中山先生与斐岛代表之谈话》，载一九二四年八月一日上海《民国日报》第四版（译自马尼拉 *Ang Araw* 杂志）

广东沙面工人罢工问题

与英领事谈话

（一九二四年六月三十日）

英翟领事谒孙大元帅，请谕令各工人复职。

大元帅答：我不能剥夺人民自由权，系铃解铃，还须贵领事善自反省。

> 据《沙面罢工风潮可望解决》，载一九二四年七月二十一日上海《民国日报》第三版

与蒋中正等谈话①

（一九二四年六月）②

我们这一辈人，举旗打天下，是为了建立共和国，那么，孩子们应该是国字

---

① 一九二四年，蒋中正、戴季陶、金诵盘相约去孙文处。戴提请孙为他们的孩子起名字。孙就为他们四个孩子按国字辈提名"经纬安定"，即蒋经国、蒋纬国、戴安国、金定国。

② 底本未说明日期。黄埔军校创办，孙文邀金诵盘出任军医处处长。同时，戴季陶一九二四年六月二十八日离广州赴上海。谈话时间据此酌定。

辈啦。建立共和制的目的，是求得天下大同，我看，四个孩子的名，就叫"经纬安定"好了。

据盛李：《"经纬安定""定"何在?》，载
一九九〇年八月十二日上海《新民晚报》

就弹劾共产派案的谈话[①]

（一九二四年七月二日刊载）

共产派之加入国民党系鲍罗庭氏所介绍。若共产党有可疑行为，可质问鲍氏。

据《国民党破裂》，载一九二四年
七月二日北京《晨报》第二版

在广州与杨大实谈话[②]

（一九二四年七月五日）

苏俄此次与北廷缔约，不过表面上之敷衍手段。吾辈与苏俄既为精神上之知交，不必拘于形迹，否则不免时生误会。

据中国社会科学院近代史研究所中华民国史研
究室编：《中华民国史资料丛稿大事记》第十
辑，北京，中华书局一九八六年十二月出版

---

① 张继、谢持提出弹劾共产派案，分呈国民党中央委员会及孙文，并面谒孙陈述意见，此为孙的答复。

② 张作霖派杨大实来广东运动一致反对中俄协定。是日杨偕奉天留粤议员徐清和谒孙文，询对于中俄协定的态度。

面谕吴铁城聘定德国教官穆赖尔等月薪①

（一九二四年七月十二日刊载）②

公安局长吴铁城……前奉大元帅面谕：聘定德人穆赖尔为教官，月薪毫银八百元，翻译官范望一百七十元。由十三年二月一日起至七月卅一日止。双方签订合同，暂以六个月为限。期满复看察情形，仍得赓续订约。

据《增加训练武警预算呈文》，载一九二四年七月十二日《广州民国日报》第七版

革命政府决不能取缔沙面工人罢工

与霍比南谈话③

（一九二四年七月十九日）

华人此次因争人格，发生合理循轨的罢工，政府实不能加以取缔。苟或有之，即为剥夺人民自由之违法行为，革命政府决不敢出此。且贵领此次毅然颁布此苛例，其中侮辱国体、人民之处实多。沙面为中国领土之一，外人以居留资格，实无取缔华人权。今幸苛例尚未实行，解铃系铃，还须贵领觉悟。至于调解一节，政府自应赞助，但不能接受贵领意思。

据凤蔚：《沙面华人罢工之第五日》，载一九二四年七月二十六日上海《民国日报》第三版

---

① 经孙文核准，广州市公安局聘请德国教官穆赖尔为武装警察进行训练。本篇文字，乃据底本所载广州市政厅致广东省长呈文中转引的孙文面谕吴铁城内容录出。

② 底本未说明日期。按口谕内容似应发生于半年前，待考。此处暂据报载日期标出。

③ 六月三十日，英国驻广州总领事馆提出而由沙面英、法租界工部局颁布《新警律》，将对华人出入沙面严加限制。七月十五日，沙面工人为抗议此苛例而举行罢工。总领事霍比南（Bertram Giles）于十九日往大元帅府拜会孙文，请求书一手令着工人先复工，再修改警律。孙文断然拒绝这一要求，并对英方行径予以谴责。后来罢工取得胜利，《新警律》被迫取消。

革命成功的起点

与宋庆龄谈话

（一九二四年七月二十八日）

孙中山看到许多衣衫褴褛的赤脚农民来广州参加农民联欢大会①，深为感动，对夫人宋庆龄说：这是革命成功的起点。并说中国被压迫的人民在自救中所必须起的作用。

据宋庆龄：《为新中国奋斗》，北京，
人民出版社一九五二年十月出版

政府未便干涉沙面华人离工风潮

与广州领事团谈话

（一九二四年八月六日）

此次沙面华人离工风潮，系出于工人之自动，政府似未便干涉，以压迫民意。倘工人罢工而暴动，政府自应干涉。

据《领事团谒见帅座情形》，载一九二四年
八月八日《广州民国日报》第三版

---

① 是日国民党中央农民部召集广州近郊农民千余人在广东大学礼堂举行农民党员联欢大会，由彭湃主持，孙文、廖仲恺在会上演说。

华工华捕返工可与工会磋商

与驻粤英法领事谈话①

（一九二四年八月十七日）

　　贵领事日前与罢工华人签妥七条件，将案解决，本无再行磋商之余地。此次贵国工部局拒绝华捕事件，系因手续错误，此项争端，贵领事可直接与工会接洽。

据《沙面二次罢工风潮完全解决》，载
一九二四年八月二十九日北京《北京晨报》

请领护照购运枪械应审慎核发

与程潜谈话

（一九二四年八月十七日）

　　以后凡请领护照购运大批枪械，应由帅府审慎核发，以杜奸究〔宄〕。

据《发给购订枪照之限制》，载一九二四年
八月十八日《广州民国日报》第三版

在广州与张继谈话②

（一九二四年八月二十一日）

　　孙中山在全会上发言，说明容共政策有其时势的需要，对张继进行耐心劝导：希望你让我试一试这个既定政策，如果失败了，再请你来主持党务，如何？

---

　　①　是日广州沙面英、法领事往大本营见孙文，对沙面罢工风潮表示道歉，并请离工华人早日践约返工。
　　②　这是孙文在中国国民党一届二中全会上的谈话。

张继当场抗辩说：请遵总理之命，从明天起，我自动停止党权，暂时不问党务，以免总理增加困扰。①

据刘健清、王家典、徐梁伯主编：《中国国民党史》，
南京，江苏古籍出版社一九九二年一月出版

广州罢市必须停止否则强制开市

与广州各社团代表谈话②

（一九二四年八月二十六日）

当日商团来请愿时，我已对商团说清楚，若罢市一日，则一枝都不发给。乃政府宣布办法后，许久不见答复，罢市之事突然发生，经再三劝告亦不复业，是明明与政府对抗。目下枪械一枝亦难先发还，须明日开市始有商量之余地。倘仍恃顽弗恤，我当遣派大队军队拆毁西关街闸，强制商店开市。如有一泥一石伤及军队，我即开炮轰击西关，立使之变成墨粉。我言出必行，勿谓言之不预也。

据《粤商团军械案调停经过》，载一九二四年
九月十一日北京《晨报》第五版

与许崇智等谈话③

（一九二四年八月二十八日）

商团被扣留之械，政府必当发还，但为有条件的发还：第一须全市商店先行

---

① 一九二四年十月十四日张继在上海致电孙文说："自八月大会以来共产派肆行无忌，继耻与为伍，请解继党职兼除党籍。"〔中国第二历史档案馆编：《中华民国史档案资料汇编》第四辑（上），南京，江苏古籍出版社一九八八年九月出版〕。

② 八月二十五日，广州商团实行大罢市。次日，广州各社团代表七人赴大本营请愿调停。这是孙文对调停代表的谈话。

③ 是日，许崇智、伍朝枢、汪精卫到大元帅府谒见孙文。

复业，乃有磋商办法；至于领枪缴价一事，已不成问题。

据《广州罢市解决详情》，载一九二四年
九月三日上海《申报》第十版

与商团代表谈话①

（一九二四年八月三十日）

你们商团太糊涂，陈廉伯私运军械，勾通某国人帮助陈炯明，意图推倒政府，现已查得明明白白。既然知错，何不派人与政府直接磋商，何必鬼鬼祟祟，又托范、廖疏通挟碧。本大元帅办事，见得到即做得出，断不容有人以武力干预。查商团运械原用来攻打客军，今反联客军前来干预逼挟，且举行罢市，以图制政府死命。本大元帅原有办法以扫平之，但未忍即行耳。（言至此，态度甚为愤激）

并云：所私订之六条件②完全不生效力，政府与商人订条件，岂非笑话，但政府保持威信，断不稀罕区区五十万元。陈廉伯若自知悔过，当先通电认有勾通某国人欲图颠覆政府，现时悔过，拥获〔护〕政府，服从大元帅。政府见此电文后，方根据民〔商〕团改组③，呈准政府领枪办法，准商团缴价领枪。否则一枝〈枪也〉休想妄与。

据《广东扣械风潮仍未了结——将酝酿二次之罢市》，
载一九二四年九月十五日长沙《大公报》第三版

---

① 面对商团酝酿罢市，孙文曾准备命令军舰炮击广州市西关（商团军驻扎处）。而滇军第二军军长范石生、师长廖行超则于八月二十九日与商团代表议订六项调停条件，三十日晚商团代表七人在范、廖带领下赴大本营谒见孙文报告商议情形后，孙作此谈话。

② 六条件，指范石山、廖行超与商团代表在沙面外国租界所订的解决事件的办法。据称这六项调停条件与政府提出的"商店复业、军队撤消、商团改组、军械发还的原则有出入"。

③ 商团改组内容大略如下：商团依条例改组，呈请省署备案。商团总部成立后，须受全省民团统率处之支配。全省民团统率处督办由省长兼任。

附：另一记录

政府对于条约中之"报效军费五十万"一条不成问题，商团既愿帮助政府，政府亦知商艰，不宜受此报效费。但商团须遵令改组，始能将枪械发还。如一星期内不能改组，则延至二星期亦无不可，总须商团改组完妥，政府可将扣械给还。

（因商团与一、二武人订立条约，孙极不满意）说："汝辈莫谓藉重一、二武人便可压倒政府。"

据《广东北伐声中之扣械案》，载一九二四年九月十日上海《申报》第五版

与范石生廖行超等谈话

（一九二四年九月二日）

范石生、廖行超偕各代表谒孙文，请领械日期。

孙谓：（一）商团通电表真□正态度。（二）依新条例改组，呈署备案后〈领〉械。

据《快信摘要》，载一九二四年九月十一日长沙《大公报》第二版

与孙科谈话

（一九二四年九月八日）

孙文谓：将广州市政权交还市民。孙科赞成。并令孙科及法制委员会"起草市长选举章程，市长民选制，限一月内产出"。

据《孙中山亦已准备北伐》，载一九二四年九月十五日长沙《大公报》第三版

庚子议定书的目的是要奴役中国

在广州与外国记者谈话①

（俄 译 中）

（一九二四年九月八日）

　　孙中山认为，庚子议定书是世界帝国主义的一部大宪章。这份议定书使中国陷入比殖民地还要恶劣的处境。庚子议定书让帝国主义把一大笔款额拿到手中。他们用这些钱，就像用一把铁钳紧紧控制着我国的政治和经济命脉。这样，就使我国人民争取统一和自治的任何努力都归于无效。在这种情况下，外交团则毋庸置辩地证明，凡有涉及剥削中国的问题之处，帝国主义现存的内容矛盾立即就被忘却了，外交团最坚决地实施他们的共同利益。

　　议定书的真正目的是要奴役中国，而不是惩罚清代统治者。

　　帝国主义不仅是中国达到民族独立的主要障碍，同时又是反革命势力最强大的部分。

　　帝国主义列强必须放弃他们应得的那份庚子赔款，否则中国就要像苏联一样采取行动。因苏联已为中国做出了一个国家应怎样摆脱外国威胁和不公平待遇的榜样。

　　孙中山在谈到中国能成功地解决民族问题的那些力量和因素时强调说：在这场运动中，产业工人阶级应当发挥领导作用。但是，帝国主义列强坚持低税率，只要他们掌握着中国海关，中国产业工人阶级就软弱无力。孙中山还对农民和知识阶级寄予希望。

　　关于靠帝国主义利润发财致富的外国商号的代理人，孙中山认为这些人是国家的痈疽，因为他们只想让中国继续停留在半殖民地状态。

据《孙中山发表声明——中国要走苏联的路》，
载一九二四年九月十七日苏联《真理报》

---

　　① 九月十二日孙文致加拉罕函云："您从我本月一日发布的宣言和作为《广州报》的附录于本月八日发表的我关于庚子议定书的谈话（我把这两个文件给您随信附上）可以看出，现在已经是在中国与世界帝国主义公开斗争的时候了。"

面谕吴铁城调警卫军随师北伐①

（一九二四年九月上旬）②

前公安局长、警卫军司令吴铁城……奉大元帅面谕：调警卫军全部随同北伐。

据《公安局认拨警卫军饷额》，载一九二四年
九月十七日《广州民国日报》第七版

今举国反直为解决国是之最好机会

与日本记者谈话③

（一九二四年九月十二日或十三日）④

今举国皆反对直系军阀，为解决国是之最好机会。余顺从民意，躬率大军，离去粤境，而向中原。

陈炯明虽曾举兵逐余，余今亦以国事为重，不妨蠲弃前怨。

据《大元帅昨晨赴韶关》，载一九二四年九
月十四日上海《民国日报》第二版

---

①　本篇系面谕广东省警卫军司令吴铁城，着将警卫军（共二千余人）悉数调至韶关集结。

②　底本未说明日期。按：孙文系于九月四日决定将大本营移设韶关，随后即向所属各军发出调令，在十三日孙亲赴韶关前已有部分军队抵韶集中；据报载，吴铁城接此调令后"连日积极筹画一切"，底本亦称他即向广州市政厅呈报筹措警卫军出师饷需供给办法，似此情形当有数日时间进行筹备；而上海《民国日报》则接十日下午四时广州电报谓吴铁城部已"先开拔"（另有报道称先开拔者为警卫军两个团）。据此，酌为该月上旬。

③　九月十三日上午十一时孙文乘火车自广州出发，下午四时抵达韶关，旋即设立大本营。本篇系上海《民国日报》据"十三日广州电"登载，究竟谈话时间在是日之前或是日，谈话地点在广州或韶关，皆难以确定，待考。

④　底本未说明日期。按上注所言，谈话时间最大可能是在十二日或十三日上午孙中山自广州出发之前，也有可能在十三日下午孙文抵达韶关之后，乃据此标出（孙赴韶并无日本记者随行，故排除在火车上接受采访的可能）。

附：另一记录

天下苟有反对直隶派者，现今不起，更无再起之机会。现下形势，是重大且为绝好之机会。予为顺应大局之趋势计，赴中原逐鹿，纵一方放弃广东，亦在所不辞。

据《广东北伐军已出发》，载一九二四年
九月十六日北京《顺天时报》第三版

陈炯明须写一悔过书便可赦其罪

在韶关与吴稚晖邹鲁谈话①

（一九二四年九月十三日或十四日）②

敬恒向总理陈述来意，总理初不允，以"陈炯明谋杀〈己〉，罪在不赦也"。敬恒遽跪求，总理乃急扶起曰："只须陈炯明写一悔过书，便可赦其罪。"

敬恒喜，乃回广州转至汕尾晤陈炯明。

载邹鲁编著：《中国国民党史稿》第三篇，重
庆，商务印书馆一九四四年六月增订第一版③

---

① 据底本说明，近年来国民党内有同志进言，请允许陈炯明悔过自新者，孙文曾答称："只须陈炯明书一悔过书，则凡百可商。"及至一些同志获悉北伐提上日程，为争取陈炯明出师福建参加北伐起见，特往上海请中国国民党中央监察委员吴稚晖（后改名敬恒）来粤斡旋此事。吴抵广州后，即在中国国民党中央执行委员、广东大学校长邹鲁陪同下到韶关拜访孙文。孙亦是中国国民党总理，文中以此称之。

② 底本未说明日期。按孙文于九月十三日抵达韶关，此次晤谈后吴稚晖即往海丰会见陈炯明并于十五日回广州，十六日偕邹鲁重晤孙文。所标出日期即据此酌定。

③ 按：邹鲁编《中国国民党史稿》初版本（上海，民智书局一九二九年十月初版）的记述稍有不同，"悔过书"均称"悔罪书"，而"吴请总理电陈为宽恕之词，总理不允"则是本篇底本所无。

北伐与江浙战事

在韶关答日文《广东日报》记者问①

（一九二四年九月十四日）②

记者问：大元帅之军队此后向何方进攻？及何时可返广东？

大元帅云：军队之进攻方向是军事秘密，不能明言。复返日期更完全未定，但若有必要之际，何时亦可返也。

又问大元帅之北伐与江浙战事有直接关系否？

大元帅云：固有直接之关系，且此后之进兵方向亦当与浙卢商议，故重要之军事行动不能发表也。

又问与张、段之联络如何？

答云：张、段、卢与余今已协议妥当，张、段两氏亦已定期出兵。

又问江浙战事将来之结果如何？

答云：苏军不出一个月定当溃灭，而直系之倒亦将从之，此时中国统一之时机至矣。

据《大元帅对日记者之谈话》，载一九二四年九月十八日《广州民国日报》第六版

---

① 该记者自广州专程往韶关采访孙文，孙回答他的提问。

② 底本未说明日期。按孙文在答问中有"张、段两氏亦已定期出兵"之语，意指订有出兵计划而尚未实行，但张作霖已于九月十五日派遣奉军十七万人入关并在当天电告孙文。据此酌定为十四日。

北伐部署与反直同盟诸问题

在韶关与《大阪每日新闻》通讯员谈话

（日　译　中）

（一九二四年九月十四日）

北伐军于十三日晚开始向江西方面进击，广东方面的后方部队到达之后，将派出更多兵力。我等已与江西的常德盛①（豫军第一师长）互通声气，相信占领赣州并非难事。我回广州的归期未定，如有必要随时都可以回去。张作霖、段祺瑞、卢永祥三氏和我已经达成充分谅解，作为反直系的团结已完全得到保证。江浙战争可望于一个月内结束，其后将能看到西南各省联合的局面。目前其机运正在形成，我正为促成此事而努力。

为寻求日本朝野对江浙战争有关事宜取得谅解，数日内拟特派李烈钧赴日斡旋。日本应值此时机单独采取行动，支援中国，惟此才能带来中日亲善的局面。本次大动乱将成为中国走向统一的前提，因此希望日本能密切留意这一点。

关于广东省内东江方面的防御②已经做好准备。滇军不参加北伐的理由是因为与陈炯明叛军有关③。商团军的武器问题本来不是什么大问题，作为政府应该考虑其妥善的处置办法，近日内可望得到圆满解决。

据《戰爭は一月で終結する——孫文氏大本營で語る》（《战争将于一个月内结束——孙文氏在大本营的谈话》），载一九二四年九月十八日《大阪每日新闻》（一）（蒋海波译，安井三吉校）

日文原文见本册第602页

---

① 亦作常德胜。
② 指防备盘踞东江的陈炯明叛军反扑。
③ 当时滇军为征讨陈炯明叛军而布防于东江一带。

许陈炯明悔过自新或出兵福建以功自赎

在韶关与吴稚晖邹鲁谈话①

（一九二四年九月十六日）②

大元帅对吴表示如下：

一、陈如悔过，许其自新。即不为悔过之表示，而能出兵福建为浙江声援，也许其以功自赎。

二、已令诸军撤惠州之围，并停止各路进改，以待陈之自决。

> 据《吴稚晖调和孙陈之经过——大元帅对陈之态度》，载一九二四年九月十九日《广州民国日报》第六版

附：另一记录

帅座曰：东江之军，予不咎既往，惟与予合作则必须写悔过书。不率师入闽，则予必令各军先肃清东江，然后北伐。

吴谓：帅座素以宽仁为怀，宜以大局计，弃此小节……

帅座意动，遂允取消写悔过书，予以自新。

> 据《吴稚晖劝陈炯明悔过讨贼——陈炯明已渐悔过　大元帅准予自新》，载一九二四年九月二十五日上海《民国日报》第三版

---

① 据底本等报道，吴稚晖前往海丰县城海城镇会见陈炯明，陈表示：一定打吴佩孚，但须"沉机观变"；不愿写悔过书。吴偕邹鲁再次至韶关向孙中山报告上述情况，孙听后表示两点意见，并提出以陈出兵福建为不写悔过书的条件。

② 底本未说明与孙文重晤日期，此据九月十七日《广州民国日报》（六）登载《吴稚晖邹鲁联赴韶关》一文中所述日期。

北伐事宜及江浙战事

在韶关与日本东方通讯社及日文《广东日报》记者谈话

（一九二四年九月二十二日）

二十二日，东方社记者偕同日文《广东日报》记者赴韶晋谒大元帅，关于北伐事宜及江浙战事有所叩问。当经大元帅答谓：

北伐计划事关军事行动，未便宣布。惟北伐大军其前锋确已进抵赣边。

至于浙卢之退返沪上，并非战败，乃系作战之一种计划。如不见信，会看日间当有捷报来粤也。

据《大元帅北征记》"帅座与日记者之谈话"，载
一九二四年九月二十四日《广州民国日报》第三版

附：另一译文

卢永祥赴沪非战败之故，乃应有之事。盖卢氏非浙省人，今乘此机会以浙江政治还之浙人，又可缩少战线，以期集中兵力直冲南京，比之扩大战线于各地为愈也。

余之北伐计划，并不因此事有些少变化。现先锋队已达江西省境，准三十日以内可尽扫江西之直系，由此而长驱北上。近日广东城内多传余与陈炯明和议，此乃讹传而已，并非事实也。西南联合问题已着着进行。奉张亦已陆续出兵①。现我军准备入江西者有万余人，其中李明扬约一千五百人，樊钟秀约四千人，朱培德约四千人②，吴铁城警卫军约一千五百人。

据《日报对卢永祥赴沪之视察——大元帅对日记者之谈话》，
载一九二四年九月二十五日《广州民国日报》第二版③

---

① 九月十五日张作霖派奉军十七万人开入山海关，分兵六路助卢永祥攻直军，十七日直系首领、北京政府大总统曹锟发布讨伐张作霖令，同时调集大批直军迎战，第二次直奉战争爆发。

② 以上各军，李明扬为讨贼军赣军司令，樊钟秀为讨贼军豫军总司令，朱培德为中央直辖军第一军军长。

③ 本篇系太平洋社据日文《广东日报》译出，其内容文字远较上篇详尽。

附：另一记录

东方通讯社记者携苏浙最近消息，访孙中山于韶关大本行营，叩其感想与对付方策。孙答云：卢之移沪非基于浙军之不利，可信其为战略上之计画，故决不必因此而悲观反直派及浙军之将来。余已与西南各省有完全之联络，目下正与陈炯明谋谅解，此际不问其成否，当更巩固与友军之联结。在数星期内，必向直派与以空前之大打击。

旋又言及日本政府声明绝对不干涉主义，孙云：日本向有附骥于英、美之嫌，但此次事变，日本政府所采之态度乃余所最欣快者。

据《大元帅注意浙事变化》，载一九二四年
九月二十四日上海《民国日报》第一版①

关于西方列强与时局问题

与迪克逊谈话②

（英 译 中）

（一九二四年九月二十三日刊载）

赞助军阀主义

问及中国逃避内战恐怖和获得有秩序的政府的前景时，孙逸仙博士回答道，问题的答案主要在于列强。

"中国政治统一的主要障碍"，他说道"在于外国列强坚持承认北京政府。他们想象，控制北京的派系理所当然应该代表中国政府，应该得到他们的承认。但他们

---

① 本篇末括号内标出"东方"二字，显系东方通讯社供稿，其内容文字又不同于上篇。
② 迪克逊（Dixon）是悉尼《太阳报》远东特派记者。

不了解的事实是广州是一座更加古老的城市，拥有更繁荣的商业交流和更悠久的历史。实际上，北京甚至都无法代表北方。位居洛阳的吴佩孚将军与控制满洲里的张作霖将军之间的决斗旷日持久，正剑拔弩张。北京政府不过是直隶派系的别称，而吴佩孚正是其中的实力派人物。国际上对北京政府的承认不过是支持吴佩孚，而不是其他领袖或派系而已。"

"而列强支持北京政府最为险恶的方式就是将中国两大笔收入来源——关税与盐税的盈余收入拱手呈交给他们。换言之，列强们在经济上的干预就等于宣布列强要消灭其他领袖，等于掀起了多省之间的内战。可以不夸张地说，列强们在为其侵略政策提供补贴。

"只要吴佩孚收到这笔补贴，他就会坚持他征服全中国的疯狂计划。如果列强扣留这笔补贴，撤回对北京政府的承认，吴佩孚与直隶派系自然会清醒，认识到中国的永久统一只能通过和谈而非武力才能实现"

支持反革命

如果列强的外交家们相信列强们所做的一切是为了一个美好的中国，孙逸仙博士继续道。在中国最强大的党派不是反革命党派，而是革命党。时间已经反复证明了这一点。

"但这已经不是第一次众列强判断错误了"，他补充道。"一九一一年前，他们支持清政府，但不管他们如何支持，我们还是推翻了王朝。现在他们对待中国的方式与百年前对待法国一样，也与革命后对待俄罗斯一样。他们派兵去俄罗斯有何公干？总有一天他们会认识到在那一个国家他们创造了一种力量，它是所有列强都无法压垮它的，而中国的情形完全一样。他们说他们要的是一个开明的政府和一个强有力的人；但他们一直在支持孱弱的人、最差的人、反革命的骨干们。"

我问孙逸仙他是否后悔辞职不做总统，让位给袁世凯。世人记住的是，孙逸仙是中华民国的第一任总统，但让位给了袁世凯，而后者却自己登基做皇帝，这便是南北战争的开始，正是这场内战一直在吞噬着国家的心脏。

"不"，他答道。他给出了一个无法令人信服的原因：如果中国完成统一，列强们就会有一些藉口去发动战争，满足的是外国资本的利益，还有一些古老的帝国主义观念，而这一现实将令中国一直生活在苦难中。

列强的小幽默

"世界不清楚中国受外国列强控制的程度有多大，"他抱怨道。"中国是不列颠帝国的殖民地，但没有殖民地的地位与特权。在七十年前缔结的条约约束下，我们对外国人没有管辖权利。我们也无法支配自己的财政。在广东的关税只能由列强征收，主要为英国；扣除征收费用与赔款后，五百万到六百万美元剩余款项却不是给我们，而是直接转到北京。他们称之为支付'中国之综合内债'，简单说来，就是北方政府用来发动对我们战争的资金。我们实际上是在支持攻打我们的敌人的军队。"

"这种状态似乎并非缺乏幽默"，我评论道。

"正是如此，"陪同我们穿过警戒线的总统私人秘书 Eugene Chen 表示同意。"但我们很难置身度外。"

团结之路

我问孙逸仙博士中国结束内战、扫清祸国殃民之匪盗、建立健全的宪制政府的直接前景。

"去问列强"，他即刻答道。"让他们撤销对北京政府的正式承认、停止对他们的经济支持，两个月之内，吴佩孚因为断了兵饷就会土崩瓦解，民族重新统一之路障碍将会被清除。对于中国人民而言，团结一心不难。走进敌军的堡垒北京城，你自己就会看到我们所代表的进步政府是人心所向。没有外国支持，反动政府控制北京的时间不会超过六个月。"

"在中国如此保守的一个国家，有没有人仇视你信仰的欧洲思想和方法？"

"二十年前，会有的"，他回答说。"但是现在，一九一一年革命后，在中国掀起的思想与伦理革命可以视为中国的文艺复兴。"

孙逸仙博士结束采访时表达了他的希望，随着欧洲崭新的进步政府上台，列强们对中国采取了一种更加开明的政策。我们尤其期待英国政府表现出更多的同情心，只要麦克多纳德先生有时间多参阅下中国的事务。

"无论是为了他们自己的利益，还是我们的利益，列强政府应该修改他们的政策"，他宣告道。"现在他们正走向战争。巴尔干与土耳其的问题已经解决了；俄罗斯在重建自己的国家；中国自己还陷在混乱中。中国有如此多的财富，有如此之多的列强对中国感兴趣，如果中国不是下次世界大战的战场的话，那才是稀奇了。"

> 据 The Wrong Horse. *The China Mail*（Hongkong），September 23，1924，Page 2.（《"选错马"》，载一九二四年九月二十三日香港《德臣西报》第二页）（高文平译，邹尚恒校）

> 英文原文见本册第 582—586 页

浙事变化与日本政府之态度

在韶关与日本东方通讯社记者谈话

（一九二四年九月）①

卢之移沪，非基于浙军之不利，可信其为战略上之计画，故决不必因此而悲观反直派及浙军之将来。余已与西南各省有完全之联络，目下正与陈炯明谋谅解，此际不问其成否，当更巩固与友军之联结。在数星期内，必向直派与〔予〕以空前之大打击。

日本向有附骥于英、美之嫌，但此次事变，日本政府所采之态度②，乃余所最欣快者。

> 据《大元帅注意浙事变化》，载一九二四年九月二十四日上海《民国日报》第一版

---

① 底本未说明日期。九月二十四日上海《民国日报》载："二十二广东电，东方通讯社记者访孙文于韶关大本营，叩其对浙事的感想与对付方策。"谈话时间据此酌定。

② 日本政府所采之态度：即绝对不干涉主义。

与李烈钧谈话

（一九二四年九月）

民国十三年，奉直之战爆发，北方骚然。总理时约李烈钧商议，李答以中国有事，日本关系至大，宜加注意。

数日间，总理乃定派大员赴日之计，招李至卧室曰：君前日之言，确有见地。现拟派大员赴日，作联络、鼓吹、调查诸工作。君谓谁当其可？

李答：仓猝之际，略当无见逾者。

总理遂决定派李赴日。

据周元高、孟彭兴、舒颖云编：《李烈钧集》
下册，北京，中华书局一九九六年六月出版

在韶关与许世英谈话①

（一九二四年十月一日）

许世英抵达韶关，孙中山亲自接见。当将入客厅，孙曰：今已午，想尚未午餐，即嘱备膳。

许进而言曰：此时先生可容发言？

孙曰：你讲、你讲。

许表达来意后，孙中山顾廖仲恺曰：你们昨天会谈是否完全同意？

廖答：大家研究结果同意，故陪同来见。②

孙曰：很好、很好！就这样办。

---

①　是日段祺瑞代表许世英在廖仲恺、伍朝枢、柏文蔚、谭延闿等人陪同下，乘粤汉铁路专车抵达韶关，孙文在大本营与许晤谈。

②　九月二十八日许世英抵广州后，与胡汉民、廖仲恺等商谈合作事宜。讨论结果，双方同意合作。

此时，许索纸笔。孙曰：难道还要签订文件么？

许答：不是。须先致电于段，以安其心。

孙与许商讨北伐计划、建国方略，以及三民主义、五权宪法等。孙曰：北方来人，未有如俊人①之能彻明予主义者。

许曰：北方也多有明了先生主义者，故由予代表迎先生定国是也。

据罗刚编著：《中华民国国父实录》第六册，台北，正中书局一九八八年七月出版；刘成禺：《先总理旧德录》，载南京《国史馆馆刊》创刊号，一九四七年十二月出版

在韶关与刘成禺谭延闿等谈话

（一九二四年十月一日）②

孙曰：到曲江不游□□□两大名寺，是虚此一行，明日当伴一游，再回广州可也。

邀游南华寺，见六祖肉身，臂肘缺坏，孙曰：此僧立数千年之志，而躯壳可怜。

刘成禺曰：先生医学最高，不为此僧医之？

谭组安③曰：先生以小儿科著名，慧能非小儿，且陈死之人，又何必医？

许世英曰：先生主义，起生民而生死肉骨之者也，死者当受其赐。

孙曰：容我改《四书》两句，孔子曰：未知生，焉知死？予则曰，未治生，焉治死？

晤谈最后，许还劝孙中山与陈炯明和解，令陈共同讨伐直系④，并转告段祺瑞联络奉、粤各方的讨直计划。

据罗刚编著：《中华民国国父实录》第六册，台北，正中书局一九八八年七月出版；刘成禺：《先总理旧德录》，载南京《国史馆馆刊》创刊号，一九四七年十二月出版

---

① 俊人，许世英字。

② 底本未说明日期。是日下午，许世英即拟辞别赴广州再北上复命。谈话时间据此酌定。

③ 谭组安：即谭延闿。

④ 许世英此行曾先过海丰晤陈炯明，拟作调和。许自广州抵香港，复与陈联系接洽和议。

给请缨北伐之北江农团的指示

（一九二四年十月三日刊载）

巩固后方，日加训练，扩充队伍，为北伐军之后盾。

据《大元帅北征记》，载一九二四年
十月三日《广州民国日报》第三版

中国革命虽遭列强阻挠但必能成功

与广州岭南大学美籍教授布里格姆女士的谈话①

（英译中）

（一九二四年十月二十日刊载）

尽管世界列强试图阻挠中国革命，但中国人民坚信革命必能成功，中国终将统一并成为一个幸福的国家。中国南方政府总统②孙逸仙博士在最近一次会见广州岭南大学（Canton Christian College）英语教授格特鲁德·R·布里格姆博士时如是说。

…………

"当中国统一之时，印度也将成为一个独立的国家"，孙博士说，"现在，只有欧洲黩武主义势力企图阻挠这一进程。日本人想发起一场亚细亚运动。欧美政府则想发动另一场战争，他们对上次的战争并不满意，而想发动下一场战争。我要谴责这些文明大国，他们不愿看到中国走上自己的革命道路，时而加以阻挠，动辄遏制。你们美国人民革命成功，在北美建立起合众国，赢得了和平。

---

① 孙文在大元帅府接见布里格姆（Gertrude R. Brigham）女士，在座者有孙夫人宋庆龄以及大本营专理对外宣传事宜秘书马素、航空局局长兼大本营秘书陈友仁。布里格姆来华在岭南大学执教前，曾是《华盛顿邮报》（The Washington Post）、《华盛顿前锋报》（The Washington Herald）编辑，并任职于美国考古研究所的官方出版物《艺术与考古》（Art and Archaeology）。

② 原文为 President，当时孙文的职衔是陆海军大元帅。

"我们希望以你们为榜样。我们要通过革命，在中国改变所有的旧制度，建立一个新制度。但是，那些所谓的文明大国总是支持反革命派。帝国主义列强一直在阻挠中国革命上不遗余力。

"革命是一种自然的力量，正如山顶之落石，决不会中途而止，只有从山顶滚落到山脚，它才会停下来。中国的革命也是如此。尽管列强想阻挠我们中国人民所信仰的革命，哪怕是这些列强，哪怕是英国，哪怕是帝国主义势力，但我们深信，革命必将成功，中国定会统一，定会成为一个和平的国家。

"请转告美国人民，不要让你们的政府推行任何支持反革命的措施。毕竟，我们是以你们为榜样，走你们先贤走过的道路。"

孙博士坦然承认俄国为朋友。"在旧的帝国主义制度下，俄国是中国的敌人，但今天俄国是我们的朋友。"他说，"中俄友谊在两国之间的协定中就有所反映，协定废除了外国人在华的治外法权。俄国放弃庚子赔款，所做的比美国更为彻底。中俄两国千里接壤，我们在敌友界线的划分上相一致，我们也认定彼此应该做朋友。这是当前中国外交政策的重点。俄国是惟一对我们友好的国家，而其他国家都在压迫我们。不管现在如何评论俄国，它毕竟是一个大国。大家对共产主义的恐惧不会妨碍我们与俄国的友谊。"

"当日本结合成为有机体时，列强感到害怕；他们一意孤行，同样不愿看到中国结合成为有机体。倘若容许吴佩孚以武力统一的信条征服中国，到时你们将亲见'黄祸'（yellow peril）。吴佩孚想用军事征服中国，英国和美国就来助纣为虐。他反对协商解决问题。我本可以实现中国统一的。

"除非我们大力发展实业，使中国走上工业化道路，否则我们不可能成功。中国基本上还是一个农业国，人口众多，这也导致匪患。

"你们国务院追随英国唐宁街（Downing Street）① 的政策。在中国革命兴起之前，英国还对我从事的革命工作表示同情。在印度曾有这样的箴言：'孙逸仙能做的，印度人也能做。'印度人民也想做同样的事情。英国情报人员发现了他们的标语后，英国便转而反对我，希望以此遏制中国的革命运动。印度是大英帝国的枢石（keystong），不过我们可以预言，任何帝国都不可能永久存在。"

---

① 英国首相官邸在伦敦唐宁街十号，故通常以唐宁街为英国政府代称。

当问及是否有意造访美国时，孙博士诙谐地说："我不过是个苦力，是个劳工，上不了岸的。"

孙夫人曾在美国受过教育，毕业于佐治亚州梅肯市威斯里安学院（Wesleyan College）①，当问及是否愿重游美国时，她回答说："这是我最大的愿望，在孙博士完成他的事业后，我甚盼前往。"孙博士补充说："我不认为你也能够去，苦力的妻子是不让在美国登陆的。"陈博士②接过来说："如果美国废止排华法案，孙夫人那时或可成行。"

> 据 Sun Yat-sen Blames Powers for Plight, *New York Times*, October 20, 1924, page 19（《孙逸仙就时局指责列强》，载一九二四年十月二十日《纽约时报》第十九页）（陈学章、程怀、张金超译）

与党员同志谈话③

（一九二四年十月二十七日）

若以我为大元帅，则我此行诚险；若以我为革命党领袖，则此行实无险可言。

> 据邹鲁编著：《中国国民党史稿》，台北，商务印书馆股份有限公司一九六五年十月出版

在广州与加伦谈话④

（一九二四年十月下旬）

谈话结束时，孙中山紧握加伦的手，说道："请留在我们这儿，用您的经验帮

---

① 即威斯里安女子学院（Wesleyan College for Women）。

② 即陈友仁。

③ 是日孙文复电冯玉祥、段祺瑞等，告拟即日北上商量国是。有党员同志担心孙北上的安全，劝孙取消北行。

④ 苏联政府派遣化名为"加伦"的高级将领布柳赫尔（Василий Константинович Блюхер）来华，担任广东革命政府军事总顾问、黄埔军校顾问组组长。十月下旬抵达广州，受到孙文的亲切接见。

助我们的事业吧。我们相信苏俄，也相信您个人！"

据瓦·瓦·布柳赫尔著、高瓦译：《黄埔
军校首席顾问布柳赫尔元帅》①，北京，
军事科学出版社一九八九年五月出版

在广州与李侠公周逸群谈话

（一九二四年秋）

国民党改组就是注入新血液，旧的东西太多了，腐朽了，必须毁坏它，然后新的东西才能真正代替旧的，这恰像一个重病患者需要医生做外科手术一样，某个器官致病后腐朽了，丧失了机能，就得割掉它，只有割掉，才能救护全身。党的改组工作也是这样。

新血液是什么呢？就是你们这些青年娃娃呗！青年娃娃是我们生命的源泉呵！

据李侠公：《难忘的会见》，载尚明轩、王
学庄、陈崧编：《孙中山生平事业追忆录》，
北京，人民出版社一九八六年六月出版

在广州与部属谈尽早北上之理由

（一九二四年十一月初）②

当中山决定北上时，左右进言，以此行由南北上，程途万里，际兹直系军队尚横梗国中腹部、津地附近，尚未完全入反直军势力范围，沿途恐有危险。有以先派汪精卫北上为请者。

但中山意见，以现在中国中北部之战争，为民治与武阀而战，国事之转机端在于此。且战后千头万绪，尤不能不躬行赞勤一切。且现时北京国民军中下级将

---

① 布柳赫尔于一九三五年被授予苏联元帅军衔。

② 底本未说明日期。据底本所言，此番谈话发生于十月三十一日建国会议之后，并有"中山决于一星期内"、十一月六日乘俄舰北上等语，故酌定为十一月初。

领多为国民党党员，本人为党魁，极应到京奖励激劝，使尽力铲除武力统一主义。刻下唐山、廊房等处之吴佩孚军队尚与冯、孙①之兵对峙，北京要人对于各项重大事件往往来电咨询，以长途电报往返磋商诸形不便，若本人在京，则可减少事机之阻碍，于军事尤资裨益。况粤东军民两政及北伐事宜，经广州建国会议后已付托有人，本人正可乘此机会入京，为国效力。总此种种原因，中山乃决定本月六日乘坐日前来粤观光之俄舰"波罗斯基"号（Brousky）北上。

据毅庐：《孙中山定期北上续闻》，载一九二四年
十一月十日上海《申报》第七版

谕黄昌谷随同北上

（一九二四年十一月三日）

我现在决定到北京去从事和平统一，借此机会，可以在北京继续讲民生主义，你的行止怎么样呢？可不可以同去写民生主义呢？民生主义还有四讲：两讲是居、行，一讲是民生主义的总论，一讲是三民主义的总论。讲完之后，如果再有功夫，还要讲五权宪法。你一定要放弃现在的任务，同我到北京去记述三民主义和五权宪法吧。

据张益弘：《三民主义之考证与补遗》，
台北，恬然书舍一九八四年出版

鲍罗庭的主张就是我的主张

对蒋中正面谕②

（一九二四年十一月三日或十三日）③

鲍罗庭同志的主张，就是我的主张；凡是政治上的事总要容纳他的主张；你

---

① 孙：即孙岳。

② 这是孙文将要北上的时候对蒋中正的面谕。

③ 底本未说明日期。孙文于十月三十日自韶关返抵广州，准备北上入京。十一月三日，孙视察黄埔军校，向师生作告别演说。十一月十三日，孙启程北上，视察黄埔军校后前往香港。面谕时间据此酌定。

听他的主张，要像听我的主张一个样子才好。

据《蒋介石对于联俄问题的意见》，载广州
《政治周报》第四期，一九二六年一月十日出版

今后的政治主张须由国民会议依民意去决定

与清水谈话①

（日 译 中）

（一九二四年十一月五日）

关于由北方将领等对本人提出收拾时局、今后政治方针征求意见，并同时催促北上，彼等本身并未表示何种具体意见，今后的政治主张，须由以张、段、冯②及本人为首的各权力团体及人民代表之会议依民意去决定。民党现在尚未充分扩张其势，故今未考虑占有政权。然此两三年内扩张党务，此机会必能到来。故我党除主义外任何事物都可牺牲，可拥护段、张助其统一。因此在民党的会议中惟一的要求，在于承认政党的自由结合及运动。对此次中国之内乱日本标榜不干涉主义。中国之统一乃日本多年来之希望，在向统一之机运发展之今日，甚盼援助其统一。

据李吉奎：《一九二四年孙中山北上访日史料新证》，
载中山大学历史系编：《中山大学史学集刊》第一
辑，广州，广东人民出版社一九九二年九月出版

---

① 是日日本驻广州总领事馆副领事清水访问孙文。孙谈到时局，并要清水将这些话传达给日本政府。

② 张、段、冯，即张作霖、段祺瑞、冯玉祥。

与天羽英二谈话

（一九二四年十一月五日）

今后中国的政治要由国民会议和民意来决定，在不牺牲主义的条件下，拥护张、段①，促进统一。

国民党并不想取得政权，只想努力扩大党务，贯彻主义。

据外务省调查部编纂：《日本外交文书》大正十三年第二册，东京，日本国际协会一九八〇年发行

应付时局之主张和意见

在广州与《大阪每日新闻》记者谈话

（一九二四年十一月八日刊载）

记者问：阁下北上之行如何？

孙答：现因滇、黔、桂各省均一致推予北上，故拟勉为一行。

问：阁下派遣孙科君赴奉之结果如何？

答：孙科赴奉之结果颇为完满。张作霖对于余之主张已经谅解。

问：阁下对于现在北京之国会如何感想？

答：余对于现在北京之国会主张解散。因年来所有战事皆为不良国会所酿成，非去此不良之国会，中国殆无统一之望。

问：闻阁下对于段祺瑞、张作霖间已有一种秘密谅解，此事确否？

答：余与张、段间之意见现已大致相同，余当与段、张提携解决国是。惟秘密谅解一层则并无其事，余之主张无不可以公开者。

问：阁下北上后，对于陈炯明氏究拟如何措置乎？

---

① 张、段：即张作霖、段祺瑞。

答：为谋统一之故，余当以宽大为怀，不究既往，陈果能觉悟，余亦当与之提携。倘彼无诚意，则余当取相当之措置，以全力扑灭之。

问：将来之总统当然属之阁下，阁下以为如何？

答：此事余尚未有所考虑。

据《孙文与日记者之谈话》，载一九二四年
十一月八日北京《晨报》第三版

在广州与黄季陆谈话

（一九二四年十一月上旬）

中山惊讶地问黄：你的脸色为何如此苍白，身体为何如此瘦弱？你害过大病吗？

黄答：我刚刚从医院里出来，害的是严重的伤寒症，经过了一个多月病魔缠绕，近几天才能勉强走路。听说先生要北上，特来请示大本营法制委员会的工作此后应当如何进行。

中山说：你所说的伤寒症是不是英文的 Typhoid Fever？这一病症患了很严重，应好好当心，多多休养。

这次北方的同志推翻了曹、吴军阀，国家又呈露出一个统一建设的机会。我这次北上要促进国民会议的召开，来废除不平等条约，以谋国家的独立；要把本党第一次代表大会的宣言、政纲提到国民会议予以通过，来重奠国民革命的基础。

黄问：为什么把本党宣言、政纲提交国民会议通过，便叫重奠国民革命的基础呢？

中山答：宣言、政纲现在只是本党所决定的，是我们一党的宣言、政纲，实行的责任只在我们一个党，经国民会议通过之后，便成为全国国民的政纲了，全国国民都有责任来实行。这就是重奠国民革命基础的意义，也可以说是扩大国民革命的基础的意义。

中山问：目前《建国大纲》已经公布，正广泛征求各方的意见中，你有什么疑问吗？现在我们要准备新国家的建设了，法制委员会最好根据《建国大纲》，制定一套地方自治实行的计划和法规，以备将来之用。

据黄季陆：《国父逝世前后》，载
台北《传记文学》第六卷第三期

黄埔军校学生可完成未竟之志

与蒋中正谈话①

（一九二四年十一月十三日）

孙：余此次赴京，明知其异常危险，将来能否归来尚不一定。然余之北上是为革命，是为救国救民而奋斗，又何危险之可言耶？况余年已五十九岁，虽死亦可安心矣！

蒋：先生今日何突作此言耶？

孙：余盖有所感而言也。余所提倡之主义，冀能早日实行。今观黄埔军校学生能忍苦耐劳、努力奋斗如此，必能继吾之革命事业，必能继续我之生命，实行我之主义。凡人总有一死，只要死得其所。若二三年前，余即不能死；今有学生诸君可完成吾未竟之志，则可以死矣。

据毛思诚编：《民国十五年以前之蒋介石先生》
第七编，南京，一九三六年十月出版，线装本

附：另一记录②

总理要到鱼珠炮台看学生做的工事，看完毕了之后，总理对我讲："我年事已高，此次到北京去是很危险的。但是我为国民利益而奋斗，是要去的。如果我现在死了，也是安心的。因为现在有黄埔的学校，一定是能够继续奋斗，实行主

---

① 是日孙文从广州乘"永丰"舰北上，途经黄埔军校。他检阅军校学生战术演习后与蒋中正谈话。

② 据底本介绍，蒋中正在致祭孙文时"痛哭流涕"，参加追悼大会的四千多名官兵学生也"全体均为之泪下"，场面极其感人。蒋在文中用第一人称。

义的。"

据蒋中正在黄埔军校总理追悼大会演讲（一
九二五年四月五日）的忆述，载《哀思录》
第三编卷四"追悼纪事"，北京，孙中山先
生治丧处一九二五年十二月编印，线装本

此次北上只有贯彻革命主义方可解救中国

"永丰"舰过黄埔时与随员谈话①

（一九二四年十一月十三日）

此行绝对不欲在政治上有所活动，只以北方军政各界信仰革命主义者，既如
是其众。此次冯、王②回师推倒曹、吴，亦全恃北方同志之力，遂能以最短时间
打倒根深蒂固之军阀。如不予以充分之指导，未免辜负各同志一番奋斗工夫，而
革命主义亦无由贯彻做去。须知解救现在中国之困厄，只有贯彻革命主义方可图
成，除此已无他法。

据《大元帅北上之真意——注意于贯彻革命主义》，
载一九二四年十一月二十日《广州民国日报》第三版

与蒋中正等谈话③

（一九二四年十一月十三日）

（一）粤事责成胡汉民全权处理。

---

　①　十一月十三日上午，孙文偕夫人宋庆龄及北上随行人员汪精卫、邵元冲、陈友仁等，
连同拟陪送至香港的廖仲恺、伍朝枢等共二十余人，在广州天字码头乘"永丰"舰启程下午抵
黄埔，旋驶往香港。此系过黄埔时，孙文在舰中就北上意旨对上述诸人的谈话。

　②　王：即王承斌。第二次直奉战争时，王承斌任直方讨逆军副司令（地位仅次于总司令
吴佩孚），及悉冯玉祥发动北京政变，立即倒戈率师回京参与其事。

　③　是日孙文下"永丰"舰前，蒋中正等在鱼珠炮台公饯，孙与各要人开话别会。

（二）北伐责成谭延闿积极进行。

（三）东南〔江〕防务由杨希闵、许崇智、刘震寰共同负责。

据《快信摘要》，载一九二四年十一月
二十二日长沙《大公报》第二版

澄清北方政治与积极北伐同时进行

在香港"春洋丸"上与《中国新闻报》记者谈话①

（一九二四年十一月十四日）

记者问：孙先生北上，行止如何？

答：此番北行，在沪或小作逗留，即北上入都，行程或无甚变更。

问：孙先生此行，建国计划如何设施？

答：自曹、吴倒后，中国政局已大有转机。我们亦即认为在北方发展之开始。中国官僚、军阀为祸已深，澄清政治固在必行。然尤注意于思想学术方面，故此行第一步功夫即注意宣传，务期将北京之思想界完全改造，将旧日之复辟陈旧官僚铲除净尽，于是国民革命始易着手，而本党主义始有实现之希望。你们做宣传功夫，尤当注意此点。

问：先生北上后，北伐军是否仍继续进行？

答：北伐军现已深入赣境，节节胜利。一方我们北上在政治思想做功夫。〈一方〉北伐当然积极进行，长驱直捣鄂、苏。

孙先生问：香港反对党的论调，对我们北上想必抱着怀疑，或是竟说我不能进京？

记者答：此层无甚表见。但香港的反对报纸是没有价值的，不特对先生北上

---

① 十一月十三日午夜孙文乘"永丰"舰抵达香港海面，十四日晨驶入港口，旋即转登拟开往上海的日轮"春洋丸"，在该轮会客厅会见各界欢送者和来访者，其间接受香港《中国新闻报》记者的采访，中午启程赴沪。该报原名《香港新闻报》，系本年初陈炯明派陈秋霖到港创办，而陈秋霖及该报主笔黄古等人于七月十九日分别发表公开信和宣言，宣布该报改名《中国新闻报》，与陈炯明脱离关系，转为拥护孙文和国民党。

怀疑，就是向来对于国民党主义也怀疑。这是精神堕落的言论，我们可不理会。

据《大元帅北上过港各界欢送之盛况——"帅座与
〈中国新闻报〉记者之谈话"》，载一九二四年十一月
十七日《广州民国日报》第三版

尽力撤销一切外国在华租界

在吴淞口"春洋丸"上与欢迎者及日本记者的谈话①

（一九二四年十一月十七日）

余对于时局之意见及国民党之政策，一与余离粤时发表之宣言书相同，兹不另行发表。

惟《字林西报》日前著论主张应拒绝余入沪租界，以外人而发为是言，实太不自量。上海为中国之领土，吾人分明居主人之地位，彼辈不过为吾人之客，一般宾客并无拒绝主人入门之权利。倘租界当局有意阻碍吾在租界之居住，则吾对之有出坚决手段之决心。今之时代，已遭逢撤销一切外国在华租界之时机。吾人为贯彻此种目的起见，不惜极尽能力以赴之。中国人民早已不能忍耐外国侨民在中国领土之飞扬跋扈。尤以外国报纸②之中，虽谓余之北上，至时局安定以前当逗留沪上以观望形势，而暂缓北上云者。顾余之北上，惟以时局尚未安定乃有意义耳。

余未接到段祺瑞对于天津领袖会议之内容有何等报告，一切事情均须俟余抵津之后始行协议。

据《大元帅安抵上海之电讯——"大元帅与
东方社记者之谈话"》，载一九二四年十一月
十九日《广州民国日报》第三版

---

① 孙文于十一月十七日凌晨自香港乘"春洋丸"轮船抵达吴淞口，不少中外记者随同欢迎人员登轮，其中，有日本东方通讯社记者言及英国人在沪所办《字林西报》日前撰文主张禁止孙文入住租界一事（按孙宅在法租界辖区内），孙乃用英语着重就此问题发表意见。

② 指上海《字林西报》。

附：另一译文①

（英 译 中）

我没有什么可说的。那就是说，对今晨刊载在《字林西报》上我在香港发表的讲话，没什么要补充的。但我知道，有一件事可以肯定，由于我的到来，上海有些激动不安。若果然如此，我要告诉外国人，上海是中国的！外国人是这里的客人，我们是主人。如果不明白这个事实，我们就不得不采取严厉措施。租界一定要归还，这一点中国人是很坚决的。

据一九二四年十一月十七日上海《警务日报》
（*Police Daily Report*）；译文见上海市档案馆：
《上海公共租界工部局〈警务日报〉选译——
有关孙中山北上部分》，载北京《历史档案》
一九八五年第一期（胡思凡、李雪云译）

对于大局之意见

与上海《申报》记者谈话②

（一九二四年十一月十七日）

记者：对于大局可乐观否？

中山：终有办法。惟奠定国是全仗国民通力合作，而尤望舆论界尽力声援，方克有底于成。现在武力政策既已打破，和平统一之期相去非遥。国民对国内政治前途固极宜注意，而于外力侵涉内政尤宜严加防遏。武力统一政策依以为生之帝国主义尚未消灭，此次吴佩孚大败之后得安然潜入长江，图燃死灰，乃其明征。深望国民全体注意及此，共起打破此帝国主义之发纵者，则中国可谋长治久安矣。

---

① 据底本记载，孙文在接受采访时发现《警务日报》记者在场，便说："你也是记者！好，你听得懂我说的话，可把它记下来。"结果上海租界英文报纸就有了这场谈话的报道。

② 是日下午三时许孙文在上海寓所与上海《申报》记者会谈。

余业有宣言发表，不日拟约沪上新闻界一叙，共同商榷也。

据《孙中山暨其秘书之谈话》，载一九二四年
十一月十八日上海《申报》第九版

与上海新闻记者谈话

（一九二四年十一月十七日）

记者：请发表对政局意见。

孙曰：余之政见，已见余在粤、离粤时报发表之宣言，北上后当本此进行。总之，余当调和各方，使国家得和平统一，以慰国民之望。

记者问：中山何日赴津？

孙曰：现尚未定，大概须视北方政局变化如何，以决早迟。如政局仍纷乱，则拟速行；如政局渐告平静，或将稍缓。

记者问：据昨日本埠消息，北方诸君领袖已推段芝泉为临时执政，先生以为何如？

孙曰：此举甚好，余当赞同。

据《孙中山昨日抵沪情形——中山与新闻记者之谈话》，
载一九二四年十一月十八日上海《时报》（三）

国民宜一致反对帝国主义

与康通一谈话①

（一九二四年十一月十七日）

康：先生政见如何？

孙：已详《宣言》。余之意见甚希冀新闻界评判。

———————————

① 是日下午五时孙文在上海寓所与上海《申报》记者康通一谈话。

康：先生对于时局亦乐观否？

孙：此在国民之努力如何，国民不努力自无希望，而指导国民者惟言论界。故言论界若专以营业为目的，国民自难进步，国事亦无可为。中国内乱实受外力支配，吴佩孚退入长江，亦必由在长江有势力范围之英国招之使来。国民必宜一致反对帝国主义，使外国能自改变其政策。如英国国民亦不少有理性者，本不愿欺侮我国民，然我国民若受侮而缄默，则彼等亦何能为助？

据《孙中山先生昨晨抵沪》，载一九二四年
十一月十八日上海《民国日报》第五版

在上海与马伯援谈话①

（一九二四年十一月十七日）

孙问：冯焕章革命彻底否？

马曰：何谓彻底？

孙答：一、对外主张收回权利；二、对内主张和平民权。

马曰：焕章对于这两种主张，不但赞成，且有成绩。

孙曰：吾民国元年，带骑兵入〈东〉交民巷者，亦即冯君之意。惜吾国武人，一味媚外，不知条约耳。又问冯对于和平民权之主张如何？

马曰：此次赞成和平统一，实行中央革命，而牺牲其旧友曹、吴，彼之酷爱和平无论矣。谈到民权，冯先生不仅主张，且力行之。

孙曰：关于北上的事，容商而后行。

据马伯援：《我所知道的国民军与国民党合作史》，
上海，上海商业公司一九三二年出版

---

① 是日下午孙文接见前来欢迎的冯玉祥代表马伯援。时上海谣言甚多，马电告冯，二十日得冯回电：此间安谧如恒，沪谣言不可信，速请孙北上。

就居住租界或受阻发表声明

在上海与日本东方新闻社记者谈话

（英 译 中）

（一九二四年十一月十七日）

孙博士说他对时局的看法已包含在他在离开广州北上之前所发表的宣言中。

针对当局抗议他进入租界，孙博士的部分回复如下：——

"曾有拒绝余入租界之主张，外人发表此言论，不胜骇异。上海为中国领土，吾人为主人，彼等不过为吾人之宾客，宾客对于主人，固无拒绝入内之权利。

"如租界当局果阻余入租界，则吾人对此不能不有出以断然手段之觉悟。……中国国民已不能再坐视外国侨民在中国领土内肆其挑梁跋扈也。"

"现时中国已达撤废一切外国租界之时期。如果列强交还在中国的租界一事再拖延，一定会发生不愉快事件，因为中国爱国公民已认识到不能再容忍外国列强侵占国土之存在。

"因此，我一直致力于为国效劳，实现国人的爱国梦想。我也将继续尽我所能，不只是为了我们的国家，也为了在华居住经商的外国侨民生意兴隆——通过赢得大多数中国人的好感和友谊。"

据 Sabre-Rattling By Sun Yat-sen. *The Hongkong Daily Press*，November 24, 1924, Page 5.（《孙逸仙武力恫吓》，载一九二四年十一月二十四日香港《孖剌西报》第五页）（高文平译，邹尚恒校）

英文原文见本册第586—588页

要把重大责任交给你们去做

在上海与党内同志叶楚伧等谈话

（一九二四年十一月十七日至二十一日间）①

我老了！列宁也死了！不知道命在今年还是明年呢？但俄国已经成了有组织的党，失一领袖却无妨碍，至于我们如何呢？所以从今日起，要抱〔把〕这重大责任交给你们去做了。

据叶楚伧：《革命都在民众里做功夫》，载《总理哀思录节要》第五章"总理逝世后之舆论"，南京，中国国民党中央执行委员会宣传部一九二九年六月印

赴天津前拟先往日本一行

在上海与《大阪每日新闻》记者谈话

（日 译 中）

（一九二四年十一月十七日至二十一日间）②

孙中山抵沪后，各方多希望其早日赴津。现据传说，中山拟先赴日本一行，在神户登岸与邦人士亲自接洽一切，然后再行赴津参与会议。中山之意，因目前世界大势，中日两国必须根本提携，否则必感痛苦，故在赴津之前先往日本一行。中途如无更改，则本月二十六日或可乘"长崎丸"动身。

据《孙中山今日离沪》，载一九二四年十一月二十二日上海《时报》（二），译自十一月二十一日《大阪每日新闻》

---

① 底本未说明日期，但称发生于一九二四年孙文北上路过上海之时，兹据孙在沪逗留期间标出。

② 底本未说明日期。兹据孙文在沪逗留期间标出。

在上海与吕光先谈话

（一九二四年十一月十七日至二十二日间）①

吕说：你现在发已白了，身体也没有从前好了，但是我深信你革命的成功，也一天一天的燃热起来了。

孙曰：要是我们革命的工作，不是一天一天的燃热起来，那就不是革命了。

吕说：请你保重些为要。

孙曰：谢谢你，少年的朋友，望你努力去为革命奋斗。

据《中国国民党第二次全国代表大会会议记录》第九日第十七号，朝鲜同志吕光演说，载中国人民政治协商会议广东省委员会文史资料研究委员会编：《广东文史资料》第四十二辑，广州，广东人民出版社一九八四年出版

在上海与李烈钧谈话

（一九二四年十一月十八日）

孙问：芝泉约余赴北京。现正待启行，而诸友意见不一，君谓余当如何？

李答：日本老友甚多，如头山满、犬养毅、白浪滔天、床次竹二郎诸人者，皆彼国之贤达，与总理夙相契厚者，倘过日本晤谈，获益必大。

孙乃定取道日本之计。

据周元高、孟彭兴、舒颖云编：《李烈钧集》下册，北京，中华书局一九九六年六月出版

---

① 底本未说明日期。十一月十七日，孙文抵达上海。朝鲜同志吕光先到其寓所拜访，二十二日，孙离开上海前往日本，吕为孙送行。谈话时间据此酌定。

对武昌"护宪军政府"之意见

在上海与某君谈话

（一九二四年十一月十九日）①

某要人以长江时局突生变化，而武昌方面又有护宪军政府之组织，询孙中山之意见。

孙答：此种举动，本属恋位贪利之军阀应有之举动，且从中不问可知而有帝国主义者暗为鼓煽。无知妄作，民遭毒害，结果仍不免归失败，天演公例无可幸免，所苦者国民多遭一次无谓之牺牲耳。但经此次之暴举，和平统一之希望因之更佳。设无此举，则暴力潜藏，后仍为患，转不若使国民知暴力存在时可造祸，群思彻底之奋斗，持一劳永逸之解决，俾民治建设之进行不致再蒙阻力。

据《中山先生之长江变化谈》，载一九二四年
十一月二十日上海《民国日报》第五版

绕道日本赴天津

与随员谈话

（一九二四年十一月十九日）

随员报告：北京、上海间交通因受军事影响断绝。津浦铁路既久不通，而由上海往天津之轮船搭客拥挤，在两星期以内，各船头等舱位均经客预定完毕。

孙嘱随从人员分别乘轮取道而行，以天津为齐集地点。只指定戴传贤、黄昌谷等数人随同赴日。并谓藉此机会，可在日本宣传对时局之主张，同时亦可会晤日本旧友，并征求日本国民对已所主张废除不平等条约之意见。

据秦孝仪主编：《国父全集》第二册，台北，
近代中国出版社一九八九年十一月出版

---

① 底本未说明日期。谈话时间据十一月二十日上海《民国日报》载"昨日某要人以长江时局突生变化……特往谒孙中山先生"酌定。

国民党员宜研究三民主义与遵守纪律

与何世桢等谈话①

（一九二四年十一月二十日）

何世桢等陈述略谓：此次总理来沪赴京处理国事，使本党主义更得发扬之机会，凡属党员俱深庆贺。次述本党向以三民主义为主张号召于民众，数十年来一贯，故五四运动后各学生纷纷加入，今则外间每多误会，此层望对外须有解释，而于本党分子应按纪律严加处理。

孙中山：尔等所言各节余已明了。关于民生主义一部分，外间及党员尚多未了解。故余在粤曾有演讲，现已付书局印刷，不久可出版，将来可购阅研究。至关于纪律一层，余已有办法。

据《国民党员昨谒中山》，载一九二四年
十一月二十一日上海《申报》第九版

附：另一版本

（英译中）

孙中山说，为了寻找改善民众状况之方法，他正在研究政府的方针。

据一九二四年十一月二十一日上海《警务日报》
（*Police Daily Report*）；译文见上海市档案馆：《上
海公共租界工部局〈警务日报〉选译——有关孙中
山北上部分》，载北京《历史档案》一九八五年第
一期（胡思凡、李雪云译）

---

① 是日上午，孙文在上海寓所接见由何世桢带领的复旦、上海、东吴、法政等大学的三十多位（一说约五十位）国民党青年党员。

国民党员要尽力介绍同志入党

与某君谈话

（一九二四年十一月二十日）①

某君问：近有某党假借本党名义及破坏本党等情，应如何对付？

孙笑答：某党不敢公然独行，乃假冒本党之名者，足见本党牌子之老而能受人信仰。吾党万勿因彼辈冒牌即怀妒恨，我意惟恐其不假冒。君不见今日市上老牌子之巨肆乎？假冒愈多，则彼牌子亦愈响，如此不花钱之宣传，吾等又何乐不为哉！

孙又曰：予尚有西客某待会晤，不能与君等作久谈，且我明日即将赴京。愿君今后努力，为本党多多介绍同志。异日予自京归必将迎君畅谈。倘仍独君一个而不能尽力介绍者，则君不必见我。

据徐翰臣撰述：《孙中山全史》第一册，
上海，唤群书报社一九二五年四月出版

训诫国民党上海各区分部委员②

（一九二四年十一月二十一日）

同志应不辞劳怨，不避艰难，宣传党义，努力奋斗，使人人了解三民主义，感化民众，共向光明路上走去。为党努力即为国宣劳，诸同志须了解斯义。努力

---

① 底本未说明日期。此件所标时间系据《国父全集》。

② 是日上午九时国民党上海各区分部代表石克士、徐畏三等四十余人至莫利哀路二十九号谒见孙文，请求训示和对本党不守纪律之分子给予惩戒。孙听罢即训诫他们。当有的代表诬蔑"共产党违背主义、破坏大局、攻击友人、私通仇敌、棍骗工人"时，孙予以训斥，"语毕即怫然登楼"。

前途，毋负本总理之期望。至于整顿纪律，自有办法。

据《国民党区分部代表谒见中山》，载一九二四年
十一月二十二日上海《申报》第九版

附：另一记录

十三年来，民国绝无起色，党务并不进步，皆由尔等不肯奋斗之过。彼共产党成立未久，已有青年同志二百万人，可见其奋斗之成绩。尔等自不奋斗而妒他人之奋斗，殊属可耻。彼等破坏纪律，吾自有办法，与尔等何干？上海现有人口一百五十万人，今吾限尔等每人一年内须介绍党员一千人，否则不准再来见我。

据《中山到沪与共产党之活动》，载一九二四年
十二月二日北京《顺天时报》第三版

军阀专制与帝国主义均不可不除

与驻沪外国新闻记者谈话①

（一九二四年十一月二十二日）

吴佩孚既以武力失败，将来武力当无所用。予鉴于此，亦愿放弃武力对粤主义。予之北上，拟于国民会议中发挥一大宗旨：（一）救济人民生活。（二）促进外交方针。军阀专制此与帝国主义均不可不除。中国财源现悉委于外人手中，年年损失不下五万万之巨，以此之故，中国复兴事业终于无成，即受帝国主义之阻碍也。

据《孙文昨日抵长崎》，载一九二四年
十一月二十五日北京《晨报》第二版

---

① 是日上午孙文离开上海前往日本。临行前与沪外国新闻记者三十多人会谈。

非完全排除列国共管瓜分行为决不立于民国之当道

与日本记者谈话①

（一九二四年十一月二十二日）

记者：若如先生日前所谈，鉴于世界大势，认中日提携之为急务而东渡，似宜更赴东京广与日本朝野名士会商？

孙：此次北上顺道赴日，因须急行，不能如此延缓，特因上海无开行天津之便船，由神户换船赴津较为便利。

记者：中国内乱以来，列国对华压迫有加，先生已觉察之否？又先生对此有何感想？

孙：列国之事非余所知，但就此有须一言者，如余常所主张：关于列国之租界问题，务必要求早日归还中国，余个人亦必毅然主张之。甚望曾与中国立于同样境遇，与其苦经验之日本予以同情。

记者：如早日尊说，先生北上之目的，为列席民国改造之大会议，提议改造之根本策而不参与其后之实际政事，惟真心忧国。欲实现改造之大负，似不能无身先任政之热忱，请问不遽立于庙堂者何故？

孙：由来中国迭起纷乱，统一不能实现之根本原因，不在内政问题，而在外交问题。列强对于中国提倡共管、瓜分等说，临以压迫的态度，致政事改良及其他要事均难进行。故余与其当此纷乱之政局立于庙堂，无宁立于国民之地位，对国民间说所以必加猛省之故，对外国国民说明目下各国对华之侵略政策有害世界之和平，唤起彼邦国民之舆论以促列强之反省。因此，余认与其在中国国力尚未充实之际立于庙堂，无宁以国民资格努力唤起内外国民之舆论。至"元老会议"云云，特属遥言，非余之所知。余之北上，盖在以所抱负提议开一大国民会议耳。

记者：若以国力充实为念，无身先立于国事方面之热忱欤？

孙：惟中国之国情尚不之许，若余立于支配国政之地位，必非议、攻击采取

---

① 是日上午孙文离开上海前往日本。临行前在"上海丸"上接受日本记者访问。

非道之对华政策之列强政府，结果或与诸外国发生冲突亦未可知，对于中国决非得计。反之，余立于国民之地位，为上所述，努力唤起内外国民之舆论。若我国民与外国民之联合进攻，即能对抗欲取误谬政策之任何国之政府，盖可信而无疑。又，中国之迭起纷乱不在内政问题，而其源在国外亦可举例而言之：即枭雄吴佩孚山海关败逃天津，在几无可往之穷境时，而某国怂恿其由扬子江回洛阳，并允对其入扬子江与以一切援助。若如某国之怂恿，吴将不来扬子江方面。与余同志之某国同志对某政府此种行动，已为猛烈之反抗。因之依于同情我等之彼国民之力，某政府今已断然中止援吴。由此以观，余立于国民而活动于中国为重要之事已甚明显。要之，中国扰乱之原因，即在对华抱有野心之列国，迄今当有事之际，利用一部分武人使然耳。即中国之国政愈乱，彼等欧美列强对华实现其压迫的野心之可能性愈多，中国非完全排除此等外力，则国家之统一不能永久。而欲排除外力，仅中国一国民之力现尚有所不能，必依其国民之觉悟促其本国政府反省始能实现。故必立于国民之地位，指导觉醒我国民与外国之国民联合，以促欧美列强之反省。环顾中国，现得当此重任者惟余一人，非列国欲图共管、瓜分之扰乱行为完全排除之时，余决不立于民国之当道。

据日《中山先生离沪前之谈话》，载一九二四年
十一月二十四日上海《民国日报》第五版

附：另一记录

（一九二四年十一月二十二日）

余此次因无便船，故改由神户转道赴津。抵神户后，拟顺便访晤日本朝野一部分人士。中日两国就目前世界大势言，非根本提携不可。两国人民尤应亲善携手，共御他人侵掠政策。近年来中国人民对于日本颇多怀疑，此后日本上下应切实表明对华亲善政策。中国频年内乱，多半为外人直接或间接造成，过去如广州商团事件，现在如吴佩孚南下事件，暗中均有外人从中指使，无非欲达其侵掠政策耳。余此去纯然以中华民国国民资格赴天津之善后会议。届时，余即将建议此项主张于会中，共救国难。如要求撤废治外法权一事，即为入手计划之一。此后进行当然须经历无数难境，颇愿日本朝野予以同情之助力。诸君多为新闻界有力

者，以上所述，深愿时加鼓吹。

据《孙中山离沪前对日记者谈话》，载一九二四年
十一月二十四日上海《申报》第十三版

绕道日本实因上海无开行天津之便船

与上海《时报》记者谈话

（一九二四年十一月二十二日）

所以绕道日本，实因沪津间无相当直接轮船之故。亟须与段祺瑞、张作霖、冯玉祥及其他现在天津各首领一谈。抵神户后，并无耽搁，将乘行期最近之船前往天津，大约至多不过四十八小时。并不欲前往东京。

据《孙中山昨晨离沪》，载一九二四年
十一月二十三日上海《时报》（二）

与身边工作人员谈话①

（一九二四年十一月二十二日）

在沪人民或实业团体如有意见发表，应加急寄津。

据《孙中山离沪赴日时之情况》，载一九二四年
十一月二十九日长沙《大公报》第三版

---

① 孙文在沪时曾拟约请上海各实业界人士到寓宅讨论救国主张，因仓促赴日，未及进行，故在登船时对工作人员做此谈话。

在"上海丸"上与村田谈话[①]

（日 译 中）

（一九二四年十一月二十二日）

孙文穿着厚实的长衫，坐在靠船舱的椅子上，微笑地回答了我的提问。

这次赴日正好是第七年的事，要说感想吧，有许多，一下子还想不起来。

孙氏闭上了眼睛，好像回到了对往事的沉思中了。我（村田特派员）请他直率地谈谈：在孙先生看来，日本的最优秀之处和最槽糕之处。

日本最优秀之处是，同处东亚，同为东亚民族的日本，与他国相比，率先图谋进步，并达成其事。同时，最糟糕的也是这一点。因为变得强大而忘记了自己是东亚之一国，东方民族之一员。这就有点像一个乡下人来到了城里，就忘记了自己是乡下人，只想拼命地和城里的贵族们结交。俄国在革命后，就把利权归还给中国，中国国民就觉得满足了。如果日本的对华态度也像俄国一样，那中国国民就会对此怀有非常好的感情了吧。俄国在帝制时代对中国怀有吞并领土的野心，其所有政策都是在吞并政策下展开的。但是革命后的俄国，却努力地在放弃至今为止的领土吞并政策，以此来获得中国人民的人心。获得人心是远远比吞并领土更受人尊敬的事。舍弃有形的利益，就能获得无形的珍贵理想。中日俄三国同盟是我党（国民党）的主张，我们不懈努力希望这一主张能够实现。如果能够实现的话，就能制止英美在东方的跋扈。

据《領土から人心へ》，载一九二四年十一月二十三日
《大阪每日新闻》（一）（蒋海波译，安井三吉校）

日文原文见本册第 603 页

---

① 此文原文的标题比较复杂，全篇的标题是《孫文氏と同船して》，采访戴季陶的标题是《"東亞の一國である事を忘れて了つた日本"……彼は眼を閉ぢて率直にかく語つた 感慨深い七年目の來朝》。采访孙文部分的标题是《領土から人心へ——露國對支政策の變遷》。本篇收录时将与戴季陶的谈话作为附载，书后附录全部附原文。

附载：中国动乱的原因是不在国内，而是在国外

与戴季陶杂谈

船驶出了吴淞口，我来到了戴天仇的船舱，作了长时间的杂谈。与二三年前相比，他的棱角也已经圆润多了。他用日本人也比不上的流利的日语说道：

自从大正九年冬，短暂访问贵国算起，已经过去四年了。在这期间，发生了各种各样的变化。

天津的段祺瑞正急迫地等着，我们必须早日赶赴那儿。不管怎么说，在中国，以非常之热诚对日本国民抱有希望的大概也只有孙先生吧。至少是孙先生还认为，日本国民是中国惟一的朋友。在欧洲战争结束后，召开华盛顿会议期间，在中国有很多怀有各种各样想法的人们。现在中日协作越来越受到了重视。虽然有一些误会，从今往后，我们应该抛弃过去，迎接新的未来。吴佩孚在山海关之战，落荒而败，正在走投无路之际，某国却表示如果他进入扬子江的话，就极力支援他，怂恿其南下，这是事实。如果没有这个怂恿，吴氏将不会选择进入扬子江吧。某国，我可以在这里断言，就是英国。我们要求英国反省其态度，至今我仍相信，英国现在已经改悔其援助吴佩孚的政策。这一运动也是因为我在野，才能开始着手的。我在这里想告诉其结论，那就是，中国动乱的原因是不在国内，而是在国外。欧美各国抱着共同管理或瓜分中国的野心，在中国从事压迫和搅乱局面的勾当，就是中国的混乱，并使其成为被共管瓜分的最大原由。

关于我投江企图自杀一事，当时也没有什么特定的愤慨或不满的理由。一句话，感到了人世间的无常。从那时起，我的精神状态为之一变。现在已经认识到，人世间的所有一切，都是历史的宿命。人们所从事的工作，在当时也许是非常重要的，但是过了十年二十年后再回过头来看的话，其结果都是历史决定的宿命。我是这样考虑的，人们只能尽力而为，在努力之中既没有悲观也没有乐观。这就是我得出的结论。现在我开始在阅读佛教的著作。

戴氏一边给我敬烟，一边继续他的谈话：

在日本，好像有人认为我很赤化了。请告诉他们，那不是赤化，那是佛化。

据《孙文氏と同船して》，载一九二四年十一月二十三日

《大阪每日新闻》（一）（蒋海波译，安井三吉校）

日文原文见本册第604—605页

以国民会议解决国事中苏革命是一家

在"上海丸"上与长崎新闻记者谈话①

（一九二四年十一月二十三日）

日本新闻记者问：现在中国国事有全由段祺瑞处理之模样，确否？

中山先生答：有此趋势。

问：现在外国对中国有强硬共管之说，能否成为事实？

答：决不能成事实，因中国国民更有强硬之抵抗。共管中国之说，是外国人做梦！

问：谣传段祺瑞此次出山，向美国借款一万万，确否？

答：我不清楚。

问：我们看现在处理中国时局，必须有外国财政上之援助，然否？

答：我看不必。

问：先生对于中国财政，有无办法？

答：中国当有办法，不必借外债。中国经此次大变以后，处理国事当全由国民全体讲话。日本人以后不要再误会解决中国大事，还是任何军人讲话，或者任何外国人讲话。我们这次来解决中国问题，对内是打破军阀，对外要打破列强的干涉，完全由中国国民作主。

问：先生这种意见，究竟能否实行？

答：当然可以实行。我从前革命，要推翻满清，一般日本人不相信有这个能力；近来革命，要推翻军阀，一般日本人也是不相信有这个能力。但是在辛亥年

---

① 是日正午孙文抵日本长崎，受到长崎新闻记者、中国留日学生及华侨等二百余人欢迎。

已经推翻了满清，最近又推翻了吴佩孚的军阀；更进一步，以后中国国民，当然有能力来解决全国一切大事。日本新闻记者对于中国国民的能力，应该有这种信仰，不可有丝毫的怀疑。这个信仰是根本信仰。倘若中国国民无统一之能力，东亚便要大乱不已，世界便不能和平。

问：先生要统一中国，是用什么方法呢？

答：第一步的方法，是开国民会议，由全体国民自动的去解决国事。

问：国民会议是怎么样组织呢？

答：已经由我的宣言发表过了。

问：外间宣传广东政府同俄国亲善，将来中国制度有改变没有呢？

答：中国革命的目的和俄国相同。俄国革命的目的也是和中国相同。中国同俄国革命都是走一条路。所以中国同俄国不只是亲善，照革命的关系，实在是一家。至于说到国家制度，中国有中国的制度，俄国有俄国的制度；因为中国同俄国的国情彼此向来不相同，所以制度也不能相同。

问：中国将来的制度是怎么样呢？

答：中国将来是三民主义和五权宪法的制度，可惜日本人还没有留心。

问：吴佩孚近来用兵，听说背后有英国援助，然否？

答：确有此事。

中山先生又曰：日本维新是中国革命的第一步，中国革命是日本维新的第二步。中国革命同日本维新实在是一个意义。可惜日本人维新之后得到了强盛，反忘却了中国革命之失败，所以中日感情日趋疏远。近来俄国革命成功，还不忘中国革命之失败，所以中国国民同俄国国民，因革命之奋斗，日加亲善。

据《对长崎新闻记者之谈话》，载《孙中山先生由上海过日本之言论》，广州，民智书局一九二五年三月出版

附：另一记录

本人此次由沪起程前往北京，绕道来日借与日本国民联络情谊，豫定在神户勾留三数日，即乘便船转赴天津。

最近外报所传列国对华共同干涉之说，本人以为绝对的不致有其事，而中国国民亦绝对不愿受外国之干涉。至于段祺瑞君向美国订立一万万元借款合同之外电，尤不足信。余自信中国即不受列国之援助，亦尽有料理政治、财政之充分可能，盖中国应以中国国民之力管理将来之中国，且亦足以自管而有余也。惟以现时之状态观之，诸君（指日本记者）或不能相信，但征诸第一次革命之结果，即知余信决非过言耳。

据《孙文过长崎记》，载一九二四年
十二月一日北京《顺天时报》第二版

中国将以国民实力收拾时局

在长崎与欢迎者谈话

（一九二四年十一月二十三日）

预定逗留神户三日，待有便船当即赴津，五〔在〕神时与多数日本友人稍事接洽。

在十三年前，中国国民即由国民自身力量成立民国。现在中国国民之能真团结，实出外人意想之外，定能在巩固基础之下建立事业。此实有望新闻家及舆论机关能充分了解者也。中国决不望任何友邦援助，将以国民实力收拾时局。

冯玉祥逐溥仪出宫此亦国民所希望之正当行为。

据《孙先生在日本之谈话》，载一九二四年
十一月二十八日上海《民国日报》第二版

日本要帮助中国废除不平等条约

在"上海九"上与日本新闻记者谈话①

（一九二四年十一月二十四日）

日本新闻记者问：先生这次到日本是为何原因呢？

中山先生答：我本是想由上海到天津，因为在上海没有船位，就是半个月之内也没有船位，由上海到天津的火车又不通，所以绕道日本到北京去，这是我来日本的第一个理由。第二个理由是日本为我旧游之地，熟朋友很多，我借这个机会来看看旧朋友。我现在到了贵国，既蒙这样多数国民的欢迎，又诚心来听我讲话，我便借这个机会，把我的一片心事说出，请诸君转达到贵国全体国民。我们中国国民，想同日本国民联络一气，用两国国民的力量，共同维持东亚大局。要达到联络两国国民的目的，方法很多。不过现在已经有了这个目的，究竟是用什么好方法呢？请大家研究，请大家指教，并请指教日本国民现在对于中国国民的感想是怎么样？

东京朝日新闻社中国部长答：我今日发言，并不是代表大家，只贡献我个人的意见。我相信日本人大概的意见都是一样。就第一点说，要达到维持东亚大局的目的，必须中日两国国民联络一致，同心协力，合成一个力去做，才可以成功。要分开成两个力去做，一定是失败，无论哪一个都是失败。我认定这是一个要点。至于要联络两国国民的方法，必须互相提携。不过两国国民各有各的希望，各有各的责备，并且希望太过，所以责备也太周，弄到结果，各有各的困难，以致彼此都想联络，都不能实行。研究到这个地步，中日两国国民非互相了解不可。要互相了解，也就是联络之一法。好像在民国八年，日本民间常有许多人希望中国和平统一，便主张中日两国国民互相提携。同时又有许多人认定这是对外太柔软。但是现在已经了解，互相提携，是中日两国国民联络之必要。先生离日本很久，这次再来，必定见日本人对于中国的心理和从前大不相同，一定有隔世之感。先

---

① 是日下午孙文抵神户。

生这次住日本的时期虽然不久，但是一定可得到这种感想。就第二点说，日本人近来对于中国的感想，大概相同。日本人对于中国的希望，每每都是很急，这种很急的希望，有利也有害。日本人近来最大的希望，就是要中国赶快统一，整顿内治，发展实业。这次中国发生事故，已经知道北京的军阀势力推倒了，政治势力和从前大不相同；也知道段祺瑞要听国民的公意，要联络孙先生来处理国事。此时日本人相信中国还是乱，不过同时又信段祺瑞听国民的公意，和孙先生联络来处理中国国事，中国前途一定有希望。这是日本人大多数的心理，不过我这是用个人的意见发表罢了。

中山先生答："统一"是中国全体国民的希望。能够统一，全国人民便享福；不能统一，便要受害。日本人在中国不能做生意，间接也要受害。日本人热诚的希望中国统一，这是我们中国人相信的。不过统一之可能与不可能，不关乎中国的内部问题。中国革命以来，连年大乱，所以不能统一的原因，并不是由于中国人自己的力量，完全是由于外国人的力量！为什么中国不能统一？其中的原动力，完全是由于外国人呢！这个原故，就是因为中国和外国有了不平等的条约，每个外国人在中国总是利用那些条约来享特别权利。近来西洋人在中国，不只利用不平等的条约来享特别权利，并且在那些特权之外来妄用条约、滥用条约。这种外国人只顾自己的私利，不问良心，不顾道理，专在中国捣乱。现在中国这种捣乱的外国人实在不少。每一个人在中国，就是一个皇帝。这一个皇帝，就很可以利用一个大武人，来听他的话，或者是利用一部分的人，来听他的话。由于这种情形，外国人在中国不只是利用不平等的条约，并且滥用那些不平等的条约。外国政府和主张公道的人，在本国或者不知道他们这些人在中国的行动，因为他们本国不知道，便一意孤行，为所欲为，所以中国人便因此大受痛苦。

记者问：今天当面听到先生的讲话，及在报上读先生离沪时的讲话，已经明白了先生的意见。照先生的意见，以为中国内乱的原因，是在外国。外国之所以能够致乱的理由，是因为有不平等的条约。不过那些不平等的条约，是有根据和历史的。那些条约的根据，或者是由于借外债，或者是由于别种赔偿，总有权利抵偿的关系。我们日本人也希望中国能够废除那些条约，不过那些条约都是有历史上的根据，先生有什么方法可以废除呢？用普通人看起来，要废除那些条约是不可能的。因为那些条约都是有权利抵偿的关系，先生要废除，他们便要讨回权利，没有权利给他们，便不能做到。先生一定要做到，是用什么方法呢？

中山先生答：那些不平等的条约，各国政府同人民老早知道不公平，自己问良心不过，所以便有主张更改或废除的。譬如在庚子年，中国一败涂地，英国立有《马凯条约》（即《中英续议通商行船条约》），还主张治外法权要改良，海关同租界要交回。由此可见外国人问良心不过，还是有很公平的主张。就是近来华盛顿会议，也主张放松束缚中国的条约。由此又可见凡是问良心不过的人，都有公平的主张。而且要世界真是和平，要各国在中国不致因权利相争，更非废除那些条约不可！要做这件事，没有别的困难，困难是在外国的外国人，不能完全知道那些条约不公平。在中国的外国人，又非此不能生活。若是有那些条约，他们便可以骄侈淫逸；假若废除那些条约，便断绝他们的生路。他们因为要保全自己的生路，所以总是以那些条约为护身符，总是利用那些条约来扰乱中国，不许中国统一。因为怕中国统一了，便用公文向外国政府要求废除，外国政府一废除了，便断绝他们在中国的生路。外国主张公道的人，一定是主张废除的。不过那些在中国做官的、当侦探的和做生意的许多外国人，为保存自己的生活，所以要保全那些不平等的条约，所以借那些条约来捣乱。我们中国此刻能不能够废除那些条约，关键不在别国人，完全在日本的国民能不能够表同情！若是日本的国民能够表同情，中国的条约便马上可以废除；倘若不能表同情，中国便一时不能废除。依我看来，日本在三十年前也受过了这种痛苦，如果有同情心，推己及人，自己受过了的苦，当然不愿别人再受，当然要帮助国〔中〕中〔国〕废除那些条约。中国只要得了日本的帮助，想要废除条约是不成问题的。就眼光很小的日本人看来，以为中国废除了那些条约，日本要失去许多已往的权利。就拿自由增加海关税一层论，日本的生意，目前便要受损失。但是用远大的眼光看起来，这种损失，都是眼前的小权利。如果帮助中国废除了不平等的条约，当然可以得中国的人心。日本完全得到了中国的人心，以后的大权利，便无可限量。譬如中国废除了条约，要行保护税法，自由增加关税，日本自然要受损失。但是日本帮助中国，中国国民真是感激日本，中日再〔两〕国便可以合作互助，另外再立互助的条约——像经济同盟和攻守同盟那些互助的条约，都可以再定——假若中日两国真正做到了攻守同盟，日本所得的权利，当然要比现在所享的权利大过好几百倍或者是几千倍。若真是有远大眼光的人，要为将来几百倍和几千倍的大利，当无不可牺牲目前和以往的这种小权利。诸君今天欢迎我，我为贵国的将来大权利起见，所以劝贵国牺牲目前的小权利。

据《对神户新闻记者之谈话》，载《孙中山先生由上海过日本之言论》，广州，民智书局一九二五年三月出版

谴责外国列强对华压迫

抵神户后接受日本记者访问①

（日 译 中）

（一九二四年十一月二十四日）

孙先生直言不讳地强调，中国频年动乱的主因，在于外国对中国的无理压迫。并说："某些军阀和财阀成为列强的傀儡，而在搅乱中国的和平。列强对中国的不平等条约阻碍了世界和平，违反了正义和公道。这在相当程度上是为住在中国以外的外国人所公认的。自从华盛顿会议以后，中国的撤销不平等条约运动，已逐渐给予栖身中国的外国人以巨大的压力。而我所寄望于日本的是，请你们回顾三十年前贵国的情形，并请三思己之所欲施之于人的真谛。"

据澤村幸夫：《孫文送迎私記》，载东京《支那》第二十八卷第八号，一九三七年八月发行（陈鹏仁译）

---

① 孙文抵达神户后，面对争先恐后登轮的众多日本记者（其中包括泽村幸夫），他在谈话中严词谴责了外国列强对中国的侵略和压迫。

与山田纯三郎谈话①

（一九二四年十一月二十四日）

孙中山率先询问犬养毅等对年前由山田转交书翰②之态度。

山田当将其中曲折情知告知，并谓：头山〈满〉、古岛〈一雄〉等即可至神户与先生会晤。

孙突然谓：“山田，欲将其公子华生③自东京接至神户，与之一见。”

山田谓：“华生在小学就读，目下犹未放假，因半年来未尝缺课：故未携来。”

孙闻言遂即作罢，惟频询华生之教育及就学情形。遂即与山田夫人辞别返东京之际，亦频加慰问谓：“革命家之妻，原不易为，而山田夫人料理家务之外，复经常以大胆不敌之精神，襄助同志，实际参与革命工作，殊为难能可贵。”

据宋越伦：《总理在日本之革命活动》，载
罗刚编著：《中华民国国父实录》第六册，
台北，正中书局一九八八年七月出版

附：另一记录

去年年底，我曾托山田君把我中日联盟的信交给犬养先生。下次，我到欧洲后准备再度来日本。因此在这期间，请各位好好研究这个问题。这次我离开广州时，也曾经对广东同志们说过这件事，所以这些同志会来跟各位商量这个问题的。

据山田纯三郎：《辛亥革命与孙中山先生的中日联盟》

---

① 孙文抵神户，住东方饭店，山田纯三郎偕夫人由东京至神户相见。谈话时尚有数日本友人在场。

② 指一九二三年十一月十六日孙文致犬养毅书。

③ “华生”系孙文所命名。

关于北伐战争反对外国援助和保持中日友好

与日本记者谈话

（英 译 中）

（一九二四年十一月二十四日）

"直系军阀的的确确得到了英美两国政府的支持，这无法隐瞒。"孙博士说，"我作此声明没有一丝犹豫。"

自北伐战争以来，常有报道流传，称直系军阀吴佩孚身后有英美两国政府的支持。而日本报刊也曾多次报道，称英美两国向直系军阀提供器械装备和军需品。在英美两国政府代表的请求下，这些报道最终被官方予以否定。

孙逸仙说他反对外国援助，而且不赞成"道斯中国计划。"

"我不相信外国列强真的打算对中国开展新一轮征服计划，"他说道，"让中国人自己救自己吧！我相信她很快能够战胜困难。"

然而，这位南方总统却强烈请求日本政府保持对华友好态度。

"友谊不只是在嘴上说说，"孙补充道，"中日两国必须共同培植出真挚的友谊，携手推进远东地区的和平局势。"

孙博士还表示，段祺瑞元帅是眼下惟一能够统一中国的人。

据 Sun Says America And Britain Aid Wu, *The New York Times*, November 25, 1924, Page 16. （《孙博士称英美两国携手援助吴佩孚》，载一九二四年十一月二十五日《纽约时报》第十六页）（方露译，邹尚恒校）

英文原文见本册第 588—589 页

当今收拾时局的方策和个人任务

在神户与高木谈话

（日 译 中）

（一九二四年十一月二十四日至二十六日间）①

列强的态度

世界列强对于中国一贯采取何种态度，今日已毋庸赘叙，综观历史及鸦片战争以来的事实，已可充分明了列强对中国的态度是何等横暴。可称之为历史事实的阶梯者，从鸦片战争起，经英法联军之侵入中国，中法战争、中日战争、拳乱事件、日俄战争等等，在九十余年的长时间内几乎是连续地发生。除了俄国之外，所有列强今天依然继续着它们从前的态度。

收拾时局

直奉战争结束以来，我们听到一些报道，如说直隶派正驻屯于长江，重整阵容等等。我们决无针对哪一派特加谋画之类的事。除了对于国家问题、东洋问题、社会问题等不能不公开发表的主张之外，我们别无其他主张。在采取的手段方面，除了公开的、光明正大的奋斗之外，也别无任何手段。因此，我们也从未考虑过对直隶派特加窥伺②之类的区区问题。这是因为，对于直隶派这一名称本身，从根本上我们就并不承认。至于中国今后的时局应如何收拾，已由国民党总理的名义发表了宣言书，其中甚为明确，这里本不需重复说明。

---

① 底本未说明日期。十一月二十七日《中外商业新报》载，孙文于"前些天"会见该报特派记者。按孙于是月二十四日抵神户，谈话时间据此酌定。

② 此句意思相当于"伺"字处，原文汉字排"何"字，疑系误植。

废督裁兵问题

关于以何种方法实现收拾时局的第一要务——废督裁兵的问题，应该说，比起废督裁兵这样一个简单的说法更为重要的是，在国内要努力做到不使政治的权能重落军阀之手，而在国际上要极力抵抗帝国主义的跋扈。而且，不驱除列强对中国的压迫，中国的军阀将永不可能根绝。因此今天我们应奉为口号的是：对外打破帝国主义，对内打破军阀，这是我们的主张。专用废督裁兵这样的简单言语不能充分表明我们的意见。首先说到裁兵，我们正为如何既不减少军队，又要改善国民的经济生活而竭尽苦心。说起军队，本来就应该是在需要时就要大量配备，而不需要时便该尽量缩简而转向生产事业。所以简单地用"裁兵"二字作为口号，将使人感到意义不充分。看来应以改善国民经济生活之口号，总括地解决此等问题。为达到这种目的，当今收拾时局的方策，我们主张召开以国民——即以全国的确确实实的各部门职业团体为基础的国民会议，以该会议为中心执行政权。

整理借款问题

关于整理借款问题，目前尚无具体方案，无法详细说明，但前述之主张如不能实现，则中国之秩序无从恢复，当然整理借款之事亦将不可能。因此，整理财政乃是比整理借款更为重要之先决问题。盖中国财政的整体如无成算可见，一切将寸步难行。在国内秩序尚未恢复的当前情况下，整理借款显然是不可能的。

广东政府的前途

关于广东政府的未来，如果召开了国民会议，并由之产生政府，定出根本大法，则全国一切均将归于统一。那时的国民政府即将成为掌握全国统一权力的惟一政府。在此之前，出于维持现状之需要，理应在事实上继续存在下去。

中日友好

中日友好之所以必要，此次来日之初即已表明意见。简言之，世上一切事均需有目的。中日友好究竟是为了何种目的？如不能认清其目的，并为实现其目的而努力，将谈不上实现友好。我认为两国全体国民应当为了东洋民族，广而言之应为全世界被压迫之民族，携起手来争取国际的平等，离开这个目的而谈论两国的友好乃是错误的。因此我深信，日本国民如不改变视日本为列强之一的观念，将无法产生对于真正的中日友好的思想，这正是我要通过贵报向日本国民呼吁之点。

我的任务

最后要说，我个人今日之首要任务便在于：在国内为国家之统一尽力，对外则期待着国家独立地实现和全世界对于中华民国的国际平等的承认。在我中华民国实现国际平等之前，我将不遗余力，以一亚洲国家的一个国民代表的身份奋斗不止，即有决心在国家独立实现之前不同政权接近。

据纪念涩泽青渊财团龙门社编纂：《涩泽荣一传记》
资料第三十八卷，一九六一年出版（金世龙译）

谈未来行动计划①

与山田纯三郎谈话

（日 译 中）

（一九二四年十一月二十四日至三十日间）②

孙文在神户对我说："山田君，你还没去过欧洲吧。这次到了北京，一起从北京去欧洲转转吧。我此次离开广东时，给广东的同志留了一个作业。那就是我去年给犬养毅的信③，这次去日本去问一问，然后去北京。北上玩两个月，转欧洲，

---

①　此系孙文在神户逗留期间与山田纯三郎的谈话。文中"我"系山田自称。

②　底本未说明日期。此据孙文在神户逗留的起讫日期标出。

③　此指一九二三年十一月十六日孙文致犬养毅（时任日本山本权兵卫内阁递信大臣）的亲笔长函，委托山田纯三郎自广州带往东京面交，函中提出日本政府帮助中国革命（即与中国南方政府结盟）的具体建议。

回来时再经日本。与日本的联盟是留给你们的作业，好好商量商量，等我回来途经日本时，你们从广东派代表来。"①

据山田纯三郎：《回顾录》，载京都
《祖国》第六卷第四号"宫崎兄弟特
辑号"，一九五四年五月发行（马燕译）

欲谋中国统一非改善外交关系不可

在神户与望月小太郎谈话②

（一九二四年十一月二十五日）

孙曰：中国今日之内乱，完全由外交上不平等条约而来，欲谋中国统一，非改善外交关系不可。此言诚然。向日列国视中国为劣等国，故订有许多不平等之条约。此等条约存在，实非中国之福。惟一旦欲要求列国废除，恐不容易现之于事实。以余鄙见，第一，须先要中国统一，俟强固之中央政府方立，与列国立于同等地位时，然后图之，无不成功之理；日本以共存共荣之关系，亦无不援助之理。

据《孙中山在神户纪》，载一九二四年
十二月四日上海《时报》（一）

---

① 另据山田纯三郎《シナ革命と孙文の中日联盟》一文记述当时孙文在神户对"日本同志"的谈话，含意接近，兹援引如下："去年年底，我曾托山田君把我中日联盟的信交给犬养先生，下次，我到欧洲后准备再度来日本，因此在这期间，请各位好好研究这个问题。这次我离开广州时，也曾经对广东的同志们说过这件事，所以这些同志是会来跟各位商量这个问题的。"（该文收入嘉治隆一所编《第一人者の言叶——同时代人と次代人とに语る》，东京，亚东俱乐部一九六一年二月出版，陈鹏仁译）

② 望月小太郎是日本众议院代议士、宪政会总务。他接到孙文电，于十一月二十四日下午由东京到神户，是晚在东方旅馆与孙晤谈；二十五日上午九时复与孙会谈，正午回东京。

东亚民族必须团结一致

在神户与东亚被压迫民族代表谈话①

（一九二四年十一月二十五日）

东亚民族处此帝国主义压迫之下，必须团结一致。

> 据《哀思录》初编，卷四"由粤往津记事"
> （黄昌谷记），北京，孙中山先生治丧处，
> 一九二五年十二月编印，线装本

废除治外法权和实现中国关税独立

在神户与头山满谈话②

（一九二四年十一月二十五、二十六日）

由戴天仇传译与头山满谈论重要问题及述孙氏来日目的，欲望废除各国与中国所订不平等条约等语。头山满闻此言时，默然半晌，答云：所谓废除不平等条约，然则我日本在满蒙既得之权利，将如何处置？至于具体办法，莫非欲将旅大收回耶！

孙云：旅大收回一层，余实未想到此。惟香港、澳门则有意收回。其中对于澳门为甚，因澳门之被葡萄牙割据，条约上未有载明，不过葡萄牙乘我内乱之际，五百年前，私自割据而已。但现在葡亦不敢伸张势力于内地，否则不堪设想。旅大如不扩大其势力，则无成问题之必要。香港亦然。

头山云：此言诚然，两国地位立脚关系，当互相援助，然后可谓之真正日支亲善。

---

① 谈话地点在东方旅馆。
② 十一月二十五日头山满来访问孙文，在神户东方饭店密谈至深夜，次日午后继续谈话。

孙云：今日有希望于先生者，有二问题，此两种问题，请竭力帮忙，具望贵国朝野充分谅解。其一、撤销治外法权；其二、中国关税独立。治外法权撤废，谅贵国人士，无不表同情。惟关税独立，因今日日本在中国商业地位，较之英美，立于同等地位，或有过之，故关税权一为我中国收回，日本难免受多大影响。其实不然，日本之金融、航业、运输等势力，远不及英。但中国关税独立时，日本之地位，亦大有向上之望。一方面虽受损失，一方面亦有利益，可断言也。

头山云：尊意颇有同感之处，以后当尽力行之可也。

据《孙中山在神户纪》，载一九二四年
十二月四日上海《时报》（一）

附：另一记录

十一月二十五日，孙中山与头山满晤谈中，力说要废除中国与各国所订不平等条约，特别要求头山在废除治外法权和恢复关税权独立的问题中给予帮助。他说：日本若为解决这些问题率先帮助敝国，使敝国国民摆脱最痛苦之束缚，敝国国民当永远感谢贵国的友谊。这是两国提携的第一步。作为日支亲善的具体手段，希望贵国国民帮助解决以上两个问题。希望先生考虑。

次日，头山满质问孙中山，废除旧条约是否包含收回旅大。孙中山回答说：与对待香港、澳门问题一样，只要维持旅大的现状，不进一步扩大势力，将不会引起问题。

据俞辛焞：《孙中山与日本关系研究》，北京，
人民出版社，一九九六年八月出版

关于中日关系的意见

与福原俊丸等谈话

（一九二四年十一月二十七日）

孙文代表之民国方面：

（一）治外法权之撤废。

（二）关税之独立。

（三）关税之改正。

福原代表之日本方面：

（一）民国内政之不干涉。

（二）满、蒙特殊关系之确保。

（三）中国〔日〕经济之互相提携。

据《孙中山与日人交换意见》，载一九二四年
十二月十日长沙《大公报》第二版

在神户与大阪《英字新闻》记者谈话①

（一九二四年十一月二十八日）

星期五下午，在单独接见《英字新闻》记者时，孙逸仙博士对在远东的英国人的所作所为表示了强烈的憎恨。在他看来，美国人和其他外国人并非完全无可指责，可是英国人是再坏没有的家伙。孙说：英国外交部是背后操纵由在中国的英国人绑紧的绳子

孙愤慨地说：就是在华的英国人老是在中国制造麻烦。当他最近途经上海时，那里的外国报纸厚颜无耻地提出不应让他来上海。孙博士愤怒地质问道：他为什么该被赶出自己的国家的一个城市？如果英国人继续保持其傲慢态度，总有那么一天，他们会不得不尝到他们自己种下的恶果。

中国的全面抵制英国

孙博士向记者郑重宣告：被压迫的中国人在仔细考虑对英国的全面抵制，不仅是在像香港和上海这些有限地区，而是整个中国。无可否认，中国是反抗他们

---

① 大阪《英字新闻》（*The English Mainich*），有的译作英文《告知报》，也即是英文《日本年鉴》。为英国人在日本所办的英文报。该报记者在神户访问孙文。其谈话报道对孙文采用第三人称。

的，英国在华的大商业、银行、航运行业会遭到严重的影响。用这种办法，中国人才能最有效地对付在孙心目中的英国这个穷凶极恶的东西。

孙博士说，他不是恨每一个英国人，但是在上海和神户，他拒绝会见英国或美国的新闻记者，因为从过去的经验中，这些新闻记者如何蓄意歪曲事实，他是知道得太清楚了。但就个人而论，孙说他有很多亲密的英国朋友和美国朋友。

英国老师救了他的命

他说，三十年前，他在伦敦被一位英国老师所救。中国政府企图以政治理由在那里逮捕他，可是随后为现在已是爵士的詹姆斯·康德黎先生所救。孙博士说，对康德黎先生和其他的私人朋友，他长久保持尊敬和亲善之情，但英国人是中国的祸害。当他考虑到经常受他们压迫的可怜的四亿中国人的福利时，他在英国人中有许多可敬的朋友这一事实，也不会使他看不到英国对他的同胞的不义行为。

美国和其他国家，日本也不例外，都效法英国人立下的恶例。如果日本特别要和她的邻国达成真正的友善关系的话，她就应当像俄国和德国已经做到的那样，归还所有从中国拿去的东西。

他说他是英国侨民的眼中钉

孙博士说，他是在华的英国人的眼中钉。他们恨他，而他更恨他们。这些英国人在进行反对他的活动中用了一切可能的卑鄙手段，其借口是说他是个捣乱分子，完全忘记了他们自己是在中国的捣乱分子。孙博士强调说，英国人干这些肮脏勾当的真正原因，仅仅是因为他不肯承认他们的狡猾行为是正确的和合乎道理的。

提到最近香港海员的罢工，他说，英国人将鼓动罢工的罪责全归之于他，而他其时远在内地，与此毫无关系。中国现在遭受治外法权之害。日本在多年前已摆脱了这个耻辱，有日本的真诚帮助，中国也能很快地摆脱它。孙博士告诫日本不要盲目追随英国政府的政策。不幸的是，从报章报道的日本驻伦敦大使最近的公开讲话来看，他似乎认为日本没有支持英国的宠物袁世凯和吴（佩孚）将军是犯了一个大错误。

要是日本，如那位日本大使本想让它做的那样，帮助了他们，那么现在日本对中国的立场会怎么样呢？孙博士说，她肯定不会对中国人友好的。

> 据《孙博士在与新闻记者的谈话中有礼貌地疏远了在远东的英国人》（英文抄件），载一九二四年十一月三十日大阪《英字新闻》（吴开斌译，金应熙校）

对日本的态度及与张作霖段祺瑞的关系

在神户与大阪《英字新闻》记者代表谈话①

（一九二四年十一月二十九日）

代表先问：日人方面近传中山现愿对于日本占领东三省土地之问题暂不置论，确否？

中山答：良确。但此并非含有许日本处于与其他列强不同的地位之意味。关于彼恢复中国独立之运动，现时以两点为限，一为废除治外法权，一为收回海关。至于日本在东三省之地位，彼认为与香港、澳门相同，目下并不要求归还。

代表：以东三省之日本地位，颇似上海、汉口、天津等处之租界。

中山谓彼目下不问租界问题，彼只先求得两事：即废除治外法权及收回海关是也。因此两事不做到，中国不成其为国家，真为殖民地之不如。彼并非谓日本地位应与他国不同。彼所欲者，乃列强应与苏联相同，归还中国之主权而已。

中山谓中国之最大税源（海关）而握于他国之手实一大笑柄，在华外人不受中国法律管束亦非当然之事。十三年以来，外人在华推波助澜，挑起衅端，即倚仗此不受中国法律管束之特权也。

代表问：外人曾如何挑起衅端？

---

① 日本外务省记录的"孙文会见者"中，十一月二十九日午后一栏上有"神户《日本年鉴》记者英国人布雷尔思·福特"等人的名字。谈话发表于一九二四年十二月二日《日本年鉴》。

中山答：第一为援助袁世凯。列强徇捣乱者之请，以二万〔亿〕五千万①之大借款给与袁政府，助其扑灭革命党势力。向使列强不予此种赞助，则民国不至大乱。至于帝制运动，若无外力援助，亦不能存在。最近彼等又选出一吴佩孚，认为"强固人物"而拥护之。英、美且曾正式向日本提议赞助吴氏。（中山此说未见日本或他国报纸记载，或系指海关当局对北京之提议而言，惟吾人未闻日本反对或抗议此等提议。）

假使中国人对英人声称"海格为君等之强固人物，宜为君等之主治者"，试问英人将作何想？又使外国人欲迫美国人接受潘兴为总统，美人又将如何？外人尽有权在华经商、传教，但对于中国政治无干预之余地。假使外侨被置诸中国法律之下，则此种干涉可免。倘能将捣乱之外人枪毙一二，当极有益。目下则在华每一英人皆不啻王侯。即以粤中一事为例，曾有英人某从香港至省城谒某督军者，其地位即不等于印度总督，亦等于孟加拉省长，而此督军则率诸幕僚出迎，如见大宾，并以"香槟酒"敬客。一二日后，此客乃对人言，彼此来系探闻督军须添制衣服否，如欲添制者，彼可量尺寸耳。中国官员曾以不敬西宾而遭严谴，故习成媚外，此其一例。而外人之势力亦可见一斑已。

中国今日之地位且不逮殖民地，列强十三四国皆以中国之主人自居，然并无一负责任者。如英之对印度然，英对一九〇二年《马凯条约》中允许如他国归还中国以主权，英亦照办，此足见英国具有良心。最近华府会议又有增加关税及废除治外法权之允许。然迄今确实归还主权者，只有苏联一国。自苏联此举之后，吾人乃怀疑于英国矣。

代表问：君能提议诱致列强实行之实际的方法否？假使彼等而果无道德者，君能使彼等〈自〉觉放弃治外法权于彼等有便利否？即如德人、俄人已放弃彼等之特权，试问彼等曾否因由此得在内地贸易投资而增加便利乎？

中山答：我意彼等将能增得便利，但外人所欲者并非便利，彼等皆欲在中国为王耳！

代表又问：日本之从列强收回自由，中国有可取为教训者否？

---

① 应为二千五百万英镑。

中山答：日本此举之成功纯因彼之武力。西方各国所畏，尤其战胜中国一事。假使彼未有武力之成功，则决不能收回治外法权。今外人以日本为中国之先例，不知中国如变为武力化，则其意味与日本大异。中国人于二千年前即反对战争，今若复趋于武化，则列强直自遭殃祸。武化之德国，以全世界之力始征服之。若中国变成武化，则无异出现八个德国。今世人竞言和平，然中国事若不解决，世界决无和平。倘列强愿学俄国解放中国，则世界和平可致。否则不能。若目下之压迫继续不止，恐中国将联合苏俄及印度而与他方各国为敌。如是，则将有九万万之人力。中国目下正在歧途中，或将成一大武力国，或为一大和平国，均不可知耳。

代表问：料日本于恢复中国主权一事，是否愿为列强之领袖？

中山答称彼信日本人民皆与彼同一见解，彼虽未得日政府赞助之保证，但彼信日本人民将追其政府赞助此事。

代表提及中山于数年前颇反对日本，曾痛诋其对华侵略政策。中山谓目下彼不愿谈此事。

代表又言：从前安福派当国时，曾大借日款一万〔亿〕五千万元，中山当时亦甚反对段祺瑞，今日本显然赞助段氏，每望收回债款。

中山答：日本倘能被诱致而赞助中国，则中国丧失日金一万〔亿〕五千万亦属值得。中国为恢复其国命起见，固愿为小小之牺牲耳。

代表提及一九一一年张作霖曾竭力反对革命党，目下尚有人信张不忘复辟。

中山答：十余年来情形大变，彼目下愿与张合作，深信张氏如不受引诱并列强之赞助，则决不为复辟运动。

代表谓：目下外国外交家对于中国何党何派可以认为政府，非常疑惑，以吴佩孚、张作霖及彼（中山）各有势力，目下虽有数派业已携手，而吴佩孚尚有在长江各省联合之势。

中山答：吴若果组联盟者，吾人必打倒之。

代表谓：彼在广州反对北京时，曾要求列强将粤关余交粤政府，今吴佩孚亦可有同一之要求乎？此关余果须交付者，试问列强将交与何人乎？

中山答：列强如果怀疑，不妨暂将该款保管。当辛亥革命时，彼即提议将关税存于外国银行。但彼以为目下之大局业已明了，列强无须疑惑，彼行将入京召集国民会议，藉组正式政府。

代表问：广州商团冲突及西关大火事。

中山答：商团之活动，背后有英人指使。

代表问：西关之焚烧是否彼下令？

中山答称断然。彼将此事与伦敦雪特尼街事件互比，盖此事件中有盗匪数人以武力反抗警察，陆军大臣邱〔丘〕吉尔遂下令召出军队。据彼之记忆，当时曾因此焚烧房屋若干。广州商团在西关负隅而守，政府屡次劝其服从终不肯听，政府为破裂彼等之抵抗起见，非焚烧若干房屋不可。在伦敦事件中，政府之敌不过数人；而在广州则有七千人也。

据《孙中山先生与英记者之谈话》，载一九二四年
十二月十日上海《民国日报》第三版

附：另一记录①

据其秘书所说，孙逸仙博士决定不对英国或美国的报界发表任何声明，而当他为一项私人请求所打动时，他的决定还是可以通融的。在他动身回中国的前夕，他和新闻记者作了一次谈话，很直率地说了他的意见，尤其是提到他要求恢复中国的独立。在这方面，他首先向列强的良心呼吁，其次吁请注意可能会出现的危险，如果中国武装起来了，如果中国与印度和俄国联合的话。这次晤谈的一个特点是孙博士愿意回答一些稍微难于置答的问题，譬如他对日本的态度的突然变化，他与张作霖和段祺瑞的关系，他的部队最近在广州烧了几百间房屋等等。

和日本的关系

孙博士首先被问及，近期的一篇日本报道，说他愿意让日本在满洲的领地问题暂且搁置是否正确。他答谓，很正确。但他并不曾表示日本该有别于其他列强

---

① 《日本新闻》（The Japan Chronicle）为英文报纸。该报记者在神户访问孙文的谈话报道对孙采用第三人称。此件与上件内容相吻，附作参考。

而置之于另一范畴。在他为恢复中国的独立而进行的活动中，眼前要办的限于两件事：废除外国人的治外法权和恢复中国的关税自主。

关于日本在满洲的租借地，他将之置于和香港、澳门的同样地位，他不要求目前就收回。当有人指出，日本在满洲的租借地很类似于上海、汉口和天津的各种租界时，他说，此刻他也不为这些租界操虑。当前他首先要办成的就只是上述两件事。在未获允控制其海关业务和废除外国人的治外法权之前，中国就谈不上是个国家，会降到比任何殖民地更糟糕的境地。应将日本区别于其他列强来对待，不是他的想法。他想要的是所有强国都应步俄国的后尘，归还中国的主权。

列强的 "强人" 政策

中国国家收入的主要来源——海关，应被掌握在列强手中，孙博士说，这是荒谬无理的。外国人在中国不受中国法律的管辖，是非常不公正的。依靠这种置身法外，在过去的十三年里，即推翻满洲统治的革命以来，外国冒险家在中国一直挑起麻烦。

采访者问：外国人怎样挑起麻烦？

孙博士说：首先，是他们支持袁世凯。冒险家们成功地说服了外国政府给袁二亿五千万美元①的借款以帮助他打倒中国的革命力量。

如果列强不曾给予这样的支持，本不会有麻烦的。要是没有列强的支持，也不会在中国出现帝制活动。最近他们已选中吴佩孚为他们的 "强人" 并给他以支持。英国和美国已正式建议日本支持吴。孙博士在这一点上所掌握的任何消息，没有在日本也没有为其他有关方面所公布，除非是指海关最近向北京当局预付的款项。我们未听说过日本对这些付款加以反对或持异议。

孙逸仙博士说，如果中国人对英国人说，"黑格（Haig）是你们的强人，黑格该做你们的统治者"，英国人该会怎么想？如果外人试图强使美国人接受潘兴（Pershing）为其统治者，美国人又该会怎么想？外国人可以正当地要求与中国人通商和传布基督教的权利，可是他们无权插手中国的政治。

———————

① 应为二千五百万英镑。

裁缝的故事

这位共和派领袖继续说道，如果外国人被置于中国的法律管辖之下，这种干预是可以防止的。如果他们中的一两个人因在中国挑起麻烦而被枪决的话，可能是有益的。可是现在，每一个英国人在中国都是王。他举了广州的一件事为例。一个英国人曾从香港去那里见都督——其地位如果说不等于印度副王，也相当于孟加拉总督。这位官员斥退了他的随从，以对客人表示敬意，并吩咐备香槟酒来款待。得到半天左右这样的隆遇后，十分感到窘困的来宾提到他是来了解一下都督阁下是不是要制些衣服。要是的话，就量尺码。中国官员们已经懂得要非常当心，因为其中有些人曾由于没有予官方来宾以应有的尊重而受到严惩。于是乎就精心刻意款待了这个香港裁缝。

孙博士说，如果英国及其他列强不许可中国自由，中国人会觉得，要求成为英国的一块殖民地倒还有利。他再次说到中国现在的处境比任何殖民地还要糟糕。中国现在不得不侍奉十三或十四个主人，个个主人都坚持要特权，但没有一个肯承担如英国在印度所不得不承担的责任。孙还补充说，英国在一九〇二年的《马凯条约》中允诺将恢复中国的自主权，条件是其他列强也这样做，这显示了英国在此事上的良心（该条约确实规定任何一方在每期十年的任一期终了时都可废除该条约，还规定了愿受条约约束的列强的权利和义务将是平等的）。此外，孙博士说，还有列强在华盛顿会议上所作的承诺（答应使关税率大幅度提高和研究废除治外法权问题）。孙说，就俄国而言，她实际上已归还了中国的主权。这位中国领袖最后说道，从俄国采取这一行动以后，我们就摸不透英国了。

有实际可行的办法吗？

"孙博士，你能否提出任何实际可行办法的建议以使得列强采取行动？假定他们全不讲道义——有没有什么可以向他们表明的！他们以放弃其治外法权而可获得的利益？譬如，德国人和俄国人放弃了他们的特权。他们有没有从他们因此而取得的在中国内地贸易和投资的额外自由中获得利益呢？"

对这个问题，孙博士回答说："我认为他们会这样做的。可是外国人要的不是利益。他们都想在中国为王。"

中国等于六个德国

采访者随后问及，中国于日本从其屈从列强下取得自由的办法中，是否学到了一些东西？

回答是，日本在这方面的成功，仅仅是她表明了其有成为西方承认的军事强国的能力——尤其是在九十年代打败了中国。孙迅速地驳回了所谓日本即使没有军事上的胜利本也可以获得废除治外法权的提法。外国人向中国展示日本的榜样。他们没有认识到使中国这个国家军国主义化将意味着什么。两千年前，中国人就放弃作为职业而去打仗了。如果他们被诱导去恢复军国主义，那将成为"你们的危险"。世界是以联合的努力而且还由于幸运才征服了军国主义的德国，要是中国军国主义化了，那么世界就得和六个德国进行较量。人们对世界和平谈论很多，但除非中国的事情得到解决，就绝不可能有世界和平。列强只有在解放中国方面效法俄国，才会有世界和平，舍此别无他法。孙博士在这方面继续谈了一些，并宣称中国可能与俄国和印度联合以对抗西方列强，如果当前的压迫持续下去的话。这样他们就有数达九亿的人力——他坚持认为是人力而不是机械——赢得了世界大战的胜利。中国现在是处在十字路口上。她可能成为一个军事强国。

"有些人认为你们太有见识了，是不会这样做的。"采访者说道。

"我们可以激奋起我们的蛮劲，如果我们想这样办的话。"孙博士答道，并再次提起他的让中国从外国统治下解放出来的要求。

日本会帮助吗？

当问到孙有没有什么理由可相信，在这方面日本会为其他列强带头采取行动时，这位伟大的革命家回答说他确信日本人民是一致赞同他的。而对日本政府的支持，他没有把握。但是，如果东京的官员不愿采取行动，他仍相信人民会迫使他们这样做的。

当提醒他说几年前他曾对日本深抱敌意，曾激烈批评日本对中国的侵略政策时，孙博士说此刻他不愿谈这些事。

西原借款

还向孙博士指出，现在他与之结盟的段祺瑞及其安福系，过去他却绝不与之友好。这种立场似乎使局外人有点难于理解，尤其是由于安福系曾负责筹借为数约一亿五千万美元①的声名狼藉的西原借款，这项借款可说是未用来使中国受益。看来很清楚，日本目前是在支持段，主要在于期望段会使中国实现这笔西原交易。

孙逸仙回答说，如果日本能被说动来支持中国的要求独立，这一亿五千万日元是很值得的。中国愿意作一点牺牲以恢复国家的生气。

张作霖是君主主义者吗？

还提醒孙博士，张作霖在一九一一年曾采取反对中国革命党人的各种行动，以及现在据信他仍然是个君主主义者。孙回答说，从革命年代以来，情况已变化了。他现在很愿意和张共事。也相信，除非有外国挑动和支持，张是不会再从事什么帝制活动了。

感到为难的列强

向孙博士提出了这一点，即外国外交官在弄清该把哪一派视作中国的政府上感到很为难。以前有在北京的吴佩孚，在广州的孙本人，在满洲的张作霖，还有其他的人。甚至现在已有几派实行联合了，而吴佩孚还可能在华中各省成立一个联邦。

"如果他这样做，我们就打垮他，就如我们现在正在做的那样。"回答是很自信的。采访者仍然指出，当孙逸仙本人在广州反对北京当局时，他曾要求把广州那部分海关关余交给他。吴佩孚不也有权利提出同样要求吗？如果海关业务该移交的话，列强又怎么知道向谁移交？

孙回答说，如果他们有什么疑问，可以把钱保管起来。当革命期间，对中国的哪一方有权以政府自居存在疑问时，他本人曾建议他们把钱存入外国银行。可

---

① 应为日元。

是他认为目前的形势是如此的明白，列强没有理由犹豫不决。他即将去北京再度召开国民会议。

他宣布他将直接去北京。如果他这样做，他将显示很大的勇气。

广州那场火

对孙博士作了解释，《日本新闻》曾试图对最近在广州发生的骚动——商团向革命纪念日①的无武装的游行队伍开枪以及随后火烧该市商团所在地的西关——的两方面的情况都加以描述。孙博士首先谈到商团的活动是英国煽动起来的——这无疑是指汇丰银行在广州的买办陈廉伯扮演了主要角色（该行的辩解当然是说，陈先生以私人资格，可以自由按其愿望行事）。

当问到孙博士是否曾实际上命令火烧西关时，他回答说的确是那样。他把这件事和伦敦西德尼（Sidney）街事件相比，曾有些强盗在那条街上以武力抵抗警察。根据温斯顿·丘吉尔（Winston Churchill）先生的指示，动员了军队。据他回忆，在对付那些强盗的军事行动中，有些房屋被烧掉了。广州的商团曾在西关为他们自己设防；他们拒绝了多次向他们作出的要他们服从孙博士的政府的权威的呼吁。这就有必要烧一下以摧毁他们的抵抗。在伦敦，要对付的只是几个敌人；在广州，要对付的是差不多七千人。在这次军事行动中，三四百间房屋被烧掉了。

据《孙逸仙谈中国的屈从地位》（英文抄件），载一九二四年十二月二日神户《日本新闻》（吴开斌译，金应熙校）

关于民主政治与人民知识程度关系的谈话②

（一九二四年十二月一日刊载）

许多人以为中国不适用民主政治，因为人民知识程度太低。我不信有这话，

---

① 革命纪念日：指十月十日武昌起义纪念日。
② 此为上海《民国日报》总编辑叶楚伧回忆孙文谈话的笔记。

我认说这话的人还没有明白"权能"两字的意义。

要解释"权能"两字的意义，有一个譬喻在此：譬如坐汽车的与开汽车的，坐汽车的是主人，他有的是权，不必有能，他只要说得出要到的地方，就可以到要到的地方，不必知道汽车如何开法；开汽车的是雇员，他有的是能，他能摇动机关左右进退迟速行止，但是他并没有开到哪里的权。行使坐车人的权，取用开车人的能，汽车便很顺利地会到目的地了。

人民是民国的主人，他只要能指定出一个目标来，像坐汽车的一般。至于如何做去，自有有技能的各种专门人才在。所以，人民知识程度虽低，只要说得出"要到哪里"一句话来，就无害于民主政治。

据《逐件来解释民众间对国民会议的怀疑》（二），
载一九二四年十二月一日上海《民国日报》第二版

只有北方政府赞成南方废除不平等条约的
主张南北才可以调和

在"北岭丸"上与门司新闻记者谈话①

（一九二四年十二月一日）

门司新闻记者问：我们多年没有见过先生，适逢先生路过门司的机会，所以特来问候，并请问先生这次经过日本的感想。

中山先生答：我这次绕道贵国，蒙贵国朝野人士极热诚的欢迎，我是十分满足、十分感谢的。我到日本的目的，已经在日本各新闻纸上发表过了。我所发表的主张，最重要之一点就是在求日本援助中国废除中国向〔同〕外国所立的一些不平等条约。我们中国此刻所受不平等条约的痛苦，在日本三十年以前也是曾经受过了的；后来日本同欧美各国奋斗，才除去那种痛苦。我现在希望你们日本，己立立人，己达达人，扩充痛定思痛的同情心，援助我们中国来奋斗。

---

① 是日孙文抵日本门司。

问：近来我们得到北京许多电报，听到说现在有许多人要选举先生做大总统。如果能够成事实，先生是什么态度呢？

答：我的态度，是决计推辞。中国一日没有完全独立，我便一日不情愿做总统；要中国完全独立之后，我才可以承认国民的希望。照中国现在大多数的国民希望，要我做大总统，大概他们都不知道自己在国际上的地位。中国现在是做十几国的殖民地，有十几国的主人，我们是十几国的奴隶。如果我是做大总统，在政府之中身当其冲，天天和十几个主人来往，便随时随地要和主人冲突。中国现在的地位，不能够和主人有冲突，所以我现在不能够做大总统。我先要处于国民的地位，同各国再交涉，废除从前不平等的条约，脱离奴隶的地位，到那个时候，才再可以同国民说做他们大总统的话。

问：先生这次到北京去，推什么人做总统呢？

答：我现在日本，看不清楚，不能够说出何人。

问：中国南北不调和，是过去的事实，以后还有没有这种事实呢？

答：这个关键也是在不平等的条约。如果北方有胆量，能够赞成南方的主张，废除那些不平等的条约，于中国前途有大利益，南北才可以调和。若是北方没有这个胆量来赞成南方的主张，中国不能够脱离奴隶的地位，就是南北一时调和，于中国前途只有害而无利，南北又何必要调和？何必要统一？这个理由，要另外有一个证据才可以说明，诸君才可以懂得清楚。

诸君知道我们中国在满清的时代，南北是统一的，只有一个政府。从瓜分中国的论调发生了之后，各国都想在中国沿海口岸先占一个根据地，然后才由此发展，进占中国内地。所以德国占青岛，俄国占旅顺、大连，法国占广州湾，英国占香港、威海卫。此时香港的海军当局，计划香港的防守事宜，看见香港对面的九龙地方有许多高地，对于香港都是居高临下，香港若是得不到那些高地的防卫，在军事上便极不安全。英国人的这种思想，并不是怕中国人利用那些高地来打香港，是怕外国人占领了中国之后，利用那些高地来打香港，所以便想预先向中国取得那些高地。照英国人的原来计划，是以那些高地的分水岭为界，只要水向香港流的地方，划归香港政府防卫，至于水向中国流的地方，都可划归中国政府防卫，香港便极安全。这个计划定了之后，英国人便告诉驻北京的英国公使，和中国政府交涉。

英国公使接到了那个计划之后，打开香港的地图一看，以为香港的原来计划只要求中国割十几方里，那个要求太小；他看到北京的政府很软弱，很容易欺负，可以多要求，所以向中国政府提出来的，不要求只十几方里，要中国割两百多方里。当时北京的统一政府，非常的怕外国人，当然是听外国人的话，准英国的要求。英国公使一接到了中国政府照准的公文之后，便通知香港的英国政府。于是香港政府便派兵进九龙内地，接收那些领土。

在本地的土人，一遇到了英国兵，便和英国兵开战，便打败他们。于是英国兵就退回香港，又再打电报到北京的英国公使，向中国政府交涉，说我们原来要你和中国政府交涉，取得那些领土，就是不愿意用武力，是想和平解决；现在我们去接那些领土，本地人民已经是和我们开战，请你再向中国政府交涉罢。英国公使又再把香港的情形，向中国政府提出交涉。中国政府一得到了那个交涉，便打一个电报到两广总督，要两广总督执行，一定要把那些领土交到香港政府。两广总督一接到了北京统一政府的命令，当然是严厉执行，便马上派五千兵去打退本地的人民，香港政府才是安全地得到了那两百多方里的领土。

像这样讲起来，当时中国的北京政府，虽然是一个中国的统一政府，但是另外还有主人，要听外国主人的话，对于本国的人民就是杀人放火也是要做。像这样的政府，虽然在名义上是统一，但是在事实上对于南方人民只有害而无利，又何贵乎有这种统一政府？假若在满清的时候，中国政府不是统一，北京政府的压力不能达到南方，以南方的强悍，专就香港而言，便不致失去那些领土。

所以我这次到北京去，是不是执全国的政权，南北是不是统一，就在北方政府能不能够赞成我们南方的主张，废除不平等的条约，争回主人的地位，从此以后再不听外国人的话，来残害南方的人民。如果这一层做不到，南方人民还是因为北京政府怕外国人的关系，间接还是受外国人的害，南北又何必要调和？何必要统一？我又怎么情愿去执政权？若是这一层能够办得到，中国可以完全自由，南方人民再不间接受外国人的害，南北便可以调和，便可以统一，我也情愿去执政权。

问：陈炯明何以反叛先生呢？

答：因为图个人的私利，勾通了吴佩孚。陈炯明也不全是反叛我，是反叛我们国民党。

问：先生要废除中国同外国所立的不平等条约，对于日本所希望的是废除哪几种条约呢？

答：如海关、租界和治外法权的那些条约，只要是于中国有害的，便要废除，要来收回我们固有的权利。

问：先生对于日本同中国所立的二十一条要求，是不是也要改良呢？

答：所有中国同外国所立的一切不平等条约，都是要改良，不只是日本所立的二十一条的要求；二十一条要求也当然是在要改良之列。中国的古话说："己所不欲，勿施于人。"假若美国对于日本也有二十一条的要求，你们日本是不是情愿承受呢？当然是不情愿的。既是自己不情愿，拿出恕道心和公平的主张出来，当然不可以己所不情愿的要求，来加之于中国。你们日本便应该首先提倡改良！

问：先生对于国外的问题主张要废除条约，对于国内的问题，是不是要主张废督裁兵，中国才可以统一呢？

答：对于国内的问题，也是要先废除条约。因为中国近来的兵与督，都是外国条约造成的。（余从略）

据《对门司新闻记者之谈话》，载
《孙中山先生由上海过日本之言论》，
广州，民智书局一九二五年三月出版

大体方针决定之日即往欧美漫游

在门司与来访者谈话

（一九二四年十二月一日）

予赴北京，将于大体方针决定之日，即往欧美漫游，决不久滞。予第一目的在欲废除十三国对华之不平等条约，使中华民国成真正大统一之国家，则治外法权及关税各节问题均可一一解决。而所谓二十一条问题，此际日人宜反省之。其次为贯彻废督裁兵，及财政整理。倘此志不达，即选予为总统或任何制度下之领袖，予决不就。且以为果国运至于斯极，可任国民之意志，或分中国为若干国而各别统治。

予观中国衰亡原因，第一乃为英国所侵害。予有机缘当首访英国，次及列国，以求尽吾力。至于目下之北京政府，段祺瑞既出任政府，其资格良宜。予舍推崇之外，别无他见存也。

据《孙文昨午到津》，载一九二四年
十二月五日北京《晨报》第二版

在天津与张作霖谈话①

（一九二四年十二月四日）

开始宾主之间，默无一言。经过一度沉寂之后，孙先生先开口说：我今天到了天津，承派军警前来欢迎，对于这种盛意，非常可感，所以今天特来访晤，表示申谢。这次直奉之战，赖贵军的力量，击败了吴佩孚，推翻了曹、吴的统治，实可为奉军贺喜。

张听罢，眉宇间流露出不高兴的样子，才开口说：自家人打自家人，有什么大惊小怪的，更谈不上什么可喜可贺了。

李烈钧看到陪孙先生去的人都很窘，忍不住站起来说：事情虽然是这样讲，要不是把国家的障碍像吴佩孚这流人铲除，虽想求国家进步和人民的幸福，这是没有希望的。今天孙总理对雨亭之贺，实有可贺的价值，也惟有雨亭能当此一贺啊！

张闻李言，始显露出笑容来。

这时孙先生也说：协和②的话说得对，回想自民国以来，当面得到我的贺词的也惟有雨亭一人而已。谈至此，满座皆笑，才扭转原先僵闷的气氛。

孙先生又感谢张历年来的帮助。张乘兴对孙先生说：我是一个捧人的，可以捧他人，即可以捧你老。但我反对共产，如共产实行，我不辞流血。

---

①　是日下午孙文在汪精卫、李烈钧、孙科、邵元冲陪同下，赴曹家花园拜访张作霖。陪坐者还有张学良、吴光新、杨宇霆、叶恭绰。

②　协和，李烈钧字。

张复劝孙先生对于废除不平等条约事，暂缓施行。孙先生表示不同意。

据鹿钟麟：《孙中山先生北上与冯玉祥》、叶恭绰：《我参加孙中山先生大本营之回忆》，载尚明轩、王学庄、陈崧编：《孙中山生平事业追忆录》，北京，人民出版社一九八六年六月出版；《汪精卫先生在第二次全国代表大会之政治报告》，载广州《政治周报》第五期，一九二六年三月七日出版

段祺瑞可当收拾时局之任

在天津与张作霖谈话①

（一九二四年十二月四日）

张：先生对现在时局之收拾，合肥②能当此任否？

孙：现在除合肥外，实无第二者可当此任。今后可全委诸合肥办理。

张：先生预定滞留北京为期几日？

孙：约二星期。

张：此后当赴北洋游历否？

孙：一俟时局稍定，即作欧美之游。

据《大元帅抵津后之言行录》，载一九二四年十二月二十二日《广东七十二行商报》

赴日感想与个人方针

在天津与西村等谈话③

（一九二四年十二月四日）

西村：先生此次经由日本来津，对于敝国之感想如何？

---

① 是日下午孙文往曹家花园拜访张作霖。

② 合肥：即段祺瑞。

③ 是日下午孙文在天津日租界张园接见驻津日本记者西村、江崎、藤泽山内、岛田等。

孙：此次余身受贵国各地上下官民热诚欢迎，实深感谢。

西村：先生此次北上，对于中国时局之前途关系重大，愿闻所抱方针之一端。

孙：余个人之方针，渡日之际已在长崎、神户、门司等处发表，日内更当发表具体之宣言书，以供国内外人士之研究。

西村：先生留津约有几日？并于何时晋京？

孙：余尚欲拜访张作霖，明日赴各团体代表之欢迎会，七日早车入京。

据《孙先生到津后之表示》，载一九二四年
十二月十三日上海《民国日报》第三版

对记者的谈话

（日 译 中）

（一九二四年十二月五日）

【天津特电五日发】孙文对前来采访的记者作了如下的谈话：

我（孙文）相信，能够处理现在的时局者，除段祺瑞以外，没有别人。现在及将来的时局困难之处在于财政问题，这必须以国民之意志来进行。本来应该是由国内来解决的财政问题，通过外债来成立的政治并不是好事，但是如果在实现国民全体意志的过程中，也许需要少量的外债。但这不是我所能左右的事了。我已经在日本论述过，亚洲民族的团结和排除欧美势力等问题。中国问题也只有排除欧美的压迫，就自然能得到解决。日本和中国一样，也受到过欧美的压迫，但是这种压迫仅仅是明治维新后日本从欧美那里学来的弊端而已。现在日本骄傲地成了世界第三强国，但是在思想以及其他方面，不都是步步趋欧美之后尘吗？这是因为日本人忘记了自己脚下的亚洲。值此之际，日本应该赶快回归亚洲，而其第一步就是首先承认俄国。

据《日本は亞細亞に歸れ——先づ露國を承認せよ
孫文氏天津で語る》，载一九二四年十二月七日
《大阪每日新闻》（一）（蒋海波译，安井三吉校）

对天津各界代表的书面谈话①

（一九二四年十二月五日）

曾告日本应取消二十一条，及取消特别优先权等成见，实行中日亲善。

予以国民资格向各方建议不愿为总统，但不反对人以总统拟予。予志愿各国对华平等解除一切不平等条件〔约〕时方为总统。予此时竭力宣传，请各国尊重中国国际地位。

予认国民军解决清室问题，甚妥当。

据《国内专电》，载一九二四年
十二月六日上海《申报》第三版

主张五权宪法

在天津与张作霖谈话

（一九二四年十二月五日）

本人主张五权宪法，当提出国民会议公决。予非赞成共产主义，予乃社会政策正所以导引共产主义者入于正轨。

据《国内专电·北京电》，载一九二四年
十二月七日上海《申报》第四版

---

①　是日孙文抵天津张园后，在客厅向各界代表致谢意，并言"因在船上受海风颠播〔簸〕，精神萎顿，委托汪君精卫代达微忱"。言毕鞠躬退（一九二四年十二月十一日《申报》）。汪精卫代表孙作了书面谈话。

提倡废督裁兵

在天津与张作霖谈话

（一九二四年十二月五日）

孙文语张作霖：予已嘱民党勿做官，望君提倡废督裁兵。

张曰：吾先自行解职，请劝国民军勿扩充军队。

孙曰：直隶系倒，拥兵目的已失。任何方面均应裁兵。

据《国内专电》，载一九二四年
十二月八日上海《申报》第三版

亚细亚民族之结合与不平等条约之排除

在天津与某访员谈话①

（一九二四年十二月五日）

某访员问：现在局面无论何人出而收拾，不能不有赖于财力。高见以为何如？

孙中山答：据予所见，政府如经全国国民承认，则所需政费可由国内筹出。向外国借债，恐贻将来祸根，不可不慎重从重。但在未征集国民全体之意思以前，使用少数外资亦未可知。

问：阁下力主亚细亚民族之结合与不平等条约之排除，其详可得闻乎？

答：亚细亚民族不可不排除不道理之欧美人势力，盖是项势力一经排除，则中国问题自然解决。日本表面上似不受欧美势力之压迫，其实亦与中国同样。明治维新后，由锁国解放，吸收欧美之文化，结果反陷于欧美祸。日本自日俄战争及欧洲大战以来，思想上，即外交上、经济上，亦莫不追随欧美，对于本乡本土之亚细亚反度外视之，且由轻蔑之结果，至与中国发生疏隔。过去无论矣，以后

① 是日孙文在张园接见日本某访员。

尚望日本速归于亚细亚主义，而尤以承认俄国为其第一步。

据《孙文之谈话》，载一九二四年
十二月六日北京《晨报》第三版

附：另一记录

某氏：现在整理时局之人物，以何人为最适宜？

孙：勿论现在及将来，此等时局难关之大事业，除段祺瑞氏而外，无适当之人物。

某氏：先生对财政之意见如何？

孙：如能关行全国民之真政治，则财力虽难自国内筹出，但在国民全体之意志未能一致，及正式政府未能成立以前，或能赔少额之外债。

某氏：先生主张亚细亚民族之结合，排除欧美之势力之意见如何？

孙：亚细亚全民族之结合，排除欧美之压迫，中国问题自然解决。日本自谓已脱欧美势方〔力〕之压迫，然自明治维新后极力慕仿日〔欧〕本〔美〕。今之日本，虽转于三大强国或五大强国目之中，然其思想方面尽步欧美人之后尘，而于亚细亚之真精神反弃之如遗。为日本计，现在应急图还东亚民族之真光，而最要者，首应承认苏俄联邦共和国。

据《大元帅抵津后之言行录》，载一九二四年
十三月二十二日《广东七十三行商报》

对日本记者的谈话*

（日 译 中）

（一九二四年十二月六日）

【天津特电六日发】下榻于天津的日本旅馆常盘馆的戴天仇，对前来采访的记者（吉冈特派员），就北京当局以及目前所面临的问题，代表孙文发表了以下的谈话：

正如孙文从广东出发就屡屡发表宣言的那样，政治上的实行，全部委托段祺瑞一个人。孙文氏只是以段祺瑞的支持者的身份进京，在主义允许的范围内，归根到底还是要**推举段氏**。五日孙氏与张作霖见面时，双方就支持段祺瑞一事达成了牢固的约定。张氏体会到了孙文的真心实意，也安心了。有谣传说孙氏入京后与冯玉祥、王正廷、黄郛等人联手对段祺瑞施加压力。这是很可笑的臆测。孙氏的理想是非常高远的，孙氏坚决相信，段氏是收拾眼下时局的惟一的适任者。孙段两巨头的会见将在孙文进京之后立刻举行，对双方来说，这将是一次感慨深刻的会见吧。召开善后会议是此时此际最重要的。现在，在孙段两巨头之间，对这一问题，意见已经是一致的。孙文的希望是全国的和平统一，所以希望全国各省，一个也不缺席，派出代表参加善后会议，关于国会问题，应该是在善后会议决定。孙氏的意见是为了与现在的国会完全隔绝关系而重新进行总选举呢，或是以与受贿（猪仔）议员完全没有关系的议员为主，设立别的议会呢，这还没有定。关于是设立总统制还是设立委员制的问题，**孙氏的希望**是倾向于委员制。对于南方残存的军阀，最终还是希望以和平主义来慰抚之。像国民军的解散之类的事作为废督裁兵的第一步，是令人满意的。关于财政问题，从主义上来说是反对举外债来解决的，但是作为打开面临的困难局面的手段，也许不得不依靠外债，所以并不会因此而特别反对执政府的借款计划。关于外交问题，孙氏坚信，中国与俄国的

联合是中国的国策。被压迫的国家联合起来对抗压迫国家，这是为了本国自卫当然不得不采取的政策。

不平等条约的废除是孙氏坚决的主张，在这个问题上，无论在什么情况下，都要为主义的贯彻而努力。英国公使马克烈对于孙氏进京怀抱恐惧，企图牵制其活动。这些都是早在预料之中的。二十一条问题，从主义上来说，当然必须废弃不可。但是关于应该如何废弃，现在还没有任何具体的计划。因为这不是当前的问题，而是将来的问题。

据《善後會議に關しては段孫の意見一致——不平等條約の廢棄は孫氏の堅い主張、戴天仇氏談る》，载一九二四年十二月八日《大阪每日新闻》（一）（蒋海波译，安井三吉校）

日文原文见本册第605—606页

北上的目的

与某君谈话

（一九二四年十二月七日）

此交北上，绝无权位思想。一面对于国民有所贡献，同时对于外交上不能不反对帝国主义之侵略与不平等条约之压迫。

据《中山先生在天津养疴》，载一九二四年十二月十二日上海《民国日报》第三版

对溥仪应保护

在天津与某君谈话

（一九二四年十二月八日）

某问：对溥仪如何？

孙云：彼今亦平民，在法〈律〉上亟应保护。嘱彭养光请朱念祖转溥师朱益

藩代达。

据《国内专电》，载一九二四年
十二月九日上海《申报》第三版

北上旨在图中国之解放独立

在天津与来访者谈话

（一九二四年十二月十日）

此行专促进国民会议，求以真正民意图中国之解放、独立，决不图握政权。至西南各方行动，不负责。连日与张作霖接晤，极欢洽。

据《孙中山先生专促进国民会议》，载一九二四年
十二月十一日上海《民国日报》第一版

极望入京

与吉田谈话①

（一九二四年十二月十三日）

孙中山极望入京，病中无奈，但据医生确息，更一星期，可望痊愈矣。

据《津日领论孙先生》，载一九二四年
十二月十八日上海《民国日报》第二版

---

① 是日孙文在卧榻接见日本驻天津领事吉田，作简短谈话。

主张禁绝鸦片

在天津答拒毒会某教士问

（一九二四年十二月十四日）①

予之意见，认中国之禁烟问题与良好政府之问题，有连带之关系。鸦片营业，绝对不能与人民所赋予权力之国民政府两立。但在政府当局，对于庶政之设施，未能实现民治之威权以前，于达到有效之禁绝，殊非可能。现在一般不法之军阀，各在辖境之内，不但奖励，而且强迫种植鸦片。明订完密之禁烟计划，为用殊微。良以种植鸦片，较种植米、谷、蔬菜、果实等物，事简而利厚。故农民大都不愿，亦不敢反对军阀强迫种烟之命令也。国际联盟之禁烟大会正将开会，出席该会之各国代表应本公道之精神，毅然订立严密计划，禁止各国鸦片及其复制品（如吗啡、海洛因等毒物）之出产。盖中国政府破裂之结果，不但使烟苗复盛，亦使对外贸易日趋停滞，中外商人及合法商品之制造家，均受巨大损失。目下由私运私卖鸦片销耗之巨量款项，若用于正当贸易，不但可使本国商业复兴，并可使中外间之合法通商大形起色。迩来有以谓今日我国鸦片复兴，遍地皆毒，不如法律正式允许烟土之营业，海关放任外洋鸦片入口，以充裕饷源。此等主张，绝对不当。中国之民意，尤其守法安分纯洁之民众，其意见未有不反对鸦片。苟有主张法律准许鸦片，或对营业鸦片之恶势力表示降服者，即使为一时权宜之计，均为民意之公敌。今日国内情形至为恶劣，拒毒运动之进行备受难阻，以致成绩甚鲜。然对鸦片之宣战，绝对不可妥协，更不可放弃。苟负责之政府机关，为自身之私便及眼前之利益，倘对鸦片下旗息战，不问久暂，均属卖国之行为。总之，对于鸦片之祸害，不论何种形式之降伏，均可谓为蔑视国民之良心主张。即以恃非法之鸦片为利源之土匪式军阀言之，亦不敢公然承认鸦片乃正当之营业。对彼等自身之非法行为，亦难逃羞耻与盗窃之良心上责备。我国内地素缺乏道路与各项利便交通之建设，加以不时有军阀之斗争，结果使农民之经济负担日益加重。农民虽

---

① 底本未说明日期。此件所标时间系据陆达节编《孙中山先生外集》。

欲安分耕种普通农产，殊不可能。例如广东省政府极端反对烟毒，但邻省私运之外，尚有国外鸦片由海道输入。在此等现状之下，虽有良好政府如广东省者，甘冒万难以取缔非法之鸦片营业，厘定完密计划，以图毒害之根本廓清，但以水陆私运之繁多，无从收相当之实效。于此吾人可见局部之举动，殊难收效。欲达禁烟之目的，必须由国民政府采定全国一致遵守之计划。是故吾人应先打倒为祸较深、为害较烈之军阀，促进国民政府之成立，使之实现民治之威权，禁烟始能收效。今日阻碍民众生活与自由之祸害一经废除，则舆论势力必可贯彻禁绝鸦片之目的。目下军阀未经打倒，民治政府尚未统一全国，对于达到上述目的之最佳方法，乃在拒毒团体之奋斗不懈，继续努力于调查与宣传之运动，使非法营业无所敛迹。虽或一时未能收效，但千万不可放弃坚忍与不妥协之奋斗决心，当永远抱定彻底不降服之政策。

据陆达节编：《孙中山先生外集》，北京，中华书局一九三二年十月出版

广州政府尚未到取消时机

在天津与随从谈话

（一九二四年十二月十五日）

广州政府尚未到取消时机，俟国民会议议决案成立，西南当撤销政府。段①对民党有无诚意，以任命李烈钧督省②为断，民党与段之合作与否，亦以此为起点。

据《国内专电》，载一九二四年十二月十六日上海《申报》第三版

① 段：即段祺瑞。
② 省：指江西省。

坚决主张废除不平等条约

在天津与许世英叶恭绰谈话①

（一九二四年十二月十八日）

我在外面要废除那些不平等条约，你们在北京偏偏的要尊重那些不平等条约，这是什么道理呢？你们要升官发财，怕那些外国人，要尊重他们，为什么还来欢迎我呢？

据《大元帅北上患病逝世以来之详情（三）》，载
一九二五年五月十三日《广州民国日报》第三版

附：另一记录②

……他们这时正在和外交团商量，把尊重不平等条约做承认"临时执政"的条件。到十二月十四日，许世英、叶公绰两人到天津见总理，总理这时的病略好一点，就问他们："听说临时执政已经接受外交团尊重不平等条约的通牒，是不是呢？"许、叶两人答："是的。"总理当时便很生气，说话也比平常洪大而急促。我劝总理不必再多说话，总理才对我说："你和他们说去吧！"总理在这时候虽然是病，从未有过发热，自从听了段祺瑞接受外交通牒这一段话，着实生气，是晚便发热起来。固然总理所患的病是肝病，大家知道是不治之症，但觉病的加重，可以说是实在因这一气的。

后来我和许世英、叶公绰两人说："取消不平等条约这事，原不只是孙先生的

① 是日段祺瑞的代表许世英、奉军代表叶恭绰联袂到天津谒见孙文。孙针对段尊重不平等条约的做法，发表此谈话。

② 本文开头的"他们"指皖、奉等派系军阀集团，"外交团"指各国在京外交使团。文中"我"为汪精卫自称。与上篇不同，本篇所记许世英、叶恭绰谒见孙文的时间是十二月十四日，待考。

主张，自巴黎和会就已经提出，后来因为巴黎和会会长克里满梭①说这事还是巴黎和会所能解决的，可以留待将来国际联盟去解决。所以和会才把这案保留，以后到华府会议②，我国还是提出的。这是全国国民的运动，你们单是要弄稳一个执政的地位，便连这件大事也轻轻弃掉，如何做得？"他们两人问我怎样办，我说："你们执政复牒，可以说外交团的来牒暂时可以承认，但废除不平等条约一事是全国民众的要求，我们也是一定要做的。现在执政和广州革命政府的领袖孙先生合作，孙先生是以废除不平等条约一事为当务之急的，执政当然同意并且要帮助的。"如此可谓最低限度的让步了。

许、叶二人都说："好，我们就这样告诉执政，这样办吧。"是晚我们把此事报告总理，总理说，且看他们怎样再算。谁知他们后来对于此事竟没有办到。

据汪精卫：《中国国民党第二次全国代表大会政治报告》，载《中国国民党第二次全国代表大会日刊》第十二号，广州，中国国民党第二次全国代表大会秘书处一九二六年一月油印原件

附：另一版本

中华民国早经各国承认。今合肥自认为中华民国之执政，国体既未变更，当然未失国际上之地位。此次革命纯系对推翻军阀而发，政权转移为内政习见之事，并非变更国体，无要求列强承认之必要。今多此一举，反使列强见执政地位之无据，而要求承认之亟，又足使外交上因此而生一种利用之机会，殊为抱憾。

乃拥段之人，仅为段在外交方面计，而不为段在国民方面计。假使即得外交之好感，而失国民之同情，试问国民之同情重欤？外交之好感重欤？段承曹、吴虐政之后，为一极好收拾人心之机会，能多做几件收拾人心之事，则国民无不感戴。国民会议之后，正式总统自舍段莫属。段且欲求不为总统而不可得，何必如此亟亟，以博外人之承认。

---

① 克里满梭（Georges Eugène Benjamin Clémenceau），今译克列孟梭，曾任法国总理。
② 即华盛顿会议。

此次北来毫无争政思想，生平以爱国为前提，对人俱无问题。此次合肥再出，也是力图晚盖之机，能毅然改革国政，以行革命之实，则前途自多希望；若再仍蹈前辙，则虽有良友，亦无如之何！爱国者与害国者，常相为对体。如其有害国之行为，则凡具有爱国心者，俱将起而反对，亦非一人一手之力所能为之斡旋也。段能合作与否，须视国民对段之趋向如何。

据《孙中山入京辟谣》，载一九二五年
一月八日上海《申报》第六版

与杨毓洵谈话

（一九二四年十二月二十日刊载）

日来病躯渐臻康复，入京之前定当如嘱快图良晤，并谢张总司令盛意。至于宴会务请从简，勿过糜〔靡〕费。

据《孙张交欢之一斑》，载一九二四年
十二月二十日天津《大公报》第一张第四版

在天津与马伯援谈话

（一九二四年十二月二十日）

知之矣①。你一定要去日本，可注意日本外交。彼国政治家眼光太近，且能说不能行，不似俄国之先行后说。日本的朝野近对吾党非常轻视，以为吾人未获得政权。你去努力吧，倘有特别事故发生，吾必电你回国。焕章倘赴日本，你于暇时须对彼多讲吾党志士爱国历史。目下事，季龙②，担任也好。

据马伯援：《我所知道的国民军与国民党合作史》，
上海，上海商业公司一九三二年出版

---

① 指马伯援对孙文谈及冯玉祥性格之事。
② 季龙，徐谦字。与冯玉祥联络事交徐谦担任。

在天津与刘成禺郭泰祺谈话

（一九二四年十二月中旬）①

此次随予由粤来津者，在职人员甚多，如趁此机会，图谋本身在北京膺显官高职者，非吾党革命之志士也。吾知汝二人，由我派驻武昌，有重要事来北，与予商榷，自然相信。凡由粤来人，以我语相告，否则，北京人谓吾党谋权利，而来抵北京。又下一严厉手令曰：凡由粤来京人员，不准在北京任一官一职。否则，以不遵守党纪论。

据刘成禺：《先总理旧德录》，载南京《国史馆馆刊》创刊号，一九四七年十二月出版

在天津与李世军谈话②

（一九二四年十二月二十三日）

总理问：你多大岁数？

李答：二十三岁。

总理训诲说：你年轻，正是革命的时候。你们甘肃是我国地理的中心，也是将来建设的中心。甘肃的同志太少了，要多做些宣传，多发展些同志。你能回去一趟，宣传宣传我《北上宣言》的政治主张吗？

李说：总理给我的任务太光荣了，我能去。

总理说：你顺便见了当地军政长官，可代表我劝他们响应我《北上宣言》的

---

① 底本未说明日期。据上海《民国日报》一九二四年十二月二十日《中山与各方态度》一文称，国民党已有党员不得在段政府下取得任何位置之训令。此正与孙与刘郭谈话内容相同。谈话时间据此酌定。

② 李世军是甘肃人。时在北京师范大学读书，任国民党北京市党部的组宣工作。孙文抵天津，李是代表北京市组织和全市市民欢迎代表团的团员之一。孙见欢迎代表团名单中，李是甘肃人，特命丁惟汾请他来见。

主张及召开代表性普遍的国民会议。主要是向当地知识分子、青年学生和农民、工人多宣传本党主义。

总理还说：干革命，只要有勇气，什么事都能做到。

总理随手准备给李世军写指派证书，路友于拟就的稿子，总理说：就这样，行了！我签个名，再去盖章。

据李世军：《奉孙中山先生派赴甘肃宣传〈北上宣言〉》，载中国人民政治协商会议江苏省委员会文史资料研究委员会编：《江苏文史资料选辑》第七辑，南京，江苏人民出版社一九八一年九月出版

与卢师谛等谈话①

（一九二四年十二月二十三日）

我们的武装同志，都能像樊醒民②同志的忠义、勇敢、服从，我们的革命何至到了今日还未成功！

据黄季陆：《起义恐后的英雄》，载罗家伦主编，黄季陆增订：《国父年谱》（增订本）下册，台北，中国国民党中央委员会党史史料编纂委员会一九六九年十一月出版

因病未即入京晤段

在天津与某君谈话

（一九二四年十二月二十四日）

孙：我病未即入京晤段③，致奸人造谣，焦甚。

---

① 孙文接到豫军总司令、北伐先遣队总指挥樊钟秀十二月二十日来电报告樊部入赣后，经湘、鄂北上，转战三个月而至豫境光州消息时，即以电文示随行北上的卢师谛等，并复电奖勉樊。

② 樊醒民：即樊钟秀。

③ 段：即段祺瑞。

某：公病即国病，请静养勿焦。否则，欲速愈反缓。

据《国内专电》，载一九二四年十二月
二十六日上海《申报》第三版

对善后会议的意见①

（一九二四年十二月二十五日）

孙文对善后会议谓：善军阀官僚之后，非善民国之后，京中亦有国民会议，不容党人包办运动，两会前途狠〔艰〕难。

据《国内专电》，载一九二四年十二月
二十七日上海《申报》第四版

对黄昌谷的面谕②

（一九二四年十二月二十七日）

我从前收存三民主义十六讲原稿，系分别三种主义，保存于广州大本营我寝室内之书桌上下。你他日回广州时，须即向该室看守人检齐，负责保管。

据罗刚编著：《中华民国国父实录》第六册，
台北，正中书局一九八八年七月出版

---

① 十二月二十四日段祺瑞不顾孙文赞成与否，悍然公布《善后会议条例》，对抗孙的国民会议的主张。这是孙对善后会议发表的意见。

② 是日黄昌谷在张园向孙文进呈孙由上海过日本之言论集的记录稿。此是孙对黄的面谕。

执政为中华民国之临时执政何须外交团承认

在天津与许世英谈话

（一九二四年十二月二十九日刊载）

使中华民国已不存，即临时执政当然有须各国承认之必要。今中华民国仍在，而执政又为中华民国之临时执政，则尚何须乎外交团之承认，又何必以交换而求其承认？

据《孙文仍要来京耶》，载一九二四年十二月二十九日北京《晨报》第二版

在北京与鹿钟麟谈话

（一九二四年十二月三十一日）

鹿钟麟请孙中山在永定门车站下车，以免出事故。孙中山说：在永定门下车，那可使不得。我的抱负是什么，我的目的是什么，你当然是了解的。我是为学生、为民众而来的，我不能只为了个人安全打算，而辜负学生和民众对我的这番热情。请不必担心，我要在前门车站下车，学生和民众即使是挤着我也是不要紧的。

据鹿钟麟：《孙中山先生北上与冯玉祥》，载尚明轩、王学庄、陈崧编：《孙中山生平事业追忆录》，北京，人民出版社一九八六年六月出版

入京后之书面谈话①

（一九二四年十二月三十一日）

中华民国主人诸君：

---

① 是日上午孙文抵京。这是用传单形式散发的宣言。

兄弟此来，承诸君欢迎，实在感谢！

兄弟此来不是为争地位，不是为争权利，是特来与诸君救国的。十三年前兄弟与诸君推翻满洲政府，为的是求中国人的自由平等。然而，中国人的自由平等，已被满洲政府从不平等条约里卖与各国了，以致我们仍然处于次殖民地之地位。所以我们必要救国。

关于救国的道理很长，方法亦很多，成功也很容易，兄弟本想和诸君详细的说，如今因为抱病，只好留待病好再说。如今先谢诸君的盛意。

中华民国士〔十〕三年十二月三十日

孙　文

据《孙先生入京之盛况》，载一九二五年一月六日上海《民国日报》第二版

深知病症难治

在北京与宋庆龄谈话①

（一九二五年一月三日）

予曾习医，深知此症难治，然予料予病不深，尚无须开割也。

据《中山病情与开割之经过》，载一九二五年二月二日上海《申报》第六版

---

① 孙文病重，德、美医会诊，美医拟用爱克斯光探照一次，若果是肝脏浓疡，则须开割，因商之于孙左右，孙左右不敢做主，复商之于孙夫人宋庆龄，孙夫人亦以孙年事已高，恐不禁开割手术，乃征之孙本人。

中医诊断

与葛廉夫谈话

（一九二五年一月二十四日）①

孙：久仰清名，今幸相见。余平生有癖，不服中药，常喜聆中医妙论。昔年有乡亲返粤者，常以先生医案示余，明理卓识，不愧名医。余请君以中理测我病机。

孙：夜不成寐，每晚则面热耳鸣，心悸头眩，嘈杂躁急或胸中作痛，干呕，甚则上气面浮，有时而消。此何故？

葛：此水不涵木，气火上升。诸逆冲上，皆属于火。诸风掉眩，皆属于肝。厥阴之为病，气上撞心，心中疼热，饥而不欲食，食则呕吐。若下之，则利不止。所见诸证，全是肝郁日久，气火化风，上干肺胃。以先生之遭际，惊险忧疑，心肝俱瘁，又不能孤眠，气血焉不得伤？真水焉得不耗？

孙：此时补救，尚有法乎？

葛：何尝无法，要戒之在怒，不再耗精，不过作劳，破除烦恼。

孙：此皆有所不能，将奈何？

葛：节之可也。再用药食，以为滋助，已耗者虽未必能复，未耗者尚可保存。

孙：以君之高论，如饮上池。可能为我拟一中药方乎？

葛：可。

孙：君所拟方，以何者为主要？

葛：张仲景谓厥阳独行，犹夫无妻则荡也。今用三甲复腹〔脉〕汤，加知柏、枣仁，以滋水养肝，安其家室，潜其阳用，引荡子以归家。所以去姜之辛，用肉桂而引火归元，犀角、羚羊、石斛清肃心肺，俾君火以宁，而精灵之气得令，则烦悸不眠者皆蠲矣。

————————

① 底本未说明日期。据中医葛廉夫称，他与孙文会见"逾三日"，即有人告知：孙于"昨午剖"。孙入北京协和医院手术治疗为二月二十六日，谈话时间酌定为一月二十四日。

孙：我平生未服过中药，恐不能受。欲以君之药方，转示西医，使师君之法，改用西药，以为何如？

葛：鄙人不知西医，西药能代与否，不敢妄答。

据葛廉夫：《孙中山先生病状及治法记》，载《医药精华集》

对病症坦然处之

与某君谈话①

（一九二五年一月二十六日）

予此次抱病，恰在时局艰难之际，外人观之，必谓予有遗憾。其实予并无所不安。盖现在时局，并不以余病有若何影响。予若不病，势必参加国事。以予素性之急切，亦未必定能使时局转入佳境，而自心反感不安。故予对予病之非时，亦坦然处之。

据《昨日中山之病状》，载一九二五年一月三十一日天津《大公报》第一张第四版

对汪精卫的口谕

（一九二五年一月二十六日）

广州中央执行委员会之政治委员会移北京。以吴敬恒、李煜瀛、汪兆铭、于右任、陈友仁、李大钊、邵元冲为委员，鲍罗庭为顾问。

据《国内专电》，载一九二五年一月二十九日上海《申报》第四版

---

① 是日孙文入北京协和医院接受手术治疗。这是他手术前的谈话。

在北京与萱野长知谈话①

（一九二五年一月二十六日至二月十八日间）②

孙问：犬养及头山两位是否健好？

萱野答：伊两人均甚健康。

孙乃微颔其首，询问：余在神户之演说，在日人中反响如何？

萱野答：此项演说，各报竞载，无线电亦有广播，在日本全国已发生极大影响。

据萱野长知：《中华民国革命秘籍》，东京，东京帝
国地方行政学会一九四〇年出版（陈固亭译）

与汪精卫谈割治经过

（一九二五年一月二十七日）

孙问：外间有无新闻？

汪答：无。

孙问：昨日割治时，你在场否？

汪答：在。

孙问：当时之情景如何？你目击否？

汪乃简单告以施术之经过。

据《中山先生割治经过情形》，载一九二五年
二月五日上海《民国日报》第六版

---

① 萱野长知在东京连接孙文急电二通，萱野料孙病势必甚沉重，即准备一切，匆匆驰往北京协和医院探望。

② 底本未说明日期。孙文于一月二十六日入北京协和医院接受手术治疗，二月十八日自北京协和医院移居铁狮子胡同行辕。谈话时间据此酌定。

勇气终必战胜疾病

与宋庆龄谈话

（一九二五年一月三十日）①

余诚病医者，亦诚无如余此病何！但余所恃以支持此身者，凤昔即不完全恃医，而恃余〔自〕身之勇气。余今信余之勇气必终战胜此病，决无危险。

据《中山病情消息》，载一九二五年
二月七日上海《民国日报》第三版

与宋庆龄等谈张静江来京侍疾事

（一九二五年一月底）

宋庆龄接孙科自上海来电谓偕张静江等同来北京，于中山神思清静时，举以告之。

中山甚悦，谓：静江自己亦病，乃亦来看我耶！

越日，中山问：静江来耶？

汪精卫答：已起程矣。

中山微笑，既而泫然曰：静江自己有病，未知死活，奈何远道来此。并谆谆嘱汪：静江来时，最好亦在协和医院医治。

汪忍泪答曰：敬当如命，惟先生勿多言伤气。

据《孙中山病状与孙科抵京》，载一九二五年
二月八日上海《申报》第六版

---

① 底本未说明日期。据二月七日上海《民国日报》云"确闻中山先生三十日曾告其夫人云"酌定。

关于共产党人加入国民党问题

与北京《顺天时报》记者谈话①

（俄译中）

（一九二五年一月）②

问：为什么孙逸仙博士允许共产党人加入国民党？为什么虽有刘成禺、谢持、冯自由和、谢英伯等先生的强烈反对并提供了大量证据表明共产党人企图制造骚乱，但孙不仅拒绝批评共产党人，而且还威胁要把他们四人开除出党？③

答：在去年春天国民党改组期间，冯自由、谢英伯和刘成禺等三位先生被选为临时中央委员会委员。当讨论接纳共产党人的问题时，他们没有表示异议。但是后来，当他们没有进入在党的全国代表大会上选出的中央委员会时，他们才就共产党人加入国民党一事发难。孙博士就其前后矛盾严厉地责备了他们，只是在他们表示悔悟之后才允许他们留在党内。至于谢持，他是党的监察委员会委员，他以这个身份在去年夏天对党内的共产党人提出责难。为了讨论这个问题，召开了一次党中央的专门会议④，经过十天的讨论，制定了特别指令并已散发给全体党员。如果记者君费神读一读这些指令，那就会知道，为什么国民党允许共产党人加入它的队伍。谢持的做法是对的，因此也不存在像记者君所暗示的什么对孙博士不敬的问题，而且，谢持还声明，他对中央委员会的指令是满意的。

---

① 此件系中国共产党驻共产国际代表团档案，原件为俄文。《顺天时报》记者采访孙，孙将自己的意思告诉汪精卫，由汪出面接受采访并回答记者的提问。

② 底本未说明日期。据谈话中有"去年春天国民党改组期间"与"谢持……在去年夏天对党内的共产党人提出责难"情况，以及一九二五年一月二十六日，孙文病重进北京协和医院治疗，时间酌定为一九二五年一月。

③ 一九二四年二月十六日，孙训斥和拟开除党员四人为刘成禺、冯自由、徐清和谢英伯。

④ 指一九二四年八月十五日至二十五日在广州召开的中国国民党一届二中全会。会议的主题是讨论与解决邓泽如、张继、谢持等提出的"弹劾共产党案"。全会讨论和通过的《国民党内之共产派问题》以中央党部训令形式发布。

问：为什么汪精卫没有在任何一家中国报纸上否认他、胡汉民和廖仲恺都是共产党人的说法（地方报纸上时常出现这样的断言）？

答：汪精卫、胡汉民和廖仲恺在近二十年来一直追随孙博士左右，他们是国民党的老党员。他们从来没有加入过任何其他政党，而记者君推测他们是共产党的资深党员，这是可笑的。他们对此不屑置理。

问：为什么国民党接受俄国布尔什维克每月五千金卢布资助？

问：为什么广州军事学校靠俄罗斯苏维埃政府的经济维持？

答：关于国民党和黄埔军校接受经费的问题，这要有书面材料才能成立。记者君请拿出真凭实据来证明你的关于接受苏维埃资助的责难吧。如果他做不到这一点，那么他不仅负有道义上的责任，而且还负有法律上的责任。况且，世界上也找不到一个政党或学校会反对接受别人的资助。因此，即使证明国民党或上述学校从其他来源获得财政支持，那在道义上也不是什么不光彩的事。为什么记者君一定要对我们的动机提出异议呢？

问：为什么在广州组织了受到省长廖仲恺公开支持的、公然以推翻资本主义为目标的工人队伍？为什么苏维埃的旗子挂在广东省长办公室醒目的地方和广东大学的教室里？为什么孙博士不禁止这样做？

答：如果广东的商人被允许组织志愿队伍，那么对工人和农民来说，组织自己的队伍就是很自然的了。省长帮助工人队伍，仅仅是履行其保护居民的职责，不论是什么阶级。至于说苏维埃的旗子挂在省长房间里和广东大学内的消息，则毫无真实之处。

问：为什么把著名的中国共产党人和共产党广东省委员会主席谭平山选进国民党中央委员会，使其获得和久经考验的老党员同等的重要地位？

答：党的政策在于只吸收有能力和有才智的人而不管他们过去的状况如何。选举谭平山进中央委员会是最好体现了党的政策，也证明老党员并不妒忌年轻党员的才干。

问：为什么广州警察局帮助广州的共产党散发攻击资本主义并号召推翻它的传单？

答：首先，必须弄清共产党在广州有没有散发过什么传单。即使有过，这也是使用了言论自由权。至于说到警察局帮助他们散发，那是流言蜚语。

据《孙中山、汪精卫答〈顺天时报〉记
者问》，载北京《党的文献》一九九二年
第二期（俞漪雯、张志诚译，傅也俗校）

在北京与某君谈话

（一九二五年一月至二月间）①

文以平民资格来京，对于军事行动未便干预。方本仁之人格如何，自有公论。
请执事顺从民意而行之。协和功高望重，现将回赣收拾，宜与合作。

据《入京后与某君谈话》（民国十四年在北
京），载中央改造委员会党史史料编纂委员
会编：《总理全书之八——谈话》，台北，
"中央改造委员会"一九五一年七月出版

对宋庆龄的口谕

（一九二五年二月二日）

静江、哲生②到时，先偕汪精卫、吴稚晖、李石曾五人入见。

据《孙中山病状与孙科抵京》，载一九二五年
二月八日上海《申报》第六版

---

① 底本未说明日期。孙文于一九二四年最后一日入京，因病情恶化，至次年三月已完全
无法接客交谈，故酌定为一、二两月间。

② 哲生，孙科字。

与张静江等谈话①

（一九二五年二月二日）

即入先生病室，见先生面色佳，神志亦清，惟脉搏尚弱，言曰："劳汝久病之人远道来探，心甚不安。"言时泪下。予忍痛劝慰。先生尚云："吾病无碍，只须休养。"

并嘱孔庸之君②，告医院预备病室为予治病。俄顷退出，病室已备在同楼东隅。

据《张静江侍奉孙中山病情纪事》手书原稿，
南京、中国第二历史档案馆藏（孔庆泰整理）③

愿用镭锭放射治疗

与泰尔谈话④

（一九二五年二月四日）

泰尔谓：先生之病，一时虽无危险，惟速效实无把握。现先生之亲属友人，多主张改用中医。鄙人之意，以为亦不妨一试。照例在医院中，原不能服两处药，但先生为特别人物，如以在医院较为安适，即在院就中医。本院亦当特别通融。

孙曰：余深信余之病可望治愈，不必改用中医，且尚有以镭的母照治之法，尚未实行，如医院有此种设备，予极愿就此法医治。

---

① 张静江在沪接孙文病危急电，即偕孙科等多人驰赴北京探视。张时亦抱恙在身，至协和医院后由卫士背负登楼，见李石曾、吴稚晖、汪精卫诸人，汪告张谓"先生急欲见君"，乃同入孙文病室。张静江在文中称孙文为"先生"，自用第一人称。

② 孔祥熙，字庸之。

③ 按：该手稿所记始自二月二日，迄于二十二日而中辍，共计两通，文字有个别出入，当系一为初稿，一为修订稿。本篇以后者作底本。

④ 泰尔是北京协和医院主治医生。

泰尔以院中有此种设备，可以一试，即允照办。

据《孙中山昨日病状》，载一九二五年
二月五日天津《大公报》第一张第四版

与张静江等谈服中药事①

（一九二五年二月七日）

张："予等无状，以先生脉象渐弱，而先生又不允服参之故，竟以参和入食物欺先生而偷进之矣，幸而见效，先生较为健康。不然，予等罪大也。"

先生亦不怒予。有顷，言曰："既如是，勿再和入食物，待予自饮可耳。参汤我人本代茶饮，非中药治病也。"

据《张人杰关于孙中山病情的记述》，
载北京《历史档案》一九八五年第一期

在病榻与戴季陶谈话②

（一九二五年二月十日）

闻汝前月来，在沪求学甚力。但汝学为何？

据《哀思录》初编卷六"医生报告"，北京，孙中
山先生治丧处一九二五年十二月编印，线装本

在北京与戴季陶谈话

（一九二五年二月十一日）

我对日本问题有三个最少限度的主张：一是日本须放弃日本与中国所缔结一

---

① 张静江住北京协和医院后，即与汪精卫等商议劝孙文服中药，惟孙皆不允。张等不得已商诸中医陆仲安，先试以人参汤。

② 当时戴季陶在北京协和医院侍疾。

切不平等条约。二是须使朝鲜、台湾两民族实现最少限度的自治。三是日本对苏联应该不反对其政策，并不阻止苏联与台湾及朝鲜的接触。

据黄纯青：《国父与台湾》，载王云五等
著：《我怎样认识国父孙先生》，台北，
传记文学出版社一九六七年出版

与叶楚伧谈服中药事

（一九二五年二月十三日刊载）

医院规矩不可由我而破①。若密不令院中人知之，则我平生从未作此暗昧不可告人之事，断乎不可。

据《孙先生脉搏降至九十六》，载一九二五年
二月十三日上海《民国日报》第二版

传谕前方将士齐心努力

对汪精卫口谕②

（一九二五年二月十七日）

传谕前方将士，齐心努力，务竟全功。

据《联军攻克飞鹅岭、平山》，载一九二五年
二月二十八日上海《民国日报》第三版

---

① 指孙文不服中药事。
② 孙文得胡汉民迭次捷电，心甚欣慰，命汪精卫传谕电告胡。

对行辕同志的面谕

（一九二五年二月十八日）①

此次迁入行馆，专为疗病，一切宾客，概未能接见，凡来访者派人招待，惟以询问病情为限。关于军国之事，暂行停止谈话。

据一九二五年二月十九日北京《晨报》

与胡适谈话②

（一九二五年二月十八日）

胡入卧室进言服中药。

孙语曰：“适之！你知道我是学西医的人。”

胡谓：“不妨一试，服药与否再由先生决定。”

据罗家伦主编，黄季陆增订：《国父年谱》（增订本）下册，台北，中国国民党中央委员会党史史料编纂委员会一九六九年十一月出版

改延中医治疗的意见③

（一九二五年二月中旬）

自念移入医院以来，该院以发现本人之病为肝癌之故，仅于本人体温及脉搏失常之际，注射催眠剂，俾得安眠。最近虽出镭锭母为治疗之具，然亦仅能止痛

①　底本未说明日期。此件是孙文以行辕秘书处名义公布二月十八日启事。

②　是日孙文由北京协和医院移居铁狮子胡同行辕养病。胡适应汪精卫之请，向孙劝服中药，并推荐中医陆仲安大夫为之延治。

③　孙文入北京协和医院治疗，未见效。汪精卫等向孙几度解释后，乃改延中医治疗。

于一时，与根本祛病仍无关，已表示可试令中医开方之意。

据《中山经过镭锭治疗后将改就中医》，载
一九二五年二月十五日上海《申报》第六版

担心同志不能坚持革命立场

与随侍诸人谈话

（一九二五年二月中旬）①

犹忆先生临终时语随侍诸人，谓我他无所惧，惟恐同志受内外势力的压迫，屈服与投降耳！

据何香凝在上海国民党员追悼孙总理大会演说
（一九二五年四月十三日）的忆述，载《哀思
录》第三编卷四"追悼纪事"，北京，孙中山
先生治丧处一九二五年十二月编印，线装本

预立遗嘱

与汪精卫等谈话②

（一九二五年二月二十四日）

总理说："你们有什么话说？"

汪精卫说："我们一直到现在，还是抱着最大希望，要帮助先生战胜疾病。只是中西医生屡次通知我们说，最好是在先生平安无事的时候，和先生说几句话。我们以为先生吩咐我们的话，不知何时才用得着，或是十年、八年后，或是二三十年后用得着都未定。所以我们一面抱着希望帮助先生战胜病魔，一面仍然想得

---

① 底本谓此番谈话发生于二月二十日商立遗嘱之前。故酌定为是月中旬。

② 是日宋子文、孙科、孙婉、邹鲁、汪精卫受国民党诸同志委托，至孙文病榻前请求留下遗嘱。这是当时谈话记录及在场者签名摄影存照。

先生吩咐我们几句话。"

总理说："我以为没有话可说，因为病好还有话说，死了还有什么话说呢？"

汪精卫说："同志要本着先生所定的宗旨来做事的，如果先生吩咐同志几句话，可以增加同志无数的勇气。现时先生抱病好了之后，至少要静养一年、半年，在这时间，先生吩咐同志几句话也是必要的。"

总理说："你们想我说什么话呢？"

汪精卫说："我们把先生常说的话，写出来了。"因读一遍。

总理点头说："赞成。"又说道："你们如此显明是很危险的，因为政治的敌人，现已预备着等我死后，便来软化你们。你们如此强硬坚定，必然有危险的。"

汪精卫说："我们不怕危险，我们一定要照宗旨做去。"

总理说："我赞成。"

汪精卫说："夫人侍奉先生病，如此尽心，我们同志很敬重她，又很感激她。万一先生有什么意外，我们同志定然要尽心调护她的安全，只是先生也要安慰她几句。还有先生的儿女，我们也已拟了一篇说话。"因读一遍。

总理闭目点头说："赞成。"

汪精卫说："先生可否签字？"

总理说："现在还用不着，等几日以后，你拿来我签字。"

> 二月二十四日下午四点二十五分
>
> 在总理病榻前
>
> 以上笔记者　汪精卫
>
> 证明者　孙　婉　宋子文
>
> 孙　科　邹　鲁
>
> 据摄影原件

附：另一记录①

当二月二十日下午四点二十分的时候，我们到总理卧榻的面前，兄弟和孙哲

---

① 文中"我们"为汪精卫等侍疾者自称，而"兄弟"则是他演说时对听众自称。

生、宋子文、孔庸之三同志同在。总理看见了我们就问："你们有什么话呢？"

汪精卫说："我们从总理病起一直到现在，都盼着总理的病好。不过许多医生劝我们，要在总理平安的时候说几句话。但是这几句话，不一定在二三年后以至几十年后才用得到，不过我们总想得到总理吩咐几句话。"

总理就停了一停说："不用的，如果我的病好了，我们和你们详细的说；如果我死了，我也没有什么话可以说的。"

汪精卫说："总理的病一定会好的，不过好了之后，也一定要有一年或再较长时间的休养，所以总理吩咐我们几句话是必要的，使我们更加奋勇，去做前进的工作。"

总理于是点头说："好，你们要我说什么话？"

汪精卫说："就是平常的话可以了。"总理点头赞成。

汪精卫说："我把总理平常所说的记下来，给总理看好不好？"总理又点头赞成。

于是就拿记下的给总理看。

总理说："好！不过这样于你们很危险的，因为政治的敌人正在诱惑你们，〈软化你们〉①。如果你们这种的坚决，这是不好的，与你们有危险的。"

汪精卫说："绝不会的，我们同志一定不受诱惑的。"总理点首赞成。

这一段谈话的笔记是汪精卫记下，证明者孙科、宋子文、孔庸之。后来胡汉民派代表邹鲁到了北京，也签了一个字。②

> 据汪精卫：《总理逝世周年纪念演说词》（十五年三月十二日于中央党部），载《汪精卫先生演讲集》（又名《汪党代表讲演集》），广州，中央军事政治学校政治部宣传科一九二六年十月出版

---

①　以上四字据《汪党代表在本校总理逝世一周年纪念大会训话》（载《汪精卫先生演讲集》又名《汪党代表讲演集》，广州，中央军事政治学校政治部宣传科一九二六年十月出版）增补。按这篇军校训话和用为底本的中央党部演说，均系汪精卫同一天所讲，内容文字大体相同。

②　这段谈话记录后来成为《国事遗嘱》。当时诸人原有意请孙文签名，然据《哀思录》初编卷五"病状经过"（北京，孙中山先生治丧处一九二五年十二月编印）记述："公子科暨汪兆铭等在榻前受遗嘱，因闻夫人在别室悲泣，遂不果签字而罢。"

谕汪精卫等电告胡汉民勿扰百姓①

（一九二五年三月十日）

可电汉民：千万勿扰百姓。

据《共和元勋孙中山死矣》，载一九二五年
三月十三日北京《顺天时报》第二版

与孔祥熙谈话

（一九二五年三月十日）②

本人为基督教徒，到人间来与罪恶之魔宣战。

据《昨日孙中山移灵情形》，载一九二五年
三月二十日《北京日报》第二版

在北京与何香凝等谈话

（一九二五年三月上旬）③

我一生仰慕列宁，我希望死后能像列宁一样，用那样的棺。

据何香凝：《对中山先生的片段回忆》，载
一九五六年十一月二十九日北京《人民日报》

---

① 是日汪精卫等告以东征情况，孙文听完汇报后作口谕。

② 底本未说明日期。一九二五年三月十九日，孙文遗体由北京协和医院移灵中央公园社
稷坛。移灵前，孙文家属在北京协和医院大礼堂依基督教仪式举行家祷。孔祥熙在致词中言孙
文临终前日对之说这话的。谈话时间据此酌定。

③ 底本未说明日期。据文中有"孙中山先生临终之前约旬日"，谈话时间酌定为三月上
旬。

临终前叮嘱诸同志努力奋斗[①]

（一九二五年三月十一日）

余此次来京，以放弃地盘谋和平统一，以国民会议建设新国家，务使三民主义、五权宪法实现。乃为痼疾所累，行将不起。死生常事，本无足惜。但数十年为国奔走，所抱主义终未完全实现。希望诸同志努力奋斗，使国民会议早日成立，达到三民、五权之主张，则本人死亦瞑目矣。[②]

吾死之后，可葬于南京紫金山麓，因南京为临时政府成立之地，所以不可忘辛亥革命也。遗体可用科学方法永久保存。

据《千古一瞥时之孙先生》，载一九二五年三月十六日上海《民国日报》第三版

附：另一记录

我这次放弃两广来北京，是谋和平统一的。我所主张统一的方法是开国民会议，实行三民主义和五权宪法，建设一个新国家。现在为病所累，不能痊愈。死生本不足惜，但是数十年为国民革命所抱定的主义，不能完全实现，这是不能无遗憾的。我很希望各位同志，努力奋斗，使国民会议早日开成，达到实行三民主义和五权宪法的目的，那么我虽然是死了，也是很瞑目的。

据黄昌谷：《大元帅北上患病逝世以来之详情》，上海，民智书局一九二五年十一月出版

---

① 是日凌晨一时，孙文忽神志清醒，召宋庆龄、孙科、汪精卫、邵元冲、黄昌谷、于右任等到榻前吩咐后事。语毕，复令人将上月二十四日所预备之遗嘱进呈，由宋庆龄扶腕用钢笔签字。

② 另据底本载，是日孙文为遗嘱签字后连呼："和平、奋斗、救中国。"

嘱何香凝善视宋庆龄①

（一九二五年三月十一日）

中山特令人请廖仲恺夫人入室，既至，中山以手指夫人宋庆龄氏曰：彼亦同志一份子，吾死后望善视之，不可因其为基督教中人而歧视之。

据《孙中山先生逝世》，载一九二五年
三月十三日天津《大公报》第一张第四版

嘱廖仲恺不可离粤来京

与何香凝谈话

（一九二五年三月十一日）②

仲恺不可离广东，请勿来京。

据《何香凝致廖仲恺电》，载一九二五年
三月三十一日《广州民国日报》第六版

对孙科的遗言③

（一九二五年三月十一日）

我本基督徒，与魔鬼奋斗四十余年。尔等亦要如是奋斗，更当信上帝。

据《孙中山轶事集》，上海，三民公司一九二六年出版

---

① 是日孙文签署遗嘱后，清醒时多次对着何香凝叫"廖仲恺夫人"，何闻声与宋庆龄一同到孙病床前谈话。

② 底本未说明日期。据三月二十六日何香凝致廖仲恺电称，孙文的谈话在临终前，酌定为三月十一日。

③ 卢慕贞在答复香山商会询孙文生平事迹函中云："科父返天国，得闻离世前一日，自证我本基督徒。"

临终前与宋庆龄谈话①

（一九二五年三月十一日）

愿如其友人列宁保存遗体，且愿葬于南京。

据《哀思录》初编卷六"医生报告"，北京，孙中
山先生治丧处一九二五年十二月编印，线装本

临终前的呼唤之一

（一九二五年三月十一日）

孙先生于三月十一日下午，还能和侍疾的人谈话，入夜以后体气越弱了……
一种微微弱弱的声息，断断续续的从唇吻间勉强的发出来。不知是呻吟还是呼叫：
"平和"，"奋斗"，"救中国"！

一声复一声的，约莫至少也有四十余声。渐渐的，连声息也发不出来了。所
能看见的，只唇吻间的微动了。

据汪精卫：《"平和""奋斗""救中国"》，载《孙中山评
论集》第一编，上海，三民公司一九二五年五月编辑发行

临终前的呼唤之二

（一九二五年三月十一日）②

当先生弥留时，他时呼"国民救国"、"和平"、"废除不平等条约"至十余
次。盖先生之志愿在此，先生之教训同志亦在此。

据何香凝在上海国民党员追悼孙总理大会演说（一九二五年四
月十三日）的忆述，载《哀思录》第三编卷四"追悼纪事"，
北京，孙中山先生治丧处一九二五年十二月编印，线装本

---

① 当时在十一日下午。
② 底本未说明日期。按发出此类急促短语，其体征通常与上篇相类，故编在同一日。

凡救国救民者皆为吾友

与孙洪伊等谈话

凡赞成吾救国救民主义者，皆为吾友。

…………

吾辈救国，终赖群策群力，非有全国人民之团结不为功。凡维持同党，感化异党，均非至诚无私不能做到。

据孙伯兰（孙洪伊）：《大公至正为国民及政党之好模范》，载《总理哀思录节要》第五章"总理逝世后之舆论"，南京，中国国民党中央执行委员会宣传部一九二九年六月印

谈救中国的穷

救中国，先救中国的穷，即救无产阶级。

据廖仲恺在广东工界追悼孙大元帅大会开会词（一九二五年四月六日）的忆述，载《哀思录》第三编卷四"追悼纪事"，北京，孙中山先生治丧处一九二五年十二月编印，线装本

发起革命运动的原由

与山田纯三郎谈话①

（日 译 中）

我曾经问过孙先生，为什么要发起革命运动？孙先生回答说：

少年时代，经常听到关于鸦片战争的传闻，人们都非常愤慨。在我孩子的心里产生了强烈的想法，觉得应该想些什么办法去夺回香港，禁绝鸦片。那时候，

---

① 底本未说明日期、地点等情况，姑编于此。

村里淘气的孩子们一到夕阳西下的黄昏，就围在一位七十多岁的老人面前，听他讲洪秀全的故事。他告诉我们：在我们的国家里，只要成为了不起的人，就可以夺取国家，按照自己的想法治理国家。要有学问，成为了不起的人。

为了有学问，成为一个了不起的人，我就拜托定居在夏威夷的哥哥①帮忙，想去他那里。哥哥说，只要你不加入基督教就可以来。这样和哥哥约定后，我就到了夏威夷。可是到了那里以后，学习英文需要交学费，如果是基督教徒的话，不用钱也可以学习，于是我就想入教。哥哥说我不遵守约定，便叫我回老家，只呆了三年就回国了。那时我十七岁。回到村子里，我尽自己所能用新的知识投入修桥等公共事业，因此村民推举我做村长。我回绝了，进入广东博爱医院②的医学校读书……后来又转学到了香港的医学校。③

据山田纯三郎：《回顾录》，载京都《祖国》第六卷第四号"宫崎兄弟特辑号"，一九五四年五月发行（马燕译）

我研究的是革命的学问

与邵元冲谈话④

我从前曾问过孙先生说："先生生平对于政治、经济、社会学、宪法学、实业问题的书籍，都很努力都很有兴味的去研究，究竟先生对于那一种学问是比较专门的呢？"

孙先生回答我说："我没有专门的。"

我又问："然则先生所研究的究竟是那一种学问呢？"

先生回答说："我研究的是革命的学问。因为我研究一切学问，都是为增加我

---

① 哥哥：指孙眉。

② 应为广州博济医院（Canton Hospital）。按：该医院自一八五五年起为当地华人在院内开班授业西医学（未设医学校），孙文约于一八八六年夏秋间入院学医。

③ 即香港西医书院（College of Medicine for Chinese，Hongkong），一八八七年十月创办，孙文于是时转学至该院学习。

④ 邵元冲在文中用第一人称。

革命的智识和能力的。"

据邵元冲先生讲演，刘真如、黎智廉记：《中国之革命
运动及其背景》，载上海《革命导报》第六、七号合刊
"中山先生周年纪念特号"，一九二六年三月十三日出版

读书和研究问题要有主见

与胡汉民等谈话

无论看什么书，总要自己先有一个定见在心，研究自然科学要如此，研究社
会科学也要如此。有些研究社会科学的人毛病很大，一切毫无主见，看这本书觉
得有理，看那本书也觉得有理，再看第三本书更觉得有理。这样看下去，书越看
得多，自己越糊涂。如果我们自己是有宗旨的，虽遇到自己的言论，一下子也绝
不会被他驳倒。若同时看许多不同言论，虽是彼此冲突，驳来驳去的，也不会觉
得眼花脑闷，无所适从。否则，便难免彷徨于纷纭众说之中，不知如何是好，结
果毫无所得。平常所请〔谓〕"先入为主"固然是毛病，其实"后入为主"或
"先后皆无主"更〈是〉毛病。"先入为主"有时候不算坏，只要所入的足以为
主。若没有主义的人，自此至终毫无主张，毫无打算，那才糟呢！例如我们倘有
民生主义"先入为主"了，然后去读，去研究，凡是与民生国计有关的问题，便
都可以本达民生主义来求解决，或吸收他以充实自己，或比较他显明是非，如此
可以收集思广益的结果，不至头脑不清，迷不知返了。

据胡汉民：《为革命而学问》（十九年四月在中央政
治学校讲演），载《革命青年》（中华民国十九年五
四纪念）"中央对于青年学生之训勖"，南京，中国
国民党中央执行委员会宣传部一九三〇年五月出版

精神贯注才能办事机警

与汪精卫谈话①

　　先生曾有一次见我做事慌张，便教我道："凡做一件事，必须聚精会神，不可做着这件又做着那件。须知道，做事要机警，而机警则全在精神贯注。如将极利的刀劈极薄的木片，差一分是一分，不能疏忽的。"

　　因举少年的一件事以为证，曰："我在少年时候极淘气。有一日逛九龙，见一个江湖卖药者信口开河，说他的药怎么怎么好法；我则信口批评，说他怎么怎么坏法。旁观的人随着哄然大笑。卖药者老羞成怒，立时取出一块石头，厉声对我道：'你说我的药不灵么？你看我将你的腿立时打折，立时□□〔将你〕医好。'说完他便举石要打。我那时候穿着一件蓝布长衫，阔阔的袖子，背着双手，右手里拿着半段未食完的甘蔗，我立时将那半段甘蔗缩入袖中，举起手来向他说道：'这算什么？你看我将你一枪打一个窟窿，立时将你医好。'卖药者不觉失色，手里的石头便举不起来了。旁人从而相劝，一场凶险冰消瓦解。当时若没有机警，至少也惹出祸事来，可见机警是办事之所必要的。机警半由天才，但于办事时精神贯注，久而久之，便也会生出机警来。你的性质〔格〕于机警最为缺乏，应该留心习练才好。"

　　据汪精卫：《孙先生轶事》，载一九二六年十一月二十八日汕头《岭东民国日报》剪报原件，台北、中国国民党文化传播委员会党史馆藏《岭东民国日报》创刊于一九二六年一月二十日，系周恩来委派曾任职于东征军总指挥部政治部的李春涛在汕头所办（李任该报社长兼主编，一九二七年四月"清党"时则遭国民党右派杀害）。该剪报件原由收藏者注明发行月日而漏录年份，按汪精卫的这篇纪念孙文逝世文章，显然撰于第一次国共合作时期，故补记为一九二六年。

---

　　①　汪精卫在文中用第一人称。

附：英文版本

Dr. Sun Yat-sen Goes to Japan

Tokyo, Aug. 3. —Dr. Sun Yat-sen, noted Chinese political leader, has come to Japan. Alluding to the civil war in China he expressed opinion that the Southerners were prepared to entertain a peace proposition if the conditions were such as to guarantee a permanent cessation of the conflict. Whether such a result can be attained while Premier Tuan remains in power seemed problematical, he said. He suggested the South may try to find financial assistance in Japan.

Speaking of China-Japan relations, he said: "I have been paying careful attention to the question of an entente between Japan and China and am convinced that primarily it is a question of sentiment. If the sentiment of the two peoples can be brought into harmony, the desired effect can be obtained without much effort."

Dr. Sun Yat-sen Goes to Japan. *The Laurel Leader*
(Mississippi, U. S. A.), August 3, 1918, Page 4

Chinese Union With Bolsheviki Is Threatened

Dr. Sun Plans for Revolt in India and Japan if Britain Renews Alliance With Tokyo Government

Sees Calamity for Nation

First President of Republic Urges Pact

Between U. S. , England and Peking

From a Special Correspondent

SHANGHAI, June 12. —The one question that is agitating the Far Eastern political world at the present time is the renewal of the Anglo-Japanese alliance.

The question is particularly engaging the attention of China, because the renewal of the alliance or the failure on the part of Great Britain to renew the agreement affects the future of China as much as it does that of Japan, for the main application of the Anglo-Japanese alliance at present is to China, on the part of Japan, and to India on the part of Great Britain.

"If Great Britain renews the Anglo-Japanese alliance July 18, I, a practiced revolutionist, will do my utmost to stir up revolution in India and also to stir up revolution in Japan. If Great Britain renews the alliance the position of Great Britain in China will be lost," Dr. Sun said today at his home in Shanghai.

Opposed by British Dominions

"If Great Britain renews the alliance, she will go against the expressed public opinion of Australia, Canada, New Zealand and South Africa, and also she will be acting against the opinion of British residents in the Far East. On the other hand, if Great Britain refuses to renew the alliance, Japan will spread the seeds of revolt throughout India. Japanese propaganda is the most active propaganda in the world, and the Japanese can at any time carry their propaganda into India.

That Japan would try to stir up revolt in India is admitted by her veteran statesman Marquis Okuma. In a recent statement Okuma urged the renewal of the Anglo-Japanese alliance as the only means to keep peace in India, which was nothing but a threat on Okuma's part that if Great Britain does not renew the alliance Japan will withdraw her support against the Bolshevik propaganda in India. Great Britain is strong enough to take care of Russian propaganda in India herself, but Japan will not only withdraw her support of Great Britain, she will actively and maliciously attempt to spread revolt in India.

"What will Great Britain do? If she renews the alliance she loses the friendship of China forever; she incurs the displeasure of her own dominions, and she strains relations with the United States, whose aims in the Pacific are against the imperialist ambitions of Japan. If she refuses to renew the alliance, Japan will carry on propaganda not only in India, but also in the other British possessions and British spheres of influence in the Far East. Great Britain is troubled with a serious problems of reconstruction after the confusion of war, and the situation in Ireland becomes more serious daily. Great Britain does not desire more trouble in India and her colonies in the East. But still greater complications in the Far East will certainly result if Great Britain joins hands once more with the Japanese.

China and Reds as Allies

"A renewal of the alliance on the part of Great Britain will make it necessary for China to join hands with Soviet Russia as against Japan and her ally. It will make it necessary for us in China, in order to preserve our country from the foreign aggression of Japan, to stir up revolt in India and Japan, and our best possible ally in such an enterprise undoubtedly would be Soviet Russia. As long as there was peace in China during the war the Japanese were able to penetrate into the nation, and, therefore, during the war I was put to the necessity of fanning the differences between the southern factions and the Peking factions. I was called pro-German, because they said I was hindering the progress of the war, but I did not care, for I knew that I was working for the ultimate peace of the world, and that my immediate aim was to keep the Japanese from conquering China, while the European nations were too busy with the war against Germany, and I kept them from conquering China by means of internal strife. Now, if the Anglo-Japanese alliance is renewed I shall stir up revolt in India and in Japan, and I shall be called a Bolshevik. It does not matter. I know that I am working for the ultimate peace of the world, and no peace can come to this part of the world if Japan is allowed to dominate China, because Japan will only use China's resources and

China's men as a means to promote her Germanic ambitions for worldwide domination. "

Urges U. S. in New Pact

"What would you suggest as a way out of the dilemma of Great Britain?" I asked Dr. Sun.

"The way out of her difficulties for Great Britain is the formation of an Anglo-American-Chinese alliance for the protection of the Far East from the aggression of any nation. Japan has fully demonstrated her intentions in her conquest of Corea, and more recently and more flagrantly in her attempt to grab Shantung. A renewal of the Anglo-Japanese alliance would be an indication to the rest of the Far Eastern world that Great Britain approves of the aggression of Japan in China, that Great Britain gives her consent to the ultimate annexation of Shantung, as against the expressed protest of the Chinese people and government and also the Senate of the United States.

"If Great Britain and the United States combine with China to preserve the territorial integrity of not only China, but also India, there is nothing to fear from Japan, because Japan is unimportant as a nation when she is powerless to steal the territory of other nations. Japan cannot combat Great Britain and the United States with the aid of China's millions on their side. Great Britain cannot afford to lose the friendship of the United States for the friendship of Japan. It is a very bad bargain for Great Britain, and if she insists on such a course, in addition to the loss of the friendship, she will incur the dissatisfaction of Australia, New Zealand, South Africa and her residents in China, who realize the meaning of Japanese aggression in China.

American Nation's Sole Friend

"Japan would welcome a renewal of the Anglo-Japanese alliance because that would enable her to say to China, 'See, the Western World is on my side. You cannot expect any help from that quarter.' She said just that to China at the time of the Shantung cession in Paris, but the protest of the Senate of the United States against the appropriation of Shantung Province by Japan was the great refutation of that statement of Japan. China felt that she had a friend in the world, and that friend was the United States. China felt, and still feels that at least one nation will not stand by and see China appropriated by Japan.

"I am not anxious for war with Japan. I do not want war with any nation, but I feel that the only way to prevent another world war is to prevent the aggression of Japan in the Far East, the only parallel for which is the aggression of Germany in the West. And the way to prevent the aggression of Japan in the East is by replacing the Anglo-Japanese alliance with an Anglo-American-Chinese alliance. Unless China is protected by such an alliance, our only hope is alliance with Soviet Russia against Japan and Great Britain. I am a friend of England, but I am a Chinese, and you may say in The Tribune that I will use revolution or any other means to protect China from foreign aggression, as I used revolution in the past to protect the Chinese people from internal corruption."

Chinese Union With Bolsheviki Is Threatened.
New York Tribune, July 11, 1920, Page 4

ANGLO-JAPANESE ALLIANCE VIEWS
OF Sun Yat-sen

Dr. Sun Yat-sen has very definite ideas about the renewal of "the Anglo-Japanese Alliance, and he spoke very strongly on the subject to a representative of the *Youth China Daily News*. He is opposed to a renewal "from the point of view of a Chinese, who regards with suspicion anything that may tend to strengthen Japan. " In the Pacific and anything that would make it easy for Japan to continue her present policy.

"I am deadly opposed to any renewal of the Anglo-Japanese Alliance," said Dr. Sun in reply to a leading question on the subject.

"Why?"

"Because it will be detrimental to China. When Japan is taking aggressive measures, why does England wish to assist her? With the second renewal of the Alliance Korea was eliminated from the family of China and the Chinese people believe that by the time there have been four or five renewals China will follow. But we prepared to fight against it. "

ALL CHINESE AGAINST IT

"All the Chinese are against Japan and if the Anglo-Japanese Alliance is concluded, we will be against England as well. "

"Are there many Chinese of that opinion?"

"Yes! Although they do not express it so openly as myself. "

"What would you suggest? Should you take the place of the Alliance?"

"I don't know, but England should determine it: it is harmful to England. "

Dr. Sun pointed out that with every renewal China had to sacrifice something. Korea had gone, so also had Manchuria and if the alliance were continued again, they would have to be prepared to see China go. "And then we Chinese would have to fight. "

A BUFFER STATE

Continuing, Dr. Sun urged that Japan used India for her purposes in obtaining the Alliance. Great Britain, he said, was afraid of Russia then, but now Russia has been eliminated and there no longer existed any need for the Alliance. If it was argued: that Japan unbound by an Alliance, would be able to do harm in India, how much harm would be done, Dr. Sun asked, if China became dominated by Japan?

"China," he said, "is a peaceful nation, why not make her a buffer state between Japan and India."

According to Dr. Sun, Japan and England, being both island Powers, were bound ultimately to find their interests conflict and Japan was even now trying to obtain control of the Chinese natural resources in coal, oil, iron and men so that she could consolidate herself on the Asiatic continent and then there would be no peace for England.

"Japan might control the Pacific, but that would be all," hazarded our representative.

"The Power that controls the Pacific will control the world," replied Dr. Sun. "Japan, in control of the Pacific, will be able to colonize Australia, take Canada, manage South Africa and give India independence."

WHAT CHINA MIGHT OFFER

Asked if he thought an Anglo-Chinese Alliance should take the place of the Anglo-Japanese, Dr. Sun pointed out that for an offensive and defensive alliance China might not have much to offer, though with British support she could offer her commerce and a quiet China. By her example she would tend to quieten India, or at all events set her a good example and this, he pointed out, was no light matter, for the revolutionaries in India went to those in China, for advice.

Anglo-Japanese Alliance Views Of Sun Yat-sen.
The Hong Kong Daily Press, June 19, 1920, Page 4

Sun Yat-sen Depicts China As Seeing Darkest Hour

Japan's Ascendency Precludes Peace Between Chinese Factions Saved by a New Revolution, Declares Statesman

Dr. Sun Yat-sen, the American educated Chinese leader and the first President of the Republic of China, has given the following interview in order to make plain to those unfamiliar with the complexities of Chinese politics the situation that has resulted from the recent short lived civil war around Peking. The written interview was submitted to Dr. Sun for his approval, and he returned the manuscript to the author with a note, one sentence of which is:

"You have presented my views so clearly that I hope you will arrange to have your article published in China as well as abroad, as the foreigners in China are almost as much in the dark regarding the situation in this country as are those living in other countries."

There are many people in Shanghai who regard Dr. Sun as an impractical idealist and as a man whose views are clouded by his intense hostility toward Japan. However, these same ones scoffed at this Cantonese leader when he launched his first revolution and predicted his speedy collapse, being astounded when it swept China and drove the Manchus from the Dragon throne. – [Ed. Note]

By R. O. Matheson

SHANGHAI, August 6

"The condition of China today as a result of the recent fight around Peking is worse than at any time in her recent history. The outcome of the trouble in that northern China today is absolutely in the hands of the pro-Japanese reactionaries.

Chang Tso-lin, "the barometerof the Chinese policy in China,' is master of the situation, backed by an army of 300,000 men, making him politically and militarily supreme and a vital danger to the integrity of China."

Such is the opinion of Dr. Sun Yat-sen, whose life has been devoted to studying the politics of his native land and who for the past fifteen years has been one of the strong undercurrents in the flow of Chinese political development. In his opinion the sudden developments of the past few weeks have thrown China's democracy back to such an extent that nothing but a new revolution, starting from the very ground up, can hope to rectify it.

No Hope of Early Peace

"Peace between the North and the South, as those divisions used to exist, is now indefinitely postponed," he says. "There is no hope now of these contending factions putting together unless the South are content to surrender unconditionally to Japan. This we can never do, and the future only holds more confusion, more chaos, more complications for China, with the ascendency of Japan over us never more pronounced."

The idea that exists very widely that Marshal Tuan Chi-jui fought in the recent series of clashes as a pro-Japanese is exactly contrary to the facts, declares Dr. Sun. It is true, he says, that Tuan was defeated largely because of the popular idea that he was a henchman of the Japanese, an idea that was strong among the Chinese generally and which even so permeated Tuan's own army that half of it refused to fight for him, "but, as a matter of fact," says Dr. Sun, "the two armies that crushed Tuan were one a pro-Japanese force and one an anti-Japanese force, but today the anti-Japanese leader is not permitted to enter Peking, while the pro-Japanese leader is having victory arches erected in his honor and is being given almost royal greetings."

Summarizing the situation as it exists, Dr. Sun goes back to the outbreak of the European war to make plain just what has happened.

"The struggle in China is still between the old and the new," he says. "It is the reactionaries, who depend upon Japan" for support, and the ones who desire to accomplish the actual democratization of China who face each other. The ideas of the reactionaries suit the Japanese policy, which is to prevent the spread of real republican ideas in China for fear that they might extend into Japan and there threaten old established institutions. The Japanese have invariably tried to check the spread of new ideas and to uphold the old.

As to Japan's Schemes

During the European war the Japanese planned at first to conquer China diplomatically, and to that end great care was taken to keep China out of the war, despite England's efforts to induce China to participate. The Japanese at first succeeded, following their success with the presentation of the Twenty-one Demands—an ultimatum to China that meant the C [K] oreanizing of China pure and simple. Everything was working Japan's way and she nearly succeeded, all the other Powers being too occupied to protect.

Then the complexion of the war changed and the United States became a participant, inviting China to join her first by severing diplomatic relations with Germany. Japan then realized that she could no longer keep China out of the struggle and she suddenly switched to such an extent that instead of urging China to remain neutral she now urged China to go further than America had suggested and to declare war upon Germany. In so doing she abandoned her plan of controlling China diplomatically and adopted on for controlling China militarily. She drew up the military pact whereby the Chinese and Japanese would combine forces, with the Chinese acting under Japanese direction.

"Of course Japan made it appear that this plan had been initiated by China and that Peking had asked for joint action against the common enemy. Under this pact Japan was to train a Chinese army, would control the arsenals and docks, and take over the task of maintaining internal peace in China.

Japan Support in the North

"This was Japan's second step and again she nearly succeeded, because again all the Powers wanted China in the war and also wanted to hold Japan solidly with the Allies. Japan was given practically a free hand in China. This was two years before the armistice and there was no Powers willing to help China. Even among the Chinese very few saw the danger that loomed, but I have been a student of Japanese ways of doing things and I saw the danger to my country.

"Then I declared war in the name of the South against the North, doing this to save China and to defeat Japan. The direct effect of the declaration of war was little so far as Japan was concerned, but the effect upon Peking was great and it hindered all the Peking powerless to hand China over to Japan.

"After the South had declared was against the North, Japan put the whole weight of her influence back of the North, supplying arms and money to Marshal Tuan in his campaign against me, for, although this has been called a war between the North and the South, it actually was a war between the ideas backed by Tuan and those backed by me, as much of the South refused to fight for me and much of the North refused to follow Tuan, and the only forces really on the battle line were those of Tuan and mine.

"To analyze the matter a little finer, it really was a war between Japan and me, as Japan backed Tuan to the extent of between 300,000,000 yens and 600,000,000 yens. If this Japan did good business, using the same investment to crush ' the South and to get a strangle hold upon the North through fresh concessions.

"Again there was a sudden switch in the world situation. The great war came to an unexpectedly sudden end and the Five Powers notified China that the North and the South must come to terms before the Paris Peace Conference opened.

The Eight Demands

"Again, Japan switched her plans, and now, instead of conquering China diplomatically or through her military overlordship, she determined to create a Chinese army with which to conquer China for Japan. This was following the plan of the Manchus, who conquered China with Chinese troops. Thus Japan made every effort to increase the armies under Tuan Chi-jur and Chang Tso-lin, the Manchurian and the Peking forces respectively, intending to use these two forces later to conquer the rest of China.

"When the peace delegates of the North and South met in Shanghai I insisted upon two points, namely, that the legal Parliament should be reconvened and that the military pact with Japan be cancelled. Other Southern delegates presented six other demands, which made up the so-called eight demands of the South. When these demands were presented the North broke off negotiations, and its delegates were recalled to Peking. That was about a year ago, since which time there has been neither war nor peace between North and South, while during this interval we have been exchanging ideas, Tuan having sent his agent to me. He notified me that the war had been one between him and me, and that, for his part, he desired peace. I told his agent that Tuan must meet me on the two points, that of reconvening the legally elected Parliament and that of breaking away from Japan.

"A few weeks ago he became convinced that my position was sound and we made informal peace. Thereupon we issued a manifesto calling the Shanghai Peace Conference into being again, based on the eight points. Within a week

Chang Tso-lin went to Peking to stop Tuan, but Tuan, once having been convinced, was not to be turned back again toward Japan. That was his downfall.

"There has always been a struggle between the forces of the Province of Chihli and those of Anhuei for power, but while Tuan had the backing of Japan he was unbeatable. So soon as he provoked Japan and before the people realized that he had done so, he was crushed. The few of us who knew of Tuan's change of heart had already begun to circulate the truth concerning him, but Japan struck before there was time for the truth to save him and he was crushed by the use Japan made of those Chinese who thought that by defeating Tuan they were defeating Japan.

"Thus, today Japan is supreme, with the illegal President Hsue Shih-chang the foundation of it all. He is the one who made the Japanese success so easily possible.

No Room for Compromise

"China's condition was never so critical and the crisis she faces was never so misunderstood by the Powers, with the exception, of course, of Japan.

"There can be no end of the trouble in China now until a new revolution has cleared the reactionaries all out again. I must commence my work all over, starting from the very bottom, because there is no room for any compromise. I do not expect that there will be any active military movement from the north against the south, because the old north and south divisions are no more. It is now north against north and south against south. First we will unite the south and then we will turn against the north. They will never attack us. They have no much courage.

"In the meanwhile Japan will go ahead with her plans to make the Chinese conquer China for her. It is her one means left, because the world today would never stand by and see Japan send her own soldiers into China.

"This is the complex Chinese question. When I planned my first revolution.

I thought that the Chinese question was one for China alone. I accomplished the destructive portion of my program, but failed in the constructive portion because of unlooked for foreign interference. If China were left alone today, she could settle her own problems in a very short time, but she is not left alone."

Seeing Many Forces against China

At this point Dr. Sun was asked if the matter of interference in China were a Japanese monopoly. "Is the charge true that is so often made, that other Powers are using the Japanese question to so occupy the Chinese mind that China overlooks until too late what other Powers may be doing? He was asked.

"All the Powers are against the new forces in China," he replied, after weighing the question. "They all know what they have received from the reactionary system and they do not know what the new system for China might have in store for them. So they are all more or less against the new China."

"Henceforth," concluded Dr. Sun, "the Chinese situation will be even more complicated and the only foreign Power to be in an understanding position and able to profit by it will be Japan.

"Japan knows how to use Chinese politics for her own purposes. The others do not. In the case of Tuan, for instance, Japan used the sentiment that had been worked up against her to defeat the man who was just about to become Japan's greatest menace, and the other foreigners in China are applauding this because they, too, thought that Tuan's downfall was a blow against the Japanese."

Sun Yat-sen Depicts China As Seeing Darkest Hour.
The Sun and the New York Herald Sunday Magazine (New York),
September 12, 1920, Page 1

SAYS SINO-JAPANESE AMITY IS POSSIBLE

Dr. Sun Yat-sen Encouraged by

Apparent Better Understanding of China

While regarding the so-called "imperialistic ideas" of the Japanese, Dr. Sun Yat-sen quoted in a dispatch to the Yomiuri, feels that progress toward a better understanding between the two countries is shown in recent events.

"It is a matter of congratulation that every sign shows that the Japanese are coming gradually to understand the true China," says Dr. Sun Yat-sen. "It appears, however, that the Japanese people are dominated too much by imperialistic ideas, and are, in consequence, apt to advocate opposition to all other people, consciously or otherwise.

"International friendships should be equal to all, and therefore there is no necessity of emphasizing the value of the maintenance of friendship with any particular nation. But the fact must nevertheless be admitted that ethnological as well as topographical conditions render the Sino-Japanese rapprochement more natural and more easily encouraged than otherwise. This theoretical conclusion, however, has been most conspicuously betrayed by actual facts during the past ten years. The Sino-Japanese estrangement is a matter of general knowledge. It is wiser, therefore, to work to improve this condition rather than to try to conceal it, pretending the existence of an entente cordiale.

"The Japanese Government should be advised to seek the first means for improving the situation by the pursuit of an economic policy purely and simply, instead, as hitherto, of an ambitious political policy that necessitates all works of strategical maneuvering. The Japanese Government is now suffering so greatly from the declaration it issued concerning its political loans concluded with China, that its investment in economic enterprises in the Chinese Republic even is considerably fettered. For all the present estrangement, the Sino-Japanese entente may be secured easily and permanently if the Japanese authorities and their business men wake up to the importance of an economic understanding between the two nations and of the necessity of approaching China for that purpose on a basis that will place the Chinese on an equal footing with the Japanese in all matters. "

Says Sino-Japanese Amity is Possible.
The Japan Advertiser (Tokyo, Japan), March 2, 1921, Page 10

JAPAN AND CHINA

Statement by Sun Yat-sen

In the course of an interview with a Press representative Dr. Sun Yat-sen stated:

"The rumors now afloat in various parts of China and in Japan that I and Chen Chiung-ming are not on good terms have been given rise to by a certain country as well as the malcontents of the Opposition party who are not satisfied with my presence at Canton, and even in these times, there are those who are attempting to defame my character and to estrange me from General Chen, but the relations between he and I have been such as have shared our fate for years past and can never be severed so easily. " He further went on to state in reference to the relations between Japan and China thus:

"It is gratifying to note that the people of Japan are gradually showing a tendency to understand China. Frankly speaking, the Japanese in the past were too apt to anti-foreign speech and action, prompted, perhaps, by the notion of nationality. We have a desire to be intimate with any friendly nation and need not keep to such a point of view as that of pro-Japanese or pro-American, but it is the fact that the relations between Japan and China for the past decade have been anything but agreeable instead of being cordial, having regard to the relation of geography and civilization. It is needless to say here about its causes which are well known to the people of the two neighboring countries. Only the question of the present moment is how to maintain the sentiment of good neighbors. In my opinion, it would be most advisable for Japan to give up her old political designs and to steer clear of those tactics of exploitation but to devote herself to her economic position with China. In other words, pure economic cooperation on the part of the Japanese and Chinese should be effected based on commercial morality.

"From this point of view if the business men of both countries should shake hands with each other, that is the quickest way towards the improvement of national relations between Japan and China. As a result of excessive issue of political loans towards China, Japan made announcement by which she is fettered, and even her pure economic investment is affected. In this respect, in particular, I venture to open the eyes of Japanese businessmen in general.

"As for the investment in China, it should by no means be of a political nature. The investors on both sides should be qualified equally, and the welfare of the Chinese people should be taken into consideration before everything. "

Japan and China. *The Hong Kong Telegraph*,
March. 11, 1921, Page 5

Sun Yat-sen

Declared President of China at Canton

"There is hope for China. The responsibilities entrusted upon our shoulders by the people are great. It means that we must work harder and fight for the Constitutional Cause with a determined will. "

Sun Yat-sen. *The Hongkong Telegraph*, April 8, 1921, Page 1

2 GOVERNMENTS SET UP IN CHINA
MAY CAUSE WAR

Sun Yat-sen PROPOSES TO MODERNIZE NATION THOROUGHLY

JAPAN IS CONDEMNED
IMMEDIATE NEED OF CANTON REGIME IS FOREIGN RECONGITION

In an exclusive interview with the United Press, Sun Yat-sen, president of the China republican government at Canton pronounced these policies among others:

He will denounce the famous "Twenty-one Demands," of Japan which were granted by China and which are declared to give Japan a strong hold on China.

He will seek immediate recognition for his government.

He hopes to build a republic on the lines of the United States.

He blames America for recognizing the government of Hsu Shih Chang at Peking.

Expresses a desire for foreign aid.

By United Press

CANTON, China, May 3 (Delayed) —Sun Yat-sen, president of the Canton Chinese government, today outlined his proposed policies in an exclusive interview with the United Press. It was the first interview he has given.

"My first move after my inauguration on Thursday," he said, "will be to seek foreign recognition.

"As a legally constituted parliament, my administration hopes to show the powers I am not a rebel but that Hsu Shih Chang, whose presidency is illegal, is the rebel.

"The second move will be the unification of China on a plan of local autonomy similar to that in force in America, giving far greater power to the communities.

"I will abolish military governorship and re-establish civil authority and will reduce to a minimum the army which now is considerably over one million.

"I will modernize China and start the building of railroad.

"I will restore China's position by denouncing Japan's 21 demands which still are the backbone of her policy.

"China's trouble during the last four years has been directly due to Japanese militarists who aim to "Koreanize China. "

"America has aided Japan by recognizing Hsu (head of the Peking government which is opposed to the Canton government) whom Japan put in office, but America did not know.

"We desire proper foreign aid and favor a consortium but one loaned to Peking will injure instead of help, for Peking is powerless in the hands of militarists.

"The province of Kwangsi now is mobilizing against Canton. They have about 50, 000 troops. This being the only section now striking against me we hope to withstand the shock.

"Our immediate need is foreign recognition. With this prestige the other provinces would rally around my government. "

2 Governments Set Up In China May Cause War.
The Dalles Chronicle (Oregon, U. S. A.), May 7, 1921, Page 1-2

British Gunboat Attack Protested by Dr. Sun

Head of South China Regime Begs U. S. to Help Stop "Inhuman Crime"

WASHINGTON, May 14. —British authorities at Hong Kong have sent river gunboats to operate against the southern China forces in Kwangtung Province, according to a cabled message of protest from Dr. Sun Yat-sen, the South Chinese leader, received here today by his agent, Ma Soo.

"Please appeal to the people of the United States to help stop this crime," Dr. Sun Yat-sen's message said, "and also wire the British government pleading that this inhuman act be stopped immediately."

South China representatives here declared their inability to understand why the British naval forces should be so used. The message said that the gunboats would 'help the militarists to make war on Kwangtung Province, which is now under Dr. Sun Yat-sen's control."

British Gunboat Attack Protested by Dr. Sun.
New York Tribune, May 15, 1921, Page 2

Japan's Scheme of Absorption
Blocks Way to Union of China

South Republic Leader Declares Repudiation of Twenty-One Demands Is Necessary Before Country Becomes United
BY CHARLES EDWARD RUSSELL

Special Correspondent of The Star

Sun Yat-sen's Mandate

We talked about democracy in China and he spoke of it with a fervor of faith that might, of course, have been play acting, but if it was so, certainly defied detection. I asked him what popular mandate or authority his government could claim. He said it was the only government constituted by the only Parliament elected by the people of China, which was mandate enough. I suggested that by this time it was becoming a little moldy. He didn't think so; a mandate of some years was better than none at all. I asked him why his government did not issue a call for a new parliamentary election and get a new mandate. He said the northern provinces would pay no attention to such a call. I said I knew that, but the southern provinces would respond, and a new election would immeasurably strength the southern position before the democratic would, since it would show that the south was really committed to all the requirements of democracy; but he said that the southern position was morally unassailable, anyway, and another election would not strengthen it.

We talked about Dr. Wu's exposition of the issues of the struggle between the north and the south, and he said with a sudden access of emphasis.

"There is careful note of the fact that we contend for the democratic principle and we contend no less for the sheer existence of China as a nation.

Japan to Grab China

"It has long been the settled policy and intention of Japan to dismember China and to absorb it place by place. In 1915, when the rest of the world was distracted by the great war, Japan thought that the great opportunity had come to push the dismantling process and therefore it presented the famous—or infamous—Twenty-one Demands.

"Now it is true that these Twenty-one Demands were not in themselves of Japanese origin. They were designed by Yuan Shih-kai when he was trying to make himself the absolute ruler of China and by him suggested to the Japanese government that he might get Japanese support for this imperial project. He not only suggested them but he asked the Japanese to present them in such a way that China would seem to have no recourse except to yield. I have no doubt the Japanese government was only too glad to comply, for these demands fitted exactly into their purpose.

"Next, there were two features about these demands that you should note and remember with equal care. 1. They were of such a nature that they amounted to the surrender of China's existence as an independent and sovereign nation and reduced it practically to the level of a Japanese dependency. 2. They opened the door wide for Japan's aggression, which meant that unless checked Japan would have full chance to carry out her plan of absorption, and bit by bit northern China would be added to the Japanese empire as fast as the people in each province or region could be brought under subjection as the Koreans have been.

Must Repudiate Demands

"Yuan Shih-kai fell, but the government that succeeded him, being under Japanese influence, continued to carry out the demands to which he had apparently acceded under pressure, although they were of his own devising. That is the second great point upon which we must insist. If there is to be any China the Twenty-one Demands must be repudiated and the government closed definitely to Japanese control.

"The moment this is done, we of the south will cease to offer any opposition to the government at Peking, provided, of course, it has a democratic warrant. Certain foreign influences have much to say about the desirability of unifying China. Let me say that China can be unified in short order if the Twenty-one Demands can be repudiated and the country rescued from its shameful subservience to Japan."

I said I thought most observers of eastern affairs, no matter how they might feel toward Japan, were convinced that the demands were a deplorable and indefensible aggression.

"They were worse than that," said Dr. Sun Yat-sen, "so far as the western world was concerned, anyway. You see what Japan is doing now to western trade and shipping. Imagine a Japan backed with China's resources of coal and iron, fertile fields and cheap labor, and imagine it also with a worldwide ambition! You can see what is going to happen unless the Japanese inroads upon China are stopped. We are lined up to stop them. We feel, therefore, that we are fighting the battle of the United States and the United States ought to give us its moral support.

(Copyright, 1921, Indianapolis Star)

Japan's Scheme of Absorption Blocks Way to Union of China.
The Indianapolis Star (Indiana, U. S. A.), May 30, 1921, Page 4

By United Press

"Dr. Sun," said Priestley, "declared that Japan is preparing to declare war against the United States in 1924. The Japanese work in 10-year cycles, Sun declared. They launched war against Russia in 1904 and are now preparing for the biggest recap of all in 1924.

(By United Press). *The Dalles Chronicle* (Oregon, U. S. A.),
June 27, 1921, Page 1

China's Part in Disarmament Plan

The crux of the disarmament problem rests in China. William Philip Simms, famous war correspondent who has been investigating Chinese problems and conditions for the Plain Dealer, tells, in this story, of the situation in south China, which has separated from the Peking government and elected its own president of

China, Dr. Sun Yat-sen.

More articles will follow.

BY WM. PHILIP SIMMS

CANTON, China, Aug. 31— "If they would only let China alone, she would get along fine," Dr. Sun Yat-sen told me as we sat talking by an open window on the second floor of the presidential building. Clouds were rolling up obscuring the blazing sun and a welcome breeze poured in upon us, setting the cheap lace curtains fluttering like white flags over his head and mine.

"They?" I questioned.

"I mean foreign powers," said Dr. Sun with great sadness in his voice. The Canton president looks and speaks more like a dreamer and poet than an empire-builder and throne-wrecker. Yet it was he who threw the Manchu dynasty into the discard and became first president of China.

He is now asking foreign recognition as legal president of the Chinese Republic, having been elected by parliament sitting here.

"Do you include the United States?" I asked.

"I mean Japan," was Dr. Sun's reply. "Japan wants nothing less than a hegemony over China. What she has done to Korea she would do to us—make a Japanese colony of us. Not all Japanese favor such a policy but that is the Japanese militarists ambition. "

"In Japan I was told by liberals that they would like to forget the 21 Demands made in 1915 against China. What do you think?"

"The 21 Demands are just as much alive today as they were when they were first presented," said Dr. Sun "Again I mean the Japanese militarists.

"They have not dropped the 21 Demands and though they were balked in their effort to make us accept them—thanks to publicity and international opinion—those same demands are still at the bottom of their policy with regard to China. Having but partially succeeded in the first instance, they hope to arrive at the same end by some other road."

"Meantime," I asked, "what is Peking's policy?"

"Peking?" said the president, rising and closing the window—for a tropical rain had begun to fall in enormous drops— "Peking is powerless. The Peking president—no longer the legal president of China because the regularly constituted parliament, sitting in Canton instead of in Peking, has held a new election—was Japan's choice anyhow.

"And there," Dr. Sun interpolated "is where the United States has hurt China: by recognizing Hsu Shih-chang as president of the Chinese Republic. But the United States didn't know. I don't think America has ever hurt China knowingly. But she is not always posted."

"What are the chances for a monarchist coup?" I inquired.

"Such a move is seriously underway," he stated. But it cannot succeed. The people of China are united against it—North and South. The Japanese favor a restoration and are working to that end. But even if the monarchists should succeed in setting up the throne again, it would not last. We would overthrow it very quickly."

"Is General Chang Tse-lin, the Mukden Tuchun, backing the restoration movement as reported?"

"That I can't say. He is known to be favorable to Japan, however, having fought on the side of Japan against the Russians. At that time he was a Manchurian bandit. After the war he surrendered to China, at Japan's suggestion, and was given a commission in the army."

"What influence has he at Peking?"

"And General Tsao Kun, his rival now at Tientsin?"

"He would like to rule Peking. "

"What does the Chang-Tsao conference at Tientsin mean?"

"That the two Tuchuns are trying to reach a compromise. "

"Has the so-called Yangtze Federation［…］the Yangtze Valley which have banded together—any real significance?"

"I do not think so," Dr. Sun declared. "That is, no more than that the respective military governors of those provinces would like to insure their own jobs by a sort of mutual protection agreement. They will scarcely interfere with Peking or anybody else providing their own positions are not placed in jeopardy. "

"That attitude is fairly general, all over China, is it not?" I asked.

Dr. Sun gave one of his sad smiles.

"Yes," he admitted, "it is pretty general, not only in the Yangtze river valley, but in the north and in the south. The military chiefs wish to hold on to their jobs. That fact is responsible for the large soldiery in China today—there are well over a million under arms, I should say—every Tuchun retaining the maximum he can keep under whose banner to maintain his own position. "

"What chance is there of unifying China," I said, shifting to another topic.

"We are ready to make peace with Peking any time," Dr. Sun said with greater emphasis than he had yet shown. "Our one condition is that the 21 Demands made on us by Japan should be repudiated by China. That Peking will not do and that we are firmly determined to see done. It is what we, down here, are fighting for.

"I believe we can bring about the unification of China in a short while if the foreign powers would recognize us as the legal government. It is just the prestige we need to bring the other provinces over to us. "

"And after that, what?"

"The reconstruction of China on a local, self-government basis," he replied quickly. "Something like the United States, only with far more power delegated to political subdivision or localities. I favor retention by the federal government of only such power as can not, by the very nature of things, be assumed by municipalities, townships, counties and states, national defense, foreign relations and things like that, for instance. "

"A while ago you spoke of China getting alone all right but for interference from the outside," I said. "Can China pull herself up out of the pole without foreign assistance?"

"China welcomes foreign cooperation," Dr. Sun replied. "China needs the proper sort of aid from without. That is not what I meant by being left alone. We need railways, highways, public improvements of many varieties and money must be had to carry on this work. I favor the consortium providing the money is not loaned to the militarists—and I think I have made myself plain as to why. Money loaned to Peking now would hurt, not help China. "

Dr. Sun, as I was leaving, expressed the belief that the powers controlling Peking would try to strike him through neighboring provinces making war on Canton, butagain the sad smile—he hoped he would be able to face the situation and, with the prestige of foreign recognition win out for China and Constitutionalism.

I do not believe Dr. Sun knows what fear is. He must know his danger. His enemies would like nothing better than to be rid of him. His entire life, however, has been lived under similar conditions and he is now as tranquil and unafraid as a baby in its mother's arms. His eyes are of the future.

Simms, in his next story, tells of the unusual way in which his interview with Dr. Sun was obtained.

China's Part in Disarmament Plan. *Wabash Plain Dealer* (Indiana, U. S. A.),
August 31, 1921, Page 3

SUN PREDICTS U. S. -JAP WAR IF WORDS FAIL

South China's Executive Sees One or Other Inevitable

(Special Cable to the Washington Herald and Chicago Tribune)

CANTON. Sept. 17—America must either fight Japan with words now or bullets later, according to Dr. Sun Yat-sen, president of the Southern Republic of China who received the correspondent today's in his home at Government House in CANTON. He thinks that the Washington conference, in which he has not been invited to take part, is likely to lead to war instead of peace.

Dr. Sun wrote a long and frank letter to President Harding last May and he thinks that the suggestions in his letter may have had something to do with the calling of the conference, but Mr. Harding did not answer it and the Sun government remains unrecognized. He had hoped that the Wood-Forbes mission would stop at Canton but they, too, ignored him. A few members went up to Canton from Hong Kong but they made an unofficial trip and did not see Dr. Sun.

Simple in Tastes

The President of the Southern government is a simple and unassuming man, democratic in his tastes and not surrounded by pomp or show. He wears a plain grey suit unadorned by decorations. He speaks excellent English.

"I want America to realize what the situation in China is," he said earnestly. The way things look at present I have very little hope for the results of the disarmament conference.

"You mean for China?" the correspondent asked.

"Yes, and for America, too," was his answer.

"My idea is that it will lead to war," said a third member of the party, an American who has long been a resident of the Orient.

Dr. Sun nodded his head in assent and speaking with conviction, said: "There is one way for America to avoid a war and that is to fight now with words.

Either Now or Later

"If America does not take a strong hand now and help China keep off Japan it will have to go to war later. My government is really at war with Japan now. We in South China are fighting now for the American open door policy. You do not see that. You must help us soon, however, or it may be too late. Maybe this government cannot stand much longer alone against the Japanese pressure and propaganda."

Secretary of State Hughes has been informed that the open door in fact and in practice is almost a dead letter in the province by reason of the position of Hong Kong and the restrictions and concessions taken from the previous governments. Special favors are shown Americans due to the admission to official positions of a large body of young Chinese educated in America.

(Copyright, 1921)

Sun Predicts U. S. -Jap War If Words Fail.
The Washington Herald, September 18, 1921, Page 1

Dr. Sun and the Northern Campaign

Upon the suggestion that it looked as if he were really going to fight the North, Dr. Sun took up the subject at once: "We are not fighting the North of China. We are fighting Japan. The people of the North will favor us. It is only the hirelings of Japan whom we have to overcome. Just now they seem to be in rather desperate straits. They are quarrelling among themselves and none of them have any money except what they can extort from the people by force."

"What of Wu Pei-fu? Will he not prove a stumbling-block?" The answer came promptly and there was entire confidence in his voice. "We can defeat Wu Pei-fu if he fights: Yunnan and Kweichow and, the two Kwangsi are wholeheartedly in this struggle. There are but a few of the Szechuen leaders who are not with us and they will be overcome at once if they attempt to keep that province from joining us. In Hunan Chao Heng-ti will either be forced to take up our cause or leave the province. The Hunanese, both the people and the army, are entirely in sympathy with the southern cause. Then there is Shensi. The people and leaders there are also sympathetic and will almost certainly join if they see the struggle has really commenced. Thus Wu Pei-fu is practically surrounded, and with many more troops than he has himself. He has no money to pay his men except what he can wring from the merchants and banks against their will. This is undermining the morale of his men and turning the people against them. Wu's defeat is only a matter of time—if he fights. But Wu is a sensible man. He knows these things as well as we do. It may be that he will decide to avoid useless slaughter and throw in his lot with us. At least he will have his professions of loyalty to the cause of popular government put to the test. If he is sincere he knows that there is much more likelihood of reforms in this direction if we are successful than there ever will be under his friends in the North."

The delicate matter of the relations between Dr. Sun and Chen Chiung-ming was croached. I told him of the constant rumors of a breach between them and that General Chen was not in favor of the Northern expedition and would not support it. "General Chen and I have worked together for sixteen years and he has always been a loyal fighter for the cause of a republican China. He will not desert that cause now. He is an officer of this Government and he will obey the orders of this Government. If he does not, he will have to go and someone else will be put in who will obey. " "But what of the power to do this? Has not General Chen the army and much popular support? If he refused to join, could you oust him?" Dr. Sun's eyes narrowed slightly and a flash came into his eye which indicated the men of action rather than the calm philosopher to whom we had been listening. He held out his hand and curled the fingers tightly into his clenched fist. "General Chen," he said, "I have in the hollow of my hand!"

......

The subject of the Washington Conference came up. Dr. Sun commented on the general opinion that Great Britain held the key to the situation and that her action would determine the issue of war or peace in the Pacific and Asia. He differed with this view. "It is not Great Britain that holds the key to peace in Asia and the Pacific, it is China. Japan's career of conquest is based upon her domination of China. Her first attack was upon China in 1894 and all of her consequent advances have been made at China's expense. If China can throw off the Japanese yoke there will be no need of war in the Pacific. To carry on such a war Japan must make use of China's resources and China's people. Without them she would be beaten at the very start. That is why she has spared no effort and no expense to buy up the corrupt mandarines who have usurped the Chinese Government. So it is against Japan and the traitorous officials at Peking that the Chinese people must make war. The freedom of China is the quickest and surest way to peace in the Far East. "

There was impatience in his tone as he went on to speak of the attitude of the Powers toward China. "The present government at Peking exists solely because of foreign recognition. It has no support whatever among the Chinese people and if the Powers would withdraw recognition it would fall to pieces in short order. I called the attention of the American Minister to this last May. The matter was considered and the suggestion given out to a British journalist that all the Powers should withdraw their recognition at the same time. It was to test the sentiment of the other Powers. But Great Britain and Japan raised such strong objections that it looked as if America's withdrawal might bring on war with both these Powers. And so the matter was dropped. But America should take the lead in withdrawing her recognition. She has deservedly won the regard of China and she should not lose it by passively supporting the aggressive designs of other Powers. "

In regard to the attitude of the southern Chinese toward Great Britain, Dr. Sun said it was as bitter as that of the northern people toward Japan. "We feel the pressure of British aggression in the region just as the northern people feel that of Japan. Of course we have not had in recent years any military aggression by the British such as the Japanese campaigns of murder and loot in eastern Manchuria. The British do not murder our people and burn their homes as the Japanese do, but they are as quick as the Japanese to enlarge their territory and to take advantages of any turn in the political situation to accomplish their aims. It is only a little more than twenty years since Kowloon was taken from us. During the European war the Government of Hong Kong had its plans all laid to seize the territory between Kowloon and the East River, thus bringing the British lines right up to Canton. Whether they had any instructions or support from the home government I do not know, but the Hong Kong authorities were ready. Then there is the infamous Cassel contract concluded with the Kwangsi militarists who were in temporary control of Canton last year. Is not that evidence of the same spirit of aggression?"

We returned to the campaign against the North. "We are going to try to take real constitutional government to the people of the northern provinces and to free them from the yoke of militarism under which they are now suffering. What the result will be only time can tell but we are fully confident of our ability to defeat what forces may be brought against us. Our men are fighting for a principle and every other army in China is fighting merely for pay. Our effective numbers are fairly e-qual and with such conditions the odds should be in our favor. At any rate we shall try our best. Knowing that if we are defeated now that it is only temporary and that the cause for which we are fighting must be victorious in the end. "

Dr. Sun and the Northern Campaign. *The China Press* (Shanghai),
December 3, 1921, Page 12

South Chinese Plan Drive on City of Peking

Alleged Jap Domination of Peking Government Blocks Peace Efforts Powers Should not Recognize Official

Dr. Sun Yat-sen says Capture of Peking Would Mean Chinese Unity.

(By Edna Lee Booker, International News Service Staff Correspondent)

Shanghai, Dec. 6—The republic of South China, which is at war against the Peking government, will refuse to enter into peace negotiations for the unification of China because of the allegation that the northern government is under domina-tion of Japan, it was announced today by Dr. Sun Yat-sen, president of the Southern government.

The South China government is massing troops for a new campaign against the armies of the north.

Chinese Unity Distant

Dr. Sun Yat-sen who is in the field at the head of his army, was notified by the International News Service correspondent that reports was current in Washington that a peace parley between South and North China was imminent. The southern president indicated the following dispatch while en-route to Hankow.

"Any peace conference between the north and south in the interests of unity in China is impossible and would be resultless with the Japanized, inefficient Peking government as a party to it···"

"The first condition for unification of China is the downfall of the Peking administration for unity can be secured only through national government based on the consent of the governed. "

To Start Drive on Peking

"This might be effected by the powers withdrawing their recognition of the Peking government, or it might be effected by the conquest of Peking by military force. "

"Withdrawal of recognition of Peking by the powers would unify China without further bloodshed. The southwest provinces already acknowledge the sovereignty of the Cantonese government (Southern Republic) and the other provinces soon would follow. The only alternative is a continuation of the war. "

"The northern expedition (an expedition sent north by the southern government) is now massing forces for a gigantic struggle against Peking—a struggle imposed by the diplomacy of the powers in China. "

South Chinese Plan Drive on City of Peking. *New Castle News*
(Pennsylvania, U. S. A), December 6, 1921, Page 21

Renewal of War Threatens China

Chang Reported Massing His force for Stand at Lwan Chow

"At the earliest possible moment I will call a reconstruction national assembly, " he said. "It is my purpose to reunite the country by means of an assembly of the representatives of the guide and other organizations selected by the various provinces. "

Renewal of War Threatens China.
Tulsa Daily World (Oklahoma, U. S. A.),
May 13, 1922, Page 11

INTERVIEW WITH Sun Yat-sen

Treachery Alleged Against Friends

"I Will Not Resign. "

"Will Stake My Life for Righteousness

(By Special "Telegraph" Representative)

Canton, Friday Afternoon

"I suppose you know the situation as well as I do myself.

We pointed out that we had heard many rumors and that the situation, so far as he was concerned, was by no means clear.

"I fell into a trap of treachery," replied Dr. Sun, set by my subordinates and my supposed friends. As a patriot and a man who must set an example to the future of China, I am not going to submit to force. I have worked and always will work to put a stop to militarism. I will always be prepared to submit to reason and I am prepared to stake my life for righteousness. Might cannot climb over Right. I am willing to give my life to stop force and coercion and would give my life not only for China but for the world. When anyone begins to use force, it is a loss to civilization. "

Proceeding, the "President" said: —the Navy is still loyal to me. After six years of fighting the Peking authorities have now admitted that they were on the wrong side. They have decided to reconvene Parliament and to bring about the ratification of the Constitution.

"But they want to reap all the advantages and eliminate us, who have fought for so long for these things. They want to reap the fruits of all our work. I am fighting for humanity, civilization, republicanism and righteousness.

"I believe that Chan King-ming gave the orders which caused the firing on Friday morning. I never expected my friend to go against me. I was prepared against the enemy, but not against the treachery of a friend or a subordinate. I do not believe that his soldiers said they are fighting for the good of their country.

"As soon as they got me out of the City, they began looting. Looting, fighting, raping and killing are now going on. You may expose that to the world.

"I had a very narrow escape from my Palace, which was surrounded by soldiers. I was afraid for the safety of Mrs. Sun if we both tried to escape together. We might both have been killed. So I went out by myself a few minutes before the firing began, intended to send back for her but circumstances prevented. Many of my bodyguards were killed. The 400 guards of Presidency fought well-fought for a night and a day. Mrs. Sun had a very narrow escape and her life was saved only through the loyalty of her bodyguards. I was not prepared for any attack then, and it took a day and a half for the Navy to be got ready for action.

"The bombardment of Canton was my protest against the events of the night before, and the upholding of the righteousness.

"The shock of all this trouble has caused the illness and death of Dr. Wu Ting-fang. He could not recover from the shock of such treachery.

"I have not resign and I will not resign to force. I can only hand in my resignation should I wish to do so, to the Parliament which elected me, not to my subordinates."

Asked if it were not true that the majority of the officers and the men of the

Navy had seceded from him, Dr. Sun replied that he did not know of it and had had no information to that effect. He had no doubts whatever as to the loyalty of the Navy to him and his cause.

Interview with Sun Yat-sen; Treachery Alleged Against Friends.
The Hongkong Telegraph, June 24, 1922, Page 1

DR. SUN "SOLD OUT" BY FRIENDS; SAYS HE WILL FIGHT ON

In Battle for Humanity, Adds Deposed President of Canton Regime.

HONG KONG, June 24 (Associated press). Sun Yat-sen, who claims the Presidency of China through virtue of his election by members of the old Parliament who collaborated with him in the Southern Government at Canton, has not resigned his office. He will not resign under force, he declared in an Interview on board the cruiser on which he escaped from Canton when the city was captured recently by forces of General. Chen Chiung-ming. Dr. Sun asserted that the southern navy was still loyal to him.

"I am the victim of the treachery of my subordinates and supposed friends," he said. "As a man and a patriot, I am going to set an example for future generations, and will not submit to the force brought to bear by the Peking leaders.

"After six years they now admit they were wrong by reconvening Parliament and ratifying the Constitution. They want to reap the advantage and eliminate those who fought for these things. I am going to fight for humanity and civilization, republicanism and righteousness. I have not resigned and will not resign to force. I will only give my resignation to Parliament, not to subordinates."

Dr. Sun "Sold Out" by Friends; Says He Will Fight On.
The Evening World (New York), June 24, 1922, Page 2.

Dr. Sun Blames Subordinates For Canton Treachery

(China Press Correspondence)

Hongkong, June 24. -Dr. Sun Yat-sen interviewed on board the Cruiser Wingfung at Whampoa today declared that he fell into a trap set by his subordinates whom he had considered to be his friends.

He accused Chen Chiung-ming of treachery and declared that as a patriot, a man must set an example for future generations by refusing to yield to force.

"I will stake my life for righteousness," declared Dr. Sun vehemently, "and am prepared to die for China and the world."

"The men in power in Peking are endeavoring to reap the advantage by the elimination of those who fought for constitutionalism to which cause they are now subscribing."

"The bombardment to Canton was my protest against treachery."

"I shall not resign in the face of force."

"The Navy still is loyal to me."

The commander of the Wingfung then asserted that the Navy would be in action again as soon as the expeditionary troops return from their victorious march into Kiangsi.

Dr. Sun Blames Subordinates For Canton Treachery.
The China Press (Shanghai), June 25, 1922, Page 2

DR. SUN TOO, WOULD GIVE LIFE

Grieved at Wu Ting Fang's Death, He Refuses to Abdicate.

CANTON, China, June 24（Delayed）. Dr. Sun Yat-sen, deposed as president of the South China republic, will give up his life rather than submit to forceful abdication, he declared today in an interview shortly after the news had reached him of the death of Wu Ting-fang, his premier, his friend and political associate.

"I am grieved beyond words at the death of Wu Ting-fang," he said. "The shock of the treachery of supposed friends after a life devoted to the upbuilding of China caused his death. I, too, will give my life to the cause of righteousness."

"We fell into a treacherous trap, set by our subordinates and as an example for future generations I will not submit to force. If my enemies overcome me they may kill me, but tell my friends in America I died for the cause of humanity, civilization, righteousness and true republicanism rather than pull down my colors."

"I will gladly co-operate with the North in re-unification if they use reason and righteousness rather than treachery and force."

Dr. Sun Too, Would Give Life. *The Kansas City Star*（U. S. A）,
June 26, 1922, Page 3

DR. SUN DEFIES PEKING FORCES

Demands Surrender of Troops Which Helped Overthrow Him

CANTON, July 1-（By the Associated Press）Unconditional surrender of Chen Chiung-Ming and his troops, whom he branded "rebels" is the only arrangement Sun Yat-sen will make with the man who overthrew his south China republic. Sun made this defiant declaration to The Associated Press correspondent today aboard the gunboat Yungfung on which he had established headquarters near Whampoa. "Chen Chiung-Ming and his followers are rebels who have betrayed me." Sun asserted. Their unconditional surrender constitutes the only terms I will force. I am at the crisis and I will fight until I die. "

With regard to the attitude towards the Peking government, the overthrown leader of south China, said: "Those responsible for the treasonable violation of the constitution in 1917 (the dissolution of the Republican parliament) must be punished and guarantees must be given against any further dissolution of parliament before I shall agree to join hands with the north. "

As the Associated Press correspondent left Sun's gunboat headquarters he saw the six warships of the southern navy which remained loyal to the old leader getting up steam, apparently preparatory to pulling up anchor.

Canton outwardly is quiet, with Chen Chiung-Ming's troops preserving order.

Dr. Sun Defies Peking Forces. *The Ogden Standard-Examiner* (Utah, U. S. A), July 2, 1922, Page 9

CHINA IN HOPE OF PEACE SOON

Sun and Chen Now Exchanging Notes Through Official Mediation

INSISTS ON RESTORATION

Sun insists on his restoration to the presidency, that the southern government may have an equal organization with the north in proposed negotiations with Peking. He asked also that Chen admit "whatever he has done in connection with the capture of Canton was wrong and punish his high officers who started the attack. " If Chen will do these things, Sun's message stated. "I will pardon him. Otherwise I will endeavor to eliminate all opposition. "

China in Hope of Peace Soon. *The Ogden Standard-Examiner* (Utah, U. S. A), July 6, 1922, Page 8

Sun Yat-sen INTERVIEWED

Waiting for Expeditionary Army.

"One Base as Good as Another"

Chan King-Ming's "Miscalculations"

("Telegraph" Special)

The Daily Press today asks: "Where is Sun Yat-sen?" We can answer the question. He is aboard the cruiser Wing Fung, off the shameen-and not, as Reuter's Hongkong correspondent suggested, on the way to Shanghai. We know he is aboard the Wing Fung because special correspondent at Canton has visited him there and had an interview with him.

Following the fall of the Cheungchau forts, the naval ships loyal to Sun Yat-sen went up river, and after bombarding the Macao Forts they drew up opposite the Shameen. Writing yesterday afternoon, our special correspondent stated:

The seven ships are now anchored in⋯between the Shameen and Honam, in which position they are fairly safe, being protected by the settlement on one side. An examination of the boats at close quarters does not reveal any apparent damage to the ships, except in the case of the Wing Fung, Sun Yat-sen's flagship, which has two holes in her hull, one, measuring over six inches, being in her bow. In anticipation of surprise by boarding parties from the shore, the gangways of the boats have been drawn up, leaving only a number of iron rungs for the use of those going aboard. I negotiated these with some difficulty in visiting the Wing Fung this morning to interview Sun Yat-sen.

When I met him, Dr. Sun Yat-sen appeared to be supremely happy, being in no wise upset at the trying experiences through which he has gone during the past two days. He remarked with satisfaction that he was still on his ship, naval men were still loyal to him and one base was just as good as another so far as he was concerned. I questioned him regarding the report that he had commenced fresh negotiations with the opposing side.

"That is not so," replied Dr. Sun. "Officials and the public have, however, endeavoured to negotiate with me during the past few days."

"And what was your answer, Dr. Sun?" I asked.

"My answer was the same as before," he replied. "If they are willing to comply with my conditions, well and good. They must restore me to the city in order that I may cause the Government to function and punish the people responsible."

I asked Dr. Sun whether it was true that he had promised not to again bombard the city, and he said that that was so provided he was not attacked.

"You have seven ships, are they entirely loyal to you?" I next asked.

"Yes," replied Dr. Sun, then qualifying his statement by saying all the sailors. The officers have been bribed, but they have no power over the men. Two of the ships were brought up here by their officers, but they have since fled."

"Have you received any word from General Chan King-ming?" I queried.

"Yes," said Dr. Sun." "Some days ago I received a direct communication from Chan King-ming when we were still at Whampoa. It was written in his own hand. But his plans and conclusions went wrong, you see. His object failed. He calculated that our troops would be defeated in Kiangsi. He had been misinformed that the Northern Expeditionary Army had been entirely defeated. He based his calculations on the belief that even if our forces in Kiangsi were not absolutely defeated or if they returned, they could be attacked in the rear."

Continuing, Dr. Sun referred to a plot by Chan King-ming to kill him. "If I were killed," said Sun, "he could say that he was sorry for the action, which he would attribute to irresponsible soldiers. Then he would further express what you would term a-", here Dr. Sun hesitated for the correct word.

"You mean he would hand you a posthumous bouquet, or tribute, so to speak?" I suggested.

"Yes, a tribute expressing regret for my death. He could clear himself in that way. Things, however, have turned out quite differently from what he thought. I am now waiting for the return of the Expeditionary Army. One detachment has already reached Waichow, and another is coming down by the North River. We recaptured Shiu-kwan on the 8th. instant, and a force of Hunanese is also joining us."

In reference to the fighting at Whampoa, I asked if it were a fact that the three big Northern cruisers joined General Yip Kue's forces in bombarding the Cheungchau Forts.

"Not at all," replied Dr. Sun. "They left at midnight, but the sailors do not understand where they are being taken. Once they do, they will not obey their officers. Wen Si-tak is commanding these cruisers, but the crews are loyal to me. The vessels are therefore still practically in my possession."

In reply to another question, Dr. Sun stated that the Macao forts were deserted in consequences of yesterday's bombardment by his ships. He stated that at the commencement of the fighting, the villagers, with noted unanimity, rose in a body and attacking the defenders in rear captured the forts and are now keeping them for him (Dr. Sun). "My present position possesses many advantages," remarked Dr. Sun.

"And security too?" I asked.

"Security is not in the question," he retorted. "My communications with the city are very much shortened?? and now I can keep in close touch with the Expeditionary Army." Replying to another question, Dr. Sun added that this Army comprised at least 30,000 men.

Sun Yat-sen Interviewed.
The Hongkong Telegraph, July 12, 1922, Page 1

"I AM A REVOLUTIONIST."

INTERVIEW WITH Sun Yat-sen

DETERMINED TO STAY WHERE HE IS.
FOREIGN POWERS ACCUSED OF FAVOURITISM.

(Our Special Correspondent.)

Canton, July 20.

I had another interesting talk with Dr. Sun Yat-sen aboard the cruiser Wing Fung this morning. Regarding the incident of the floating mine which explored near his flagship, he stated that it was undoubtedly an attempt to blow up his vessel. The failure of the attempt he attributed to certain technical blunders in the calculation of the force of the mine and the turn of the tide. Dr. Sun stated that the effort might have rebounded on his opponents, as the mine nearly hit the U. S. Tracey, and then it would be difficult to dispose of the question of responsibility. Dr. Sun added that he had sent his secretary to Captain Baum, of the Tracey, asking him to "co-operate in the maintenance of peace in the harbor." and he further stated that he had no intention of moving from his present anchorage.

"The foreign Powers have been at the root of all my troubles," remarked Dr. Sun, "They like to see China always involved in internal trouble overlooking that the effects must be detrimental to their own trade interests. They have not always done what I asked of them when I was established in Canton, but now they are performing certain acts which can only be construed as recognition of the Government of Yip Kue, who, like many others is a rebel. These foreign Powers have allowed the Shameen to be used by spies of Yip Kue, and they have, on they own part, imposed all manner of restrictions and regulations against me.

"It is not in my nature to be discouraged." ...Dr. Sun in reply to a reference to the bad news, what has just come through from the north. "It is an experience which I rather welcome. I am a revolutionist" —laying stress on the word—and I do not care whether I am President or a coolie, so long as China has the Government best suited to her needs. I have, as you know, once given up the Presidency of China. I am content to be a private citizen in times of peace. No matter how the military situation up north may turn out, I will stay here to die if necessary, as I have already told you."

Asked if he had yet received a call from the two representatives whom President Li Yuan-hung is said to have sent South, Dr. Sun replied: "No, I have not yet seen these delegates."

Regarding the rumour that President Li Yuan-hong was likely to resign, I asked Dr. Sun who he thought most likely to be his successor. "I do not know." was the reply. "I am now concerned only with what is going to happen here in Canton."

In the course of further conversation, Dr. Sun said:" The United States has always here very friendly with China. The other Powers are not; they want to damage me in the eyes of the world."

Regarding the danger suggested by the incident of the exploding of the mine near his flagship, Dr. Sun stated that he would in future be well guarded by search lights and search parties.

Dr. Sun concluded the interview by stating that he was sorry he had no news to give me, but the news from Shiu-kwan at present was very vague.

I Am A Revolutionist. *The Hongkong Telegraph*,
July 21, 1922, Page 1

Dr. Sun Charges Powers With Aiding "Rebel" Spies

(Special Cable Dispatch)

Hongkong, July 21. -Dr. Sun Yat-sen, interview aboard his cruiser Wing-fung, declared America had always been friendly to China, but that the other powers wanted to damage him in the eyes of the world. He declared they had been at the root of his troubles, ignoring him when he was a power in Canton and now recognizing the government of Yip Kue, a rebel, to use Shameen, the foreign settlement as a plotting ground while imposing restrictions on himself.

"I'm a revolutionist." Dr. Sun declared, "I don't care whether I'm president or a coolie, so long as China gets the government best suited to her needs. No matter how the military situation develops, I am determined to stay here and die if necessary."

Representations were made to Dr. Sun to move his cruiser farther from the American warships, in view of the recent mine incident. Replying to Captain Baum, commander of the U. S. S. Tracy, Dr. Sun at first suggested the Tracy should move, but when he was told the American warships' right to use their present anchorages was long established, he promised to move.

Dr. Sun Charges Powers With Aiding ' Rebel' Spies.
The Washington Post, July 22, 1922, Page 3

Sun Yat-sen LANDS AT SHANGHAI FOR MEETING

SHANGHAI. Aug. 14. — Dr. Sun Yat-sen, deposed president of South China, arriving here today on the liner Empress of Russia, declared that although he had left Canton, he is not defeated but comes here because he will be better able to communicate with the national leaders regarding reunification of China.

"My future actions depend upon result of a conference with Peking. My assistance is sought by Peking in bringing about reunification and I believe we will come to satisfactory agreement."

Dr. Sun's arrival was delayed forty-eight hours by the terrified typhoon raging off the Shanghai coast.

Sun Yat-sen Lands At Shanghai For Meeting.
The Washington Times, August 14, 1922, Page 11

CHINESE OPEN PEACE PARLEY

Representatives of Northern Leaders to Meet With Sun Yat-sen at Shanghai.

SHANGHAI, Aug. 14. — (By the Associated Press) -The first actual peace parley between the discordant elements of North and South China opened here today, unheralded by any preliminary announcement. Agents of General Wu Pei-Fu, war lord of the north, General Chang Tso-Lin, military dictator of Manchuria; General Tsao Kun, tuchun of Chili; President Li Yuan-Hung and Former President Hsu Shin-Chang are here to mee [meet] with Sun Yat-sen, former head of the Southern government.

Sun Yat-sen, who was driven from power in Canton by forces of Cheng Chiung-Ming, left his cruiser which was bottled up in the harbor at Canton and came to Shanghai, announced today that his principal purpose in coming was to confer with the dominant military and political elements of all China and to offer them a program to end strife immediately and effect a reunion.

Sun's statement continued:

"I accept as a sincere move for reunion the recent convocation of parliament at Peking. I am issuing a manifesto tomorrow declaring that when parliament is functioning completely unfettered by any faction or interests the constitutionalist aim will be achieved.

"When a lawful parliament is functioning, I will obey and support its decisions. I am not partisan. I entertain no personal ambitions. I seek only China's welfare. "

> Chinese Open Peace Parley: Representatives of Northern Leaders to Meet With Sun Yat-sen at Shanghai. *The Bisbee Daily Review* (Arizona, U. S. A), August 15, 1922, Page 1

DR. Sun Yat-sen IS HOPEFUL FOR UNION OF CHINA

[By George Sokolsky]

[Copyright 1923 by Public Ledger Co.]

SHANGHAI, August 15. — Dr. Sun Yat-sen has arrived here from Canton and immediately entered conferences with national political leaders and members of the Kuo Ming Tang clans for the early and peaceful unification of China on a constitutional basis. When asked concerning his plans by your correspondent, Dr. Sun replied: "When Parliament is functioning and completely unfettered, the constitutionalist aim is accomplished and the extraordinary situation arising from the usurpation of authority is brought to an end, I will be prepared to abide by the decision of Parliament, whatever it may be.

"I have never been personally ambitious, seeking only my country's welfare. Therefore, should such a free, unfettered Parliament select a President, I shall recognize such lawful decision."

......

He is regarded as being stronger politically than he was previous to Chen Chi-ung-ming's coup. Dr. Sun bears General Chen little personal animosity, saying the coup, was a local Canton matter. In the manifesto to be issued he will say General Chen's act was not only political treason, but also a crime against society since it endangered fundamental relations between human beings.

......

His willingness to meet the Northern groups to recognize the present Peking Parliament and if possible to co-operate with the present Peking administration if it does not hamper Parliament, paves the way to internal peace. This attitude has already created enthusiasm among the masses as well as the politicians who are war weary.

Dr. Sun Yat-sen Is Hopeful For Union Of China.
Berkley Daily Gazette (California, U. S. A), August 15, 1922, Page 5

SUN HOPES U. S. WILL AID CHINA

Former President Wants America to Take Over Debts of His Country

SHANGHAI, Aug. 24. — (By the Associated Press.) —Sun Yat-sen, former president of China and later of South China, who has been leading conferences here on plans to reunify the country, today outlined a plan to rehabilitate China's finances by having America take over China's debts to European countries on a refunding basis, as part payment of European debts to the United States.

In making known his suggestion, Sun flatly declared that he could not see his way clear to go to Peking and assist in reorganizing the government unless some satisfactory financial program was mapped out. He frankly admitted that he looked to the United States as a strong factor in aiding China in her struggle back to solvency as a nation.

Political reunification of the country is impossible until China's chaotic finances are reduced to a semblance of order, the southern leader said, "Reunification is illusory unless there is an efficient government at Peking capable of bringing a flow of provincial revenues into the federal coffers," Sun asserted.

Solvency Necessary

"Establishment of such a government is not practicable without restoration of the country's solvency. Before Peking began defaulting on foreign loans it would have been difficult to effect reunification first and reorganization of the finances afterwards. Now, however this is out of the question.

"Although I have been invited to go to Peking, I am not inclined to accept until I can see a feasible way to deal with our financial problems. I would go to Peking If I had the assurance of the United States and the other powers to whom China is in debt that favorable consideration would be given to reasonable proposals to refund the principals of our matured debts, and that throughout the period of our reorganization, under foreign advice, the international consortium would make necessary advances to carry on the administration."

Sun Yat-sen expressed the opinion that any arrangement made by China with the powers must envisage the problem of her finances as related to the larger question of America's participation in the reconstruction of Europe.

Sun Looks to U. S.

Believing that Europe must approach the United States with a definite proposal to adjust war indebtedness, Sun hopes that America will remember that China is heavily in debt to European countries and consider the possibility of transferring to America Europe's position of creditor to China.

He admits that his real object in putting forward this plan is his belief that China will be able to obtain easier terms from America than from Europe, owing to the favorable financial situation of the United States. He also thinks it possible that America would follow precedent, set in the matter of the Boxer Indemnity, and wipe off the books a portion of China's debts transferred from European accounts to America.

Sun disclaims any intention of urging that China repudiate her loans from the powers, but he hopes that the good will of the European powers towards China will make them agreeable to the debt transfer if such an agreement would meet the approval of the United States.

> Sun Hopes U. S. Will Aid China: Former President Wants America to Take Over Debts of His Country. *The Salt Lake Tribune* (Utah, U. S. A), August 25, 1922, Page 1

Dr. Sun Sees Good Future for China

"Warfare is over. Public Opinion must rule now," says old leader.

Shanghai, Oct. 6. —— Declaring that the war which has divided China for the last six years is now ended and that with the agreement on the part of the northern militarists to support constitutionalism, the period of struggling for democracy in China by force has paused. Sun Yat-sen strikes a bright note for the future of China upon his arrival in Shanghai from Canton.

"China is at the turning point today, and from now on the struggle for republicanism must be carried on enough the weight of public opinion," said Dr. Sun at his residence in Shanghai, where he is holding conference with representatives of various political and military groups.

"After struggling for constitutionalism for the last six years the militarists up north have at last come to the realization that they must support this cause. They realize that to place the nation on a firm basis law and order must reign and that the Legislature must perform its functions freely, without any outside interference."

"Whether they are sincere as to what they profess or not we are not concerned at present. Because if they are sincere, and we fail to do our own duty, the nation must be just a chaotic and lawless as it has been for the last decade. On the other hand, if they are not sincere, the people, the press, the genuine public opinion must prevent them from going back on their own assertions."

"Now that the militarists have pledged themselves to support the republic, there is no longer necessity for warfare. No armed-force is necessary to effect our aspirations for national reunification. The sword should be laid away."

"The self-determination of the military leaders makes it unnecessary to resort to arms to dictate the terms of unification, and the entire responsibility for a permanent unification is now laid upon the shoulders of the public, which must see to it that the high ideals of republicanism are carried out here in China so that the foundation of the country will be reinforced with strong principles of democracy."

Militarism in China for the last 10 years has failed. Yuan Shih-kai was the strongest militarist that the republic has produced. He believed that his power could crush all resistance, but he forgot to calculate the force of public opinion, and in the end he brought himself to ruin.

"I believe that the republican form of government has come to China to stay. No one hereafter will dare to advocate a change to the monarchical form, even though some of the militarists of today may still entertain this ambition."

"We have had unification by tyranny and unification by militarism— but what China needs is a permanent unification effected through constitutionalism. A tremendous responsibility rests with the press of China. To the press is entrusted the responsibility of diffusing the real essence of constitutionalism among the masses and of watching every move made by the militarists. To that the true ideals of democracy may be carried out in China."

No disclosures of importance concerning the negotiations that have been going forward in the conference at the Sun Yat-sen home have been made. Members of the old Parliament who have been summoned to Peking have received Dr. Sun's blessing as it were, and have been advised by him to proceed to the capital.

Although Dr. Sun has been invited to Peking to confer with the President, he states that his plans are as yet uncertain and that for the present he will remain in Shanghai.

Dr. Sun Sees Good Future for China. *San Antonio Evening News* (Texas, U. S. A), October 6, 1922

DR. Sun Yat-sen, IN HIDING, TELLS HOPES REGARDING CHINA

Through Mouth of Secretary Says He Will Not Eliminate Himself—Still Working for "Legal" Government

SHANGHAI, Oct, 1 (Special Correspondence) Within recent times the position of Dr. Sun Yat-sen, the former provisional President of China, has changed momentously. From 1919 until a few weeks ago he had been President of China with his government situated in Canton the one legal President and government of the nation, as his party claimed. In China the President is elected by the Parliament, and Dr. Sun Yat-sen was elected three years ago by that part of the Parliament which had reassembled in Canton after it had been dissolved in 1917 in Peking by President Li Yuan-hung. It is true, another Parliament in Peking had in 1918 elected Hsu Shih-chang President, but the south had never recognized this man as the head of the government, though the foreign nations had done so.

While Dr. Sun Yat-sen was preparing for his northern expedition, which was to unite all of China once more under a "legal" government, he was suddenly attacked this summer, driven out of Canton, forced to take refuge in a battleship, and finally in the French concession at Shanghai. The attack had come from his rival Chen Chiung-ming, the doughty general who believed in creating a good government in the province of Kwangtung, before the Cantonese expend their strength in a crusade for a unified China. Meanwhile there have been great changes in the north. President Hsu Shih-chang, commonly acknowledged incapable and corrupt, was forced to give up his office after the defeat of the Manchurian bandit leader and provincial governor, Chang Tso-lin. The former President, Li Yuan-hung, came back to Peking as extraordinary President, pending the election of a new one, by the reassembled "legal" Parliament of 1919.

A Peculiar Interview

With this background in mind I asked for an interview with Dr. Sun Yat-sen, who is once again a refugee in a foreign concession. It was a peculiar interview, for the questions which I asked of the doctor were answered with great fluency by his secretary, Eugene Chen; only very rarely Sun Yat-sen spoke, and always in confirmation of what his secretary had just stated.

"You ask whether the doctor is going to eliminate himself again?" Said Eugene Chen: "In 1913 he followed the advice of his friends who told him that the Nation desired Yuan Shih-kai as President, but Yuan turned traitor to the Republic by having himself proclaimed Emperor. Now the doctor has learned from his experience that it is worse than useless to step back. While he is, of course, willing to do anything for China that will bring about peace and prosperity, yet he feels that to eliminate himself is not the best method for accomplishing it."

The doctor at this point asserted that as long as he lived he would have to work unceasingly for the establishment of a good republican government in China. I asked him whether his long experience had made him more practical, especially as regards, for example, the choice of his political associates, such as Chang Tso-lin, the military governor of Manchuria, who is continuing his bandit methods in legal guise, at present.

Eugene Chen broke in at this point, "They have been telling him that you are an impractical dreamer, doctor." And then to me, "Let the evidence convince you whether the doctor is a dreamer or not. Fifteen years ago the people said that it was a fantastical dream that China could ever become a republic, and yet, chiefly through the work of Sun Yat-sen, it has become one. In 1917, when everyone was mad in the midst of the war, the Doctor said that China should remain out of the war, for she could gain nothing from it. Now that China has lost Shantung as a reward for her victory over Germany we have all become thoroughly cynical and we realize how practical the doctor's advice was after that."

Parliament Illegally Dissolved

At the time when China entered the war, the Parliament was illegally dissolved. Dr. Sun said at the time that this same Parliament must be reconvened as a symbol of legality.　Another Parliament was elected in the North and for three years the Government went on, recognized by the foreign powers, while Dr. Sun's statement seemed the vaguest idealist's dream.　But as you know very well, this same Parliament has just this summer been reassembled and is now meeting in Peking.　Likewise Dr. Sun stated as an absolute demand in 1918 that Hsu Shih-chang, the tool of the corrupt northern politicians must leave the presidency to which he had been illegally elected.　You remember that two months ago he left Peking in disgrace, as a result of the pressure of public opinion, which had come to see things in the Doctor's way.

Advocates Railway System

"The doctor also has other dreams.　He wants to have the vast amorphous body of China arterialized by a system of railways that will bind the people closer together.　When Mr. Lamont, the American financier, was in China, he told the doctor that his plans are impracticable because they require billions upon billions.　The doctor also feels that China must have three large ports, one in the north, one in the central part, and one in the south.　The port in the south is to be Canton, and if he speaks of developing this harbor so that the boats can come there directly instead of reloading at Hong Kong, it is like a red rag to the British.　They are the chief ones to cry down every plan of Sun Yat-sen as a theoretical scheme of an idle dreamer."

I asked Sun Yat-sen about his immediate plans.　"I have been invited to go up to Peking," he said, "but I feel that I cannot go there for the sake of a gesture or a pleasure tour.　If there is some real work for me to do I will go.　But I could not go now with an empty treasury, lacking the money event to pay my ya-men runners.　I feel that my enemies are trying to have me go there now in order to show me up as an impractical dreamer.　On the other hand, the Cantonese general, Chen Chiung Ming, who betrayed me while I was away from Canton, organizing my expedition against the north, has already asked me if I would forgive him were he to apologize, and I soon hope to be once more in a powerful position."

More than this he would not say about his plans, except that he is working for the re-establishment of what he considers the legal government of 1917.

Dr. Sun Yat-sen, In Hiding, Tells Hopes Regarding China. *Christian Science Monitor* (Boston, U. S. A), November 3, 1922, Page 1

Sun Yat-sen, Deposed President, Advises United States to Keep Hands off China

NEW YORK, Nov. 14. —Sun Yat-sen, first provisional president of the Chinese republic, deposed president of south China and present leader of a faction battling against the existing Peking administration, advises the United States to "keep her hands off China."

This advice he gave to Dr. William Hiram Foulkes, general secretary of the Presbyterian New Era movement, who returned today after a three months study of far eastern conditions.

Declaring that China was grateful to America for its disinterested work and that this country had kept out of China's political affairs, Dr. Sun added:

"You (the United States) calmly sit by and see an international group of bankers under the domination of a British bank which controls China hand and foot dictate tariff and other domestic matters in a way which makes our patriotic blood boil."

"The northern movement," Dr. Foulkes said the Chinese leader told him in reference to the Peking administration, "is in the hands of a set of unprincipled grafters. That is the reason I have fought them and will continue to fight them while Great Britain and the rest of you either definitely cooperate with the plunderers or calmly stand by and see it done. "

Sun Yat-sen, Deposed President, Advises United States to Keep Hands off China. *The Salt Lake Tribune* (Utah, U. S. A), November 15, 1922, Page 1

"CHINA NEEDS MACHINERY AND EXPERTS FROM U. S. ," SAYS PRESIDENT

"CHINA believes that America is her friend. Therefore she wants to borrow from America two things-machines and experts to teach her how to run them. " This is the frank statement of Dr. Sun Yat-sen, president of the South China Republic. "She should not borrow money," he insists, explaining: "Every banker lending money to the Chinese government is paying in advance for his own funeral. Capitalists are used to dealing with governments. They like to make loans which are secured by a government. But bankers are now convinced that governments are not a very safe proposition. The awakening of the masses in every country and the determination of the masses that their future shall not be mortgaged to finance the inefficiency and selfishness of the present has made loan making to governments an unsafe proposition. "

"China Needs Machinery and Experts from U. S. ," Says President, *The Star Journal* (Ohio, U. S. A), November 21, 1922, Page 12

Sun Yat-sen
His Advice to Japan during the War

If Japan had aided the Teutonio Powers in the World War, all Asia would have risen against the Whites, and today there would have been an Asia controlled by the Asiatics, Dr. Sun Yat-sen, former "President" of the Canton Government, has declared in an interview with a representative of the *Jiji* at Shanghai.

"In joining in the World War on the side of the Allied Powers, Japan failed to utilize the golden opportunity of making Asia exclusive for the Asiatics," said Dr. Sun. "Such an Asia would have opposed the Whites, especially the Anglo-Saxons. At the beginning of the World War, I wrote Mr. Inukai, president of the Kokuminto, urging Japan to assist the Teutonic Powers, thereby impairing the relative strength of the Anglo-Saxons and balancing the power of the world. The result of such a situation would have been the promotion of the position of Japan to the real leadership of the Asiatics. But Japan did not accept my advice, thus letting slip a heaven sent opportunity of making herself the leader of the Orient.

"If Japan had understood what is called high politics, and if she had been bold enough to declare war against the allies Annam and Singapore would have risen in arms against France and England. There is not the slightest doubt but that the Indians would have revolted against Great Britain and that the Turks and Chinese would have recovered their national consciousness and supported Japan in her effort to unite Asia."

"As it is, Japan participated in the war on the side of the Allied countries with the result that realization of the Pan-Asiatic plan has been delayed indefinitely. As Japan has shown herself incapable of seizing this opportunity, it will be China that will be called upon to make Asia a place for Asiatics in the future."

"In the early days of the World War, I called upon various Japanese statesmen of influence and urged them to use their weight in influencing public opinion in favor of participation on the side of Germany. They, however, refused to listen to me seriously. Some of them, indeed, showed agreement with my view, but when it came to action, they hesitated. And the result is that the best opportunity of making Asia Asiatic in every sense has been lost."

A Chance to Undo Wrong

"It is not too late for Japan to undo what she did blindly during the war. If Japan really wishes to see Asia controlled by the Asiatics, she must promote relations with the Russians. Russians are Asiatics. There runs in their veins Asiatic blood. Japan must make common cause with the Russians in opposing the aggression of the Anglo-Saxons. In shaking hands with Russia in the work of asserting the rights of the Asiatic alone lies hope of salvation from the catastrophe to which Japan and the other Oriental countries are being forced by the unsatiable ambition of Anglo-Saxons." —*Japan Advertiser*.

Sun Yat-sen: His Advice to Japan during the War.
Hongkong Daily Press, December 9, 1922, Page 5

Russo-Jap Pact Only Hope Of Supreme Asia, Says Sun

(Special Correspondence)

Tokyo, Dec. 8.—Declaring that Japan lost a "heaven-sent opportunity" when she chose to enter the world war on the side of the allies, Dr. Sun Yat-sen, deposed "President of the Chinese republican government at Canton," according to a Shanghai correspondent of the Tokyo Jiji Shimpo, insists that Japanese statesmen by throwing their support on the side of the central power, might easily have achieved realization of the pan-Asiaticplan. Now, he believes, the Russians offer the only remaining avenue of escape from the "white aggressor."

"At the beginning of the world war," says Dr. Sun, "I wrote Mr. Inukai, president of the Kokuminto, urging Japan to assist the Teutonie powers, thereby impairing the relative strength of the Anglo-Saxons and balancing the power of the world. The result of such a situation would have been the promotion of the position of Japan to the real leadership of the Asiaties. But Japan did not accept my advice, thus letting slip a heaven-sent opportunity of making herself the leader of the Orient.

"If Japan had understood what is called high politics, and if she had been bold enough to declare war against the allies, Annam and Singapore would have risen in arms against France and England. There is not the slightest doubt that the Indians would have revolted against Great Britain, and that the Turks and Chinese would have recovered their national consciousness and supported Japan in her effort to unite Asia.

"It is not too late for Japan to undo what she did blindly during the war. If Japan really wishes to see Asia controlled by the Asiatics, she must promote relations with Russians. Russians are Asiatics. There runs in their veins Asiatle blood. Japan must take common cause with the Russians in opposing the aggression of the Anglo-Saxons. In shaking hands with Russia in the work of asserting the rights of the Asiatic alone lies hope of salvation from the catastrophe to which Japan and the other Oriental countries are being forced by the insatiable ambition of Anglo-Saxons."

(Copyright. 1923, by the Public Lodger Co.)

Russo-Jap Pact Only Hope Of Supreme Asia, Says Sun.
The Washington Post, January7, 1923, Page 10

DR. SEN WANTS UNITED STATES TO HELP CHINA

His Statement Is Surprising Because He Believes in Slogan,
"China for the Chinese."

HE IS STILL POWERFUL

Says America's New Merchant Fleet Makes Asia Her Particular
Field-Policies Are Changing

By United Press

Doctor Sun believes in the nationalist slogan, used in all nations under different names "China for the Chinese" and hence it was somewhat surprising that he should suggest that the United States take the lead in mending China's torn political fabric.

"That China eventually will be untied is certain though possibly greater disorders than those at present will precede the final tranquility.

Doctor Sun said in the course of a two hour interview recently. "China is like a mighty ocean. The military leaders are like the foam tipping the waves. They are active politically until the bubbles break and then disappear in the fathomless ocean. China's millions are sometimes agitated and sometimes tranquil, ebbing and flowing with irresistible power.

"The United States should awake to its own duties as a power on the Pacific. Since the war because of her financial and potential military strength the United States has become the dominant power in the world. Asia is her particular field. With her new merchant fleet and with China only a few days from her shores she should assert herself and cease following passively the policies which the European powers selfishly impose on China.

"The American policy in China changes with every administration: that of the other powers is unchanging. The new American statesmen surrounded by these influences unconsciously absorb the old world policies."

Dr. Sun Wants United States to Help China.
The Columbia Evening Missourian (U. S. A),
December 16, 1922, Page 2

Interview with Dr. Sun Yat-sen

Following is the full report of an interview which a representative of the N. C. Daily News had with Dr. Sun Yat-sen at his home at 29, Rue, Moliere, Shanghai, last Saturday afternoon——

Dr. Sun Yat-sen said that his plans were now being put into operation. A number of Chen's commanders had joined the Constitutionalists, there being among these General Liang Hung Kai, commander of the Second Division, and General Ip Kue, who was the man who *actually* drove Dr. Sun out of Canton, General Chang Hoi Yu and General Shum Hung Ying, a former Kwangsi commander under General Lu Yung Ting (former High Military Inspector and Commissioner of Kwangtung and Kwangsi) had promised him their allegiance. Wuchow, Takhing, Fungchunyun, and a number of other places had fallen into the hands of General Chang. Shekki, capital of the district of Heungshan. (Dr. Sun's native place), has been captured by Dr. Sun's troops.

"How long will it be, do you think, before your troops enter Canton?" asked our representative.

"Two weeks," was the answer. "In five days I expect them to take Shiuhing, (a big town half way between Wuchow and Canton)." They will, of course, have to march to this place. After this they will march to Canton, which will be in their hands in two weeks."

"And Fukien? Will General Chen be attacked from the north?" "There is no necessity," he declared. "One side is enough. No order has been given to our leader in Fukien to attack Kwangtung."

"Which side will General Wu Pei Fu help? I understand he had made peace offers to you while at the same time he has an understanding with General Chen." —— "He has made us peace offers, but nothing has come of them. He is now sending troops to Kiangai with a view to attacking my troops in Fukien."

"And Tsao Kun?" — "He is all right. He has offered to make peace with me, and we are still negotiating."

Dr. Sun was unable to say just when he will leave for Canton, but it is possible that he may do so very soon, so confident is he that his troops will win.

Interview with Dr. Sun Yat-sen.
Hongkong Daily Press, January 13, 1923, Page 3

Dr. Sun Leaves Today; To Seek Readjustment

Will Not Try to Reestablish Former Government

Dr. Sun Yat-sen, who leaves today on the steamer Taiyo Maru for Canton, made it clear yesterday that he is not going to Canton with the purpose of re-establishing a government like that he formerly headed, but to readjust the situation created there in the recent military conflict in which his arms were victorious.

While in the south, it was stated yesterday, Doctor Sun will endeavor as quickly as may be to restore order and harmony among the various leaders there and while carrying forward his general plans to bring about disbandment of troops he is to negotiate with the Hong Kong government with the end of placing relations between Canton and the Colony on a basis of firm friendliness.

Dr. Sun Leaves Today; To Seek Readjustment,
The China Press (Shanghai), January 27, 1923, Page 3

CHINESE MUST UNITE OR FALL

EX-PREMIER WANG SHUNG-HUI INTERVIEWS SOUTHERN LEADER AT CANTON
SAY MILITARISTS RULE

CHINA CAN BE UNITED BY AGREEMENT AMONG PRINCIPAL LEADERS

HONG KONG. —Wang Chung-hui, former Premier of China, returned recently from delivering at Canton a personal message from President Li Yuan Hung to Sun Yat-sen, southern constitutionalist leader and former president of the southern republic.

Wang, to deliver the message, delayed his trip to The Hague, where he is to sit as one of the judges of the international court.

At his final interview with Sun Yat-sen, Wang handed him a statement in which he declared he had decided to go abroad because he could see no prospect of the reunification of China. His visit to Canton, however, opened new vistas, he said, and he found that Sun, like himself, did not believe that force was the best method of resolving the doubts of the nation.

Sun Yat-sen, Wang said, holds that if a united China is achieved within this generation it can only be done through and by agreement among the principal leaders of the country, China, Sun believes, is too vast and populous to be dominated by any single man today.

"This," Wang quotes Sun as saying "must remain primarily true as long as lack of effective means of communication renders impracticable the movement of troops from one strategic point of the country another."

Chinese Must Unite or Fall. *Akron Weekly Pioneer Press* (Washington), May 4, 1923, Page 4

FOREIGN CONTROL AT PEKING MEANS WAR,
SAYS Sun Yat-sen
CHINESE RESENT AUTOCRACY

Object to Paying Taxes to Arm Their Military Oppressors
MAY ACCEPT SOVIET HELP

President of South China Republic Declares the Nation Is Ready for Self-Rule
By FLETCHER S. BROCKMAN

CHINA would be unified within six months, the military leaders would be overthrown and a constitutional Government would be established if it were not for the interference of the foreign powers," says Dr. Sun Yat-sen, President of the South China Republic.

"If the foreign nations persist in their present attitude," he adds, "there will be a great war in China within a year—a war that may involve much of the rest of the world."

......

The President, in a sack suit, entered the reception hall with the brisk step of an American business man, took his seat at the head of a long table, offered me one by his side and waited for the interview to begin. There was none of the elaborate ceremony customary among Chinese officials, none of the pleasant inquiries concerning my family, which one always expects in such interviews in China. His attitude was, "What can I do for you today?"

Dr. Sun is perhaps a little past 50 years of age. He is of moderate height, has none of the obesity of middle age and gives no indication of luxurious living. He is clean-shaven, except for a closely cropped mustache.

In view of his trying experiences of the past three years, I expected to find him greatly aged and discouraged. But he kept a smile on his face during most of my visit and gave no indication of having been under a heavy strain. His eyes are small and are the most expressive feature of his face. Once, when something was said that suggested his betrayal by General Cheng Chiunn-ming, his former General and intimate colleague, I could read in the expression of his eyes something of the tragic history of his many years of high adventure.

Dr. Sun's Tempestuous Life

This alert, keen, business-like man risked his life in Canton more than twenty-five years ago, when, as a young man, he led an unsuccessful revolution against what then seemed the all-powerful Manchu dynasty. He fled to England, was captured in London and made a prisoner in the Chinese Legation, escaped, lived for years an exile in Singapore, Japan and the United States, came back to China and was elected its Provisional President. He saw the betrayal of the republic by Yuan Shih-kai, attempted an expedition against Yuan, was defeated and had to flee to Japan, witnessed the failure of Yuan's attempt to make himself Emperor, then returned again to establish himself as President of the South China Republic. Betrayed by the General in charge of his forces, he escaped, disguised as a coolie, to one of his own gunboats.

The lines in his face show little of all this tragedy and adventure, but I could imagine I saw it mirrored in his dark and brilliant eyes.

"What about the present situation in China, Dr. Sun?" I asked. "The American people know you as they know no other Chinese. Your answer to this question will be appreciated."

"The situation is complex." He replied. "The real trouble is that China is not an independent country. She is really in a worse condition than Korea or Formosa. They have one master; we have many. Their master dominates them, but has important responsibilities for the people who are under subjection. China is equally dominated by the outside, but her masters rule without accepting any responsibility.

"If the foreign countries will let us alone, China will have her affairs in shape within six months. The foreign nations have pursued the disastrous policy of endowing a corrupt and inefficient clique in Peking and insisting upon the fiction of calling it a Government. America in particular must accept responsibility for our present debacle.

"It was America that led us into the European War. Up to that time we had one responsible Government. It was the act of the Tuan Chi-jiu Government in getting us into the war that created the first division between North and South."

"But did not the Washington conference improve China's foreign relations and stay the assaults upon its sovereignty?" I asked.

Autocracy Versus Democracy

"We have not yet reaped and advantage from the Washington conference." He replied. "The foreign countries have not ceased since this conference to interfere with our internal affairs. They have endowed the Peking Government. The Peking Government could not stand twenty-four hours without the backing it receives from foreign Governments. Peking has not hold upon the people. Its only revenue comes from the maritime customs and the salt gabel.

"The military leaders and Tuchuns, who are imposing upon us a great military establishment and are the acknowledged curse of the country, would fall immediately, if they were not supported by Peking. The people could easily overthrow the whole military system if it were not for this backing of foreign countries. The Peking government would be starved out at one. I can collect no taxes from the provinces; it lives entirely upon foreign collected money.

The foreign countries have blindly and persistently declined to recognize the southern government, which is really the de jure government, although Peking is the de facto government. Six provinces already are loyal to the South. The revenue from the maritime customs and part of that from the salt gabel, all of which is collected by the power of foreign countries, is not used for the good of the people from whom it is collected. It goes to Peking, and a considerable proportion of it is used to fight us. The foreign powers are helping the autocratic and bureaucratic Peking Government to crush the democratic Southern Government by taking these taxes out of South China and turning them over to Peking.

"We of the South have fought long for the recognition of the foreign countries, but now we despair of this. We do not ask it. What we do ask is that the foreign countries shall at least withdraw their support from the Peking Government. We do no ask these nations to collect the taxes from our people and turn them back to us. We ask that they shall collect the taxes, North and South, and hold them until we Chinese ourselves can straighten out our internal affairs and establish one Government that will truly represent the Chinese people. The Chinese people are not divided. The division exists among a few military leaders.

"What are we Chinese to do? We cannot oppose the united policy of the leading powers. If even a democratic country like America is unwilling to throw her influence on the side of democracy in China, at least let her take her hands off our affairs."

"You speak of your Government as being democratic," I said, "yet you have combined forces with General Chang Tso-lin of Manchuria. It has confused your friends to see you joining with a known autocrat. Do you not stand for opposite things?"

Would Take Soviet Help

"I have combined with him for the same reason that America combined with Japan in the war against Germany. America is a democratic country; Japan autocratic. You united for the overthrow of common enemy, General Chang and I have the same enemy, and I will take him—or anybody else who will help me—into the combination to overthrow Peking.

"We have lost hope of help from America, England, France or any other of the great powers. The only country that shows any signs of helping us in the South is the Soviet Government of Russia. "

"Do you call the Soviets democratic?" I asked.

"I do not care what they are," he replied, without hesitation. "if they are willing to back me against Peking. "

"What if there is no hope of getting the foreign countries to change their policy toward China?"

"If the foreign nations will change their policy," Dr. Sun, answered, "we shall bring about the unification of China without war. If they persist in their policy, there will be a great war in China within a year—a war that may involve much of the rest of the world. The people know what they want, and they will get it sooner or later. The Chinese are not a warlike people. We want to settle our difficulties in a peaceful way. Intervention by the foreign powers is compelling us to resort to the use of force. Remember, the Chinese people are united. It is only a foreign-fed government that creates division among us. "

I tried to get Dr. Sun to go into some details as to how the military leaders would be overthrown, and what steps for unification would be taken if the policy of the foreign countries should remain unchanged. But he parried every question. Politely and definitely he took the attitude: "This is our own affair, and we are attending to in our way. What I wish to talk with you about is the part of the situation that foreigners could remedy, namely, their interference with our internal affairs."

Foreign Control at Peking Means War, Says Sun Yat-sen.
The New York Times, July 22, 1923, Page 5

ACTIVE WAR ON NORTH PLANNED
BY Sun Yat-sen

Alliance With Chekiang And Mukden Well Under Way, He Declares

(Eastern News Agency)

Canton, Jan. 7— "I have decided to establish a national government and am now making necessary preparations," stated Dr. Sun Yat-sen in the course of an interview with a representative of Eastern News Agency.

— "As a result of Mr. Yeh Rung-cho's visit to Chekiang and Mukden, a triangular alliance is now well under way," Dr. Sun said, "a decision had been reached for the subjugation of the North and Southern expeditionary forces are soon to be despatched to Kiangse."

It is also expected, Dr. Sun added, that Hunan, Honan, Anhui and Shansi will also simultaneously rise in revolt against General Wu Pei-fu.

Dr. Sun went on to state that with regard to the Canton Customs question, he had an interview yesterday with the American minister to Peking, as a result of which the minister could perceive the rightfulness of the demand of the South and declared he would take the trouble to mediate in the question. Such being the case, Dr. Sun said he believed that the question would be settled amicably before long.

Active War On North Planned By Sun Yat-sen.
The China Press (Shanghai), January 9, 1924, Page 2

"THE WRONG HORSE"

Sun Yat-sen ON THE POWERS
BLAMES THEM FOR CHINA'S TROUBLES

Mr. G. C. Dixon, who is investigating conditions in the Far East on behalf of the Sydney "Sun," writes to that paper form Canton, as follows:

Any lingering doubts about the condition of Dr. Sun Yat-sen were set at rest today. Gaining an interview with considerable difficulty—it was the first he has granted since the report of his death two months ago—I found him working in building closely guarded by armed soldiers, and obtained from him an interesting and important statement regarding the present chaos in China and his hopes of winning through the unity and order.

Briefly, his view is that responsibility for the civil war between North and South, together with the prolonged orgy of unofficial killing and robbing that is bleeding China while, is to be laid directly at the door of the Powers. In supporting "Peking," he says, the Powers are backing the wrong horse. The report of his death, Dr. Sun Yat-sen explained, arose from his decision to rest in privacy for three days after his six-hours' speech-making on Labour Day (May 1). He might have added that the persistence of the rumour which annoyed him so much was due largely to his own obstinacy. Visiting journalists seeking proof were turned away with the curt announcement that, "Dr. Sun Yat-sen does not feel called upon to prove to anyone that he is not dead."

SUBSIDISING MILITARISM

Asked what prospect China had of escaping from the horrors of civil war and attaining orderly government, Dr. Sun Yat-sen replied that the answer largely rested with the Powers.

"The chief obstacle to the political unification of China," he said, "lies in the Foreign Powers' continued recognition of the Peking party. They imagine that the section in control Peking must necessarily be accepted as the Government of China, regardless of the fact that Canton is an older and more historic city with a far larger commerce. Actually, Peking does not even speak for the north. The long-drawn-out duel between Genera Wu Pei-fu, whose headquarter is at Loyang, and General Chang Tso-lin, who controls Manchuria, is still going on, and the Peking Government is but another name for the Chihli party of which Wu Pei-fu is the dominant figure. In according international recognition to Peking, therefore, the Powers are merely backing Wu Pef-fu against other leaders and parties.

"The most sinister form that this backing takes is the handling to the Peking Government of all surplus revenues from the two principal sources of our national income—the Customs and the salt gabel. In other words, the Powers are financially intervening in as much as is has avowed his intention of crushing by force all other leaders, and is now waging civil war in many provinces, it is no exaggeration to say that the Powers are subsidizing his policy of aggression.

"As long as Wu Pei-fu receives this subsidy, he will persist in his mad scheme of subjugating all China." But let this subsidy be withheld by the withdrawal of recognition from Peking, and Wu Pei-fu and the Chihli party will come to their senses and realize that the permanent unification of China can be brought about only by agreement not by force."

SUPPORTING REACTION

If their diplomats were to believe, and the Powers were all working for the good of China, they were going to the wrong way to work, Dr. Sun Yat-sen proceeded. The strong party in China was not the reactionary party but the revolutionary party. That had been proved time and again.

"But this is not the first time that the Powers have backed the wrong horse," he added. Before 1911 they were behind the Manchus, yet in spite of their support, we overthrew the dynasty. Now they are treating China exactly as they treated France a hundred years ago and Russia after the revolution. What business had they to send troops to Russia? Some day they will learn that there has been created in that country a force that all the Powers cannot crush, and it is the same with China. They say they want a liberal Government and a strong man; yet always they support the weaker man, the worse man and the principles of reaction."

I asked Dr. Sun Yat-sen whether he did not regret having resigned the Presidency in favour of Yuan Shih-kai, Sun Yat-sen, it will be remembered, was the first President of China, but made way for Yuan, who had himself elected Emperor and thus brought about the revolt of the south and the civil war that has been eating ever since at the country's heart.

"No," he replied; and he gave the hardly convincing reason that if China had achieved unity then the Powers would have found some pretext for waging war in the interests of foreign capital and the old imperialistic ideas, from the effects of which China was still suffering.

THE POWERS' LITTLE JOKE

"The world does not realize the extent to which we are under foreign domination," he complained. "China is a colony of the Great Powers without a colony's status or privileges. Under treaties concluded 70 years ago we have no jurisdiction over foreigners. Neither can we control our own finances. The Customs duties in this province of Kwangtung are collected by foreigners, mostly British; and after a deduction has been made to cover the cost of collection and to meet foreign debts, the surplus of 5,000,000 or 6,000,000 dollars goes not to us, but to Peking. They call it paying the consolidated internal debts of China," which, in plain language, means the money spent by the north in waging war against us. We actually have to support the armies that are attacking us."

"The position, it seems, is not without its humour," I commented.

"Quite so," agreed Eugene Chen, the President's able private secretary, who had escorted me through the cordon of watchful guards. "But you can hardly expect us to regard it with quite the same detachment."

WAY TO UNITY

I asked Dr. Sun Yat-sen what immediate prospect China had of ending the civil war, suppressing the bandits and pirates who infect eh whole country, and attaining to sound constitutional government.

"Ask the Powers," he replied instantly. "Let them withdraw their official recognition and financial support from the Peking Government, and within two months Wu Pei-fu will have collapsed for want of money to pay his troops, and the way will be clear for a national reunion. So far as the people are concerned, unity presents no difficulty. Go into Peking, the enemy's stronghold, and you can see for yourself that the people are so one in their desire for the progressive Government that we stand for. Without the support of the foreigner the reactionaries could not hold Peking for six months."

In such a conservative country as China, have you encountered much hostility to your European ideas and methods?" I asked.

"Twenty years ago, yes," he replied. "But not now. Since the revolution of 1911, there has been an intellectual and moral revolution that amounts to nothing less than China's renaissance."

Dr. Sun Yat-sen concluded by expressing the hope that with the accession to power of new and progressive governments in Europe, the Powers would adopt a more liberal policy towards China. From the British Government especially, more sympathetic treatment might be hoped for if only Mr. MacDonald had the time to go into Chinese affairs.

"In their own interests, as well as ours, the Powers would be wise to mend their policy," he declared. "At present they are drifting towards war. The Balkan and Turkish questions are settled; Russia is re-establishing herself. China alone is in chaos. With so much wealth at stake, so many Powers interested, it will be strange if this is not the cockpit of the next world war."

"The Wrong Horse". *The China Mail* (Hong Kong). September 23, 1924, Page 2

SABRE-RATTLING BY Sun Yat-sen

FORCIBLE UTTERANCE ON ARRIVAL IN SHANGHAI
HIS RIGHT TO RESIDE IN FOREIGN CONCESSIONS

SHANGHAI, November 17th

Dr. Sun Yat-sen, Generalissimo of the Canton Government, and his party, consisting of Messrs. Wang Choi Ming, Huang Chang Ku, Shao Yuan Chung, Wei Ju, Yui Yu Si, Chu Ho Chung, Lu Shi Hua, and Chao Chao, arrived here this morning and immediately proceeded to the headquarters of the Kuomintang Party in the French Concession. Interviewed by a representative of the Eastern News Agency, Dr. Sun stated that his views concerning the situation had already been manifested in a proclamation he issued in Canton prior to his departure for the north.

Referring to the outcry raised against his entrance into the Settlement of Shanghai Dr. Sun said in part:

"It is to be pointed out to those who attempted to oppose my presence here that Shanghai is China's territory, and that we, Chinese, are hosts and foreign residents our guests, receiving our hospitality. This being the case, I, as a citizen of China, have every right to reside in my territory, whereas foreign residents in this country, as our guests, have no authority whatever to oppose the presence in any part of China of their hosts.

"If, therefore, foreigners should dare to oppose or obstruct my presence in Shanghai, I, with the support of my countrymen, am determined to take some drastic steps to deny with them. Be it remembered that we, Chinese people, are not to be trifled with so long as we dwell in our own territories.

TIME FOR ABROGATION

"In deed, the time has come when all Foreign Settlements in our country should be abrogated. Should the retrocession by the Powers concerned of their concessions in China, be delayed any longer, I am afraid that some unhappy incident will happen, for every Chinese patriotic citizen has come fully to realize that China has already been infringed upon by some of the Powers long enough—so long that she can no longer tolerate such a state of affairs.

"Accordingly, I am, as I have always done, doing my utmost to accomplish the cherished, fervent desire of the Chinese people in order to do my service to the country, and with this end in view, I will still continue my every possible effort for the sake not only of our nation but of the foreigners residing in China as well, because of the fact that it is by winning the good-will and friendship of the Chinese people at large that foreign trade with China can eventually reap immeasurable profits." —Eastern News Agency

When questioned as to the accuracy of this interview a friend of Dr. Sun said that the contents and ideas were correctly stated, although the English version, is a translation from Chinese characters.

Sabre-Rattling By Sun Yat-sen. *The Hongkong Daily Press*, November 24, 1924, Page 5

SUN SAYS AMERICA AND BRITAIN AID WU

South China Leader, in Nagasaki, Opposes the "Dawes Plan for China"

SAYS WE HELPED CHIHLI

Sun Declares Stories Previously Denied Are True and That We Sold Arms

By Wilfrid Fleisher

Copyright. 1924, by The New York Times Company

By Wireless to THE NEW YORK TIMES

TOKYO. Nov. 24 — Dr. Sun Yat-sen, leader of South China and former Provisional President, who arrived in Nagasaki today on the steamship Shanghai Maru, in an interview with Japanese newspaper men charged that the United States and Great Britain are supporting the Chihli faction.

"The report that the Chihli group is supported by America and Great Britain is true, and the fact cannot be concealed." Dr. Sun said. "I make this statement without any hesitation."

Throughout the civil war in China reports were current here that America and Great Britain were backing WU PEI-FU, and several times tsores [sic] appeared in Japanese newspapers to the effect that America and Great Britain were assisting

Wu by supplying arms and munitions to his Chihli faction. These reports were finally denied by official sources here at the request of American and British representatives.

Sun Yat-sen declared he was opposed to foreign aid for China, and made it plain that he did not favor the proposal for a "Dawes plan for China."

"I cannot believe the foreign powers are planning a new control over China," he said. "Let China save herself without the assistance of foreign nations and I believe she will soon be able to cope along with her difficulties."

The Southern leader, however, made a strong plea for Japanese amity toward China.

"The mere talk of friendship will not suffice," he said. "Japan and China must cultivate real friendship and cooperate for the establishment of peace in the Far East."

He declared that Marshal Tuan Chi-jui is the only man capable of unifying China at present.

Sun Says America And Britain Aid Wu.
The New York Times, November 25, 1924, Page 16

附：日文版本

孫逸仙氏來航

——信濃丸喫煙室に於ける談片

　支那南方の元勳孫逸仙氏は胡漢民、戴天仇二氏並に從者一名と共に十日朝郵船信濃丸にて門司に着す、梅雨空の雨絲細々と海峽を降り罩めたる朝靄の中を午前八時前船影朧に大瀬戸口に現れ聽て投錨するを待つて東京より出迎への宮崎滔天氏其他本船に乘移り喫煙室に一行を見出す、先づ久濶を叙して椅子に凭る、薄茶のヘルメットに鼠霜降りの詰襟服を質素に着流せる孫氏、毫も威容を誇らねど凹める眼は隼の如く烱々として、拔上りたる額際の髮薄きにも、短き口髯の霜を交えたるにも自ら積年辛苦の勞を偲ばしむるものあるに、近來親戚の喪に服せりとて腕に黑布を纏へるにも波濤萬里の旅客の身に一種の悽愴の色漂へるが如き感じあり、氏は支那服の夏着せる戴天仇を介し記者團の問に應じて言葉を少に語る

　此行久し振に少閑を得て來航せるに止まり何等語るべき材料を有せず一昨年胃痙攣を疾み其後不斷の紛爭裡に繁劇なる雜事に囚はれしが昨今時局の小康を見て此夏を箱根の旅館に在りて悠遊すべく來れる次第にて日本朝野の名士に會見するが如き希望を齎してにはあらず

　と先づ質問攻の豫防線を張る、記者は政務總裁當選のことを持ち掛くれば

　余は未だ政務總裁の職に就くべきや否やを決せず又輕々に決すべきものにあらざれば之が決定は專心熟慮の上になすべきも匇忙の身上とて未だ考慮の暇を得ず唐紹儀氏の就職如何も未だ判然せざれど多分承認せらるゝならん

　と遁げ難問と見れば少し頭を捻りて巧に銳鋒を避け全然急所に觸れず

　南方派は元來平和を目的として之を得んが爲に久しく艱苦を冒しつゝある次第なるが平和を招徠するの手段としては舊約法舊國會の復活を主とせざるべからず段祺瑞は主義主張を抱懷して立てりと云はんよりは寧ろ人を目標とし南方の人を伐つを以て本意とするが如く南方如何に平和を渴望するも斯ては兩者相

容れざる亦止むを得ざる所なり最近北軍戰意を失ひ段内閣危機に瀕し延いて妥
協の機運を促進せりと云ふも余は旅行中にて是等の消息を知るに由なかりき

　とて多く語らず然らば日本の對支評如何と問へば

　余は大元帥の職を退きてより直接樽俎折衝の任に當らざれば全然事情に暗く
却て諸君に問ふの適切なるを信ず林公使の措置に就ても未だ是非すべき所以を
知らず日支親善の實現は方法の問題にあらずして要するに雙方の意思如何に在
るのみ若し眞に親善を希ふの意思あらば方法の如何を問はずして親善期して待
つべし日本に於て眞に其の意思あり而も尚屢々誤解あるを以て別に方法を考ふ
るの必要ありとならばソハ重要なる問題なり余は從來とても常に日支親善を念
とする者、今後更に思ひを運らして徐に策を按ぜざるべからず、北方の借款は
南方を苦しむるの嫌あるならんも余は具體的に之を知らず、南方が日本よりの
借款を欲する如きは今日全くあらざるべく余も亦借款を求むるの用件を帶び居
らず、又余は日本より更に米國に渡航するの意嚮を有せず

　と之だけは明かに否認し去りて終始要領を得せしめず纔に

　南北妥協に就ては若し調停するものあらば北方が平和を好愛する以上余も亦
同志と共に之を容るゝに吝ならず其條件如何に就ては多數の意見に從ふべき譯
にて余は個人としても何等語るべき自由を有せず

　と語りしのみ、折柄舊知の田中隆三氏に迎へられ三井物産の汽艇に乘移る、
艇中戴天仇氏は

　孫氏の首級に懸賞金十萬圓を附せられ居るや否やは知らざるも兎に角汕頭に
歸航せし際陳炯明其他道尹、鎭守使等に切に引留められて數日間滯留せしに偶
洪水氾濫し電線も水に浸されて不通となりし爲め最近の情報は一切知るを得ず、
陸榮廷の死去説は香港に於ての捏造か訛傳に出でそれが北京に傳はり更に廣東
に逆送されて廣く流布せられしものにて無論虛報に相違なく彼が政務總裁就職
を承認せる事も上海の申報紙上に於て見たり

　と語り宮崎氏は唐紹儀氏の許に政務總裁就任勸誘の爲め派遣せられたる陳策、
劉奇用兩氏は八日夜着京せりなど語る間に汽艇は大吉樓棧橋に着し一行は午前
九時五十分發の豫定を變更し田中氏等と午餐を共にし午後七時十分發列車にて

神戸に直行す（下関來電）

『大阪毎日新聞』1918 年 6 月 11 日（五）

大正七年六月十四日接受

高秘第一〇一四八号大正七年六月十一日

福岡県知事谷口留五郎 ……

孫逸仙一行来邦ニ関スル件

　……昨十日午前六時本船ノ入港ヲ俟チ検疫ヲ開始スルト同時ニ警察官ヲ乗込マ
シメ彼等ノ身辺ヲ警戒セシムルト共ニ彼等ニ其旨ヲ通セシムル処アリシニ一行ニ
於テハ衷心帝国官憲ノ厚意ヲ感謝シ居タルモノヽ如ク検疫終了後門司港ニ向ケ出
発スルニ際シ孫文ノ語ル処ニ依レハ今回来邦スタルハ何等政治的意味ヲ含メル巡
遊ニアラスシテ平素ノ瘤疫）タル腸胃療養タ為メ渡来シタルヤノ口吻ヲ漏ラシ支
那内政上ノ問題並外交上ノ問題等ニ関シテハ緘黙シテ何等モ語ラサリシカ

　……仝日午前九時門司入港スルヤ……左記新聞記者七名及郵船商船ノ各船客
主任等各自港内汽艇ニ依リ信濃丸ニ移乗シテ右一行ヲ包囲シ時事問題ニ対スル
各種ノ案件ニ付本人ノ意向並感想等ヲ叩キヽアリシカ孫文ニ於テハ日支親善
ノ害〔？実〕ヲ挙クル上ニ於テハ経済同盟，政治協約等最モ緊要事トスル処ナ
ランモ日支両国民ノ意思ヲ融合ヲ図リ従来両国民ノ間ニ蟠シル幾多ノ誤解ヲ一
掃セシムルカ如キハ真ニ善隣ノ実ヲ挙クル上ニ於テ焦眉ノ急務トスル処ナルヘ
キヲ述ベ更ニ転シテ支那南北妥協問題ニ関シ目下時局多事ノ折柄南北相対峙シ
テ争闘ヲ継続セルハ国家ノ為メ悲痛事トスル処ナルモ永遠ノ平和ヲ達成センカ
為メノ争闘ナリトセハ寧ロ一時ノ偸安苟合ヲ計ルカ如キ姑息ナル手段ヨリモ其
効果ニ於テ大イニ見ルヘキモノアルヤノ口吻ヲ漏ラシ総ヘテ責任アル答弁ヲ避
ケツヽアリシカ仝日午前九時廿分三井物産門司支店所有汽船山野丸ニテ下関ニ
向ヒタル……

各国内政関係雑纂/支那ノ部/革命党関係（亡
命者ヲ含ム）第十九巻，高秘第一〇一四八号

孫氏の立場と來航の使命

　私に當分局外に立つて西南の爲に計りたい、只一時傍觀の位置に立ちたい、私は無力かも知れないが私共の奉ずる信條は無力ではないと信ずる

　との意を漏らしたとかで其意の在る處を察すれば氏は其西南に於ける政治的、軍事的位置に對してドチラかと云へば樂觀的な牢乎たる自信を有し時機一たび到來せば再接再屬の護法運動をなすべき準備と雄心とを藏すやうである蓋し孫氏及び其一派が西南に實力を有する諸團體と甚だ合はず大聯合を籌策するため一時孫氏の大元帥辭任を必要とするに至つたのは事實で氏も亦大元帥の職に戀着する意思がなかつたのは明白な事實である若し外見上戀着するが如く見ゑたとすればソレは軍事的發展が急に之を決行するを便としなかつたからで氏は愈々大元帥の職を辭せんとするに當つて議會に於て且通電に於て大要左の如く説明して居り又秘書戴天仇氏は孫氏の心迹を明かにすべき軍政府史の材料を蒐集しつゝあり

　凡そ立憲國政治家の進退は全く民意を標準とせねばならぬ、民意の代表機關は即ち國會である、國會にして政府を信任せりとせば政府は事の難易を問はず主張の貫徹と政策の實行を期せねばならぬが若し其反對に出づれば政府が憲法を楯に取つて國會を解散せぬ以上は政府自ら辭すべきである、ソレに今日の非常國會なるものは黎前大總統の違法解散により國會中絕し共和國覆滅せんとするを視るに忍びず權宜的に中繼的に開設されたもので孫文自らの私利私慾の打算的結果に出たのではなつたが幸に私の奔走呼號の效果として先づ海軍の獨立南下となり、廣東省の自主宣言となり、廣東省議會の歡迎によつて國會の南遷となり非常會議の開設となり軍政府の組織となり選擧によつて私が大元帥に就任する事となつたので國會存續、共和制度維持の途さへあれば私の政治的位置などの如きは國家の危亡といふ大問題に對しては殆ど言ふに足らぬ小事で私は最初から大元帥の位置を望みもせず又戀着もしなかつた、だから國會非常會議

改造案——聯合政府成立の案が可決されたのを機會として重い責任を卸して潔く一身の進退を決したので私自らは公明正大な立憲的態度を取り得た事と信じて居る、卜は言へ私としても私情はあるので大元帥在職中面白く感じなかつた事もあり悲しんだ事もあり又公人としては貫徹し得ざりし主張、實行し得ざりし政策多々あつてソレ等に關しては今日まででも深憾大耻の念を禁じ得ぬのであるが少くとも初志の一端を達し得た點に於て滿足せねばならぬと思つて居る、又私の辭職が法律的であるといふのは軍政府改造案が非常國會を既に通過したのに對し『國會大綱』には會議の決議を修正すべき規定がない事である即ち私は法を枉げてまで長く大元帥の職に留る事を敢てするを欲せず只國會と法律との命ずる所に従つたのである、しかし私の大元帥の辭職は護法の主張と努力との辭職ではない、私の民國に對する義務の消滅ではないと信じて居る、思へば西南各省は今やうやく聯合の趣を成さんとし、當初より私が舌を破り聲を嗄らして主張した如くに國會を以て「護法の中心」とするに至るべく見ゑるが憂慮すべき事實も亦少くない、即ち内には武人輩が雄を競うて互に繩張の廣からんことを冀ひ名は護法と稱しながらもサラばといつて法律と民意とを無視するやうな擧動もあり他の一面には此機に乘じてヒシヒシと迫る恐ろしい外患がある、正に是れ國家多難の秋で匹夫も亦興亡の責がある、況んや私不肖ながら中華民國の創立に與つた者である、險艱を避けて安夷に就くが如きは斷じて私の學ばざる所で又支那の政局が許さぬ所である云々

『大阪毎日新聞』1918 年 6 月 17 日（二）

北伐と統一會議——孫文氏意中を語る

外交團に宛てた信ずるべき湖南電報によると孫文氏は最近某氏に對し次の如く語つたと

余は長沙を陷れた上で統一會議を招集し總統を選擧し梁士詒氏を總理に推す考である、これについては奉天方面もすでに同意を表したのである、若しこの

統一會議に反對するものがあれば直ちに出兵討伐する積りであるが管轄外の軍
隊もこれには必ず力を借すであらう云々

　尚安福派及び奉天派は北伐軍備として二百萬元を孫文氏に交附したその中五
十萬元は張敬堯氏の出したものであると

『大阪每日新聞』1922 年 2 月 27 日（二）

死中に活を求むる孫氏

——米領事に調停を依賴　廣東軍の妥協條件拒絕説

　【廣東特電廿一日發】十七日孫文氏側海軍の廣東市街攻擊によつて市民の死
傷少からず支那人は勿論外國人の生命財産に危害を及ぼす惧れあるため米國領
事は孫文氏を軍艦永翔に訪ひ省城砲擊の絕對停止を交涉したが孫氏は之に對し

　余がこの擧に出たのは實に萬已むを得ざるものであつて余としては廣東から
脱出するの途がないから死中に活を求めるためになした策に外ならぬ、脱出の
途さへあれば敢へて斯樣な過激手段を取るものでない

　と答へ暗に領事の調停を依賴する希望を述べたので領事は其苦衷を諒として
斡旋の盡力をなすであらうと告げ且再び攻擊を行はない事を承諾せしめた、然
るに孫文氏はそのために十九日米國領事を訪ふ筈であつたのに何故か訪問せず
一方傳へられる所では孫文氏の妥協條件に對し廣東軍側では絕對的回答を與へ
たいといはれてゐる廣東軍の意嚮では自派から出した條件を以て民意を代表し
たものとし孫文氏に否應なしに承認せしめやうとする考へであると、因に孫文
氏の條件といふのは

　一、孫文を南方の代表として北方との統一に關し交涉せしめる事
　二、海軍及び孫派軍隊の經費を廣東政府に負擔せしめる事
　三、孫派各人の生命財産は廣東軍にて保護する事其他二三條件

『大阪每日新聞』1922 年 6 月 22 日（一）

代表北上の目的

——張繼氏に案内されて孫文氏を訪ふ

【上海特電廿五日發】余（村田特派員）は二十五日四方田東日視察員を伴ひ張繼氏及び孫文を訪問した、張繼氏は孫文氏の使者として北方に向ふべく出發準備に忙しさうであつたが慇懃に余等を招じて次の如く語つた

談合の瀬踏みか

張繼氏　私は二十六日に出發する筈で途中南京に齊燮元氏を訪ひ次で洛陽に呉佩孚氏を、保定に曹錕氏を訪ふ筈である、私の外には汪兆銘氏が張作霖氏と會見すべく廿四日奉天に向け出發し、胡漢民氏は天津の段祺瑞氏を、郭泰祺氏は黎元洪氏といふ役割で何れも一兩日中に出發する筈である、今回の吾々北上の意義は全く先般北方から代表を寄越したのに對する答禮の爲である、但し呉佩孚、曹錕兩氏にして眞に誠意ありと認めたならば又何とか話合ひをせぬでもない、要するに呉佩孚氏が眞に戰を止めるかどうかゞ問題である、今度呉佩孚氏に會つたら先づ之等の事をよく確め勞働兵問題等に就ても意見を交換する積りである

斯くて張繼氏は多忙の身を態々我等の自動車に同乘、孫文氏邸に我等を案内して呉れた、孫文氏は質問に答へて次の如く語つた

孫文氏　民黨の幹部を北方に派遣するのは全く先般の北方使節に對する答禮のためであるが若し北方各首領にして眞に誠意があるなら聯絡の歩を進めてもよいと考へてゐる、勞働兵問題には呉佩孚氏も余の意見に贊成のやうだから之等に就ても談合させる積りでゐる。

日本の新對支策

孫文氏は次で最近日本の支那に對する輿論如何？と我等に逆襲したが次で更に語つて曰く

日本はこれまで支那の舊官僚を援助して悉く失敗し已むを得ず不干渉主義を

採つてゐるがこれも最早行詰りである、日本は今やこの不干涉主義を打切り新たなる對支政策を建直す時に遭遇してゐると思ふ、新たなる政策とは如何？ 即ち過去に於て舊官僚を援けて失敗した日本が今度は民黨を積極的に援助する事である、日本の維新に際して德川氏に味方したものが失敗し革新論者に味方したものが成功したのは明白なる體驗ではないか、日本は過去數年間に於て三億圓の巨額を支那に投じながら遂に何等の結果を得てをらぬ、これは全くの時勢に逆行する舊官僚を援けたゝめに外ならぬ、また支那は面積が大きいから統一が困難であるといふ事は出來ぬ、日本の維新が比較的早く成立したのは當時の外交關係が複雜でなかつたからである、これに反して今日の支那は對外關係が複雜で統一不統一の問題も歸する所外交關係の如何にある、日本が嘗て袁世凱、段祺瑞兩氏を援けず民黨を積極的援助してゐたなら支那は約五年の昔に統一されたかも知れぬ、支那の財政は極度に窮乏してゐる、この財政の窮乏を救ふには多額の外債を起さねばならぬ、即ち從前の債務の整理、延いて支那の政治的根本改革を期するためには二十億乃至三十億の長期借款を起す必要があらうと余は信じてゐる

『大阪每日新聞』1922 年 9 月 27 日（二）

陳氏驅逐と民黨

——廣東回復後の方針如何　孫文氏と本・特派員の問答

【上海特電五日發】兩廣の形勢が激變したので余（村田特派員）は五日孫文氏を訪ひ次のやうな問答をした。

　廣東の回復

　問　陳炯明氏の沒落は最早や時間の問題と思はれる、併し彼も亦戰にかけてはさる者である、聯合軍は完全に陳氏を打破し得るだらうか

　答　勝算は確かにある

　問　聯合軍は貴下の南下を促がして來たとの事であるが事實であるか

答　然り、其旨の電報を接手した

問　貴下は南下する考へなるや

答　目下の所未定であるが當分は動かない積りである

問　廣東を回復した後政府を再建する考へなるや

答　目下の所未定である

問　陳炯明氏は呉佩孚に援兵を乞うたといふ事であるが呉氏は援兵を送るであらうか

答　そんな事は恐らくあるまい、又實現したくとも事實上不可能である

問　福建省内にある民軍は未だ廣東攻撃に出動しないのか

答　未だ出動しないが目下準備を急いでゐる

南北の統一

問　廣東回復後の方針如何

答　南北の平和統一に向つて進むであらう、萬事は曩の宣言に從つて取り運ぶであらう

問　統一の方法如何、南北平和會議を開く意なるや

答　廣東回復の上でなくては明言しにくいがさる會議は前例に徴して恐らく効果がないであらう

問　さうなれば中心勢力と交渉しなけらばならぬが何人を以て北方の中心勢力と認めるや

答　北方には中心勢力といふものはない

問　保定、洛陽は如何

答　ハ丶丶丶（皮肉な笑ひの後）保定、洛陽か、それ等を中心勢力といふのならば外にも澤山ある、奉天もさうだ

問　廣東問題はこの位として最近倫敦タイムス紙が支那統一のために外力の必要を説き、又北支那デイリー・ニュース紙が支那の政治は今後國内の商業團體によつて支配されるやうになると論じてゐるが貴下のこれに對する意見如何

答　外力の援助を以て統一する事も出來れば亦商業團體によつて統一する事も出來るであらう、併し外力を以て統一を圖らんとするならば外國は先づ民黨

と結ばねばならぬ、無力の北京政府に依頼しては統一は永遠に不可能である、同様に商業團體にしても從來民黨に反對して來た態度を改めて先づ民黨を尊重する事が必要だ、さうすれば何れの方法によつても統一は容易であらう

『大阪毎日新聞』1923 年 1 月 7 日（一）

戰爭は一月で終結する

——孫文氏大本營で語る

【廣東特電十六日發】孫文氏が韶關に向つた翌十四日本・通信員は同地に赴き大本營に孫文氏を訪うた氏は快よく引見して北伐に關する意見を左の如く語つた

北伐軍は十三日夜來江西方面に進出しつゝあつて廣東から後方部隊の到着次第更に兵を繰出す積もりである、江西の常德盛氏（河南第一師團長）とは既に氣脈が通じられてゐるから贛州を占領することは難事でなからうと信ずる、余の廣東歸期は不明であるが必要あれば何時にても歸る、張作霖、段祺瑞、盧永祥三氏と余とは十分了解が成立し反直隷派としての結束は完全に保たれてゐる、蘇浙戰は一ケ月を以て終熄するであらう、その後において西南諸省聯合の實現を見るべく目下その機運が動きつゝあつて余は促進に努力してゐる、蘇浙戰爭と關係して日本朝野の了解を求めるために李烈鈞氏を數日中に特派して折衝せしめる筈である、日本はこの際單獨行動を執つて支那を援助すれば日支の親善を齎らし得べく今回の大動亂は支那が統一に向ふ前提であるが故に日本は深くこの點に留意せんことを希望する、廣東省内東江方面の防備については手配が出來てゐる、雲南軍の北伐に參加しない理由は陳烱明軍に對する關係からである、商團軍武器問題は元來大した事でなく政府において其處理方法を講じてゐるから近く圓滿に解決する筈である

大本營は停車場に設けられ孫文氏は狹苦しい部屋に起臥しつゝあるが頗る元氣で意氣軒昂たるものがあつた

『大阪毎日新聞』1924 年 9 月 18 日（一）

領土から人心へ

——露國對支政策の變遷

　船は二十哩の快速力で走る、風が出てウネリが段々大きくなつて來たので私は戴氏と共に孫文氏をその船室に訪れた、二三年前に比べると頭髮が大分薄くなつたが意氣なほ壯者を凌ぐ孫氏は支那服を暖かさうに着てキャビンの椅子に椅りかゝりたえず微笑を含みながら私の質問に應じて語つた

　日本へ行くのは丁度七年目だ、感想と云うては色々の思出があるけれども今突然には浮ばない

　孫氏は眼を閉ぢてふるい昔の感想を辿るかのやうな表情をした、私（村田特派員）は孫文の見た日本の最も秀でた點と最も惡い點を率直に語つて欲しいと乞うた

　日本として一番偉いと思ふことは同じく東亞に位し同じく東亞民族でありながら他の國に率先して進步を圖り遂にこれをなし遂げた事だ、同時に惡い點もそこにある、強くなつてから自分が東洋の一國であり、東洋の民族であることを忘れることがある、或る田舎の人が都會に出て自分が田舎者であることを忘れ無暗に都會の貴族とばかり交際するのと似た所がある露國は革命後支那に利權を返還した、支那國民はこれを多としてゐる、もし日本の對支態度が露國と同樣であつたら支那國民は非常な好感情を持つであらう、露國は帝制時代において支那の領土併呑の野心を持つてゐてすべては併呑政策の下に行はれたが革命後の露國の支那に對する政策は今までの併呑政策を棄て支那の人心を得ようと努力してゐる、人心を得る事は領土併呑よりも餘程尊いものだ、有形的物質的利益を捨て無形の貴重なる理想を得るのだ、日、露、支三國同盟は我黨（國民黨）の主張である、我等はこれが實現を希望して已まない、これが出來れば英、米の東方に對する跋扈を制する事が出來る

『大阪毎日新聞』1924 年 11 月 23 日（一）

孫文氏と同船して

『東亞の一國である事を忘れて了つた日本』……
彼は眼を閉ぢて率直にかく語つた　感慨深い七年目の來朝

　孫文氏一行を乘せた上海丸は廿二日朝八時上海を發した、船は今茫洋たる支那海を走つてゐる、少しウネリがあるがお天氣はまことによい航海は平隱だ、スモーキング・ルームにはカイゼル髯の李烈鈞氏と瀟洒たる戴天仇氏がゼスチェア入りで頻に談論してゐる、餘り船に強くない孫文氏は特等室に引籠り夫人も顏を見せない

　船が呉淞を出てから私（村田特派員）は戴氏の船室に行つて長い間雜談を交した、二三年前にくらべると餘程圭角がとれて圓滿になつた戴氏は日本人も及ばないやうな流暢な日本語で語つた

　大正九年の冬ちよつど貴國を訪ねてから四年振りですこの間には色々の變化がありました……天津では段祺瑞氏が待ちこがれてゐるので一日も早く行かねばなりません、兎に角今日支那において非常な熱誠をもつて日本國民に希望を抱いてゐるのは孫先生ぐらゐなものでせう、先生は少くとも日本國民は支那の惟一の友であると考へてゐる、歐洲戰爭後次で華府會議の頃は支那にもいろいろの考へを持つてゐた人がありましたが今日では日支の提携が益々痛感されますがその間多少の行違ひもあつたやうですがこれからすべて過去を葬り新たなところで行きたいと思ふ、呉佩孚氏が山海關の戰ひに敗れ遁入すべき地なきに憫んだ時、某國は呉氏が揚子江に入れば極力援助するとその南下を慫めた事實がある、もしこの涌慂〔慫慂〕がなかれば呉氏は長江に入る事を避けたであらう、某國とは英國であるといふ事をこゝに斷言して憚らぬ、我々は英國のこの態度に反省を求めたが英國も今では呉氏援助の政策を飜かしたことゝ信ずる。この運動も私が野にゐて始めて出來る事である、私はこゝに結論を與へたい、支那の動亂の原因は國內でなく國外で、歐米諸國は共同管理又は支那分割の野心を持つて支那に臨み壓迫且つ攪亂を事とするが支那の混亂は共管分割を可能

ならしめる大なる理由となる、……私が揚子江に投身自殺を圖つたことですか、別にこれといふ憤慨した事もなけらば不満があつた譯でもありません、一言にして云へば無常の感とでも云ひませうか、あれからは私の精神状態は一變しました、私はこの世のすべてを歴史的宿命であると考へるやうになつた、人間のする仕事はその時は非常に大きなやうに思つても十年二十年經つて顧みて見るとすべては歴史が定めた宿命です、私は之を考へて人間は出來るだけ努力するにあると思つてゐます努力の中には悲觀も樂觀もないと云ふ結論に到達したのです、私は今佛教の本を讀む様になつた

　戴氏は私（村田特派員）に煙草を勸めながら話しを續け

　日本では私が餘程赤化したかのやうに思つてゐるらしいがさう思つてゐる人があるならそれは赤化でなく佛化であると告げて下さい

『大阪毎日新聞』1924 年 11 月 23 日（一）

善後會議に關しては段孫の意見一致

——不平等條約の廢棄は孫氏の堅い主張、戴天仇氏談る

　【天津特電六日發】天津日本旅館常磐館に投宿中の戴天仇氏は往訪の記者（吉岡特派員）に對し北京政局及び當面の問題に關し孫文氏に代つて左の如く語つた

　孫文氏は廣東出發以來屢々宣言したやうに政治の實行は全部段祺瑞氏に一任し孫氏は只段氏の支持者として北京に入り主義の許す範圍では飽くまで段氏を押立てて行くことに決心してゐる、五日孫氏と張作霖氏との會見の際も兩氏の間に段氏支持の堅い約束が出來張氏は孫氏の眞意を覺つて安心したやうな譯である、孫氏が北京に入つた上は馮玉祥、王正廷、黄郛氏等と手を握り段氏を壓迫するだらうとの説は嗤ふべき臆測である、孫氏の理想はもつと高遠なものである、段氏が時局收拾について只一人の適任者であることは孫氏も固く信じてゐる、段孫兩巨頭の會見は孫氏の北京入り後直ちに行はれる筈であるが、蓋し

感慨深いものがあるであらう、善後會議の召集はこの際最も緊要である、段孫兩巨頭間にはこの問題に關し既に意見の一致を見てゐる、孫氏の希望は全國的の和平統一であるから全國一省も殘さず代表を出席せしめねばならぬといふにある、國會問題は前〔善〕後會議で決定する筈になつてゐるが孫氏の意見は現國會と全然縁のない國會を起す爲に改めて總選擧を行ふか又は非收賄議員を中心にして別な議會を作るか未だ定つてゐない、總統制をとるか委員制をとるかについては孫氏の希望は委員制の方に傾いてゐる、南方に殘存する軍閥に對しては飽くまで和平主義を以て慰撫する希望である、國民軍の解散の如きは廢督裁兵の第一歩として滿足してゐる、財政問題に關しては主義として外債を求めることには反對であるが一時の難局を切抜ける手段としては或は外債によらねばならぬと思つてゐるから執政々府の借款計畫には強ひて反對ではない外交問題に關しては支那が露國と提携して行くことは孫氏が支那の國策として確信してゐる所である、被壓迫國が協同して壓迫國に對抗することは自國の自衛手段として當然とらねばならぬ策である、

　不平等條約の廢棄は孫氏の固い主張であつてこの方面では何處までも主義の貫徹に努めるであらう、英國公使マックレー氏が孫氏の北京入りに對し非常に恐れを抱きその活動を牽制せんと企んでゐることは固より覺悟の前である、二十一ケ條問題は主義の上からいへば當然廢棄せねばならぬが孫氏は未だこれを廢棄すべき何等具體的計畫を有してゐない、これは當面の問題でなくて將來の問題であるからである

『大阪毎日新聞』1924 年 12 月 8 日（一）